电子商务系列教材

网 络 营 销
——策略、方法、案例与实践

主编 张建军

参编 （按姓氏笔画排序）

王 昆　米传民　刘丽丽　张利娜

张 琰　郑桂玲　周晓琛　高功步

东南大学出版社
SOUTHEAST UNIVERSITY PRESS
·南京·

内容简介

本书共13章,全面系统地介绍了网络营销的基本理论、基本方法和基本技能,内容包括:网络营销概述、网络市场的特征及相应营销策略、网络消费者行为分析、网络市场调研、数据驱动的网络营销、网站营销、App营销、第三方平台营销、搜索引擎营销、社交网络营销、网络广告、跨境网络营销、客户关系管理。

本书在体系结构上做了精心设计,希望帮助学生达成最好的学习效果。本书在各章开头列明了这一章的学习目标,便于学生了解各章的学习内容、学习要点;在各章末尾设有"案例研究""练习与思考""实践操作"三个栏目。"案例研究"栏目专门针对各章的专题内容,精选鲜活的、有代表性的网络营销实例,帮助学生理论联系实际,启发对相关问题的思考,获取网络营销的间接经验;"练习与思考"栏目针对各章重点内容或知识要点,布置需要练习与思考的问题,帮助学生巩固知识要点,加深对有关问题的认识;"实践操作"栏目,采取项目课程形式,希望学生通过项目实践与操作,实现从知识到能力的转化,培养团队意识,激发创新创业的兴趣,提高综合思考能力和综合应用能力。

本书可作为电子商务专业、广告学专业、市场营销专业、工商管理专业本科生和高等职业院校学生的相关课程教材,也可作为企事业单位从事市场营销、网络推广人员的参考书。扫描本书封底二维码可下载配套课件。

图书在版编目(CIP)数据

网络营销:策略、方法、案例与实践 / 张建军主编.
—南京:东南大学出版社,2022.10
ISBN 978-7-5766-0240-1

Ⅰ.①网… Ⅱ.①张… Ⅲ.①网络营销 Ⅳ.
①F713.365.2

中国版本图书馆 CIP 数据核字(2022)第170041号

东南大学出版社出版发行
(南京四牌楼2号 邮编210096)
责任编辑:张绍来 封面设计:顾晓阳 责任校对:杨 光 责任印制:周荣虎
全国各地新华书店经销 丹阳兴华印务有限公司印刷
开本:787mm×1092mm 1/16 印张:20 字数:500千字
2022年10月第1版 2022年10月第1次印刷
ISBN 978-7-5766-0240-1
印数:1—2 000册 定价:49.00元
本社图书若有印装质量问题,请直接与营销部调换。电话(传真):025-83791830

前　言

一、本书的逻辑结构

1. 策略是网络营销的生命

正确的网络营销策略，犹如黑暗中的明灯，引导网络营销工作在风急浪高的网络市场海洋中，避开暗礁险滩，保持正确的方向。正确的网络营销策略必须建立在对网络市场特有的规律和网络消费者需求的深刻洞察之上。

本书第1、2、3、4章带你了解网络营销的特点，熟悉网络市场的特征及其对应的营销策略，认识网络消费者的行为特征，掌握洞察市场的调研方法。最终目的，是帮助你制定出正确的网络营销策略。

2. 创新是网络营销的灵魂

在本书编写工作接近尾声的时候，在中国的直播与短视频社交App抖音上，一直不温不火的新东方旗下东方甄选突然爆火，单日GMV(商品交易总额)飙升逾6 000万元，直播间日均观看人次超过了760万，而在此48小时之前，直播间的观看人次只有65万，单日销售总额才一两百万元。这是中国网络营销众多奇迹的又一个，制造这个奇迹的是一个曾任新东方英语老师、名叫董宇辉的年轻人。在竞争异常激烈的直播带货行业中，一个自嘲长着像兵马俑一样脸型的英语教师凭什么能够胜过那些帅男靓女？答案就是创新，那就是他在直播带货的过程中融入了知识、情感、情怀等要素，使得他的直播与其他人有了很大的差异。尽管这也算不上什么重大的、原始性的创新成果，但足以使他在无数的主播中脱颖而出。在浩如烟海的网络营销信息中，标新立异不是一个贬义词，而是吸引眼球的重要方法。一个没有创新的营销行为，就像一束塑料花，无论怎么漂亮，却缺乏生命的灵性和怡人的芬芳，终究难以获得消费者的芳心。

本书在各章的"案例研究""练习与思考""实践操作"中，都布置了相关的题目与任务，试图启发学生围绕相关问题，进行创新性思考，培养学生的创新意识。

3. 数字化是网络营销的方向

网络营销已经走过Web1.0、Web2.0时代，进入了Web3.0时代(大致以大数据、云计算、高速高可靠移动网络、物联网、人工智能等新的技术在网络营销中的应用，催生出基于位置的营销、智能营销、基于云的营销、大数据营销等营销方式为特征)，也可称之为网络营销的数字化时代。如果把网络营销划分为两种类型，可以分为传统的网络营销和数字化网络营销。有人把传统的网络营销也叫做数字营销，那是指传播营销信息的载体是数字媒体。但传统的网络营销称不上真正的数字营销，因为它的决策还不是以数据作为依据，也没有实现个性化精准营销。营销人员利用数据库技术、大数据技术、人工智能，预测市场变化，调整产品生产，调整产品价格，调整广告策略，进行个性化营销……数字化营销已经取得了很大的成就，更有广阔的发展前景。

本书第5章介绍了数据驱动的网络营销策略，帮助你了解数字营销的基本面貌、基本方法、基础应用，为后续学习打下基础。

4. 传播和沟通是网络营销的基石

没有传播和沟通就没有营销。网络营销的优势之一就是传播和沟通的便捷性、广泛性、及时性和低成本，各种网络营销奇迹的产生都离不开这一优势作为基础。各类数字媒体是网络营销的传播和沟通的渠道，但不同的数字媒体具有不同的特征。企业网站由企业自己控制，客户黏性较大，有比较多的发挥空间，但往往流量有限；第三方平台的流量比较大，但入驻者受平台限制较多，自主发挥的空间小，客户黏性也比较小；搜索引擎依赖客户的主动搜索，而且成本昂贵；各种自媒体自主性较大，但往往影响范围有限；公共社交平台流量大，但头部效应明显，绝大部分人难有出头之日……总之，各类数字媒体都有自己的优势和劣势，也有自己的受众群体。如何使你的营销信息准确抵达目标客户，并在海量信息中引发他们的兴趣，是营销人员面临的最大挑战。

本书第6、7、8、9、10章介绍了各类数字媒体的特征和利用数字媒体开展营销活动的具体做法，帮助你善用各类数字媒体。

5. 实践是知识转化为能力的桥梁

荀子曰：不闻不若闻之，闻之不若见之，见之不若知之，知之不若行之。学至于行而止矣。如果我们学了很多的知识，但是我们却无法将这些知识转化为能力，无法真正地应用于实践，无疑是对读者的时间和精力的巨大浪费，借用鲁迅的一句话："无端的空耗别人的时间，其实是无异于谋财害命的"。本书各章末尾所附"案例研究"和"实践操作"栏目，就是帮助学生将所学知识转化为分析问题、解决问题的能力，实现从知识到能力的跨越。

二、如何使用本书

本书在每章开头介绍了该章的学习目标，学生可借此迅速了解该章的主要内容，也可了解该章的具体学习要求。

本书每章的末尾设置了练习思考题，学生可借此复习本章的知识要点，加深对本章有关问题的思考。

本书各章的末尾提供了研究案例，教师可在教授完该章主要知识点之后，让学生结合所学理论对案例进行分析，提交分析报告或者在时间允许情况下进行课堂研讨。

本书在每章的末尾还设置了实践操作题，学生可通过相关操作，理论联系实际，锻炼实践操作能力。

本书可选用以下三种方法之一，或对三种方法任意组合，进行教学。

第一种是较为传统的教学方法，即教师讲解知识内容为主，然后通过让学生进行案例分析、练习与思考、实践操作，达到巩固知识、运用知识的目的。

第二种是项目课程法，可将实践操作题作为课程的项目，学生操作为主，教师简单讲解知识要点，在学生操作过程中释疑解惑。

第三种是案例教学法，教师可将各章案例作为教学材料，在教学中扮演着设计者和激励者的角色，组织学生积极参与案例分析、讨论，鼓励学生独立思考，然后归纳、总结有关知识。

三、建议课时分配

为适应不同院校的课时要求，编者提出了总课时不同的各章课时安排，以供参考。

内容	总课时		
	32	48	64
1 网络营销概述	2	3	4
2 网络市场的特征及相应营销策略	2	3	4
3 网络消费者行为分析	2	3	4
4 网络市场调研	3	4	5
5 数据驱动的网络营销	3	4	5
6 网站营销	2	3	5
7 App营销	2	3	4
8 第三方平台营销	2	3	4
9 搜索引擎营销	2	3	4
10 社交网络营销	3	5	6
11 网络广告	3※	5※	6※
12 跨境网络营销	2	3	5
13 客户关系管理	2※	3※	4※
机动	2	3	4

注：※表示如果单独开设了相关课程，可免讲该章。

四、本书的编写分工

本书是由6所高校的教师集体编写而成，其中，第1、2、3章由张建军(东南大学)编写，第4章由张琰(东南大学成贤学院)编写，第5章由刘丽丽(南京航空航天大学)编写，第6、7、8章由王昆(长春光华学院)编写，第9、13章由米传民(南京航空航天大学)编写，第10章由郑桂玲(东南大学成贤学院)编写，第11章由张琰和张利娜(东南大学成贤学院)编写，第12章由周晓琛(南京工业大学)编写，第1、10章的案例由高功步(扬州大学)和张建军合作编写，第6、7、8、9章的案例由张建军编写。全书由张建军负责统稿。

在编写过程中，所有参编人员付出了很大的努力，在此表示感谢。东南大学出版社张绍来先生认真细致的工作态度和高度的专业素养，给编者留下了极为深刻的印象，在此谨致敬意！书中所列参考资料的各位作者和出版单位为本书做出了贡献，谨致谢忱。书中难免出现这样或那样的问题和不足，敬请读者批评指正！

张建军

2022年10月于南京

联系邮箱：342972639@qq.com

电子商务系列教材编辑委员会

主　任　宁宣熙

副主任　黄　奇　　王传松　　周曙东　　田景熙　　吴清烈
　　　　　王树进　　张建军　　都国雄　　武　忠　　张绍来

编　委　丁晟春　　丁振强　　王树进　　王贺朝　　王维平
　　　　　王超学　　王　昆　　卞保武　　叶　辉　　叶建川
　　　　　申俊龙　　田景熙　　付铅生　　冯茂岩　　叶俊杰
　　　　　朱学芳　　朱红根　　米传民　　庄燕模　　刘　丹
　　　　　刘小中　　刘玉龙　　刘松先　　刘　敏　　刘立民
　　　　　严世英　　吴清烈　　李艳杰　　李晏墅　　李善山
　　　　　闵　敏　　迟镜莹　　张中成　　张　赪　　张建军
　　　　　张家超　　张格余　　张维强　　张　琰　　陈次白
　　　　　陈长斌　　邵　波　　尚晓春　　罗　良　　武　忠
　　　　　易顺明　　周　源　　周桂瑾　　俞立平　　郑钢锋
　　　　　桂海进　　高功步　　钱　敏　　陶向东　　黄宝凤
　　　　　黄建康　　曹洪其　　常晋义　　董　岗　　曾　杨
　　　　　谢延森　　焦春凤　　虞益诚　　鲍　蓉　　潘　丰
　　　　　潘　军　　魏贤君

出 版 说 明

为了适应高等院校电子商务专业教学的需要,经过较长时间的酝酿、精心策划和精心组织,我们编写出版了电子商务系列教材。

2001年9月,经南京大学、东南大学、南京航空航天大学、南京农业大学、南京理工大学、南京审计学院、南京工业职业技术大学、南京正德职业技术学院、东南大学出版社、南京商友资讯商务电子化研究院、江苏省信息学会电子商务专业委员会等单位的有关人士反复商讨、策划,提议组织编写、出版电子商务系列教材。此项倡议得到江苏省内30多所高校的赞同和中国工程院院士、东南大学校长顾冠群的支持。2001年11月3日召开首次筹备工作会议,正式着手编委会的组建、专业课程设置及教材建设研讨、编写人员组织等各项工作。经过各方面人士的共同努力,2001年12月22日正式成立电子商务丛书编委会,确定了首批教材的编写大纲和出版计划,落实了教材的编写人员,于2002年9月出版了首批电子商务系列教材共13种。

首批教材的出版,得到了广大读者的肯定,并荣获了华东地区大学出版社第六届优秀教材学术专著二等奖。其中《电子商务概论》《电子商务项目运作》被教育部确定为普通高等教育"十一五""十二五"国家级规划教材。

为了体现出精品、争一流、创品牌的指导思想,2018年3月,电子商务丛书编委会在南京召开了"高等院校电子商务专业建设与教材建设研讨会",来自上海、浙江、江苏等院校代表参加了会议。会议决定对已出版的电子商务系列教材进行全面的修订,继续跟踪电子商务专业的发展,继续出版有关电子商务专业的系列教材。

我们将充分发挥数十所高校协同合作的优势,发挥产、学、研结合的优势,对教材内容不断更新和精雕细琢,以推出更多更好的教材或论著奉献给广大师生和读者。教材中难免存有许多不足之处,欢迎广大师生和读者提出宝贵意见。

联系方式　http://www.ebusiness-in-china.com
　　　　　E-mail:erbian@seu.edu.cn

电子商务丛书编委会
2022年9月

总　　序

20世纪末信息技术的飞速发展,为社会的各个领域开辟了全新的天地。互联网投入商业化运营以后,电子商务应运而生并蓬勃发展。电子商务不仅改变了商务活动的运作模式,而且必将给政治、经济和人民生活的各个领域带来根本性的变革。电子商务将是21世纪全球经济增长最快的领域之一,它带来的经济发展机遇是人类历史上几百年才能遇到的。

研究电子商务理论、模式、方法,回答电子商务发展中一系列理论的和实践的问题,是电子商务理论工作者的任务,也是我国经济、科技领域出现的一项重大课题。因此,一门新的学科——电子商务学应运而生。可以说,电子商务理论是一门技术、经济、管理诸多学科知识融会交叉的新兴的应用型学科,它涉及的内容是十分广泛的。

然而,"理论是灰色的,而生活之树是常青的。"在电子商务迅猛发展的时代,理论研究往往跟不上实践的发展,由此而产生一种矛盾性状态:一方面,实践的发展迫切需要理论创新和由创新的理论培养出来的大批人才;另一方面,理论的创新和人才的培养却一时又跟不上实践发展的需要。正是这样一种矛盾性的状态,给我们提出了一个任务:在前一阶段电子商务实践发展的基础上进行相应的理论性的归纳、总结和集成,以适应培养电子商务专业人才的需要,同时也为广大企业和相关部门应用电子商务提供指导。

为了推动电子商务理论的创新和加快电子商务专业人才的培养,江苏省信息学会电子商务专业委员会和东南大学出版社,联合了南京大学、东南大学、南京航空航天大学、南京农业大学、南京理工大学、中国矿业大学等省内30多所高校和我省最早从事电子商务应用开发的服务机构——南京商友资讯商务电子化研究院,走产、学、研合作之路,组织编撰一套"电子商务丛书",首期出版"电子商务系列教材"。这是一件很有意义的工作。

我们希望这套专业教材的出版,有助于电子商务理论的创新和发展,有助于电子商务专业人才的培养,有助于电子商务在全社会的广泛应用。

中国工程院院士
东南大学校长
2002年春

目　　录

1　网络营销概述 ·· 1
　1.1　互联网的特征及其对市场营销的影响 ··· 1
　　1.1.1　互联网的特征 ·· 1
　　1.1.2　互联网对市场营销的影响 ·· 2
　1.2　什么是网络营销 ·· 4
　　1.2.1　网络营销的含义 ··· 4
　　1.2.2　正确理解网络营销 ·· 4
　　1.2.3　网络营销的功能 ··· 5
　　1.2.4　网络营销的优势 ··· 6
　　1.2.5　网络营销体系 ·· 8
　1.3　网络营销目标与战略 ·· 8
　　1.3.1　网络营销目标 ·· 8
　　1.3.2　网络营销竞争战略类型 ·· 10
　1.4　网络营销组合策略 ·· 11
　　1.4.1　网络营销产品策略 ·· 11
　　1.4.2　网络营销定价策略 ·· 12
　　1.4.3　网络销售渠道策略 ·· 13
　　1.4.4　网络营销推广渠道策略 ·· 15
　　1.4.5　网络营销方式 ·· 16
　1.5　网络营销计划 ··· 19
　案例研究 ·· 20
　练习与思考 ·· 23
　实践操作 ·· 24

2　网络市场的特征及相应营销策略 ·· 25
　2.1　网络市场的信息特征及相应营销策略 ··· 25
　　2.1.1　网络市场中信息的主导地位及相应营销策略 ······························ 25
　　2.1.2　信息的二重性及相应营销策略 ·· 26
　　2.1.3　网络市场的虚拟性及相应营销策略 ·· 26
　　2.1.4　网络市场的实时性及相应营销策略 ·· 27
　　2.1.5　网络市场的交互性及相应营销策略 ·· 28
　2.2　网络市场的需求特征及相应营销策略 ··· 28
　　2.2.1　网络市场的体验需求及相应营销策略 ······································· 28
　　2.2.2　网络市场的个性化需求及相应营销策略 ···································· 30

  2.2.3 网络市场的娱乐需求及相应营销策略 ‥‥‥‥‥‥‥‥‥‥‥‥‥‥‥‥ 30
  2.2.4 网络市场消费者参与需求及相应营销策略 ‥‥‥‥‥‥‥‥‥‥‥‥‥‥ 31
 2.3 **网络市场效应及相应营销策略** ‥‥‥‥‥‥‥‥‥‥‥‥‥‥‥‥‥‥‥‥‥‥ 32
  2.3.1 蝴蝶效应及相应营销策略 ‥‥‥‥‥‥‥‥‥‥‥‥‥‥‥‥‥‥‥‥‥‥ 32
  2.3.2 锁定效应及相应营销策略 ‥‥‥‥‥‥‥‥‥‥‥‥‥‥‥‥‥‥‥‥‥‥ 33
  2.3.3 马太效应及相应营销策略 ‥‥‥‥‥‥‥‥‥‥‥‥‥‥‥‥‥‥‥‥‥‥ 34
  2.3.4 临界效应及相应营销策略 ‥‥‥‥‥‥‥‥‥‥‥‥‥‥‥‥‥‥‥‥‥‥ 35
  2.3.5 长尾效应及相应营销策略 ‥‥‥‥‥‥‥‥‥‥‥‥‥‥‥‥‥‥‥‥‥‥ 36
  2.3.6 网络外部性及相应营销策略 ‥‥‥‥‥‥‥‥‥‥‥‥‥‥‥‥‥‥‥‥‥ 37
案例研究 ‥‥‥‥‥‥‥‥‥‥‥‥‥‥‥‥‥‥‥‥‥‥‥‥‥‥‥‥‥‥‥‥‥‥‥ 38
练习与思考 ‥‥‥‥‥‥‥‥‥‥‥‥‥‥‥‥‥‥‥‥‥‥‥‥‥‥‥‥‥‥‥‥‥ 40
实践操作 ‥‥‥‥‥‥‥‥‥‥‥‥‥‥‥‥‥‥‥‥‥‥‥‥‥‥‥‥‥‥‥‥‥‥ 40

3 网络消费者行为分析 ‥‥‥‥‥‥‥‥‥‥‥‥‥‥‥‥‥‥‥‥‥‥‥‥‥‥‥‥ 42
 3.1 **网络消费者的特征** ‥‥‥‥‥‥‥‥‥‥‥‥‥‥‥‥‥‥‥‥‥‥‥‥‥‥‥ 42
  3.1.1 网络消费者的中心地位 ‥‥‥‥‥‥‥‥‥‥‥‥‥‥‥‥‥‥‥‥‥‥‥ 42
  3.1.2 网络消费者的边际效用 ‥‥‥‥‥‥‥‥‥‥‥‥‥‥‥‥‥‥‥‥‥‥‥ 43
  3.1.3 网络消费者的心理特征 ‥‥‥‥‥‥‥‥‥‥‥‥‥‥‥‥‥‥‥‥‥‥‥ 43
 3.2 **网络消费者的购买动机** ‥‥‥‥‥‥‥‥‥‥‥‥‥‥‥‥‥‥‥‥‥‥‥‥‥ 44
  3.2.1 一般消费者的购买动机 ‥‥‥‥‥‥‥‥‥‥‥‥‥‥‥‥‥‥‥‥‥‥‥ 44
  3.2.2 选择网络购买方式的动机 ‥‥‥‥‥‥‥‥‥‥‥‥‥‥‥‥‥‥‥‥‥‥ 45
 3.3 **网络消费者的购买类型** ‥‥‥‥‥‥‥‥‥‥‥‥‥‥‥‥‥‥‥‥‥‥‥‥‥ 46
  3.3.1 简单型购买 ‥‥‥‥‥‥‥‥‥‥‥‥‥‥‥‥‥‥‥‥‥‥‥‥‥‥‥‥ 46
  3.3.2 复杂型购买 ‥‥‥‥‥‥‥‥‥‥‥‥‥‥‥‥‥‥‥‥‥‥‥‥‥‥‥‥ 46
  3.3.3 定制型购买 ‥‥‥‥‥‥‥‥‥‥‥‥‥‥‥‥‥‥‥‥‥‥‥‥‥‥‥‥ 46
 3.4 **网络消费者的购买过程** ‥‥‥‥‥‥‥‥‥‥‥‥‥‥‥‥‥‥‥‥‥‥‥‥‥ 47
  3.4.1 确认需要 ‥‥‥‥‥‥‥‥‥‥‥‥‥‥‥‥‥‥‥‥‥‥‥‥‥‥‥‥‥ 47
  3.4.2 收集信息 ‥‥‥‥‥‥‥‥‥‥‥‥‥‥‥‥‥‥‥‥‥‥‥‥‥‥‥‥‥ 48
  3.4.3 方案评价 ‥‥‥‥‥‥‥‥‥‥‥‥‥‥‥‥‥‥‥‥‥‥‥‥‥‥‥‥‥ 48
  3.4.4 购买决策 ‥‥‥‥‥‥‥‥‥‥‥‥‥‥‥‥‥‥‥‥‥‥‥‥‥‥‥‥‥ 48
  3.4.5 购买后评价 ‥‥‥‥‥‥‥‥‥‥‥‥‥‥‥‥‥‥‥‥‥‥‥‥‥‥‥‥ 49
 3.5 **网络消费者购买决策的主要影响因素** ‥‥‥‥‥‥‥‥‥‥‥‥‥‥‥‥‥‥‥ 49
  3.5.1 价格 ‥‥‥‥‥‥‥‥‥‥‥‥‥‥‥‥‥‥‥‥‥‥‥‥‥‥‥‥‥‥‥ 49
  3.5.2 口碑 ‥‥‥‥‥‥‥‥‥‥‥‥‥‥‥‥‥‥‥‥‥‥‥‥‥‥‥‥‥‥‥ 49
  3.5.3 搜索成本 ‥‥‥‥‥‥‥‥‥‥‥‥‥‥‥‥‥‥‥‥‥‥‥‥‥‥‥‥‥ 50
  3.5.4 服务 ‥‥‥‥‥‥‥‥‥‥‥‥‥‥‥‥‥‥‥‥‥‥‥‥‥‥‥‥‥‥‥ 50
案例研究 ‥‥‥‥‥‥‥‥‥‥‥‥‥‥‥‥‥‥‥‥‥‥‥‥‥‥‥‥‥‥‥‥‥‥‥ 51
练习与思考 ‥‥‥‥‥‥‥‥‥‥‥‥‥‥‥‥‥‥‥‥‥‥‥‥‥‥‥‥‥‥‥‥‥ 51
实践操作 ‥‥‥‥‥‥‥‥‥‥‥‥‥‥‥‥‥‥‥‥‥‥‥‥‥‥‥‥‥‥‥‥‥‥ 52

4 网络市场调研

4.1 网络市场调研概述 …… 53
4.1.1 网络市场调研的概念及意义 …… 54
4.1.2 网络市场调研的特点 …… 55
4.1.3 网络市场调研的程序 …… 56

4.2 网络市场调研的内容 …… 57

4.3 网络市场调研的方法及工具 …… 61
4.3.1 网络市场调研的方法 …… 61
4.3.2 网络市场调研的工具 …… 65

4.4 网络市场调研实施 …… 73
4.4.1 网络市场调研的背景及目标 …… 73
4.4.2 网络市场调研计划 …… 74
4.4.3 编制调研问卷 …… 74
4.4.4 调研结果 …… 76

案例研究 …… 77
练习与思考 …… 78
实践操作 …… 78

5 数据驱动的网络营销

5.1 数据驱动的网络营销战略 …… 79
5.1.1 数据带来的商业变革 …… 79
5.1.2 数据驱动的网络营销宏观环境及发展趋势 …… 80
5.1.3 数据驱动的网络营销战略的升级 …… 82

5.2 数据库营销 …… 87
5.2.1 营销数据库与数据仓库 …… 87
5.2.2 数据库营销的程序与应用 …… 89

5.3 大数据营销 …… 92
5.3.1 大数据营销的定义、特点及应用 …… 92
5.3.2 大数据营销的发展趋势与挑战 …… 95

5.4 数据营销的应用 …… 96
5.4.1 数据决策 …… 96
5.4.2 需求预测 …… 98
5.4.3 个性化营销 …… 100
5.4.4 广告智能推送 …… 101
5.4.5 客户精细化管理 …… 102
5.4.6 客户智能运营 …… 104

案例研究 …… 106
练习与思考 …… 107
实践操作 …… 108

6 网站营销 ... 109
6.1 营销网站策划 ... 109
6.1.1 营销网站概述 ... 109
6.1.2 营销网站策划的内容 ... 110
6.2 营销网站域名注册与保护 ... 111
6.2.1 域名注册 ... 111
6.2.2 域名备案 ... 114
6.2.3 域名保护 ... 114
6.3 营销网站设计 ... 115
6.3.1 营销网站功能设计 ... 115
6.3.2 营销网站布局设计 ... 117
6.4 营销网站开发技术 ... 118
6.4.1 图像处理技术 ... 118
6.4.2 Web 前端开发技术 ... 118
6.4.3 程序开发技术 ... 119
6.4.4 数据库技术 ... 119
6.5 营销网站运营 ... 120
6.5.1 网站发布与推广 ... 120
6.5.2 网站内容更新 ... 120
6.5.3 网站系统性能优化 ... 120
案例研究 ... 120
练习与思考 ... 121
实践操作 ... 122

7 App 营销 ... 123
7.1 App 营销概述 ... 123
7.1.1 App 营销的概念 ... 123
7.1.2 App 营销的优势 ... 124
7.2 App 营销模式 ... 124
7.2.1 广告植入模式 ... 124
7.2.2 App 植入模式 ... 125
7.2.3 用户营销模式 ... 125
7.2.4 内容营销模式 ... 126
7.2.5 购物 App 模式 ... 126
7.3 App 设计 ... 127
7.3.1 App 设计的基本原则 ... 127
7.3.2 App 功能设计 ... 127
7.4 App 运营与推广 ... 134
7.4.1 App 运营 ... 134
7.4.2 App 推广 ... 135

  案例研究 ·· 136
  练习与思考 ·· 137
  实践操作 ·· 138

8 第三方平台营销 ··· 139
8.1 第三方平台概述 ·· 139
8.1.1 第三方平台的类型 ··· 139
8.1.2 第三方平台营销的优缺点 ··· 140
8.1.3 第三方平台的选择 ··· 141
8.2 第三方平台网店设计与装潢 ··· 141
8.2.1 第三方平台网店申请 ··· 141
8.2.2 第三方平台店铺基本设置 ··· 143
8.2.3 店铺装修 ·· 144
8.3 第三方平台网店运营 ··· 153
8.3.1 宝贝管理 ·· 153
8.3.2 物流管理 ·· 157
8.3.3 交易管理 ·· 159
8.3.4 数据分析 ·· 161
8.4 第三方平台网店的促销方式 ··· 164
8.4.1 活动营销 ·· 164
8.4.2 内容营销 ·· 172
  案例研究 ·· 176
  练习与思考 ·· 178
  实践操作 ·· 179

9 搜索引擎营销 ·· 180
9.1 搜索引擎概述 ··· 180
9.1.1 搜索引擎的概念 ·· 180
9.1.2 搜索引擎的发展历程 ··· 180
9.1.3 搜索引擎的工作原理 ··· 181
9.2 网站结构和外部链接优化 ·· 183
9.2.1 网站落地页优化 ·· 183
9.2.2 网站结构优化 ··· 185
9.2.3 外部链接建设 ··· 186
9.3 搜索引擎优化 ··· 187
9.3.1 搜索引擎优化的概念 ··· 187
9.3.2 搜索引擎优化的意义 ··· 187
9.3.3 关键词研究 ·· 188
9.3.4 主流搜索引擎网页排名算法 ··· 191
9.4 搜索引擎优化效果分析 ··· 194

         9.4.1 SEO 精准流量分析 ·· 194
         9.4.2 网站用户行为分析 ·· 198
         9.4.3 SEO 效果分析工具与系统 ··· 199
    9.5 搜索引擎营销的目标与方式 ·· 204
         9.5.1 搜索引擎营销的概念 ·· 204
         9.5.2 搜索引擎营销的目标与价值 ··· 204
         9.5.3 搜索引擎营销的种类 ·· 205
         9.5.4 搜索引擎营销的基本要素和过程 ·· 205
         9.5.5 SEO 和 SEM 的区别 ··· 206
    案例研究 ··· 206
    练习与思考 ··· 207
    实践操作 ··· 208

10 社交网络营销

    10.1 社交网络营销概述 ·· 209
         10.1.1 社交网络营销的概念 ·· 209
         10.1.2 社交网络营销的特点 ·· 209
         10.1.3 社交网络营销的作用 ·· 210
    10.2 微信营销 ··· 211
         10.2.1 微信营销的特点 ·· 211
         10.2.2 微信朋友圈营销 ·· 211
         10.2.3 微信公众平台营销 ·· 213
         10.2.4 微信小程序营销 ·· 214
    10.3 直播与短视频营销 ·· 215
         10.3.1 直播营销 ··· 215
         10.3.2 短视频营销 ··· 215
    10.4 博客与微博营销 ·· 216
         10.4.1 博客营销 ··· 216
         10.4.2 微博营销 ··· 218
    10.5 即时通信营销 ·· 220
         10.5.1 电子邮件营销 ·· 220
         10.5.2 短信营销 ··· 221
         10.5.3 QQ 营销 ·· 222
    10.6 其他社交网络营销 ·· 224
         10.6.1 BBS 营销 ·· 224
         10.6.2 RSS 营销 ··· 224
         10.6.3 二维码营销 ··· 226
         10.6.4 友情链接 ··· 227
         10.6.5 资源合作营销 ·· 228
    案例研究 ··· 229

练习与思考 ··· 231
实践操作 ··· 232

11 网络广告 233
11.1 网络广告的类型 233
11.1.1 基于门户网站的网络广告 233
11.1.2 基于搜索引擎的网络广告 236
11.1.3 基于社交网站的网络广告 236
11.1.4 基于App的网络广告 237
11.1.5 新媒体网络广告 237
11.2 网络广告整体策划 239
11.3 网络广告创意设计 240
11.3.1 网络广告创意设计概述 240
11.3.2 网络广告创意设计的基本要求 240
11.3.3 网络广告创意设计通则 241
11.3.4 网络广告的表现手法 242
11.4 网络广告制作 243
11.4.1 网络广告文案的撰写 243
11.4.2 网络平面广告的制作 245
11.4.3 网络视频广告的制作 247
11.5 网络广告发布渠道 252
11.6 网络定向广告 254
11.7 网络广告计费方式与效果测评 256
11.7.1 网络广告的计费方式 256
11.7.2 网络广告的效果测评 257

案例研究 ··· 261
练习与思考 ··· 264
实践操作 ··· 264

12 跨境网络营销 265
12.1 跨境网络营销概述 265
12.1.1 跨境网络营销的含义 265
12.1.2 跨境电子商务的概念 265
12.2 跨境网络营销渠道 266
12.2.1 第三方跨境电子商务平台 266
12.2.2 企业官方网站营销（独立站） 272
12.2.3 跨境搜索引擎 274
12.2.4 跨境社交网络 275
12.2.5 网络视频平台 277
12.3 跨境电子商务主要市场 278

```
            12.3.1  西太—南亚市场 ················································································ 278
            12.3.2  北美市场 ························································································ 279
            12.3.3  欧洲市场 ························································································ 279
            12.3.4  拉美市场 ························································································ 279
            12.3.5  中东市场 ························································································ 279
            12.3.6  非洲市场 ························································································ 279
     案例研究 ································································································· 280
     练习与思考 ····························································································· 283
     实践操作 ································································································· 283

13  客户关系管理 ······························································································· 284
    13.1  客户关系管理概述 ············································································· 284
            13.1.1  客户 ······························································································ 284
            13.1.2  客户关系 ························································································ 285
            13.1.3  客户关系管理 ·················································································· 285
    13.2  客户画像 ···························································································· 286
            13.2.1  客户画像基本概念 ············································································ 286
            13.2.2  客户画像的原则 ··············································································· 287
    13.3  客户价值挖掘 ····················································································· 287
            13.3.1  客户价值的含义 ··············································································· 287
            13.3.2  客户的终生价值 ··············································································· 288
            13.3.3  基于客户价值的客户细分 ································································· 289
    13.4  客户维护 ···························································································· 291
            13.4.1  客户满意 ························································································ 291
            13.4.2  客户忠诚 ························································································ 293
    13.5  客户关系管理系统 ············································································· 296
            13.5.1  CRM 系统的概念模型 ······································································· 296
            13.5.2  CRM 系统的基本构成 ······································································· 296
            13.5.3  CRM 的分类 ··················································································· 297
     案例研究 ································································································· 299
     练习与思考 ····························································································· 300
     实践操作 ································································································· 300

参考文献 ············································································································ 301
```

1 网络营销概述

[学习目标]
(1) 了解互联网的特征及其对市场营销的影响。
(2) 了解网络营销的概念、特点、功能和优势。
(3) 了解网络营销竞争战略的类型。
(4) 掌握网络营销传播渠道的类型。
(5) 熟悉各种网络营销方式。
(6) 了解网络营销计划的主要内容。

1.1 互联网的特征及其对市场营销的影响

1.1.1 互联网的特征

互联网是由若干计算机网络相互连接而成的网络,自1969年诞生以来,经过数十年的发展、演变,已经成为覆盖全球的庞大网络,加速了劳动力、资本、货物、知识、技术和服务等要素的流动和共享,深刻改变了人们的生产、生活方式,推动人类社会进入了信息时代。

作为传播媒介,互联网已经超过报纸、广播、电视三大传统媒体,成为最重要的"第四媒体"和最主要的营销信息传播、沟通的媒介。随着基于互联网及与之密切关联的物联网、云计算、大数据、人工智能(AI)以及以5G为代表的更高速度、更高可靠性的移动网络的现代信息技术的高速发展,依托于这些技术的基于位置的营销、智能营销、基于云的营销、大数据营销等营销方式正在发展和普及中。

互联网的主要特征表现为以下几个方面:

1) 开放性

互联网是建立在自由开放的基础之上的,开放性是互联网最根本的特性。最初,互联网的前身阿帕网(ARPAnet)没有采用传统的中央控制式网络体系,而是建成了分布式的网络体系,同时放弃了传统的线路交换式的信息传递方式,采用了全新的包切换技术。分布式使得互联网上的各个计算机之间没有从属关系,每台计算机都只是网络的一个节点,它们之间都是平等的。包切换技术使得人们无法阻止网上信息的传递。后来,为了在不同的计算机之间实现信息的交流和资源的共享,又采用了传输控制协议/网际协议(TCP/IP),这使得不同类型、不同操作系统的计算机都能通过网络交流信息和共享资源。1991年,伯纳斯·李又发明了超文本标记语言(HTML),将网上的信息以全新的方式联系起来,使得任何一个文件在任何操作系统、任何浏览器上都具有可读性。这样,分布式体系以及包切换的信息传递方式为互联网设立了总的开放框架,TCP/IP协议和超文本标记语言又为其开放性提供了软件保障。

2) 跨时空

互联网具有跨越时间与空间的特点。首先,互联网是一个一年365天,每天24小时都在运行的网络。在互联网上,信息的发布、传递不受时间的限制,人们也可以随时(有网络即可)访问、浏览世界各地网站和允许访问的计算机。比起电视需要安排播出时段、报纸最快也要第二天才能出版,互联网有效解决了信息的时滞障碍,为人们在第一时间发布信息、及时获得信息提供了便利。其次,互联网是一个覆盖全球、连接全世界的网络。经过几十年的发展与普及,互联网几乎已经覆盖全球各个角落,而报纸、广播和电视等传统媒体,往往有很大的区域限制,网络媒体的传播范围远远大于上述三大传统媒体,是全球性的。

3) 海量性

互联网具有任何其他信息库无法比拟的庞大的信息资源,其强大的数据库使信息储存几乎能够包含一切,政治、经济、文化、教育、科技、体育、娱乐、生活、旅游、医疗、地理、交通等各种信息,无所不包。而且,互联网上的信息可以进行分类、检索、复制、存储。谷歌、百度等专业搜索引擎及一些网站自有的检索工具,使网上查找信息变得十分便捷。人们可以通过阅览、复制粘贴、下载、收藏、打印网页等方式复制、存储所需资料,使这种资源实现人类的充分共享。所有这些,不但缩短了信息交流的周期,而且对社会发展和文明进步起到巨大的推动作用。

4) 互动性

互动性又称交互性,包含"一对一、一对多、多对一、多对多"的传播方式。报纸、广播和电视等传统媒体的信息传播是单向的,即只有从信息发布者到媒体受众的信息单向传递。网络媒体信息传播是媒体与受众、受众与受众、媒体与媒体之间的多向性、互动性传播,体现了大众传播和人际传播相结合的传播特征。互联网信息传播的互动性体现了其相对于传统媒体所具有的特性和优势。

5) 多媒体性

互联网在技术上实现了多媒体传播,具有多媒体性。互联网已经把网络通信和多媒体技术融为一体,实现了文本、声音、图像、动画、视频等信息的传输和应用。这些技术的应用使得信息可以根据需要,任意选择形式,使信息传递可以做到更加全面化、生动化、深刻化、形象化。

1.1.2 互联网对市场营销的影响

互联网对市场营销的影响是由互联网本身的特点决定的,其影响是广泛而深刻的,概括起来有以下几个方面。

1) 互联网提供了更加广阔的市场

互联网的渗透性、全球性和开放性,使得原来被信息因素、地理因素、经济因素和其他因素区隔开来的区域性市场更加贯通、更加紧密地联系在一起,越来越多的商品或服务市场甚至变成了全球性的市场,这就为企业提供了更加广阔的市场。当然,随之而来的还有竞争环境的改变,竞争的格局也更多地由区域内企业之间竞争变成了全球范围内企业之间的竞争,竞争的激烈程度加剧。

2) 互联网提高了消费者市场地位

在传统媒体时代,商业信息基本上是由企业到消费者的单向流动,消费者只能被动地接受商业信息,选择产品、企业的范围十分有限。互联网,特别是Web2.0、搜索引擎等技术出现以后,相对于企业而言,消费者的市场地位得以大幅提高,甚至居于主导或中心的地位。其原因来自以下几个方面:第一,互联网使得消费者选择范围显著扩大,消费者的选择权、主动权得以显著加强,使消费者在市场中处于主导地位。第二,消费者可以通过网络对商品的价格等进行仔细的比较,也可以很容易地从网络获得有关商品的知识,从而使消费者的消费行为变得更加理智。第三,由于消费者可以借助网络与商家和生产厂家互动,主动表达自己对某种商品的看法、欲望,甚至直接参与产品的设计、生产和流通,消费者的需求将更加多样化、个性化。在英语中甚至出现了一个新的单词——Prosumer(生产型消费者)。第四,消费者在选择产品时,将不仅考虑产品本身,还将慎重考虑加入的网络能给自己带来怎样的价值。消费者如果选择错了加入某个网络,以后想要退出的话,则可能要付出很大的转换成本。

3) 互联网改变了企业市场营销策略

传统营销理念经历了生产观念、推销观念、市场营销观念与社会市场营销观念这四个阶段,尤其以市场营销观念的4Ps策略[产品(Product)、价格(Price)、渠道(Place)、促销(Promotion)],影响最为广泛、深刻,但该策略将追求利润作为出发点,而没有考虑客户的需求。互联网的出现与迅速发展,消费者逐渐获得市场中心的地位,使企业转为以消费者需求为导向进行产品调整与研发,并以客户满意度作为企业发展的重要指标。企业是否及时掌握并适应消费者个性化需求变化,直接决定其在竞争激烈的市场中能否得以生存与发展。此外,互联网本质上的特性是其连接性,互联网将企业和客户连接起来,使得企业抢占市场的关键转变为企业与客户建立牢固、长期、紧密的关系,拥有这种关系,也就意味着拥有竞争优势。因此,企业的市场营销就要从传统的一次性的、短期的交易营销,转变为关系营销。两种营销的区别见表1-1。

表1-1 关系营销与交易营销比较

内容	关系营销	交易营销
策略中心	以客户为中心	以产品为中心
交易次数	关注长期性的交易	关注一次性的交易
客户服务	强调客户服务	不重视客户服务
客户承诺	高强度的客户承诺	有限的客户承诺
客户关系	紧密的客户关系	简单的客户关系
产品质量	质量是企业整体各部门都关心的事	质量是生产部门关心的事
个性化需求	尽力满足个性化需求	不注意满足个性化需求

4) 互联网提高了市场营销时效

互联网是通过有线或无线连接各类终端而成的系统,其信息流动是以光速在瞬间完成的。企业可随时随地在网上发布、修改、撤回有关市场营销信息,也能适时得到各种信息的反馈,并据此调整下一步营销活动方案。相比传统营销的纸面媒体、户外媒体等,互联网大大提高了市场营销的时间效率。

5) 互联网降低了市场营销成本

互联网从两个方面降低了市场营销成本:一方面降低了市场营销的交易成本,包括降低了信息搜寻成本、沟通成本、订立合同的成本、支付成本、运输成本等;另一方面降低了市场营销的生产成本,企业之间通过互联网进行协作、合作、资源共享等,在市场营销产品的设计、生产等方面,也降低了成本。

1.2 什么是网络营销

1.2.1 网络营销的含义

随着网络营销技术、内容和模式的不断创新和发展,人们对网络营销的观察视角和观察重点也在不断变化,对网络营销的称呼也就各不相同,包括电子营销(Electronic Marketing)、虚拟营销(Cyber Marketing)、数字营销(Digital Marketing)、万维网营销(Web Marketing)、互联网营销(Internet Marketing)、网路营销(Network Marketing)、在线营销(Online Marketing)等。这些不同的名称,从不同的侧面反映了网络营销的性质与特点。

网络营销(Internet Marketing)是国内外最为广泛使用的名称,本书将其定义为:基于互联网平台,利用信息技术,通过在线活动,创造、宣传、传递客户价值,并且对客户关系进行管理,为企业和各种利益相关者创造收益的新型营销活动。

这一定义包括几层含义:

(1) 明确指出了网络营销的平台是互联网,即网络营销是在互联网上进行的营销活动。

(2) 指出了网络营销的技术手段是信息技术。信息技术是一个相对宽泛的概念,包括了计算机技术、互联网技术、交互媒体技术、物联网技术、通信技术等。

(3) 指出了网络营销的功能,即创造、宣传和传递客户价值,并对客户关系进行管理。这样的表达,突出了网络营销的精髓所在,也可以涵括网络营销的各种各样的具体功能。各式各样的网络营销形式都是为实现这些功能服务的。

(4) 指出了网络营销的目的,即为企业和各种利益相关者创造收益。网络营销的目的,不仅为企业创造收益,还为客户及其他利益相关者创造收益。如果营销只能为企业创造收益而不能为客户创造收益,这样的营销是不可能吸引客户,并实现企业营销目标的。这里的收益不能仅仅理解为直接的经济收益,也包括其他收益,如创造、提升、放大品牌,提高客户满意度,增进与客户的关系,甚至从客户那里获得知识等。

1.2.2 正确理解网络营销

要正确地理解网络营销,必须注意以下几点:

(1) 网络营销是企业整体营销战略的一个组成部分,是为实现企业总体经营目标服务的。在很多情况下,网络营销(线上营销)与传统营销(线下营销)并不是相互独立的,而是相辅相成、互相促进的营销体系,从而更加有效地实现企业营销目的。

(2) 网络营销活动不可能脱离一般营销环境而独立存在 网络营销理论不是对传统营销理论的颠覆(或全盘否定)。传统营销理论有其发展过程和历史阶段的适应性,甚至可以说,网络营销理论是传统营销理论在互联网环境中的应用和发展,随着营销技术与环境的改变,发展了新的营销手段、营销方式和营销理论。传统营销理论,如市场细分与目标市场理论等,在网络营销中仍然具有重要的指导作用。

（3）网络营销不仅仅是网上销售　网络营销的目的并不仅仅是为了促进网上销售,也促进网下销售,而且,很多情况下,网络营销活动不一定能实现网上直接销售的目的。网络营销的效果表现在多个方面,例如提升企业品牌价值,加强与客户之间的沟通,拓展对外信息发布的渠道,改善对客户服务等。网络营销可以促进常规渠道销量的增加,并且增加客户的忠诚度。

（4）网络营销不等于电子商务　网络营销本身并不是一个完整的商业交易过程,而只是促进商业交易的一种手段。如果把电子商务理解为利用电子手段开展的所有商务活动,那么网络营销就是电子商务的一部分。

1.2.3　网络营销的功能

网络营销的功能很多,企业根据不同目的开展不同内容和形式的网络营销活动,可以起到不同的作用。概括起来,网络营销功能主要有发布信息、推广品牌、开拓渠道、促进销售、网站推广、维护客户关系、文化传播和特色服务等。

1）发布信息

网络营销是向客户传递信息的一种手段,也是企业信息发布的主要方式之一,通过网络,不仅可以将企业的产品信息、价格信息、服务信息等发布在自己的网站上,还可以发布在流量更大的网站上,或者直接通过电子邮件、即时通信等方式发送给目标客户。

与传统媒体信息发布相比,网络营销信息发布具有很大的优势。第一,不受地域限制,可以把信息发布到全球任何一个地点,以实现信息的广覆盖;第二,信息发布及时、灵活,可根据需要随时发布信息,补充、修改信息;第三,网络营销信息的停留时间长,只要不主动删除,网络营销信息可以无限期保留;第四,网络营销信息发布的表现形式灵活,可以是文字、图片,也可是声音、视频等;第五,网络营销信息发布不受篇幅限制,可以发布详尽信息;第六,在网络营销信息发布以后,可以进行跟踪,获得回复,也就是网络营销信息发布并非单向的信息推送,而是具有很好的互动性。

2）推广品牌

网络经济时代,拥有市场比拥有工厂更重要。拥有市场的唯一办法,就是拥有占市场主导地位的品牌。网络营销的主要作用之一是进行品牌推广,提升企业品牌价值。网络营销可通过各种形式和渠道,让人们增进对企业、产品和品牌的了解并加深印象。网络营销丰富的表现手段为更好地展示产品信息和企业形象提供了必要条件。

3）开拓渠道

网络营销具有跨地域、广覆盖的特点,可以突破人为设置的经济壁垒和地区封锁,渗透到交通不便、信息闭塞的边远地区和市场,加上网络营销丰富的表达方式与深度劝服能力,可以为企业迅速开拓市场,打通销售渠道,打开销售局面。

4）促进销售

促进销售是大多数营销活动的最终目标。网络营销通过发布产品信息,让客户受到各种形式的网络广告吸引从而获取产品信息,已成为影响客户购买行为的因素之一,尤其当网络广告与企业网站、网上商店等网络营销手段相结合时,这种产品促销活动的效果更为显著。网络广告对于销售的促进作用不仅表现在直接的在线销售,还表现在通过互联网获取产品信息后对网下销售的促进。

5）网站推广

网站的浏览量是网站价值的集中体现，一个网站建设得再好，没有流量也就没有价值。要增加流量就必须推广网站。而网络营销就是网站推广的最为有效的方式。网络营销可以通过网页广告、网络杂志、网络报纸、网络论坛、电子邮件、微信、微博、博客、网络视频、网络直播等形式与网站建立链接，广告受众只要点击这些广告，就可以到达推广目标网站，从而增加网站的访问量。

6）维护客户关系

在传统的经济模式下，由于认识不足，或自身条件的局限，企业在管理客户资源方面存在着较为严重的缺陷。网络营销所具有的对客户行为的跟踪分析功能为深入了解客户的需求和购买特点提供必要的信息，这种信息不仅成为网上调研内容的组成部分，还为建立和改善客户关系提供了必要条件。网络营销的实时性和互动性等特点，可以让企业及时了解客户需求，为客户释疑解惑。网络营销对客户关系的改善也促进了品牌忠诚度的提高。比如小米手机社区论坛，就集聚了大量活跃的"米粉"，商家与"米粉"在这里进行沟通交流，大大提升了"米粉"对商家的忠诚度。

7）文化传播

企业文化是企业的灵魂，是推动企业发展的不竭动力。它包含着非常丰富的内容，其核心是企业的精神和价值观。企业的宗旨、理念、方针、程序、规章、商标都是企业文化的主要内容。企业文化的传播，是在公众中建立企业形象的必要途径。网络营销可以通过网络广告、企业网站的企业介绍信息等各种方式，传播企业文化，从而起到吸引人才、建立信任、促进公众对企业的了解与理解、争取客户支持、促进销售等多重作用。

8）特色服务

与传统营销相比，网络营销具有独特的服务功能，其内涵和外延都得到了扩展和延伸。客户可以通过与网络广告链接的网站、网页，也可以通过邮件列表、聊天室、虚拟社区论坛和各种即时信息服务，还可以通过在线收听、收视，获得各种信息服务，选购、定制产品，在线谈判，在线合同，在线支付，在线交货，在线维护、升级等选择性服务。而且，这些服务完全可以不受时间、地域、气候等因素的限制。

1.2.4　网络营销的优势

网络营销是利用信息技术，特别是计算机技术、互联网技术、交互媒体技术和现代通信技术进行的营销活动，因而，与传统营销相比，网络营销具有鲜明的与上述技术紧密相关的优势。

1）交互性

所谓交互性，是指建立在现代信息技术基础之上的、经济行为人之间的互动式经济联系。网络营销的交互性不仅发生在进行网络营销的企业与其消费者之间，还在消费者与消费者之间，也会产生交互作用和交互影响关系，因为人们网络购物时，常常会先看看别的消费者对商品和商家的评价再做决定。网络市场中的互联是以极快的信息传播速度作为基础，人们之间的交互作用和交互影响不但非常广泛、非常深入，而且非常迅速，大大降低了市场的交易成本，提高了市场的交易效率，也使市场营销活动产生了革命性的变化。比如，企业与消费者互动过程中可以更多地相互了解，使得网络营销的信息非对称性大大削弱了。消费者在与企业互动过程中对产品提出要求甚至参与设计和生产,使得生产者和消费者之间的界限变得模糊了。消费者在网络购物后在网络上所写的对企业商品和服务的评价,直接成为网络营销内容的一部分。

2)实时性

所谓实时性,指的是即时性,即信息传递可在瞬间完成。企业根据需要可以在任何时间发布、删改网络营销信息,相关信息可在瞬间传递到世界上有互联网的每一个角落。比如,可以快速地推广新产品,迅速占领市场;可以缩短对消费者的响应时间,从而提高消费者满意度。如果出现紧急事件或公关危机,也可以迅速发布相关信息,稳定市场,减少甚至避免危机带来的损害。

3)跨时空

互联网的开放性、全世界共享性、信息传播无时间限制性,使得网络信息的传播突破了空间和时间的限制,从而使得网络营销具有了全球性和全时性的效果。传统营销媒体无论是电视还是报纸、广播,营销效果都受到空间和时间的限制。网络营销为企业在全世界范围内寻找客户提供了现实可能性,为企业塑造全球品牌提供了更佳的机会。

4)富媒体

网络信息可以有文字、图形、图像、声音、视频等不同的形式,与传统媒体比较,网络营销既具有平面媒体的信息承载量大的特点,又具有电波媒体的视、听觉效果,可谓图文并茂、声像俱全,可以传递更加丰富的内容。对营销人员而言,在营销信息表现形式上具有更多更好的选择,从而更加自由地、充分地表达营销创意设计。而且,网络广告发布不需要印刷,节省纸张,不受时间、版面限制,客户只要需要,就可随时索取,有利于企业提高产品促销的效果。

5)个性化

客户需求个性化是现今市场的一个显著特点,客户对广告信息的需求也因此是个性化的。但在信息时代,客户每天接收到大量的无用的广告信息,这些信息会占去客户的大量时间和精力,久而久之,客户会心生反感。网络营销可以利用客户数据库技术、交互性技术、大数据技术等,利用客户的相关信息,如以往购买商品的信息,上网浏览历史信息,消费者的年龄、性别、职业、专业、学历、生日、上学时间、结婚纪念日、孩子的生日等一切可以收集和利用的信息,判断消费者的兴趣爱好、需求特征,从而开展极具针对性的营销,为消费者提供个性化的产品和服务,大大提高营销效果。

6)直达性

对大多数商品而言,企业因为营销资源的限制,或为减少销售成本,就必须减少与消费者直接交易的次数,为此传统营销方式就必须设立多级的分销渠道。分销渠道越长,生产企业对各销售环节,尤其是低端销售环节就越难管理,越容易出现销售价格混乱、假冒伪劣问题频出等营销乱象。此外,各级分销商不断加价,导致出厂价和消费者最终买价之间存在巨大的价差。网络营销通过现代信息技术和现代物流系统,可以直接面对数量更加庞大的消费者,分销渠道得以大大缩短,甚至可以实现零级渠道,因而生产企业对分销渠道的控制能力大为增强,对市场的反应能力和反应速度大为提高。因为网络销售的商品分销渠道较短,可由生产企业直达消费者,避免或减少了分销渠道层层加价,使得网络销售价格低于实体店销售价格(当然还有实体店的店面费用、仓储成本等原因),这成为网络营销的重要优势之一。

7）成本低

在网上发布市场营销信息，代价有限，甚至可以零成本（但在著名网站浏览量很大的网页发布广告，价格是很高的）。发布的信息任何人都可以免费、自由地索取。这样可以节省促销费用。前来访问的大多是对此类产品感兴趣的客户，受众准确，避免了许多无用的信息传递，也可提高营销费用的效率。此外，企业还可根据销售终端的商品销售信息、网络订单信息，甚至是由大数据得出的信息，来调整库存量，安排生产计划，既可降低库存费用，又可合理安排资金、人力、设备，降低生产领域的费用。

8）虚拟性

网络营销的市场是建立在网络空间的虚拟市场，信息的发送和接收、交易的全部或部分环节是在网络中完成的。营销信息的媒体主要是数字化的文字、图形、图像、声音等，在这样的虚拟化市场中的营销与在实际地理空间的传统市场中的营销会有很多的不同。网络营销的虚拟性有其有利的方面：第一，因为网络营销是在网络空间进行的，所以大大减少了对现实空间、资本、资源、仓储和运输的需求。第二，虚拟空间突破了现实时间和现实空间的限制，使人们可以获得的信息量、相互交往的人数与次数达到传统市场无法企及的程度。第三，人们可以利用虚拟社区、虚拟市场、虚拟商场、虚拟公司等，共享信息、资源、智力，交流产品知识，分享产品体验，为网络营销提供了广阔的空间和大量的机会。

1.2.5 网络营销体系

网络营销体系是指网络营销所有活动及它们之间依赖关系。一个较为完整的网络营销体系包括网络营销战略、网络营销组合策略、网络营销实施、网络营销效果测评与改进四个部分，见图1-1。

1.3 网络营销目标与战略

1.3.1 网络营销目标

网络营销目标是指在计划期内所要达到的目的，是网络营销计划的核心部分，对网络营销策略和行动方案的拟定具有指导作用。网络营销目标是在分析营销现状并预测未来的机会和威胁的基础上确定的。

1）网络营销目标的类型

网络营销是企业整体营销（包括线上营销和线下营销）的一部分，其营销目标应服从并服务于企业的整体营销目标。不同类型的企业有不同的市场营销任务和目标，同一企业在不同发展时期也有不同的市场营销任务和目标，因此，有关人员应该从实现企业经营目标的实际需要出发来制定网络营销目标。一般地，网络营销目标有如下几个方面：

（1）销售类目标　销售类目标包括网络销售额、市场占有率、分销网络覆盖面、市场渗透率等。

（2）服务类目标　指通过网络营销渠道，为满足客户的需求，提供的包括售前、售中、售后

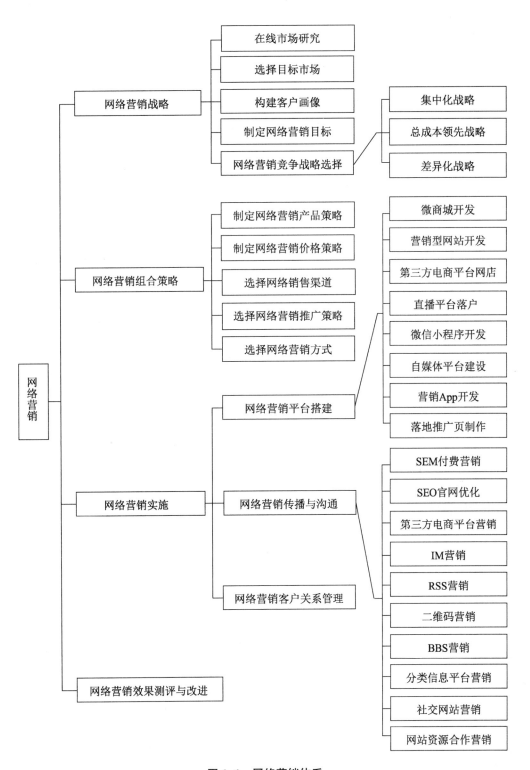

图1-1 网络营销体系

等一系列服务。客户服务的目的是满足客户的服务需求,客户是否满意是评价企业客户服务成败的唯一指标。

（3）品牌类目标　品牌类网络营销目标主要是通过网络,建立企业的品牌形象,加强与客户的直接联系和沟通,建立客户的品牌忠诚度,为企业现行营销目标的实现和企业的后续发展打下基础。

（4）财务类目标　该类目标主要是通过网络营销手段,全面降低营销费用,改进营销效率,改善营销管理和提高企业竞争力,具体目标包括销售额目标、利润目标、投资回报率目标等。

2）制定网络营销目标的原则

要使网络营销目标对网络营销策略和行动方案的拟定起到真正的指导作用,其制定过程应该遵守 SMART 原则：

（1）目标指标必须是具体的(Specific)　目标指标要具体、明确,不能含糊、笼统。

（2）目标指标必须是可以衡量的(Measurable)　目标指标应是数量化或者行为化的,验证这些指标的数据或者信息是可以获得的。

（3）目标指标必须是可以达到的(Attainable)　目标应该来自对企业面临的机会、具备的条件的分析,在付出努力的情况下可以实现,避免设立过高或过低的目标。

（4）目标指标必须是协调的(Relevant)　在同一时期内,如果要销售额最大化,就难以做到利润率最大化。其他需要协调的目标还有：获取短期利润与长期业务增长,利润目标与非利润目标,现有市场的深层渗透与新市场开发等。

（5）目标指标必须具有明确的截止期限(Time-bound)　即要明确规定完成目标指标的特定期限,防止不必要的拖延。

1.3.2　网络营销竞争战略类型

网络营销目标表明了各项业务单元想要实现的方向,网络营销竞争战略则是实现网络营销目标的总方针。美国学者迈克尔·波特(Michael E. Porter)提出的了三种通用战略,企业可以根据具体情况进行选择。

1）总成本领先战略(Overall Cost Leadership)

该战略是指企业以最低的生产成本和最低的分销成本组织经营活动,从而能够以低于竞争对手的价格赢得市场份额。总成本领先战略要求企业进行高效的规模化生产,最大限度地减小研究开发、服务、推销、广告等方面的成本费用,全力以赴降低成本。赢得总成本最低的有利地位可以赢得较多的市场份额,但减少了企业未来成本下降的余地,其他企业通常会以更低的成本与之竞争。

2）差异化战略(Differentiation)

差异化战略是将企业自己的产品或服务与竞争对手差别化,突出自己的独特性。差异化战略可以通过品牌形象、生产技术、产品性能、客户服务、商业网络等方面的差别化来实现。苹果公司是实行差异化战略的典型,其电脑、手机产品都具备完善精致的特性,往往成为这个领域的明星产品,其价格也高出同类产品许多。实行差异化战略有时会与争取占有更大的市场份额的活动相矛盾,而且总是伴随着很高的成本代价。

3）集中化战略（Focus）

集中化战略是将业务集中在一个或多个特殊的、狭窄的细分市场，并在目标细分市场内追求成本领先或差异化。在传统市场中，集中化战略往往意味着限制了可以获取更多的市场份额，但网络市场是全球性市场，如果企业能够拓展更大的市场范围，也可能获得较为客观的销售额。

1.4 网络营销组合策略

网络营销组合策略是实现网络营销目标的具体方式方法，主要内容包括网络营销产品策略、网络营销定价策略、网络销售渠道策略、网络营销推广渠道策略和网络营销推广方式。

1.4.1 网络营销产品策略

1）网络营销产品的整体概念

在网络营销中，产品的整体概念可分为5个层次：

（1）核心利益层次　核心利益是指产品能够提供给消费者或企业客户的基本效用或益处，是他们真正想要购买的效用或益处。

（2）有形产品层次　有形产品是产品在市场上出现时的具体物质形态。对于物质产品来说，第一，产品的品质必须保障；第二，必须注重产品的品牌；第三，注意产品的包装；第四，在式样和特征方面要根据不同地区的亚文化来进行针对性加工。

（3）期望产品层次　客户在购买产品前对所购产品的质量、使用方便程度、特点等方面的期望值，就是期望产品。为满足这种需求，对于物质类产品，要求企业的设计、生产和供应等环节必须实行柔性化的生产和管理。对于无形产品如服务、软件等，要求企业能根据客户的需要来提供服务。

（4）延伸产品层次　延伸产品是指由产品的生产者或经营者提供的购买者有需求，主要是帮助客户更好地使用核心利益的服务。在网络营销中，对于物质产品来说，延伸产品层次要注意提供满意的售后服务、送货、质量保证等。

（5）潜在产品层次　潜在产品是在延伸产品层次之外，由企业提供能满足客户潜在需求的产品层次，它主要是产品的一种增值服务，它与延伸产品的主要区别是客户没有潜在产品层次需求时仍然可以很好地使用客户需要的产品的核心利益和服务。

2）网络营销产品开发策略

（1）大规模定制策略　规模定制是客户和企业在产品设计、生产、制造以及服务等产品全生命周期中的协同行为，其基本思路是基于产品族零部件和产品结构的相似性、通用性，利用标准化、模块化等方法降低产品的内部多样性，再通过产品和过程重组将产品定制生产转化或部分转化为零部件的批量生产，从而迅速向客户提供低成本、高质量的定制产品。

（2）个性化策略　个性化策略即企业按客户要求进行生产，向客户提供一种个人化的产品和服务的策略。

（3）在线开发策略　利用网络调查、网络论坛、电子邮件等各种网络渠道，鼓励客户提供产品的设计、开发、改进的意见和建议，通过数据库、大数据技术获取客户对产品的需求、偏好等信息,提升产品客户价值。

1.4.2 网络营销定价策略

在市场经济条件下,定价策略从来都是企业经营者最重要的决策之一,因为价格是市场营销组合中唯一为企业提供收益的因素,同时又是市场竞争的一种重要手段。定价是否恰当,将直接关系产品的销售量和企业的利润额。

1) 网络营销产品定价目标

企业的定价目标一般与企业的战略目标、市场定位和产品特性相关,可分为生存定价、获取当前最高利润定价、获取当前最高收入定价、销售额增长最大化定价、最大市场占有率定价和最优异产品质量定价。从企业局部来考虑,企业在制定价格时,主要是依据产品的生产成本。但从市场来考虑,企业价格的制定则必须考虑需求方的需求强弱程度和价值接受程度、来自替代性产品(也可以是同类的)的竞争压力大小,因为需求方接受价格的依据是商品的使用价值和商品的稀缺程度,以及使用替代品的转换成本。

2) 常用网络定价策略

企业在进行网络营销决策时必须对各种因素进行综合考虑,从而采用相应的定价策略。根据影响营销价格因素的不同,网络定价策略可分为以下几种:

(1) 个性化定价策略 消费者往往对产品外观、颜色、样式等方面有具体的内在个性化需求。个性化定价策略就是利用网络互动性来了解消费者的需求特征,为不同的顾客提供不同零售价格的定价策略。

(2) 自动调价、议价策略 是指企业根据季节变动、市场供求状况、竞争状况及其他因素,在计算收益的基础上,设立自动调价系统,自动进行价格调整。同时,建立与消费者直接在网上协商价格的集体议价系统,使价格具有灵活性和多样性,从而形成新的价格。

(3) 竞争定价策略 是指企业根据市场竞争的情况,及时地调整价格,保持同类产品的价格优势,以期获得相应的市场份额。

(4) 拍卖竞价策略 是指企业将商品用拍卖的方式销售,厂家只规定一个底价,然后让消费者竞价。

(5) 团购定价策略 团购是具有相同产品需求的消费者通过自行组团、专业团购网站、商家组织团购等形式,组织起来,形成大规模订单,向供应商要求更低报价的购买形式。由于大规模的订单可以使供应商形成规模经济,因此供应商往往愿意为团购所带来的大规模订单提供更优惠的单位价格。

(6) 折扣定价策略 是指企业在确定网上商品价格时,根据消费者购买商品所达到的数量标准,给予不同的折扣,购买量越多,折扣可越多。在实际应用中,可采取累积或非累积数量折扣策略。

(7) 捆绑销售定价策略 是指将两种或两种以上的相关产品,捆绑打包出售,并制定一个合理的价格。根据捆绑销售产品之间的关系,可以将其划分为三种方式:同质产品捆绑定价、互补式产品捆绑定价、非相关性产品捆绑定价。

(8) 声誉定价策略 是指企业利用消费者仰慕名牌商品的心理来制定商品的价格,故意把价格定成高价。

(9) 产品周期定价策略 通常地,产品在某一市场上会经历介绍、成长、成熟和衰退四个阶段,企业可以根据阶段的不同,制定不同的价格,寻求投资回收、利润、市场占有的平衡。

(10) 品牌定价策略　产品的品牌和质量是影响价格的主要因素,如果产品具有良好的品牌形象,产品的价格会由于品牌增值效应而提高。名牌商品采用"优质高价"策略,既增加了盈利,又让消费者在心理上感到满足。

(11) 撇脂定价和渗透定价策略　在产品刚进入市场时,采用高价位策略,以便在短期内尽快收回投资,这种方法称为撇脂定价。相反,将价格定于较低水平,以求迅速开拓市场,抑制竞争者的渗入,称为渗透定价。在网络营销中,可根据不同类别的产品采取不同的定价策略。对于购买率高、周转快的日常生活用品,可采用薄利多销的定价策略;对于周转慢、销售与储运成本较高的特殊商品、耐用品,价格可定得高些,以保证盈利。

(12) 免费价格策略　是指企业以零价格形式将产品提供给客户使用,满足客户的需求。免费价格形式有这样几类形式:第一类是完全免费,即产品(服务)从购买、使用和售后服务所有环节都实行免费服务;第二类是限制性免费,即产品(服务)可以被有限次使用,超过一定期限或者次数后,取消免费;第三类是部分免费,如一些公司在网站公布部分研究成果,可免费使用,但如果要获取全部研究成果,则必须付款;第四类是对产品和服务实行捆绑式免费,即购买某产品时,免费赠送其他产品。

在传统营销中,免费价格策略一般是短期和临时性的。但在网络营销中,免费价格策略经常是一种长期性的企业定价策略。采用免费策略的目的有两种:一种是让客户免费使用形成习惯后,再开始收费;另一种是想通过这种产品免费,获取客户和流量,帮助企业通过其他渠道获取收益,这也是目前大多数网络内容服务商(ICP)的主要商业运作模式。

1.4.3　网络销售渠道策略

1) 网络销售渠道的功能

销售渠道是指商品和服务从生产者向消费者转移的通道或路径。传统销售渠道按照有无中间环节可以分为直接分销渠道和间接分销渠道两种。由生产者直接把产品销售给最终客户的销售渠道称为直接渠道,即直销,也称为零级渠道;在生产者与消费者(最终客户)中间至少有一个中间商的销售渠道则称间接渠道,即分销。间接分销渠道则根据中间环节的数量,分为一级、二级、三级甚至至更多级的渠道。

销售渠道的主要功能有如下几种:
(1) 信息收集功能　即通过销售渠道收集制订生产计划和进行交换时所必需的信息。
(2) 促销功能　即各级中间商开展的各种促销活动的功能。
(3) 运输、储存、装配、包装功能　为使所供应的货物符合购买者需要,中间商开展的运输、储存、装配、包装等活动。
(4) 融资功能　生产商、中间商和消费者(客户)之间的借贷、预付、赊销、代销等活动所产生的融资功能。
(5) 风险承担功能　中间商预订、买断商品后,承担的价格变动、供求变化等有关的风险的功能。

与传统销售渠道一样,网络销售渠道同样具备以上功能。但一个完善的网络销售渠道,还应有其他三大功能,即订货功能、结算功能和物流配送功能。
(1) 网上订货功能　网上订货功能是指生产商或中间商应具备的网上实时订货管理功

能,该功能由实时订货管理系统实现。该系统可实现高效的订货管理、收货管理、发货管理、对账管理、物流信息查询、在线支付管理以及订单短信通知等全方位的订货流程管理。

(2) 网上结算功能　为让消费者在购买产品后,可以有多种方式方便地进行付款,因此厂家(商家)应有多种结算方式。目前网络付款结算方式主要有:

① 网络银行直接支付。

② 第三方辅助支付:ChinaPay、超级网银等。

③ 第三方支付平台支付:支付宝、微信、财付通、快钱等。

④ 数字货币支付。

(3) 物流配送功能　物流配送功能是让企业产成品流向最终消费者的综合渠道。有关企业可根据情况选择以下物流配送模式:

① 自营物流配送模式:这种模式是指企业物流配送的各个环节由企业自己筹建并管理,实现对企业内外部货物配送的模式。

② 第三方物流配送模式:这种模式把物流配送业务交由相对独立的第三方物流配送企业实施,是广大中小型企业广泛采用的模式。

2) 网络销售渠道的特点

与传统销售渠道相比,网络销售渠道具有以下特点。

(1) 网络销售渠道不受地域的限制　网络销售渠道不像传统的销售渠道,会受到地域的限制。对网络销售渠道而言,无论是哪里的客户,只要能在网络上查询到你的产品,就可以在网上下单购买。

(2) 网络销售渠道不受时间的限制　绝大多数传统销售渠道的生产企业、中间商都无法做到 24 h 营业,而网络销售平台可以做到 24 h 运营,客户随时可以在网络上购买商品。

(3) 网络销售渠道可以实时记录、统计销售数据　网络销售渠道可以通过订货系统、联网的 POS 系统等方式,实时统计销售商品的数量、品种、销往的地域以及消费者(客户)的特征等信息。

(4) 网络销售渠道大幅降低了销售成本　网络销售渠道无须线下店铺,省去了店铺租金、水电、销售人员工资等费用。

3) 常用网络销售渠道

网络营销渠道与传统营销渠道一样,可以分为两大类,即网络直销渠道和网络间接销售渠道两大类。

(1) 网络直销　即通过互联网实现商品从生产者到消费者的直接销售,简称网络直销。网络直销与传统的直接渠道一样,都是没有中间商。网络直销渠道的建立,使得生产者和最终消费者能直接连接和沟通。

(2) 网络间接销售渠道　企业通过网络中间商将产品销售给最终客户的形式。网络销售的优势之一就是生产企业不受传统渠道的时空、成本、人员等方面的限制,可以通过网络直接面对广大消费者,但网络间接销售渠道仍然被许多企业采用,主要原因如下:

① 部分传统企业自身缺乏开展网络销售的能力,只得将网络营销业务委托给专业的电子商务企业。

② 一些企业虽然自己有能力开展网络销售业务,但出于对经济效益的考虑,还是将网络销售业务外包给专业的电子商务企业。

③ 网络中间商具有一般企业缺乏的先进网络销售技术、管理能力、客户规模、网站流量和

品牌形象。

④ 一些企业希望通过社交网络打开销路,因此利用社交网络的圈层结构设立网络中间商,比如微信朋友圈代理商。

1.4.4 网络营销推广渠道策略

网络营销推广渠道,又称网络营销传播工具,是指企业或个人为实现网络营销目标,选择使用的传播网络营销信息的各种网络媒介。随着网络信息技术的发展、变化,网络营销推广渠道不断创新、迭代。在现阶段的网络营销活动中,常用的网络营销推广渠道包括企业网站、第三方电子商务平台、搜索引擎、即时通信软件、社交媒体、RSS、BBS、二维码、网站资源合作等。借助这些渠道,可以实现营销信息的发布、传递、与客户之间的交互。

1) 企业网站

在所有的网络营销推广渠道中,企业网站是最基本、最重要的一个。没有企业网站,许多网络营销方法将无用武之地。企业网站可以按照建站的目的和功能、所属的行业、网站所采用的技术、网站主机类型等划分为不同的类型。从企业网站与网络营销的直接关系看,企业网站分为两种基本类别:信息发布型和网上营销型(销售型)。一个网站采用哪种形式取决于企业的经营战略、产品特性、财务预算以及策划者对于企业网站的理解等因素。

企业网站是企业的网络名片,可以向客户展示企业产品、技术、经营理念、企业文化、企业形象;企业网站是企业和外界沟通的窗口(渠道),可以通过客户在网站的浏览信息、留言、参与讨论与问卷调查、购买商品等,了解客户需求与意见,获取市场信息;企业网站是企业的网络客服中心,可通过系统或在线客服人员时刻为客户提供在线服务;企业网站也可以是网上销售系统,可实现商品报价、交易谈判、合同签订、订单处理、在线支付甚至商品在线交付(数字产品);通过企业网站后台管理系统,可实现客户管理、销售管理、物流管理、财务管理、人力资源管理、研究开发管理、办公管理等。

2) 第三方电子商务平台

第三方电子商务平台是指由除买、卖双方之外的第三方建设的为买方和卖方开展电子商务服务的平台。第三方电子商务平台都制定了特定的交易与服务规范,为买卖双方提供服务,服务内容可以包括但不限于"供求信息发布与搜索、交易的确立、支付、物流"。根据不同的分类依据,第三方电子商务平台可以划分为不同的类型(见第8章)。

3) 搜索引擎

搜索引擎是常用的互联网服务之一,其基本功能是为客户查询信息提供方便。搜索引擎营销的实质就是通过搜索引擎工具,向客户传递他所关注对象的营销信息。相较于其他网络营销方法,搜索引擎营销最主要的不同点在于这种方法是客户主动创造了营销机会,因为尽管广告内容已经确定,不是客户所决定的,但只有当客户输入了关键字进行搜索,才会出现搜索结果。

4) 即时通信软件

即时通信(Instant Message,简称 IM)软件是指互联网上用以进行实时通信的软件。通过即时通信软件可实时地传递文字信息、文档、语音以及视频等信息流。随着软件技术的不断提升以及相关网络配套设施的完善,即时通信软件的功能日益丰富,即时通信软件不再是一个单纯的通信工具,而是具有交流、娱乐、商务办公、客户服务等特性的综合化信息平台。

5）社交媒体

社交媒体（Social Media）是人们彼此之间用来分享意见、见解、经验和观点的工具和平台，现阶段主要包括社交网站、微博、微信、博客、论坛、直播平台、视频分享平台等。社交媒体允许个体在一个封闭系统内建立一个公共或半公共性质的个人主页，与其他客户建立连接，并在个人主页上呈现联系人的列表，以及观看并穿梭于自己和他人在系统内建立的连接列表，这些连接的本质和命名可能会因网站而异。个人主页是社交媒体的支柱，也是社交网站的基本单位和节点，这是社交网站与即时通信工具、BBS 最重要的区别之一。

6）RSS

RSS（简易信息聚合），是一种基于可扩展标记语言（XML）的标准格式，用于发布和汇集网络上的信息，网络上的内容提供者可以利用 RSS 方便地创建和传播信息的提要，包括新闻链接、标题和摘要等。在开发网站时，可利用 XML 技术添加 RSS 订阅功能，让客户在访问网站时可以点击或订阅你的新闻，一旦有新内容发布，订阅者就可以打开阅读。当网站有新内容发布时，客户的 RSS 阅读器就会接受并显示链接，所以不断更新新闻内容是 RSS 营销的关键。另外，对订阅者点击行为进行跟踪分析，可获得他们的爱好、阅读习惯等信息，为制定网络营销策略提供数据基础。

7）BBS

BBS（Bulletin Board System），即"电子公告板"，也就是网络论坛。营销人员可利用这种网络交流的平台，通过文字、图片、视频等方式发布企业的产品和服务的信息，从而让目标客户更加深刻地了解企业的产品和服务，最终达到宣传企业的品牌、加深市场认知度的目的。

8）二维码

二维码（2-Dimensional Bar Code）是用特定的几何图形按一定规律在平面（二维方向上）分布的、黑白相间的、记录数据符号信息的图形。通过图像输入设备或光电扫描设备自动识读以实现信息自动处理。

企业可将二维码投放到名片、报刊、展会名录、户外、宣传单、公交站牌、网站、公交车身等任何可以投放之处，客户通过手机扫描即可随时随地体验浏览、查询、支付等，达到企业宣传、产品展示、活动促销、客户服务等效果。

9）网站资源合作

网站资源合作就是网站相互之间的资源互惠互利的一种合作推广方式，通过网站交换链接、交换广告、内容合作、客户资源合作等方式，在具有类似目标网站之间实现互相推广的目的。

资源合作最常用的方式为网站链接策略（即交换链接，或称互惠链接、互换链接、友情链接等），即分别在自己的网站上放置对方网站的 Logo 或网站名称，并设置对方网站的超级链接，使得客户可以从合作网站中发现自己的网站，达到互相推广的目的。

1.4.5 网络营销方式

网络营销方式是指网络营销的方法和形式。在网络营销实践中，人们习惯将网络营销方式与网络营销传播渠道（工具）混淆称呼，实际上，二者是有区别的。

1）硬广告营销与软文广告营销

网络广告是指利用互联网作为传播媒体，向广告受众传递商品、服务和观念信息，以有效影响受众行为和观念的营销传播活动。网络广告可分为硬广告和软文广告两种形式。硬广告是指直接介绍商品、服务内容的广告,受众一看就知道是一则广告;软文广告则是营销人员将广告的目的隐藏于文章、图片、视频、论坛、新闻、娱乐专栏等形式之中,借助"软文"形式传播某种概念、观点、思想等来达到广告的目的,但受众从形式上不能轻易看出是一则广告。

2) 病毒营销与口碑营销

病毒营销(Viral Marketing)是指通过类似病毒或计算机病毒的传播方式,即自我复制的病毒式的传播过程,利用已有的社交网络去提升品牌知名度或者达到其他的市场营销目的。病毒式营销是由信息源开始,再依靠客户自发的口碑宣传,达到一种快速滚雪球式的传播效果。病毒营销的关键在于制造能"感染"目标受众的病毒体——事件。病毒体威力的强弱直接影响营销传播的效果。在今天这个信息爆炸、媒体泛滥的时代里,消费者对广告甚至新闻,都具有极强的免疫能力,只有制造新颖的口碑传播内容才能吸引大众的关注与议论。

有人认为病毒营销就是口碑营销,但二者还是存在微妙的差别。从传播动机看:病毒营销看重的是传播方式,是基于有趣的主动传播,传播的内容不一定是传播者了解的,只是出于新鲜有趣,不对内容负责。口碑营销强调"好的口碑",口碑营销的发源者是在对商品或服务有过亲自体验后,对传播的内容有了了解并认可的基于信任的主动传播。从传播效果看:病毒营销提高的是知名度,但不代表被认可;口碑营销提高的既有知名度也有美誉度。据作者观察,国内某大腕导演在将要推出电影作品之际,每次都给主演造出点"绯闻",并故意透露给各类媒体,造成广泛传播,吸引大众注意,这就是病毒营销。

3) 事件营销与新闻营销

事件营销(Event Marketing)是企业通过策划、组织和利用具有新闻价值、社会影响以及名人效应的人物或事件,吸引媒体和消费者的兴趣与关注,以求提高企业或产品的知名度、美誉度,树立良好品牌形象,并最终促成产品或服务销售目的的手段和方式。

事件营销与新闻营销具有极高的相似性,新闻必有事件发生,事件必有新闻性,但二者也有一些区别。一是,新闻营销里的新闻事件一般不是为了吸引眼球刻意制造出来的,否则就违背了新闻的真实性;而事件营销里的事件可以是为了达到营销目的而刻意策划出来的。二是,新闻营销强调时效性,新闻里的事件必须是当下发生的事件;而事件营销里发生的事件有些是当下发生的,有些(刻意策划的事件)则可根据需要进行时间安排。

事件营销和新闻营销都是软文营销。

4) 数据库营销、大数据营销、数字营销、精准营销、智慧营销

数据库营销是为了实现接洽、交易和建立客户关系等目标而建立、维护和利用客户数据与其他客户资料的过程。通过数据库的建立和分析,企业对客户的资料有详细全面的了解,可以更加充分地了解客户的需要,对客户的价值进行评估,分析客户需求行为,还可以根据客户的资料分析潜在的目标市场,为客户提供更加个性化的产品和服务。

大数据营销是指基于多平台的大量数据,依托大数据技术开展网络营销的方式。大数据营销的应用之一是网络广告,依托大数据技术的分析与预测能力,能够使广告更加精准有效,给企业带来更高的投资回报率。

数字营销的概念有很多歧义。人们曾经从互联网传播的是数字信号而不是模拟信号的角度来看网络营销,把数字营销等同于网络营销。现在,数字营销被赋予了新的意义,即认为数字营销是用营销数字来指导营销策略的制定和实施。当今,数字营销的应用之一是通过收集

客户信息,对客户个人画像,实现千人千面(个性化)的广告(信息)的精准投放(推送)。有人指出,传统的互联网营销和数字(化)营销的本质区别在于客户颗粒度,前者是模糊群体,后者是超微个体(具体的个人)。

很多时候人们把精准营销和数字营销等同起来,但编者认为,"精准"是要求,而不是方式。精准营销强调的是营销工作的准确性,特别是精准投放营销信息(广告),提升营销效果。它的实现方式主要是数字营销(营销数字化)。

数据库营销、大数据营销、数字营销、精准营销,这几个概念极易混淆,但从以上叙述,其实是可以看出区别的:数据库营销、大数据营销是数字营销的具体方式,精准营销主要靠数字营销去实现。智慧营销则是从思维模式的角度来定义营销模式。该概念常常与数字营销、精准营销混用。

本书第5章将对这部分内容作更加详细的介绍。

5) 饥饿营销

饥饿营销是指商家采取大量广告促销宣传,勾起客户购买欲;或者有意调低产量,以期达到调控供求关系、制造供不应求"假象",以利其产品提价销售或为未来大量销售奠定客户基础的营销手段。饥饿营销的一个常用做法是,在产品研发阶段抛出一个又一个包袱,而每个包袱都会赢得客户的关注,当客户的胃口被吊足的时候,才发布产品,这个时候产品的营销效果能达到最佳。

6) 会员制营销

会员制营销是指企业通过发展会员,提供差别化的服务和精准服务的营销方式。会员进行消费时享受优惠政策或特殊待遇,以提高客户忠诚度。

会员制营销的主要作用是:

(1) 稳定客户,培养客户忠诚度　会员制的根本目标就在于建立稳定的消费者资源,与客户建立稳定的长久的关系。

(2) 掌握消费者信息,了解客户需求　一般来说,批发零售企业在客户申请会员卡时要求其填写个人资料,这对企业来说,可以收集到大量会员的基本情况和消费信息。企业可以据此分析、明确自己的客户群体,掌握和了解企业客户群的特点。

(3) 提供了企业与客户的沟通渠道　会员制便于企业及时了解消费者的需求变化,为改进企业的经营和服务提供客观依据。

(4) 增加企业的收入和利润　会员消费是企业扩大市场份额的重要支柱,并成为零售企业收入和利润新的增长点。同时,对于一部分收费式会员制,在达到一定规模的情况下,能够使企业在短时间内拥有大量可支配资金,并取得可观的会费收入。

7) 体验营销与娱乐营销

体验营销和娱乐营销具有极高的相似性,但二者也有一些区别。

体验营销是企业以客户为中心,通过对事件、情景的安排以及特定体验过程的设计,让客户通过看、听、用、做(参与)等手段,实际感知产品或服务的品质或性能,从而促进客户购买的一种营销方式。要想知道梨子的滋味,你就得亲口尝一尝。有很多商品,消费者难以仅仅通过在网上阅读文字、观看图片或视频了解其质量、性能和特征,因此向他们提供线下体验的机会(场所),是非常必要的。体验营销强调让客户获得亲身的体验,但不都是体验到快乐,例如客户体验一种药品,体验到它的疗效,而并非从中体验了快乐。

娱乐营销是指借助娱乐的元素或形式将产品与客户的情感建立联系,从而达到销售产品,建立忠诚客户的目的的营销方式。娱乐营销强调让客户体验到快乐来实现营销目的。

8) O2O 营销与整合营销

O2O 营销模式是线上和线下相结合的网络营销模式。具体做法主要有两种：

(1) 先线上后线下模式　将线上客户导向线下实体店。

(2) 先线下后线上模式　通过线下推广，将客户导向线上。

O2O 模式对客户而言，可从线上获取更丰富、更全面的商家及其产品信息，更加便捷地向商家在线咨询并进行预购，获得相比线下购买更便宜的价格。O2O 模式对商家而言，可从线上和线下两个渠道宣传和展示产品和服务，从而吸引更多新客户到店消费；也可降低线下实体店对店铺地段的依赖，减少租金支出；另外，实体店的存在，一定程度上可增强客户的信任感。

整合营销(Integrated Marketing)是企业为了实现营销目标，如品牌推广，加强客户关系，促进产品销售等，而将各种线上和线下的营销方式，包括广告、人员推销、销售促进、包装、事件、赞助和客户服务等，整合成一个整体，以产生协同效应的行为。

评估一个整合营销计划是否真正实现了整合，可以从以下几个方面进行评估：

(1) 营销传播的整体覆盖面　不同的营销传播工具覆盖的受众类型和范围是不同的，整合后的覆盖面是否有了明显的增加？如有些老人从不上网，网络营销信息无论如何都不能直接抵达这些老人，人员推销就可以弥补。

(2) 不同营销方式的互补性　不同营销方式所起的效果是不一样的，如病毒营销着重于品牌的知名度，口碑营销则看重品牌的美誉度，二者相互补充。

(3) 营销传播的信息的一致性　不同传播工具传递的信息在实现特定营销目的上，是否具有高度的一致性？

(4) 营销成本与效果　整合后投入的成本是否降低了？营销效果是否更好？

O2O 营销是整合营销的一种方式，强调线上线下资源的整合和线上线下相互促进。

1.5 网络营销计划

网络营销计划是指为了达成特定的网络营销目标而进行的策略思考和方案形成的过程，主要内容包括网络营销目标的确立、产品定位、目标市场选择、竞争策略制定、网络营销方式谋划、网络营销平台搭建、网络营销渠道选择、网络营销绩效评估方案制定等。网络营销计划也是描述企业如何实现网络营销目标的书面文件。一个具有实际操作价值的网络营销计划，不仅对企业网络营销活动有影响，而且对于制定与网络营销活动密切相关的生产、财务、研发、人力资源等计划也有非常重要的指导意义。网络营销计划通常包含以下几个部分。

(1) 执行摘要　执行摘要是对计划书的总结性描述。它应重申计划的目的，突出计划的主要内容，并描述计划书中的结论或建议。

(2) 情境分析　该部分内容主要包括宏观环境的相关背景、市场状况及增长态势、竞争对手情况以及企业的优势、劣势、机会和面临的威胁。

(3) 营销战略　该部分主要描述企业为实现其经营目标，对一定时期内开展网络营销的总体设想和规划，主要内容包括企业网络营销目标、财务目标、目标市场、市场定位等。

(4) 营销策略　该部分主要描述为实现网络营销战略而采取的营销活动，主要内容包括产品策略、定价策略、渠道策略、沟通与传播策略等。

(5) 财务预测　该部分内容主要有销售预测、费用预测和盈亏平衡分析。销售预测应尽可能分解到产品类别和具体的时间,费用预算应尽可能分解到具体的工作任务上。

(6) 风险管理　该部分内容主要分析网络营销可能面临的风险,包括市场风险、竞争对手带来的风险、企业管理活动中可能产生的管理风险因素、政策与行业规章带来的风险,并提出管控风险的应对措施。

(7) 实施控制　该部分主要描述如何对网络营销计划的实施过程进行监控,了解各个时段(每月、每季度)实施结果。如果实施结果与计划之间存在显著的偏差,则要分析偏差产生的原因,并采取应对措施。

案例研究

潜江小龙虾:网络营销助力爆发式增长

湖北省潜江市养殖小龙虾起始于1999年。经过20多年的发展,2020年,潜江小龙虾已经成为520亿元综合产值的大产业和227.9亿元品牌价值的大品牌。潜江小龙虾产品网络营销从入驻第三方电子商务平台开始,到自建电子商务网站,再到O2O整合营销,网络销售额从800万元增长为40多亿元,为潜江市小龙虾产业的快速发展做出了极其重要的贡献。

1. 网络销售之路越走越宽广

1) 入驻第三方电子商务平台

在2013年之前,潜江小龙虾的销售渠道还都是传统的线下渠道。消费者多来自潜江市及其周边地区。但随着小龙虾产量的不断攀升,传统线下渠道已不足以满足潜江市小龙虾的销售需求,传统渠道市场范围小、交易成本高的缺点也日益突出。

2013年,潜江市的小龙虾企业第一次入驻淘宝网,尝试网上销售熟食小龙虾,但由于缺乏经验和准备不足,加上潜江小龙虾品牌在网上影响力不大,全年销售额只有800万元,还不及江苏省盱眙县的一半(同年,盱眙县的小龙虾网上销售额约为2 000万元)。对于全国小龙虾主产区之一的潜江市来说,不得不说是一种遗憾。

2014年,潜江市在淘宝网推出"首届潜江网上龙虾节"。活动首日销售额就达55万元,在龙虾节的6天时间内销售额达317万元。全年销售1 500多万元。

2015年,潜江市参加了"淘宝首届国际龙虾节",小龙虾的网上销售额比2014年同期增长10.5倍。全年网络销售额突破5 000万元。

2) 自建小龙虾垂直电子商务平台

入驻第三方平台,虽然取得了不俗的销售业绩,但不足之处也显露无遗。一是第三方平台提供的店铺样式相对单一,难以展现出店铺自身的特点,无法形成个性化、差异化,无法实现对客户的长期吸引;二是在第三方平台下,企业的相关操作受到平台规则及相关功能限制,使得企业的选择性大大减弱。建立属于潜江小龙虾自己的电商平台势在必行。

2015年初,潜江市政府重点扶持中国虾谷360网(www.xiagu360.com)建设,7月投入运营,见图1-2。这是一个以服务小龙虾上下游产业链,互联网+物联网的可视化垂直电商平台。产品范围覆盖鲜活虾、加工虾、虾种、虾苗、养殖配套物资等龙虾相关产品,提供小龙虾供应信息、采购信息、智能检索、一键发布、在线咨询、即时洽谈、虾田可视化等方面的服务,实现了小龙虾繁育、养殖、加工、销售等资源和信息共享。

从7月21日正式开始网上交易到当年年底,不到半年时间,中国虾谷360网的销售额达2 000万元以上,成为与第三方电子商务平台并驾齐驱的另一个网络销售渠道。

图1-2 中国虾谷360网站首页

3) 实施O2O营销,线上线下相互促进

2016年,潜江市依托中国虾谷360网电子商务平台和潜江小龙虾交易中心,打造了独具特色的生态龙虾城,开展"万师千店"工程,将潜江小龙虾以连锁餐饮方式向外推广。随着"虾皇""味道工厂""小李子"等小龙虾品牌店的公司化运作,潜江小龙虾餐饮品牌连锁经营范围已经扩散到全国200多个大小城市,加盟、连锁店达300多家。

通过中国虾谷360网、入驻在各大电商平台的网店,消费者可进行网上订货、订座,并被引导到线下实体店进行消费;通过分布在全国200多个小城市的实体店铺,为消费者提供外卖、就餐的方便,并通过在店铺扫码等方式,将消费者引流到网上,进行线上消费。

2017年,潜江小龙虾网上销售额4.5亿元。

2018年,潜江小龙虾网上销售额20亿元(全年线上线下总销售额是48亿元)。

2019年,潜江小龙虾网上销售额30亿元(全年线上线下总销售额是80亿元)。

2020年,潜江市小龙虾产品销售额超100亿元,其中网上销售额超40亿元,占总销售额的40%。

2021年前11个月,虽然受新冠疫情影响,潜江小龙虾网络销售额仍然突破40亿元。

2. 高效的物流体系让小龙虾遨游四海

要实现潜江小龙虾"走出潜江、迈向全国、遍布全球"的目标,必须要有安全、高效、便捷的物流。潜江市一手大力培育本地物流企业,促进本地物流企业在全国开展物流布局,加大智能化、数字化、现代化物流管理体系开发,构建物流大数据发展中心,打造智能化网络货运平台,依托大数据技术赋予货运行业新的活力,开启虾谷物流货运平台的"小龙虾主产业+互联网+流通+终端+服务"S2B2C(S为大供货商,B为渠道商,C为消费者)新模式;一手引进全国知名物流企业,鼓励企业针对潜江小龙虾特性,不断改进包装、运输,提供定制化服务方案,以满足小龙虾寄递对物流时效、保鲜度的严苛要求。现在,潜江小龙虾冷链物流网覆盖全国所有省份,鲜活的潜江龙虾可在18 h内供应到全国500多个城市。

3. 品牌锻造不遗余力

1) 以供应链标准化管理提高产品质量

为提高产品质量，潜江市从三个方面着手。一是加快小龙虾良种选育繁育。鉴于小龙虾存在品种退化、规格偏小、发病率高等现象，影响了小龙虾产业的健康发展。因此，潜江市对开展小龙虾良种选育繁育的重点企业、重点院所给予大力支持，构建以政府为主导、企业为主体、产学研相结合、育繁推一体化的小龙虾种业体系，为潜江乃至全国龙虾产业发展提供优质种苗和技术服务。二是加快完善小龙虾标准体系。鉴于我国小龙虾产业发展的标准体系仍不健全，不能满足小龙虾产业快速发展的需求，潜江市鼓励由相关协会牵头，共同着力构建科学合理、技术先进、协调配套、面向应用的从养殖到加工、出口、物流、餐饮的全产业链标准体系。同时，潜江市政府还支持潜江小龙虾质量检验检测中心创建国家检验检测中心，为全国小龙虾产业发展保驾护航。三是加快拓展小龙虾精深加工。小龙虾产业越往下游精深发展，产品附加值越高，比如甲壳素衍生制品，附加值是商品虾的几倍甚至是几十倍。潜江市大力支持华山水产食品有限公司等企业发展以甲壳素提取利用等为代表的小龙虾精深加工，提高小龙虾废弃虾壳等的利用率，同时开发在环保肥料、化妆品医药、膜材料领域的应用。

2) 政府主导区域公用网络品牌建设

潜江小龙虾以分散的小龙虾养殖以及个体销售为主要生产方式，要独自创立品牌是不现实的。因此，在潜江小龙虾产业发展中品牌的创立，尤其是品牌创立的初期，政府承担了品牌建设主体的职能，积极促进"潜江小龙虾"网络品牌的建立与发展。

在加强品牌资源整合上，潜江市充分发挥"潜江龙虾"区域公用品牌的外溢效益，推动品牌全省共建共享，用品牌效应发掘产业潜力。潜江市制定"潜江龙虾"区域公用品牌的产品标准，包括生产标准、生产技术、产品质量、品牌Logo、包装标识等，向省内小龙虾企业、生产者授权，符合产品标准并建立完善质量追溯体系的主体可以使用"潜江龙虾"区域公用品牌。依托省小龙虾行业协会，制定"潜江龙虾"区域公用品牌管理办法，加强品牌推广和品牌保护，维护品牌形象和品牌价值。

在品牌推广上，近年来，潜江市委主要领导出场，为小龙虾站台可谓不遗余力。2018年3月23日，时任潜江市市长龚定荣站上发布会讲台，推销潜江小龙虾。2019年5月8日，时任潜江市委书记吴祖云戴一条醒目的"龙虾红"领带出场，向世界发出邀请函，向朋友们推介潜江小龙虾。当年5月20日，吴祖云带队赴香港举办龙虾节，火爆维多利亚港。2019年6月3日，潜江龙虾登陆美国时代广场，闪耀联合国总部餐桌。同年7月15日，时任市委副书记舒敏赴台湾推介潜江龙虾，风靡宝岛。2020年上半年，吴祖云和时任副市长陈庆忠还分别走进直播间，以主播身份为小龙虾打call。

4. 新冠疫情下逆风"云"舞

2020年新冠肺炎疫情防控期间，潜江小龙虾大量上市，因传统销售渠道受阻，订单量持续萎缩。潜江市积极发展电商直播带货拓展线上销售渠道。小龙虾出水上"云"，"云买虾、云捕虾、云赏虾、云品虾"等新场景频出。仅在2020年4月举办的一场直播活动中，时任潜江市委书记吴祖云为潜江小龙虾带货推荐。这场90分钟的直播吸引5 000万人次线上观看，订单总量超过20万单，推销小龙虾6 000吨，价值2.2亿元。

2021年6月12日晚，潜江网络龙虾节虾谷之夜直播带货盛典在生态龙虾城举行，见图1-3。本次网络龙虾节邀请了110名知名主播及网络达人参加，现场为潜江虾、稻等特色农产品直播带货，带动线上线下小龙虾营销热潮，让更多的人认识潜江、了解潜江、走进潜江。

据人民日报网络版报道,2021年,潜江鲜活小龙虾交易额达84亿元,小龙虾加工产值逾200亿元,二者线上销售占比近40%。

图1-3　2021年潜江网络龙虾节虾谷之夜直播

案例分析题:

1. 潜江小龙虾网络销售经历了哪些阶段?各阶段内容是什么?
2. 潜江小龙虾网络销售获得成功的根本原因是什么?
3. 为什么区域公用网络品牌建设要由政府部门主导?如果不由政府部门主导,还可以由什么机构来主导?
4. 如果让你为潜江小龙虾进行网络推广,你打算怎么做?

练习与思考

一、判断题

1. 网络营销是企业整体营销战略的一个组成部分,是为实现企业总体经营目标服务的。（ ）
2. 企业之所以要开展网络营销,主要的目的是为了节约成本。（ ）
3. 网络营销是对传统营销的根本否定。（ ）
4. 开展网络营销应该泾渭分明,应该线上的归线上,线下的归线下,否则容易产生冲突。（ ）
5. 是否要开展网络营销,取决于企业领导的意愿。（ ）
6. 病毒营销是网络营销传播工具之一。（ ）

二、选择题

1. 以下关于网络营销的理解不正确的是(　　)。
   A. 网络营销不等于电子商务　　　　B. 网络营销不等于网上销售
   C. 网络营销不是独立存在的　　　　D. 网络营销只能作为一种有益的补充
2. 以下哪一项不是网络营销的优点(　　)。
   A. 交互性　　　B. 实时性　　　C. 直达性　　　D. 成本高
3. 网络营销的核心是(　　)。
   A. 公关　　　　B. 告知　　　　C. 服务　　　　D. 沟通

三、问答题

1. 什么是网络营销?

2. 互联网对市场营销带来了哪些影响?
3. 网络营销有哪些特点?
4. 网络营销具备哪些功能?
5. 网络营销有哪些优势?
6. 网络销售渠道有什么特点?
7. 网络营销的传播工具有哪些?
8. 网络营销方式有哪些?
9. 何谓整合营销?如何评价整合营销的效果?

实践操作

训练题目: 网络营销现状调研。

目的要求: 运用网络调研、问卷调研和访谈调研等方法,调查了解网络营销发展现状、存在问题。(全班可在授课教师协调下进行分工协作,确定各小组的分项题目和具体内容,合作完成一篇完整的调研报告。)

训练内容: 1. 明确调研目的、制定调研方案、确定调研报告提纲。
2. 制定调研问卷和访谈提纲。
3. 实施调研。
4. 整理、分析调研数据,编写调研报告。

组织分工: 3~5人一组,组内分工。

提交成果: 小组提交3 000~5 000字的调研报告。

训练器材: 电脑、互联网、打印机、复印机等。

2 网络市场的特征及相应营销策略

[学习目标]
(1) 熟悉网络市场的信息特征及相应营销策略。
(2) 掌握网络市场的需求特征及相应营销策略。
(3) 了解网络市场效应及相应营销策略。

网络市场是以现代信息技术为支撑,以互联网为媒介,信息瞬间形成、即时传播,实时互动,高度共享的人机界面构成的交易组织形式。相对于传统市场,网络市场有其特殊的性质和规律,如果在网络营销中自觉运用这些性质和规律,则如庖丁解牛,游刃有余,可以取得事半功倍的效果;相反,如果逆规律而行,则将四处碰壁,事倍功半。

2.1 网络市场的信息特征及相应营销策略

2.1.1 网络市场中信息的主导地位及相应营销策略

1) 信息的主导地位
市场经济活动可以看成是由商流(因交易而导致的商品所有权的转移)、物流、货币流和信息流所构成的。信息流、商流、货币流和物流的相互关系,随着科学技术的发展而处于不断变化之中。网络市场是以信息流为中心的市场,信息起着主导作用,主要体现在以下几个方面:

(1) 信息流对物流和货币流的部分替代　磁盘替代了纸张、胶卷,软件替代了硬件,网上沟通替代了大部分商务旅行,信息的及时沟通大大减少了库存和仓储费用,电子货币、网上银行基本代替了纸币和金属货币的流通。

(2) 信息流对商流、物流和货币流的控制　信息流贯穿市场交易的整个过程,对商流、物流和货币流的方向、时间、方式、大小进行沟通和引导。商流、物流、货币流的合理性和经济有效性,取决于信息流的及时性、充分性和准确性。

(3) 信息本身已经成为网络经济主要内容之一　在网络经济时代,信息既是许多企业的生产原料,也是生产出来的产品,更是每个人每天一日三餐那样都要消费的商品(不过大多是免费的),信息已经与其他实物商品一样,成为网络市场交易的主要内容。

2) 营销策略
(1) 充分利用大数据技术、数据库技术等数字技术,增强对市场的分析与预测,全面、深入、准确地把握客户的需求特征,进行精准营销和个性化营销,提升网络营销的针对性。

(2) 加强销售渠道数字化建设,强化供应链上下游的信息连接和沟通,加强销售渠道数据采集、分析与预测,实行精益化生产方式,降低库存和仓储费用,提升供应链管理效率。

(3) 充分运用互联网跨时空优势,拓展传统营销手段难以企及的市场,扩大市场覆盖面。

(4) 充分利用互联网信息交互的便捷性,加强与客户的交流沟通,多维度提升客户参与度,深入挖掘客户价值。

2.1.2 信息的二重性及相应营销策略

1) 信息的二重性

信息的二重性是指信息既有客观性,又有主观性。信息的客观性是指信息在一定程度上是客观世界的真实反映。信息的主观性是指人们以自身的需求、理解能力和立场去看待信息,在某一情形下对于某人来说是信息的东西并不一定在另一种情形下或者对于另一个人仍然是信息。了解信息的二重性,对于网络营销人员是十分必要的,因为同样一个网络营销信息,对不同的受众而言,意义也是不一样的。

2) 营销策略

不同背景、不同需要的人,对相同的营销信息有不同的认识和价值判断,因此在网络营销中,要尽可能区分不同的受众群体,有针对性地推送他们需要的、有用的信息,也就是要做到精准营销、个性化营销。相反,如果发送给受众的营销信息不是他们所需要的,不但不会引起他们的注意,发送过多的无用信息反而会引起他们的反感。

2.1.3 网络市场的虚拟性及相应营销策略

1) 网络市场的虚拟性

有别于传统市场是一个地理空间里存在的市场,网络市场是一个存在于网络虚拟空间的市场。网络市场交易的主体以虚拟的身份出现,交易过程中的全部或部分交易环节,如营销、询问、洽谈、下订单、付款、服务甚至商品交付,都在网络上完成。网络市场的虚拟性优势在于:虚拟空间突破了现实时间和现实空间的限制,扩大了人们的活动范围和相互关系,使企业经营大大减少了对空间、资本、资源、仓储和运输的需求,此外,虚拟空间还能为人们带来现实空间难以实现的体验。网络市场的虚拟性也存在一些不利之处:消费者仅凭网上的文字、图片、视频信息,无法近距离接触商品,以触觉、味觉、嗅觉等实际体验了解商品的特征,而且,由于销售主体(卖方)在网络上的虚拟身份,容易产生道德失范方面的问题,从而影响交易主体之间的相互信任。而没有信任就没有交易,信任度越高达成交易的机会才会越大。故而,网络营销中,充分发挥网络市场虚拟性的优势,克服网络市场虚拟性的劣势,是网络营销人员必须思考的问题。

2) 营销策略

(1) 发挥网络市场虚拟性优势的营销策略

① 利用网络空间不受时空限制、资源限制的优势,制定高度差异化和个性化的营销策略。

② 通过虚拟企业形式,开展虚拟研发和虚拟制造,缩短新产品研发周期,降低研发成本。

③ 利用虚拟渠道,加强客户沟通,拓展市场范围。

④ 借助虚拟网络,提供全时服务、远程服务、个性化服务。

⑤ 借助虚拟网络,整合多方资源,组建更加灵活、更加广大的虚拟营销团队,开展更为广泛的促销活动。

⑥ 利用虚拟技术,为消费者创建现实世界难以实现的虚拟体验场景,提升客户体验感。

(2) 克服网络市场虚拟性劣势的营销策略

① 通过网页等方式向潜在的客户提供详尽的产品信息。

② 提供免费产品,让客户在购买前进行体验、了解,建立信任。

③ 改变单向信息传播的做法,以真实、鲜活、透明的互动式信息沟通获得客户信任。

④ 提供第三方信息,如销售记录、第三方评价信息等。

⑤ 提供权威的认证,如政府部门、行业协会等的认证,可让客户对于你的网站的安全问题产生信任。

⑥ 通过线下实体店、体验店的方式增强客户信任。

2.1.4 网络市场的实时性及相应营销策略

1) 网络市场的实时性

实时性,也称即时性。网络市场的实时性表现为:其一,信息传递可在瞬间完成。随着移动互联网和移动终端的飞速发展,即时性已成为当今网络的重要特点之一。众多互联网企业已围绕这一特点大力发展了微博、微信、社交网络服务(SNS)等具有很强即时性的互联网应用形式,追求利用更多的渠道在更短时间把新闻与信息传播给更多受众,并得到目标受众即时的反馈,与目标受众建立起即时沟通。其二,"节物风光不相待,桑田碧海须臾改",用这句话形容网络市场的变化之速,可以说是十分恰当的。英特尔公司的创始人戈登·摩尔(Gordon Moore)曾在1965年预测,单片硅芯片的运算处理能力每18个月就将会翻一番,价格则减半。这个规律被称之为"摩尔定律"。海尔集团的创始人张瑞敏认为,新经济时代,"不是大鱼吃小鱼,而是快鱼吃慢鱼。"近年来,IT产品更新换代速度之快,令人印象深刻,比如手机,连最狂热的发烧友,要跟上其更新换代的速度也感觉非常吃力。

2) 营销策略

(1) 舆情监测和情绪分析　通过跟踪有关其品牌的在线对话,了解客户在谈论什么,他们对什么感到满意或不满意,以及他们对公司最新公告和产品的反应如何。这些信息可用于即时调整营销策略,创建更多相关和引人入胜的内容,以响应客户互动和反馈。

(2) 情报竞争　通过密切关注竞争对手及其上下游企业,对其产品、服务、市场等项目的监测,采取领先于他们的最新举措,帮助企业更好更快地调整产品、价格、服务策略,对市场的任何变化做出快速反应。

(3) 实时交互管理　制定可靠的实时交互管理计划,快速有效地响应客户反馈,可以创造更好的客户体验,促进业务的成功。

(4) 开发新一代产品　"一家企业如果要在市场上占据主导地位,就必须第一个开发出新一代产品"(被称为达维多定律)。英特尔公司始终是微处理器的开发者和倡导者,他们的产品不一定是性能最好的和速度最快的,但他们一定是最新的。为此,他们不惜淘汰自己哪怕是市场上卖得正好的产品。例如486处理器,当这一产品还大有市场的时候,他们有意缩短了486的技术生命,由奔腾处理器取而代之。英特尔公司运用达维多定律永远把握着市场的主动,把竞争对手甩在背后,把供货商和消费者吸引在周围,引导着市场,也掌握着市场。

2.1.5 网络市场的交互性及相应营销策略

1)网络市场的交互性

网络市场的交互性,意即市场参与主体之间的多向交流与互动。传统市场在其技术条件下的市场主体并非没有交互,如通过电话、电报,企业与消费者之间的互动,但是由于受到时间、空间、技术等各方面因素的制约,传统技术条件下的交互性不能得到充分发挥。通过网络平台进行的交互活动,除容量巨大、渠道通畅外,更重要的在于,它不仅可以同步交互,还可以异步交互。网络市场的交互关系是多重交互关系,包括生产者和消费者的互动关系、消费者与消费者的互动关系、生产者与生产者的互动关系等。多重互动的结果是使信息传播不再只是单向的,而是多方向的。不仅企业与消费者之间互相影响,消费者与消费者之间也互相影响;使信息的客观性得到加强,非对称性大为削弱;还因为消费者在产品需求、设计、生产、销售、服务等环节与企业交流互动,使得企业产品和服务更加贴近消费者的需求。

2)营销策略

(1)网络营销应充分利用各种形式、渠道,开展与消费者的互动,全面、深入、准确了解消费者需求,并为消费者提供各种有用信息,拉近与消费者的情感。

(2)通过建立企业或产品论坛,为消费者与消费者之间的互动提供机会,让消费者可以互相交流、学习,以实施口碑营销。

(3)利用网络带来的交互性便利,开展一对一营销。

(4)通过新闻营销、事件营销,激发交互传播,实施病毒式营销。

2.2 网络市场的需求特征及相应营销策略

网络市场的需求与传统市场的需求有所不同,具体体现在以下几个方面。网络营销人员应该根据这些特征,制定有针对性的营销策略。

2.2.1 网络市场的体验需求及相应营销策略

1)体验需求

1999年,美国战略地平线 LLP 公司的共同创始人约瑟夫·派恩和詹姆斯·吉尔摩撰写的《体验经济》一书中,将体验定义为"企业以服务为舞台,以商品为道具,以消费者为中心,创造能够使消费者参与、值得消费者回忆的活动"。人类的经济生活,自诞生之日起,经历了农业经济、工业经济、服务经济与体验经济 4 个发展阶段。体验已经逐渐成为继农业经济、工业经济和服务经济之后的一种主导型经济形态。在体验经济中,企业不再仅是销售商品或服务,它提供最终体验并充满感情的力量,给客户留下难以忘却的愉悦记忆。从这个角度上说,在体验经济时代,客户每一次购买的产品或服务在本质上不再仅仅是实实在在的商品或服务,而是一种感觉,一种情绪上、体力上、智力上甚至精神上的体验。比如一杯咖啡在自己家里冲泡,成本不过 2 元钱。但在鲜花装饰的走廊,伴随着古典轻柔音乐和名家名画装饰的咖啡屋,一杯咖啡的价格可能超过 20 元,你也认为物有所值。现在很少有人没玩过网络游戏,网络游戏为什么很多人喜欢玩?就是因为人们在网络里可以体验现实生活中难以体验到的事物。

2) 营销策略

(1) 洞察客户需求　在探究改善客户体验的方法之前,一定要明确你的客户需要什么,喜欢什么,这样才能"对症下药"。一个客户的消费流程从开始到结束,是由许多不同场景组合而成的,每个场景中客户的期望是什么？他们会有怎样的行为、想法和感受？是哪些因素影响了客户的体验和他们对企业、品牌或产品(服务)的认知？搞清这些问题,洞察客户需求,是改善客户体验的第一步。

(2) 定义体验愿景　客户满意度是客户体验的实际感受与客户的体验预期之间的差距。客户体验愿景是企业对客户体验未来情景的意象描绘。营销人员定义体验愿景的时候,一个重要的目标就是确保所创造的新的客户体验超越客户的期待。每个商业项目都有其具有不同诉求的目标客户群体,为每个客户群体打造卓越体验的方法不尽相同。采用客户体验旅程地图可以帮助营销人员与客户沟通体验旅程细节,概括体验愿景,见图 2-1。

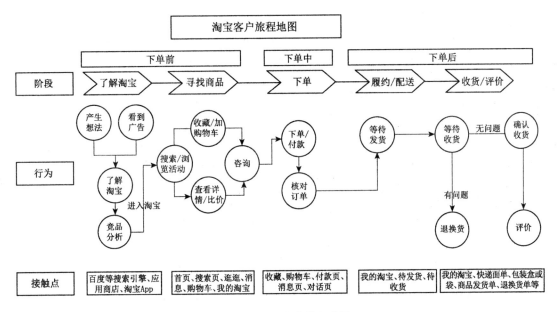

图 2-1　淘宝客户旅程地图

(3) 加强客户服务　网络经济时代,也是知识经济时代,产品中的知识含量、信息含量越来越高。知识型产品的使用,通常需要得到企业较强专业性的培训、指导服务,如果没有服务的支撑,就无法产生预期的效用。比如,很多企业购买了企业资源计划(ERP)系统,因没有得到很好的培训、指导,就没有发挥应有的作用。软件产品,在开发过程中,开始的时候总会有很多因素没有考虑到,但是随着时间的推移,软件所存在的漏洞会慢慢地被发现。这时候,为了提高系统的安全,软件开发商会编制并发布一个小程序(即所谓的补丁),专门用于修复这些漏洞。大家都熟悉的计算机微软操作系统,如果没有后续的补丁服务,就可能给客户带来巨大的损失,其产品也就不会有今天的市场地位了。云计算时代的到来,无论是生产硬件还是软件的企业,其中很多企业已经不再销售产品,而是变为销售服务了(当然这里企业提供的服务也就是无形的产品),如变销售硬盘为提供云存储,变销售软件为提供云计算,变销售教学设备为提供云教学平台等。这些,对于寿命周期短、升级替换快的产品的客户来讲,无疑省去了要不断购买新的产品或不断地为产品升级的烦恼。

2.2.2 网络市场的个性化需求及相应营销策略

1) 个性化需求

当今时代,市场上绝大部分种类的产品处于饱和状态,竞争激烈。在产品的实用性要求得到满足后,人们希望能从消费中充分体现自己的个人偏好和个性特征。这种个性化的需求是多方面的,如功能的个性化、内容的个性化、式样的个性化、服务的个性化、组合模式个性化等。客户个性化需求可分为三个层次:一是拟个性化,实际上是标签化的个性化;二是类个性化,实际上是群体差异化,而不是个体间的差异;三是真个性化,即在产品需求上有鲜明的自我印记。在传统经济下,由于沟通方面的困难,企业要了解客户的个性化内容是比较困难的,而且个性化产品的生产势必要提高产品成本和价格,这些都在很大程度上抑制了客户的个性化需求。但在网络环境下,由于企业与客户可以十分便捷地进行互动交流,企业很容易获得客户的个性化需求信息,加上产品设计、生产的自动化水平及服务自动化水平的提高,个性化生产与服务并不意味着一定要提高很多成本,价格也不一定很贵。

2) 营销策略

(1) 洞察客户需求　满足客户个性化需求,要求企业对客户资料要有深入、细致的调查、了解,掌握每一位客户的详细资料。对于准备实施"个性化营销"的企业来讲,关键的第一步就是能直接挖掘出一定数量的企业客户,且至少大部分是具有较高价值的企业客户,建立自己的"客户库",并与"客户库"中的每一位客户建立良好关系,以最大限度地提高每一位客户的价值。

(2) 加强与目标客户沟通　面对"个性化营销",传统媒介已经不再能满足需要,这就要求企业充分利用网络工具,寻找、开发、利用新的沟通手段,为企业与客户提供"一对一"沟通选择。当然,传统的沟通途径如人员沟通的功效仍不能忽视。

(3) 增强客户参与　提供多种网络渠道,让客户按照自己的偏好参与产品的设计与生产。

(4) 生产柔性化　将生产过程重新解剖,划分出相对独立的子过程,再进行重新组合,设计各种微型组件或微型程序,以较低的成本组装各种各样的产品满足客户的需求。

(5) 提供差别化的客户服务。

2.2.3 网络市场的娱乐需求及相应营销策略

1) 娱乐需求

美国社会心理学家马斯洛(A. H. Maslow)在其1943年发表的著作《人的动机理论》中提出,人的需要可以分为五个层次,由低到高,它们依次是:生理的需要、安全的需要、社交的需要、尊重的需要和自我实现的需要。随着社会经济的发展,人们收入水平的提高,较低层次的生理需要、安全需要等物质需要基本上已经得到满足。但是,人们的社交需要、尊重需要和自我实现需要等精神需要,却永远没有满足的时候,而且在需要结构中具有越来越重要的地位。在上述五个基本需要之外,还有一个需要现在变得非常突出,那就是对精神愉悦的追求——娱乐需要。人的本性是寻求快乐的,只要有一点点快乐的理由,人们都不会放弃寻求快乐。孟德斯鸠也说过,幸福和快乐是满足人欲望最好的药剂。因为客户都是感性的,娱乐是调动客户情感最有效的手段,所以娱乐和营销的结合是必然的,通过娱乐的方式引起客户情感的共鸣,就能引导客户的行为。

2)营销策略

娱乐营销策略就是借助娱乐的元素或形式将产品与客户的情感建立联系,从而达到销售产品,建立忠诚客户的目的的营销方式。从娱乐营销的原理分析,娱乐营销的本质是一种感性营销,感性营销不是从理性上去说服客户购买,而是通过感性共鸣从而引发客户购买行为。这种迂回策略更符合中国的文化,至少比较含蓄,不是那种赤裸裸的交易行为。娱乐营销具体策略如下:

(1)**虚拟性策略** 利用虚拟/增强现实(Virtual Reality/Augmented Reality,VR/AR)等技术,对现实社会的各种活动进行模拟。为网民提供现实生活中无法经历的事情、无法体验的感情。二次元营销、元宇宙营销,就是让品牌走进虚拟的世界,或者让虚拟世界内容跳到现实中来,让两者相融,从而通过虚拟世界的本质特征,快速地让年轻人接受与认同。

(2)**体验营销策略** 利用传统文化、现代科技、艺术创作、生产生活和大自然等手段来增加产品的体验内涵,带给消费者愉悦,促成销售。

(3)**创新性策略** 不断创新体验内容和形式,保持神秘感,持续吸引客户。

(4)**便利性策略** 提供方便、快捷、周到的客户服务。

(5)**个性化策略** 根据客户的兴趣爱好,有针对性提供独特的、低成本、高质量的产品或服务。

(6)**关联性策略** 拓展体验,开发关联产品,给客户创造更多的机会,让他们以购买其他东西的方式来享受你所提供的感情上的联系。

2.2.4 网络市场消费者参与需求及相应营销策略

1)消费者参与需求

传统市场中,供给方与需求方之间的界限是清晰的,但在网络市场中,由于消费者在产品的设计、生产、销售、服务过程中的参与,消费者与生产者的界限变得模糊。消费者本身在一定程度上变成了产品的生产者与提供方。在各种社交网络中,软件系统只是提供了一个虚拟空间,如果没有客户在上面发帖(包括视频等),提供给其他客户浏览,这个社区就不会存在下去。发帖的人既是这个论坛的消费者,也是这个社区的生产者,就像你在桥上看风景,你自己也构成了风景的一部分(卞之琳《断章》:你站在桥上看风景,看风景的人在楼上看你。明月装饰了你的窗子,你装饰了别人的梦)。

2)营销策略

(1)**树立正确的客户价值观** 互联网时代的消费者具有参与企业运作的动机和能力,是公司可利用的资源,客户既是企业发展战略的选择力也是原动力。

(2)**鼓励客户参与价值创造过程** 开辟线上线下客户参与渠道,鼓励客户对产品及服务提出意见建议,参与产品测试,交流使用心得,解答其他客户疑问等,在满足客户参与愿望的同时,降低公司价值创造的成本。

(3) 利用客户的能量　在营销、销售和服务等价值传递环节,利用客户的能量迅速放大公司和产品的品牌知名度和销售额。

2.3　网络市场效应及相应营销策略

2.3.1　蝴蝶效应及相应营销策略

1) 蝴蝶效应

蝴蝶效应(The Butterfly Effect)是指在一个动力系统中,初始条件下微小的变化能带动整个系统的长期的、巨大的连锁反应。美国气象学家爱德华·洛仑兹(Edward N.Lorenz)1963年在一篇提交纽约科学院的论文中分析了这个效应,并在以后的演讲和论文中他用了更加有诗意的蝴蝶来对这个效应进行阐述:"一只南美洲亚马孙河流域热带雨林中的蝴蝶,偶尔扇动几下翅膀,可以在两周以后引起美国得克萨斯州的一场龙卷风。"其原因就是蝴蝶扇动翅膀的运动,导致其身边的空气系统发生变化,并产生微弱的气流,而微弱的气流的产生又会引起四周空气或其他系统产生相应的变化,由此引起一个连锁反应,最终导致其他系统的极大变化。

互联网迅速发展的今天,信息的传播速度和传播范围是过去无法想象的,微信、QQ、微博、论坛等网络工具已经渗透到人们生活的方方面面,信息的传播与其带来的影响,具有产生蝴蝶效应的可能性。对于企业而言,利用互联网开展网络营销,可以获得巨大的宣传效果和经济效益。2015年4月14日早晨,一封仅有10个字:"世界那么大,我想去看看"的辞职信通过网络披露后,竟然迅速引起无数人的关注、热议和对这一语句的模仿。然而,"蝴蝶效应"也可能带来极大的破坏力。2011年6月21日,新浪微博上一个名叫"郭美美Baby"的网友颇受关注,这个自称"住大别墅,开玛莎拉蒂"的20岁女孩,其认证身份居然是"中国红十字会商业总经理",其真实身份也众说纷纭,有网友称她是中国红十字会副会长郭长江的女儿,由此引发大规模、长时间的对中国红十字会的非议,并进而引起人们对包括中国红十字会在内的众多慈善机构存在腐败的怀疑,人们的捐款热情立即受到影响。民政部的统计数据显示,2012年6月全国社会捐款为10.2亿元,而7月为5亿元,减少了5.2亿元,降幅接近51%。而这一变化,正是发生在6月下旬"郭美美"事件引发慈善信任风暴的背景之下。郭美美事件的影响一直持续到2014年7月10日。这一天,郭美美因赌球被北京警方抓捕,随之,郭美美向警方供述,其与中国红十字会毫无瓜葛! 然而,这一事件对中国红十字会乃至整个慈善事业的负面影响,并没有因郭美美的供述而在短时间内立即停止。

2) 营销策略

(1) 利用蝴蝶效应的巨大威力　网络营销人员要善于抓住社会上发生的可能产生蝴蝶效应或正在发生蝴蝶效应的偶发事件,甚至创造可能产生蝴蝶效应的事件,借助其网络传播的巨大动能,为网络营销创造积极效果。

(2) 建立公关危机预警和处理机制　在网络时代,蝴蝶效应很容易使一些不利于企业的突发事件变成企业的重大公关危机,对企业造成难以弥补的负面影响。因此,企业应该建立一套行之有效的公关危机预警和处理机制,预防此类事件发生,或在其发生后得到及时处理,防止其发展成为重大危机事件。

2.3.2 锁定效应及相应营销策略

1) 锁定效应

事物的发展过程对道路和规则的选择有依赖性,一旦选择了某种道路就很难改变,这就是"路径锁定",也叫路径依赖或锁定效应。

锁定效应在很多领域都有表现,技术锁定效应是人们常常谈论的一种现象。由于某种原因,首先发展起来的技术常常可以凭借占先的优势地位,利用它的巨大规模促成单位成本的降低,利用它的普遍流行导致的学习效应和许多行为者采取相同技术产生的协调效应,使它在市场上越来越流行,从而实现自我增强的良性循环。相反,一种具有较之其他技术更为优良的技术却可能由于迟到一步,没有获得足够的跟随者,而难以获得发展。

日本的企业在"数字革命"面前,陷入"模拟技术"泥沼即是惨痛的历史教训。20世纪80年代中期,日本企业采用"模拟技术"制造的高清晰度电视,让彩色电视的清晰度赶上了首映的电影片,当日本人提出以日本高清晰度电视制式作为国际标准时,美国的研究工作还没起步。然而,在20世纪90年代,在美国正掀起一场"数字化革命","就在美国企业已高度重视数字电视的时候,索尼和松下却投资数十亿日元,企图将模拟电视提升到一个新水平。"结果是显而易见的,日本人在信息技术方面被美国人远远地抛在后面。今天的各种电子信息技术都已数字化:数字通信、数字广播、数字电视、数字录像、数字录音等,完全是一个数字化的世界。日本后来虽然奋力追赶,并成为世界上的"数字化革命"先进国家(2011年7月,日本结束了长达58年的模拟电视广播时代,成为第一个完成向数字传输过渡的亚洲国家),但与美国相比,却只能望其项背了。

顾客锁定是网络营销中的常见现象,它是指企业为了特定目的,在特定交易领域,通过提高对方转移成本的方式,对交易伙伴所达成的排他性稳定状态。在具体的商业行为中,锁定状态表现为企业留住了顾客:假如顾客在 $T1$ 阶段购买了 A 厂商的产品,那么在 $T2$ 阶段,由于转移成本等因素,顾客将"被迫"继续购买 A 厂商的产品。

顾客被锁定的原因是顾客的转移成本,即顾客从现有厂商处购买商品转向从其他厂商购买商品时面临的一次性成本。转移成本可以归为以下三类:第一类是时间和精力上的转换成本,包括学习新的技术的时间成本、精力成本等;第二类是经济上的转换成本,包括寻找新的交易者的经济成本、淘汰旧技术的利益损失成本、金钱损失成本等;第三类是情感上的转换成本,包括个人关系损失成本、品牌关系损失成本。相比较而言,情感转换成本比起另外两个转换成本更加难以被竞争对手模仿。

2) 营销策略

(1) 降低顾客的试用成本,如采用免费试用策略,低版本试用策略等。

(2) 互补产品免费策略,如硬件免费、软件收费;或实物免费、服务收费等;或设备免费,专用元器件、原材料收费,或相反。

(3) 提供个性化产品与服务。

(4) 会员制优惠、消费累计折扣策略。

(5) 运用关系营销,提高顾客忠诚度。

(6) 提高顾客转移心理成本,如培养感情,争取顾客对企业文化认同。

(7) 网络价值策略。顾客一旦选择某种产品,就意味着加入特定的网络,若弃用该产品,也必须同时退出特定网络,因此会带来更多损失。

(8) 针对特殊产品开展培训,引导顾客提高其时间和精力的投入,提高顾客的学习成本。

(9) 诱导顾客耐用产品的资本投入,降低该耐用产品与其他企业的竞争性产品的兼容性等。

2.3.3 马太效应及相应营销策略

1) 马太效应

马太效应即赢者通吃。用赢者通吃来描述经济现象,是指某种商品或服务市场中某一个企业占有全部或大部分市场份额,其他所有企业没有或只占有很少的市场份额。在网络市场中,这种现象比较常见,比传统市场要多得多。个人电脑操作系统市场,微软长期占据世界90%左右的市场份额;中国即时通信软件市场,腾讯公司的QQ、微信的用户数覆盖了我国90%的网民;社交媒体微博,新浪的微博占据了绝大部分市场份额,以至于人们说起微博就是指新浪微博。

在网络市场中,"赢者通吃"现象的出现,主要的原因是网络市场存在网络效应和规模经济。网络效应是指同一网络中消费者使用某种产品所获得的效用随着使用该产品总人数的变化而变化。网络效用中有正反馈和负反馈机制(作用)。网络的正反馈作用是指,使用某种网络产品或服务的用户越多,它对现有用户的价值越大,带来的效用越高,就越会吸引新的用户加入网络,新用户的加入,带来网络用户更高的效用,又会吸引更新的用户加入,如此循环下去,会使网络用户越来越多。而负反馈作用是指,当用户离开某个网络,会使未离开的网络用户的效用减少,效用减少会使更多网络用户离开网络,如此循环,会使网络用户越来越少。使多者愈多,使少者愈少,这也就是所谓的"马太效应",其结果就是"赢者通吃"。

网络效应可以分为两种基本类型:直接网络效应和间接网络效应。直接网络效应表现为产品的价值随着使用人数的增加而增大,即购买相同或兼容产品的用户数量对消费者效用会产生直接的影响,如电话机、传真机、在线服务、电子邮件等产品都体现了直接网络效应。因此在消费者的效用价值函数中,除了包含产品质量、价格等传统因素外,还包括网络中已有的用户规模。梅特卡夫法则(Metcalfe's Law)描述了网络的有用性(价值):网络的价值等于网络节点数的平方。与直接网络效应相比,间接网络效应的作用机制有所不同,用户人数导致产品价值增加的方式是间接的,网络效应不是直接来自消费者需求函数的作用,而是间接来自产品相关的互补产品数量和可获得性。在这种情况下,产品的效用取决于互补产品的品种多少,质量好坏和价格高低。互补产品的品种越多,质量越好,价格越低,则产品本身给消费者带来的效用价值就越高。

2) 营销策略

(1) 主流化策略　在当今技术进步不断加速的情况下,企业只有不断进行技术创新,并且率先将技术创新成果商品化、产业化,实施产品主流化竞争策略,才能赢得竞争优势。

(2) 标准化策略　对于领先型企业,可以通过制定行业标准,使得相关的企业只能兼容自己的标准,以此保持甚至扩大企业的领先优势。

(3) 进攻性策略　如果企业不能领先进入市场,在市场开拓早期可以采用免费、低价策略,加以高密度广告,抢占流通渠道,以期取得市场优势。

2.3.4 临界效应及相应营销策略

1) 临界效应

生物学上,当病毒进入人体后,会侵染人体细胞,然后在细胞内复制,复制过程受细胞内各种条件限制,病毒数量变化呈 S 形曲线;当细胞中病毒数量达到最大值时,细胞裂解,释放出的病毒又重新侵染其他细胞,在原先 S 形曲线 K 值的基础上,又呈 S 形增长。网络经济中也有这种 S 形曲线式的经济增长现象。在一种新产品处于启动阶段时,业务量(销售量、用户数量等)增长速度缓慢,当业务量达到一个临界值后,才会进入快速增长阶段。当业务量小于这个临界值,企业的生产是不经济的,甚至会经常亏损。当业务量超过这个临界值后,会出现一段快速的增长,然后进入饱和状态(增长变慢),再之后进入衰退阶段,见图 2-2。新产品的前途要么达到临界值而起飞,要么未能达到临界值而失败。

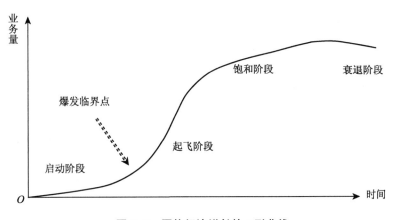

图 2-2 网络经济增长的 S 形曲线

S 形曲线增长与爆发临界点的概念还可以应用在病毒式营销(Viral Marketing)上。病毒式营销利用的是用户口碑传播的原理。在互联网上,这种"口碑传播"更为方便,可以像病毒一样迅速蔓延。开始时口碑传播的速度是比较缓慢的,达到一定的程度(爆发临界点)时,会出现快速传播时期。病毒式营销成功的关键在于找到营销的引爆点,即找到口碑传播的话题。

2) 营销策略

(1) **注意把握营销力度的节奏** 在新产品启动早期,由于市场对新产品的接受度低,即使投入大量营销资源,也难以获得相应销售增长;若营销投入过迟,过了市场起飞阶段,竞争对手已占据优势,同样事倍功半。在临界容量即将到来之前和起飞阶段,加大营销投入,可获得比较理想的效果。

(2) **促使产品销售进入起飞阶段** 由于知识型产品(或数字产品)成本的特殊结构,不能仅考虑各阶段的成本和收益之比,而应以产品的整个市场生命周期作为核算基础。如果业务量不能突破临界值,很可能尚未收回开发成本就走向没落。因此,企业通过降价、免费、补贴、密集营销等手段,促使产品销售达到临界容量进入起飞阶段,便成为此类产品的营销策略。当然,企业在建立市场优势地位后,可以用后期的利润来补偿之前由于大量投入造成的亏损。

2.3.5 长尾效应及相应营销策略

1) 长尾效应

从人们需求的角度来看,大多数的需求会集中在头部,我们称之为流行或主流需求,而分布在尾部的需求是个性化的、零散的小量的需求。这部分差异化的、少量的需求会在需求曲线上面形成一条长长的"尾巴"。所谓长尾效应就在于"尾巴"的数量上,将所有非流行的市场累加起来就会形成一个比流行市场还大的市场,见图 2-3。

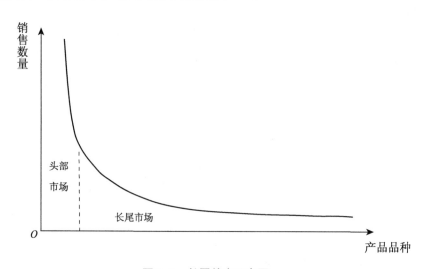

图 2-3 长尾效应示意图

有人将长尾理论与 20/80 定律(80%的价值来自 20%的因子,其余的 20%的价值则来自 80%的因子)类比,但两者所适用的环境是不同的。在传统市场上,技术手段还不足以让营销人员无差别地在大大小小的客户身上花费相同的精力,只能把有限的精力花在重点客户身上。网络市场则不然,智能化、自动化、网络化、数字化的现代信息技术,在诸多领域已经替代了营销人员的脑力劳动和体力劳动。因此,在长尾理论中,经营者不应该只关注头部市场,尾部市场也是不能忽视的。长尾理论已经成为一种新型的经济模式,被成功应用于网络经济领域。一个被广泛引用的例子是 Google 的长尾策略。Google 的 Adwords 广告使得无数中小企业都能自如投放网络广告,而传统的网络广告投放只是大企业才能涉足的领域。其 Adsense 广告又使得大批中小网站都能自动获得广告商投放广告。Adwords 和 Adsense 因此汇聚成千上万的中小企业和中小网站,其产生的巨大价值和市场能量足以抗衡传统网络广告市场。作者这里还有一个很普通的例子:宁夏回族自治区一个偏僻的村庄,有一个老奶奶,手工制作特大尺码的布鞋,在年轻人的帮助下放在互联网上销售,客户来自世界各地。尽管在今天这个时代,穿传统手工制作的布鞋的人很少,需要特殊尺码布鞋的就更少了,但老奶奶的布鞋仍然供不应求——正是网络营销的渠道足够宽广,产生了长尾效应。

2) 营销策略

(1) 面向利基市场的产品策略　利基市场(Niche Market)是指那些高度专门化的需求市场。随着互联网技术的不断发展,个性化消费不断兴起,消费者拥有越来越多的选择权,企业可利用网络渠道,实现与消费者的充分沟通,了解和挖掘消费需求,面向利基市场进行产品开发和定制,积少成多,积小胜为大胜。长尾产品个性化和差异化特征明显,更容易形成较强的竞争壁垒,最终取得长久竞争优势。

(2) 差异化定价策略　因为长尾产品个性化和差异化特征明显,企业很难实现规模性生产,因而生产成本会比较高,但由于与大众化商品相比其能更好地满足消费者个性化需求,因而在价格制定上可以采用差异化定价策略,从而实现较高的利润。

(3) 尽可能短的渠道策略　长尾产品因为市场比较分散,单个地理区域市场的需求数量有限,不适合采用多级分销渠道,因此,宜采用尽可能短的渠道策略,如直接面对消费者的网上直销方式,减少中间流通环节和沟通环节,节省流通成本,提高沟通效率。

(4) 选择合适的推广方式　长尾产品的消费者在地理上往往不是很集中,不适合大规模、密集性促销,但可利用具有低成本、无限量展示次数的网络平台(企业网站、第三方电子商务平台)进行展示推广。因为有特殊需求的消费者往往有主动上网搜索的习惯,企业可以和搜索引擎公司进行合作,并推广。

2.3.6　网络外部性及相应营销策略

1) 网络外部性

经济外部性是经济主体(包括厂商或个人)的经济活动对他人和社会造成的非市场化的影响。即社会成员(包括组织和个人)从事经济活动时其成本与后果不完全由该行为人承担。经济外部性分为正外部性和负外部性。正外部性是某个经济行为主体的活动使他人或社会受益,而受益者无须花费成本。比如一个人栽了一片树林,原本是想等树长大了卖木材赚钱,但树林却能吸收二氧化碳释放氧气,呼吸新鲜空气的人并没有付费给栽树的人。负外部性是某个经济行为主体的活动使他人或社会受损,而造成负外部性的人却没有为此承担代价。比如一个化工厂生产过程中排出二氧化碳,而二氧化碳导致温室效应,化工厂并没有为此承担代价。

网络外部性是指一个用户在一个网络里获得的价值取决于其他连接到该网络的用户的数量。网络外部性也有正外部性和负外部性之分,我们这里主要讨论网络的正外部性。梅特卡夫法则(Metcalfe's Law)描述了网络的价值以网络节点数平方的速度增长的经济现象,即网络带给用户的效益随着网络用户数量的增加而呈指数增长。比如电话网络,如果这个电话网络里只有一个用户,这个电话几乎是没有价值的,因为这个用户不可能自己给自己打电话,只有当这个电话网络有其他用户的时候,电话才会有用处。网络里其他用户的数量越多,可打的电话就越多,这个用户拥有的电话的价值就越大。

网络外部性还可分为直接外部性和间接外部性。直接网络外部性是通过消费相同产品的用户数量变化所导致的经济收益的变化,即由于消费某一产品的用户数量增加而直接导致商品价值的增大;间接网络外部性是指随着某一产品使用者数量的增加,该产品的互补品数量就会增多,互补品的价格就会越低,从而给用户带来价值。

2) 营销策略

(1) 先占战略　在存在网络效应的市场上,先占者具有先发优势,网络市场上正反馈效应的作用有利于先占者,而不利于后来者。先占者一般来说在网络规模上有天然的优势,消费者加入先占者的网络可以获得比加入后来者的网络更大的网络外部收益,因此消费者对先占者产生一定的偏好,市场也随之会偏向先占者,而网络效应的作用会加强这种偏向作用,最终,先占者的技术会成为事实上的标准。

(2) 互补品策略　可以将主要产品制定较低的价格,吸引更多的用户加入,而后将互补产品制定较高的价格,弥补主要产品价格较低的损失。若互补品来自企业外部,则可整合互补品供应商资源,与互补品供应商签订排他性合同。排他性合同切断竞争对手的互补品市场的供应,削弱竞争对手的竞争力。

(3) 用户忠诚策略　网络的正负反馈效应,使得用户的增加与流失呈现加速现象。一方面,通过免费、低价等各种手段,迅速扩大用户规模,让网络产生正反馈效应。另一方面,采取措施提高用户忠诚度,锁定用户,防止发生负反馈效应。

案例研究

263邮箱收费事件

263网站是国内最早成立、也曾是最著名的中文门户网站之一。它在1998年推出263免费邮箱产品。

从2000年3月开始,一场席卷全球的网络经济泡沫破灭的风暴摧毁无数的互联网企业。后来的研究表明,从2000年3月到2002年10月间,那场风暴抹去了IT技术公司约5万亿美元的市值,只有50%的网络公司活过了2004年。

2002年3月18日,在IT企业一片萧条的残败景象中,网站迫于资金的压力,263集团宣布5月21日起将全面停止免费邮箱。

在当时的网络世界里,电子邮箱免费是一个普遍的现象。263走收费之路的态度引来一片哗然。在顶着无数意料之内舆论压力的同时,263称,即使只能留住1万邮箱客户,收费决心依旧。

虽然各方对263邮箱全面收费的评论褒贬不一,但这恰恰带来了业界对网络发展的盈利模式的又一次思考。也给无数希望能够以收费模式脱身苦海的IT企业提供了借鉴。

1) 摒弃免费引来质疑

263在彷徨中等待着5月的到来。这意味着263免费邮箱的1 200万客户面临着继续使用或者从此停止使用263邮箱的选择。和许多采取渐进收费措施的网站不一样,既没有大容量邮箱的缩量,也没有VIP与免费邮箱的区分。似乎像263的一个"杀手铜",全面收费的宣布使外界缺乏心理准备,争论应声而起。

"263收费模式值得讨论",时任互联网实验室董事谢文说,263电子邮箱是263集团的品牌因素,一次性收费可能会使一部分客户摒弃263邮箱服务,同时也可能使263的品牌形象受到一定损失。方兴东(时任博客中国CEO)在面对媒体时对263的收费更为质疑,他认为免费邮箱一直是中国互联网发展的一个主要推动力,263邮箱收费是否会放缓中国网民对互联网的依赖程度目前还值得关注。

在质疑的声音背后,其实有更多的IT企业表示声援,对于同一战线里的企业,他们深深理解263的处境。谢文在质疑的同时也表示,一个企业有权力对自己企业的决策做出决定。这个决定可以从企业战略考虑,也可以从成本核算出发。无限期的投入维持免费邮箱,这将成为企业永久的出血点。而在收费上率先试水一把的新浪网更是对263的行为深表赞同,他们认为,这是互联网正在一步步走向成熟、互联网更加回归传统价值链的体现。263邮箱收费的最终目的是为了给网民提供有别于免费服务的、更加完善的增值服务,因为.com企业都是自负盈亏的,在提供服务的同时,生存是第一位的,只有能够生存下来,才能为网民提供更多、更好的服务。

在各自发表看法的同时,263丝毫没有动摇全面收费的决心。

2) 做免费每年亏损1 500万元

263做免费邮箱的初衷相当简单。263初期以20万元投资开始做起263免费邮箱,电子邮箱的后缀是263,对263的推广有积极作用。但是,随着互联网的发展,注册免费邮箱的客户成几何级数增长,迅速膨胀的免费邮箱注册客户带来了巨大的成本压力,为维护免费邮箱的运营,263每年要投入1 500万元。自从263做免费邮箱以来,总的投入已经累计接近1亿元,然而没有任何商业回报。

当时,263的主要收入来自叫作"主叫接入"的业务,但这项业务正面临更加激烈的竞争,收入前景暗淡。因此,263必须有新的行动。

3) 注册收费客户50万收支平衡

当时263自己算了一笔账。263有邮箱客户2 000万,活跃客户有500万左右,如果263能够留住其中的1‰,那么将会有50万的收费邮箱客户,按照每月5元的收费标准,将会有3 000万元收入。这样一来,完全可以扭转以前每年例行亏损的1 500万元。在263的价值观来看,与其漫无目的地做免费邮箱,还不如将邮箱服务做精做透,集中为有效客户提供完整的电信级服务。在263的计划之内,大部分客户认同邮箱收费的时间还有1~2年。这同时是263收费邮箱预计开始盈利的时间。

4) 邮箱细分各取所需

虽然一些网站如新浪已经开始对VIP级的客户开始收费(新浪将邮箱分为VIP邮箱和一般邮箱,前者容量大),但是国内的互联网企业大部分对于收费还处于观望态度。这毕竟要改变网民吃免费午餐的习惯。外界对于263这种"激进"做法反应是强烈的,但是,信心十足的263认为,电信级电子邮件服务是大势所趋,收费内容和个性化服务收费将成为整个网络发展的趋势,持续的免费没有形成网络有效的价值链。电子邮件是通信服务的其中之一,有保证的通信服务包含了许多服务内容,所以和电信服务一样应当收费。另外,从技术发展的角度讲,1998年电子邮件开始走向普及,而目前的技术能够使邮件的服务更加完善,而任何一项技术都和商业利益挂钩,技术服务于商业利益决定电信级电子邮件服务应当收费。当然,邮件收费也意味着满足不同客户的不同需求。对于263致力于互联网服务的定位,它希望自己能赢得更多的商业客户,商业客户使用收费邮箱代表着一种严谨严肃的作风。

5) 后记

2002年6月20日,距离5月21日正式开始收费后一个月,263邮箱的客户已从2 000多万锐减到59万———这意味着仅约3%的客户愿为邮箱掏钱,剩下的97%都选择了继续品尝"免费午餐"。

时间又来到编者编写这本教材的2022年,20年过去了,如今的263网络集团是一家全球互联网通信云服务企业,通过深度布局"云+网+端"全产业链,持续深耕云企互通、云网互联、云端互动三大业务领域,不断提升数字化和智能化赋能水平,持续为政府、企业以及家庭客户提供全面的数字化平台和智能化服务。263企业邮箱(收费邮箱)具有全新的理念和突破性的功能,支持超过4 000万客户的邮件系统平台,为广大客户提供高稳定性、高安全性、高可靠性的电信级电子邮箱服务。但今天的263与20年前的263相比,在市场的地位不可同日而语,除了专业领域,社会上很少有人知道这个企业了。

顺便告诉你一个秘密,本章编者在263邮箱收费之前,是它的长期、活跃客户。在看到263邮箱将要收费的消息时,编者也曾打算付费,以便继续使用该邮箱,毕竟邮箱里有编者很多历史邮件,这些邮件从特定角度记录了编者过去几年的工作、生活和与通邮朋友们的友谊。遗憾的是,当时的支付手段不像今天这么方便,需要到银行或邮局去办理汇款,编者懒得去(编者当时如果去最近的银行或邮局汇款,至少要半个小时),就花了几分钟时间在另一家网站注册了一个免费邮箱,从此与263邮箱告别。现在回想起来,再也见不到那些"珍贵的"邮件,真是一个"很大的"损失。

(本案例材料来源于北京青年报,作者范海涛。编者对原文进行了删改,"后记"也是编者所加。)

案例分析题:

1. 将263电子邮箱从免费改为收费的决策是不是一个明智的决策?为什么?

2. 持续的免费邮箱到底有没有形成有效的网络价值链?

3. 263邮箱从免费改为收费,邮箱号码并没变化。你推测一下,在这种情况下,同意付费继续使用邮箱的企业邮箱与个人邮箱中,何者比例更高?为什么?

4. 如果时光倒流回到2002年,请你为263提个建议的话,你会提什么建议?说明一下理由。

练习与思考

一、判断题

1. 网络市场是以信息流为中心的市场,信息起着主导作用。   ( )
2. 信息的二重性是指信息既有客观性,又有主观性。   ( )
3. 时间竞争已经成为网络市场最重要的营销策略之一。   ( )
4. 客户参与是网络营销的重要策略之一。   ( )

二、选择题

1. 关于网络外部性的描述应当被解释为(   )。
   A. 边际效用递减
   B. 价低买者众,价高买者寡
   C. 一种商品的价值随其预期销售数量的增加而增加
   D. 对某一商品的需求随着价格的降低而增加

2. 梅特卡夫法则的本质是(   )。
   A. 网络内部性   B. 网络快速性   C. 网络广泛性   D. 网络外部性

3. 网络经济是以(   )为中心的经济。
   A. 信息流   B. 资金流   C. 物流   D. 物流

4. 梅特卡夫法则认为网络的价值是以客户数量的(   )增长。
   A. 1倍数   B. 2倍数   C. 平方速度   D. 3倍数

三、简答题

1. 请阐述基于体验需求的营销策略。
2. 请阐述基于长尾效应的营销策略。
3. 请阐述基于临界效应的营销策略。
4. 请阐述基于网络外部性的营销策略。

实践操作

训练题目:为一个网络游戏产品(自选一种游戏产品)制定网络营销策略,并在班级进行研讨。

目的要求:熟悉网络游戏产品营销策略的制定。

训练内容: 1. 了解网络游戏产品的特点。
    2. 分析该款网络游戏产品用户的特征和需求。
    3. 了解该款网络游戏产品的市场竞争状况。
    4. 制定一套适合该款网络游戏产品的网络营销策略(要求具体)。
组织分工: 4人一组,分工合作。
提交成果: 小组提交一份不少于2 000字的网络营销策略方案。
训练器材: 互联网、计算机。

3 网络消费者行为分析

[学习目标]
(1) 掌握网络消费者的特征。
(2) 了解网络消费者的购买动机。
(3) 熟悉网络消费者的购买类型。
(4) 掌握网络消费者的购买过程。
(5) 了解网络消费者购买决策的主要影响因素。

3.1 网络消费者的特征

3.1.1 网络消费者的中心地位

在传统经济中,通常是厂商居于主导地位,消费者只能被动地接受厂商提供的产品,但是,在网络经济中,消费者通常居于中心与主导地位,之所以如此,主要因为受到下列因素的影响。

1) 信息的非对称性弱化

在传统经济中,市场信息是极其不对称的。生产者是市场信息的优势方和支配者,消费者是市场信息的劣势方和被动者,因此,生产者居于市场中心地位。在网络时代,消费者可以极为便捷地获得市场信息,也可以通过网络等渠道与生产者进行直接的交流沟通,从而使得信息非对称性得以弱化。

2) 需求稀缺

在传统经济中,生产的边际成本递增,限制了生产的扩大,市场总体上处于供给稀缺状态,这种卖方市场的局面,使得生产者成为经济活动的中心。在网络经济中,由于产品中的数字化内容和知识内容占主要地位,产品的成本呈现为高固定成本、高初始成本、边际成本很低(纯数字产品的边际成本为零)、平均成本随生产规模扩大不断降低的结构状态,生产者有着无限扩大生产规模的愿望,特别是纯数字产品,供给几乎是无限的(可以无限复制)。与之相反,需求是相对固定的,与无限的供给相比,需求显得明显稀缺。

3) 需求引导供给

传统经济是供给引导需求,消费者被动接受标准化的产品,营销模式也主要以"推"的方式为主。在网络经济中,由于个性化需求的兴起、需求稀缺和消费者选择权加强,需求对供给引导作用越来越大,形成了需求引导供给、供给创造需求并存的局面。

3.1.2 网络消费者的边际效用

传统经济学认为,随着消费数量的增加,单位商品或服务给人们带来的满足程度会逐步下降——边际效用递减规律。在传统经济中,这是一条普遍规律,但在网络经济中,出现了与此规律正好相反,而且较为普遍的现象,即消费者对某种商品使用得越多,增加该商品消费量的欲望就越强——边际效用递增规律。之所以出现这种现象,还是因为网络经济与传统经济在发展规律上存在重大差别。具体原因在于:

1) 网络效应

网络效应即网络外部性,这部分内容参看第2章。

2) 锁定现象

信息产品的消费属于技术限定性消费,需要专门的学习过程,当消费者已掌握了使用某种信息产品的知识后,操作越熟练,对之依赖性就越大,学习转移成本就越大,从而对该产品未来的消费愿望就越强烈。

3) 增值现象

在网络经济中,社会经济效率的高低由知识或信息存量的大小决定:信息或知识存量与企业竞争力、社会竞争力成正比,消费者信息或知识存量越多,所获得收益也越多。

3.1.3 网络消费者的心理特征

1) 消费心理个性化

网络经济时代,消费品市场变得越来越丰富,消费者能够以个人的心理愿望为基础在全球范围挑选和购买商品或服务。消费者不仅能选择,而且渴望选择,并开始制定自己的消费准则。用行为分析学家的观点考察,消费者选择的已不仅是商品的使用价值,还包括其他的"延伸物",这些延伸物及其组合可能各不相同。因而从理论上说,没有一个消费者的心理是完全一样的。心理认同感是消费者做出购买决策的前提,因此,个性化消费必将成为消费的主流。

2) 消费的主动性增强

网络时代是"一个消费者坚持己见积极为自己的主张辩护的时代"。网络时代的消费者不习惯被动接受,而习惯于主动选择。这种消费主动性的增强一方面来源于以互联网为标志的信息媒体技术的发展;另一方面来源于现代社会不确定性的增加和人类需求心理稳定和平衡的欲望。网络时代信息技术的发展使消费者能够更方便地进行信息的收集、分析并进行双向沟通,从而在商品选择上拥有更大的主动性。同时,在社会化分工日益细化和专业化的趋势下,消费者对消费的风险感随着选择的增多而上升,对单向填鸭式的营销沟通感到厌倦和不信任。在许多大额或高档的消费中,消费者往往会主动通过各种可能的渠道获取与商品有关的信息并进行分析和比较。通过分析比较,消费者能从中得到心理的平衡以减轻风险感或减少购买后产生的后悔感,增加对产品的信任程度和心理上的满足。

3) 追求购买的方便和购物乐趣

目前,人们对消费过程出现了两种追求的趋势:一方面,人们的生活节奏加快,消费者对购物的方便性有越来越高的要求,他们追求时间和劳动成本的尽量节省,希望购物能用较少的时间获得更高的价值,希望少一点麻烦多一些选择,特别是对需求和品牌选择都相对稳定的日常消费者,这一点尤为突出;另一方面,由于劳动生产率的提高,人们可供自由支配的时间增加,购物已经成为某些消费者的生活乐趣,这可以使他们保持与社会的联系,赢得尊重,减少内心孤独感,对这些人而言,购物是一种精神享受。今后,这两种消费心理会在较长的时间内并存。

4) 价格仍是影响消费心理的重要因素

从消费者的角度来说,价格不是决定消费者购买的唯一因素,却是消费者购买商品时肯定要考虑的因素。尽管经营者都倾向于以创造差异来减弱消费者对价格的敏感度,避免恶性竞争,可是价格始终对消费者的心理产生重要的影响。网上购物之所以具有生命力,重要的原因之一在于网上销售的商品价格普遍低廉。因为正常情况下网上销售的低成本使经营者有能力降低商品销售的价格,并开展各种促销活动,给消费者带来实惠。

5) 消费心理稳定性降低,转换速度加快

现代社会发展和变化速度极快,新生事物不断涌现,消费心理受这种趋势带动,稳定性降低,在心理转换速度上趋向与社会同步,在消费行为上则表现为产品生命周期不断缩短,消费品更新速度加快,品种花色层出不穷。产品生命周期的缩短反过来又会促使消费者的心理转换速度进一步加快,消费者求新求变的需求欲望进一步加强。

3.2 网络消费者的购买动机

消费动机是指消费者由特定需要引起的,欲购买(消费)某种商品或服务以满足某种需要的特殊心理状态和意愿,也是消费者购买(消费)行为的直接出发点和驱使(或引导)消费者向着一定的目标去实行实际的购买行为的内在动力。

3.2.1 一般消费者的购买动机

网络消费者,首先也是消费者,因此也具有一般消费者的购买动机,常见的有下列类型。

1) 生理性购买动机

生理性购买动机是指消费者为了满足、维持、保护、延续及发展自身生命,产生购买能满足其需要商品的动机。这些动机多数建立在生理需要的基础上。

2) 心理性购买动机

心理性购买动机是指由消费者的认识、情感、意志等心理过程引起的心理需要而产生的购买动机,可分为情绪动机、情感动机、理智动机和惠顾动机。心理性购买动机较之生理性购买动机更为复杂多变,难以掌握。

(1) 情绪动机　是指由人的喜、怒、哀、乐等情绪引起的购买动机。情绪动机下产生的购买行为一般具有冲动性、情景性和不稳定性的特点。

(2) 情感动机　是指由人的道德感、群体感和审美感等人类的高级情感而引起的购买动机。例如,人们出于爱国情感购买本国产品。这种购买行为一般具有稳定性和深刻性特点。

(3) 理智动机　是指消费者经过对商品的质量、价格、用途、款式、品种等进行分析、比较后而产生的购买动机。它是建立在消费者对商品进行客观评价的基础上的。在理智性购买动机驱使下的购买活动,比较注重商品的质量,讲究商品的实际使用价值,要求价格便宜、使用安全、服务周到等。理智动机推动下的购买行为具有客观性、周密性和控制性的特点。随着收入水平与消费水平的提高,原来属于理智性购买动机的商品会逐步转化为情感性购买动机的商品。

（4）惠顾动机　是指建立在以往购买经验基础之上,对特定的商品、品牌、商店等产生特殊的信任和偏爱,使消费者重复地、习惯地前往购买的一种购买动机。它具有明确的经常性、习惯性特点。

3）从众购买动机

从众购买动机是指在购买某些商品方面受其他消费者影响而盲目跟风购买的动机,所以也叫模仿购买动机。具有这种购买动机的消费者,其购买动机是在参照群体和社会风气的影响下产生的,以与众人一致为追求目标,往往缺乏市场信息和选购经验,认为从众可以避免个人决策失误,有安全感。

3.2.2　选择网络购买方式的动机

网络消费者除了具有作为一般消费者的购买动机外,其之所以选择网络购买而非在实体店购买,还有其特殊的原因。对于网络营销来说,只有充分了解网络消费者选择在网络上而不是在实体店购买的动机,才能做到有的放矢,采取相应的网络营销措施。消费者选择网络购买方式的动机常见的有以下类型。

1）求便利动机

求便利的动机是以追求购买方便为主要目的的购买动机。具有这种购买动机的消费者对时间、效率特别看重,厌烦反复地挑选比较,希望能快速方便地买到适合需要的商品。网上购物的一大特点就是只需要点击鼠标或屏幕,就可以完成从信息搜索,到商品对比、洽谈、下订单、付款,甚至在网络上交货(完全数字化的商品)、消费等环节的购物全过程。从而节省了消费者的时间和精力,给消费者购物带来了极大的便利性。随着人们生活节奏的加快,具有求便利购买动机的网络消费者将会越来越多。

2）求便宜动机

众多消费者之所以选择网络购买方式,一个重要的原因就是希望购买商品的价格比在实体门店更低。通过网络销售产品,厂商可以节省门店销售的昂贵的场地费用,没有了经销商、代理商等中间环节的层层加价。更多网络企业采用按订单生产的方式,减少了库存费用和资金占用,从而降低了成本。因此,往往同种商品,网上的价格比实体门店的价格更加低廉。

3）求新、求奇动机

一方面,对某些消费者而言,网上购物是新兴事物,能给他们带来新鲜感。不同于传统购物方式,全新的网上购物过程、购物环境满足了消费者的新奇心理。另一方面,网络购物方式可以使消费者通过网络购买到在现实世界难以买到的遥远产地的新奇商品,领略不同的风土人情和商业文化。

4）保护隐私动机

有些商品的购买涉及消费者的隐私。在实体店购买这类商品,购买者需要与商家面对面地进行交易,容易暴露消费者的隐私。在网络环境下,消费者可以虚拟身份进行信息查询、咨询、订货甚至消费等活动,而不需要暴露真实身份,有利于消费者隐私的保护。

5）自由购买的动机

有些实体店的销售人员习惯对消费者进行过度的推销,甚至强迫性的推销,容易引起消费者的反感甚至厌恶。而网络购买方式,消费者可以减少甚至避免与销售人员的直接接触,避免购物决策过程被干扰,使购物过程更加自由、轻松、愉快。

6) 求齐补缺动机

实体商店无论其号称规模有多大,商品种类多么齐全,消费者需要的某些特殊商品,往往在实体商店还是无法买到,比如45码的鞋子,因为需求的人太少,生意划不来,实体商店一般是不会备货的,就只好求助于网络。网络上出售的商品几乎已经包括现实世界的所有商品种类,而要搜到某些特殊商品,对消费者而言是轻而易举之事。网络上为什么会有这些实体店因销售极少而不会备货的特殊商品呢?原因在于网络是跨地域的、覆盖全球的,一个厂商将其特殊商品发布在网上,就不只是面向本地域的特殊商品需求者,而是面向范围广大得多、数量也要多得多的特殊商品的需求者。厂商因为网络交易成本低和长尾效应,还是有利可图的。

3.3 网络消费者的购买类型

网络消费者的购买行为可划分为简单型购买、复杂型购买和定制型购买。

3.3.1 简单型购买

简单型购买是指消费者并不需要深入收集和评估品牌,只是习惯性购买自己熟悉的品牌,在购买后一般也不做评价,购买过程比较简单。简单型购买的产品大多是价格低廉、经常购买、品牌差异小的产品,比如食盐、白糖、蔬菜等。消费者对产品的个性化需求不大,基本上属于同质市场(凡消费者或用户对某一产品的需要、欲望、购买行为以及对企业营销策略的反应等方面具有基本相同或极为相似的一致性,这种产品的市场就是同质市场)。消费者购买这类产品主要以就近购买、方便购买、所花时间较少为条件。在商品匮乏的年代,商品的种类十分单调,消费者没有选择的余地,能买得到东西已属幸运,简单购买是形势使然。

3.3.2 复杂型购买

复杂型购买行为是指消费者需要收集较多的信息,对品牌进行仔细对比,以求降低风险的购买行为。复杂型购买的产品是技术含量较高、价格昂贵、品牌差异大、功能复杂的产品,如计算机、汽车、飞机等。由于消费者对这些产品的许多技术细节不了解,因此对品牌的依赖性较大。对这些产品,消费者的个性化需求一开始主要表现在产品的颜色、外观造型上,如家用轿车开始大规模进入中国家庭时,中国消费者对家用轿车最看重的是汽车的外在要素,如汽车的颜色、外观造型、空间大小等。随着消费者产品知识的积累和消费观念的成熟,其个性化需求更多表现在产品内在要素方面,如汽车的安全性、某些特殊的功能等。经过几十年的发展过程,家用轿车的动力性、节能性、安全性、操控性、可靠性等指标日渐成为中国消费者看重的要素。

3.3.3 定制型购买

定制型购买是指消费者按照自己的需求和标准,通过网络要求厂商对产品进行定制化生产。随着人们个性化消费意识的兴起,定制产品越来越普遍。定制型购买的产品大致有三类:第一类产品是技术含量高、价格昂贵的大型产品,如汽车、住宅、电脑、家居等,这些复杂的大型产品是多个部件和多种功能的集合体,通用产品经常造成要么功能不足,要么功能过剩。通过定制,虽然增加了制造成本,但可以大大削减非必要功能,从而获得更个性化同时也是更经济的产品。我国海尔集团就提供从冰箱、空调到计算机、厨房设备等多种产品的定制服务。第二类产品是技术含量不高,但价值高的个性化产品。这类产品与消费者的兴趣、偏好有直接的关系,如首饰、家具等。这些产品虽然技术含量不高,但它反映消费者的形象、气质和个性,是消费者在社会竞争中获得成功的标志,所以很多人愿意为此付出较高的代价。第三类产品是计算机软件及信息产品。软件产品的定制源于本身存在定制的可能性和必要性。信息产品的定制源于信息爆炸,太多的信息让消费者无所适从,但消费者可以根据自己的需要,利用现代信息技术,选择接收或屏蔽某些类型的信息。

3.4 网络消费者的购买过程

消费者网上购买过程由一系列相互密切联系的活动所组成,包括确认需要、收集信息、方案评价、购买决策和购买后评价五个阶段,见图 3-1。从这五个阶段可以看出,购买过程早在实际购买发生之前就开始了,并且在购买之后还会有持续影响。消费者可能会在购买中越过或颠倒其中某些阶段。比如,一位购买固定品牌牙膏的消费者会越过收集信息和方案评价阶段,直接从对牙膏的需要进入购买决策。这种五阶段模式阐述的是一位消费者在面对一项高度介入的新采购时所发生的全部过程。

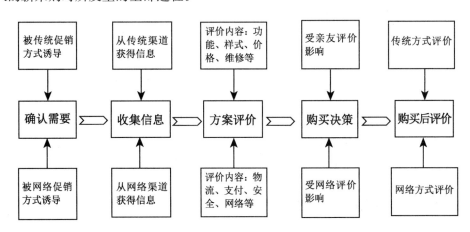

图 3-1 网络消费者购买过程

3.4.1 确认需要

购买过程的起点是对某一需要的认识。消费者意识到他的实际情况同期望情况之间的差异,从而产生需求。需求可以由内部的刺激因素引起,如饥饿、干渴等,也可以由外部的刺激因素引起,如看到别人买了一台新电脑,看到一则非常吸引人的度假广告等。作为网络营销企业,一定要注意了解与自己产品有关的实际需求和潜在需求,了解这些需求在不同时间内的不同程度的刺激因素,以便设计相应的促销手段去吸引更多的消费者浏览网页,诱导他们的需求欲望。

3.4.2 收集信息

一个需求被唤起的消费者会去寻求更多的信息,为下一步的行动做准备。

收集信息的渠道主要有两个方面:内部渠道和外部渠道。消费者首先在自己的记忆中搜寻可能与所需商品相关的知识经验,如果没有足够的信息用于决策,他便要到外部环境中去寻找与此相关的信息。在网络购买中,商品信息的收集主要是通过互联网进行的。一方面,网络消费者可以根据已了解的信息,通过互联网跟踪查询;另一方面,网络消费者又不断在网上浏览,寻找新的购买机会。当然,不是所有的购买决策活动都要求同样程度的信息和信息搜寻。根据消费者对信息需求的范围和对需求信息的努力程度不同,可分为广泛的问题解决模式、有限的问题解决模式、惯常的问题解决模式三种模式。

广泛的问题解决模式是指消费者尚未建立评判特定商品或特定品牌的标准,也不存在对特定商品或品牌的购买倾向,而是很广泛地收集某种商品的信息。处于这个层次的消费者,可能出于好奇、消遣或其他原因而关注于自己感兴趣的商品。这个过程中收集的信息会对以后的购买决策提供经验。比如,消费者出于兴趣对移动电话的各种相关信息进行广泛收集。

处于有限问题解决模式的消费者已建立了对特定商品的评判标准,但尚未建立对特定品牌的倾向。这个层次的信息收集才真正而直接地影响了消费者的购买决策。例如对一个已充分了解移动电话性能的消费者而言,决定他购买行为的是对不同品牌、不同型号移动电话的比较,并有针对性地收集信息。

在惯常的问题解决模式中,消费者对将要购买的商品或品牌已有足够的经验和特定的购买倾向,他的购买决策所需要的信息较少。比如一个消费者已决定购买小米品牌的某一型号的移动电话,他所需做的只是收集不同商家出售该商品的价格、服务信誉等信息。

3.4.3 方案评价

消费者需求的满足是有条件的,这个条件就是实际支付能力。消费者为了使消费需求与自己的购买能力相匹配,就要对各种渠道汇集而来的信息进行比较、分析、研究,了解各种商品的特点和性能,并做出评价。通常,消费者的评价主要考虑产品的功能、可靠性、性能、样式、价格和售后服务等。

因为网络购物不能直接接触实物,消费者对网上商品的评价较多地依赖企业对商品的描述,所以,网络营销商要对自己的产品进行充分的文字、图片、视频描述,以利于消费者对产品做出较好的评价,但也不能对产品进行虚假的宣传,否则可能会永久地失去消费者。

3.4.4 购买决策

与传统的购买方式相比,网络消费者在进行购买决策时主要有以下三个方面的特点:首先,网络消费者理智动机所占比重较大,而感情动机所占比重较小。其次,网上购物受外界影响小。最后,网上购物的决策行为与传统购买决策相比速度要快。

企业要在虚拟环境中达成交易并非易事。网络消费者在决策购买某种商品时,一般要具备以下三个条件:第一,对厂商有信任感。第二,对支付有安全感。第三,对产品有好感。所以,网络营销的厂商一定要全面提高产品质量,树立起企业形象,改进货款支付方法和商品配送方法,促进消费者购买行为的实现。

3.4.5 购买后评价

消费者购买商品后,往往对自己的购买选择进行检查和反省,以判断这种购买决策的准确性。如果产品的价格、质量和服务水平与预料的相匹配,消费者就会感到心理的满足;反之,消费者则会产生厌恶情绪。购买后评价往往能够决定消费者以后的购买动向。

在传统的商业模式下,由于信息通道的不顺畅,消费者的满意度受到影响,而在网络环境下,互联网双向互动的沟通方式、快捷方便的反馈手段使消费者可以随时提出自己的意见和建议,得到卖方的技术支持和服务,进而有效提升满意度。对企业而言,方便、快捷、便宜的电子邮件为其收集消费者购买后的评价提供了得天独厚的优势。企业在网络上收集到这些评价之后,通过计算机的分析、归纳,可以迅速找出工作中的缺陷和不足,及时了解消费者的意见和建议,制定相应对策,改进自己产品和服务。

3.5 网络消费者购买决策的主要影响因素

3.5.1 价格

在商品同质的条件下,消费者更倾向于选择低价的商品来达到购买效用的最大化。价格对网络消费者的影响有两个层面:一个层面是在消费者选择在线购买还是线下购买的时候。一些消费者之所以选择在线购买,是因为网上的价格相对实体店便宜。另一个层面是在线购买时,选择哪一个平台和店铺。消费者在购买前,常会比较网店的价格,选择价低者。需要指出的是,并非网上出售的所有商品,也并非所有网店,都比线下实体店的商品便宜。

优惠是价格的一种表现形式,实际上就是一种动态定价。商家通过市场的需求来调整自己价格从而实现效益最大化,表现为消费者在购买某种商品时出现实际购买的价格低于商品标价的情况。在消费者的购买决策过程中,优惠会对消费者的购买产生外部的刺激,在消费者决策过程中的评价与比较阶段往往会受到这种刺激的影响进而产生购买行为。网络购物中一系列的优惠活动会使得消费者产生不同以往对价格的感知,从而促进购买行为的发生。同样的,返现、优惠券等形式的货币促销能在短期内快速地增加销量,对购买行为产生重大的影响。

3.5.2 口碑

口碑,这里指众人口头对企业、品牌、产品、服务的评价。由于网络消费者不能与商家面对面交易,对于购买的商品无法真实地触摸感知,从而要面临更高的购物风险,因此,口碑对网络消费者的影响是很大的。影响网络消费者购买决策的口碑可以来自线下,即人与人之间的传播,也可以来自线上,即通过网络的传播。在线评论是一种常见的网络口碑,它使得消费者可以在购买商品时参考之前消费者的评价,更加真实地了解商品,从而对自身的购买决策做出决定,研究表明,与广告和媒体的效应相比,消费者更加倾向于选择相信在线评论。

学者研究发现,好评数量对销量的影响是正向促进的,但在线评论的不同形式对网络消费者的影响程度也是不同的。在消费者进行文字评价的同时,附带商品的图片,使得商品的呈现更加的客观。比单纯的文字评论能更显著地促进消费者的购买。消费者在购买商品完成初次评论后的半年内,可对商品进行一次追加的评价,因为追加的评价是卖家和买家都无法进行删除的,进而可信度也更高,因而比初次评价更能影响消费者的购买意愿。

3.5.3 搜索成本

搜索成本是指消费者为了找到想要购买的商品及其价格等信息进行搜寻而付出的时间、金钱等成本。无论是线上购物还是传统的线下购物,都会面临信息不对称的问题,消费者为了买到合适的商品会不断地搜寻不同店铺销售的同质商品,从而找到性价比最高的商品。网络消费者主要是采用搜索引擎进行商品的搜寻,虽然搜索引擎是一种高效的搜索工具,然而这并不意味着搜索成本为零,因此搜索成本对于消费者的购买决策仍然有非常重要的影响。在网络消费者决策过程中,消费者确定购买需求之后进行搜索商品时,排名越靠前的商品越容易被消费者发现,消费者最后的实际购买概率也就越大。因此,有研究学者指出,商品的收藏数作为消费者对商品青睐程度的一个指标,一定程度上可以反映消费者对于此种商品的潜在购买可能。消费者为了节约搜索成本,会将信誉较高的店铺进行收藏。

3.5.4 服务

除了产品本身的属性特征之外,网络消费者也十分关注卖家提供的服务。特别是在产品同质化情况下,服务的好坏就在很大程度上决定着网络消费者的选择。影响网络消费者购买决策的服务包括诸多方面。

1) 网站的易操作性

网站的易操作性具体包括网页加载速度、网站的稳定性、交易流程设计的简明易操作性、是否具有信息搜索功能等。这些都是提高消费者在网上操作效率的影响因素。

2) 订单执行的质量

具体包括物流配送的速度、准时性,货品和订单描述的相符度、缺货率等。

3) 网站的安全性

网络交易过程中包含了消费者大量的财务信息和个人资料,如果网站的安全性得不到保障,可能面临十分严重的后果。

4) 对待消费者投诉的态度

如果对消费者的合理投诉问题处理不当,卖方不仅会失去这个消费者,而且可能失去一群消费者(口碑效应)。

5) 与消费者沟通的情况

每一个消费者在向卖方提出问题后都希望能得到迅速准确的答复,拖延的回复可能让消费者失去耐心而转向其他卖家。不够专业的回复也可让消费者对你失去信心。

6) 消费者感知价值

消费者感知价值即消费者所能感知到的利益与其在获取产品或服务时所付出的成本进行权衡后对产品或服务效用的总体评价。消费者感知价值体现的是消费者对企业提供的产品或服务所具有价值的主观认知,而区别于产品和服务的客观价值。

案例研究

小琪同学网购洗发水的过程

小琪同学,是一个熟悉各类时尚、美妆品牌,追求以最低价买到网红产品拔草的女大学生。以下如实记录了她第一次购买 A 品牌洗发水的决策过程。

在一次随意浏览所关注的微博时,小琪同学看到一个日常穿搭示范女博主分享了自己的护发、养发心得,并贴出了自己的购买截图,其中有大量 A 品牌的产品。该博主平时很少推广除服装以外的产品,这让小琪同学相信是基于一定真实使用心得做出的分享,而非单纯的广告。事实上,小琪同学对 A 品牌早有耳闻,也对其在洗护市场中短时间内声名大噪的原因感到十分好奇。于是小琪同学便通过 Bilibili 中的"老爸测评"账号对洗护产品测评结果进行了解。Bilibili 的视频中比较了市面上常见的 12 款洗发露的原料成分、滋养度、清洁度,有两三款优质产品在实际使用中不相上下。但在观看过程中,小琪同学注意到弹幕中出现了众多对 A 品牌产品的夸赞与力捧,这使小琪同学加深了对 A 品牌主打修护的印象。

由于多次染发、漂发,小琪同学的发质变得较为干枯。网红明星们身体力行地全力推动着高颅顶、蓬松大发量的审美,使小琪同学逐渐产生了一种急迫改善发质,拥有蓬松长发的强烈愿望。同时,也慢慢坚定了"要改善发质,那就买 A 品牌"的想法。

考虑到宿舍仍有大量 B 品牌生发洗发产品未用完,且 A 品牌产品价格一直居高不下,于是小琪同学先做好了产品"功课",计划等到电商狂欢节再一次性购入洗发露与发油。在日常使用较多的淘宝与京东平台,小琪同学都将计划好的产品加入了购物车,等待比较哪个平台最终的每毫升折算单价最低。终于,等到了"618"活动,小琪同学最终是在淘宝直播间叠加了 88VIP 折扣下单。

(本案例由东南大学电子商务系 2018 级本科生付琪同学在老师指导下编写)

案例分析题:

1. 根据消费者购买决策类型分析,小琪同学购买洗发水属于哪一类购买决策?为什么?
2. 运用消费者决策过程的五阶段模型分析小琪同学购买洗发水所经历的相关阶段。

练习与思考

一、判断题

1. 网络市场是以消费者为中心的市场。 (　　)
2. 同类产品不同品牌之间的差异越大,产品价格越昂贵,消费者越是缺乏产品知识和购买经验,感受到的风险越大,购买过程就越复杂。 (　　)
3. 消费者价值是指消费者总价值与消费者总成本之差。 (　　)

二、选择题

1. 消费者心理性购买动机有(　　)。

A. 情绪动机、情感动机、理智动机、惠顾动机
B. 情绪动机、情感动机、方便动机、惠顾动机
C. 情绪动机、情感动机、理智动机、从众动机
D. 求新动机、情感动机、理智动机、惠顾动机

2. 网络消费者的购买类型有(　　)。

A. 简单型购买、复杂型购买、从众型购买

B. 兴趣型购买、复杂型购买、冲动型购买
C. 简单型购买、复杂型购买、定制型购买
D. 简单型购买、技术型购买、定制型购买

3. 网络消费者购买过程一般可划分为（　　）五个阶段。
A. 需求刺激、收集信息、方案评价、支付货款、购买后评价
B. 确认需要、收集信息、方案评价、购买决策、付款后评价
C. 确认需要、收集信息、磋商条件、购买决策、购买后评价
D. 确认需要、收集信息、方案评价、购买决策、购买后评价

三、简答题

1. 阐述消费者选择网络购买方式的动机。
2. 阐述网络购买与传统线下购买过程的差别。
3. 阐述网络销售服务的重要性。

实践操作

训练题目： 消费者网络购买决策与传统线下购买决策影响因素差异性研究。

目的要求： 了解消费者网络购买决策与传统线下购买决策影响因素的差异。

训练内容： 1. 制定网络调查问卷，开展线上调查。
2. 对调查数据开展研究分析。
3. 总结消费者网络购买决策与传统线下购买决策影响因素的差异。
4. 提出提升网络消费者购买意愿的措施。

组织分工： 4人一组，分工合作。

提交成果： 小组提交一份不少于3 000字的调研报告。

训练器材： 互联网、计算机。

4 网络市场调研

[学习目标]
(1) 掌握网络市场调研的定义。
(2) 熟悉网络市场调研的程序。
(3) 了解网络市场调研的内容。
(4) 掌握网络数据收集的方法。
(5) 掌握网络市场调研的工具。

4.1 网络市场调研概述

在瞬息万变的市场环境下,企业在做营销决策、开展营销活动之前必须要进行市场调研,否则"拍脑袋"的方案,"跟着感觉走"的市场运作会给企业带来巨大的风险和隐患。

所谓市场调研是指以科学的方法,系统地、有目的地收集、整理、分析和研究所有与市场有关的信息,特别是有关消费者的需求、购买动机和购买行为等方面的信息,从而把握市场现状和发展态势,有针对性地制定营销决策,取得良好的营销效益。市场调研是西方市场营销理论和实践推动的产物,它的演进历程大致分为以下四个阶段:

(1) 初始阶段(1920年以前)　正式记载的市场调研是在1879年,由广告代理商艾尔(N. W. Ayer)所做的农业谷物产量的调查。1911年,美国的柯蒂斯(Curtis)出版公司成立了第一个市场调研部门,同年哈佛大学成立了商业调查研究所。1919年,芝加哥大学的邓肯(D. S. Duncan)教授出版了第一本有关市场调研的书——《商业调研》。到20世纪20年代后,很多市场调研机构被设立,主要职责是收集统计资料。

(2) 形成阶段(1920—1950年)　工业革命带来的商品经济迅速发展,市场规模不断扩大,与此同时,1929—1936年的经济危机使企业间的竞争日趋加剧,各大企业意识到营销决策失误的严重性及市场调研准确的重要性。1936年,美国市场营销协会成立;1937年,林顿·O·布朗出版了《市场调研和分析》;1947年,美国市场调查学会(Market Research Society)成立。这一阶段市场调研的主要方式是问卷调查。

(3) 成熟阶段(1950—1990年)　随着人们对决策科学的普遍重视,对社会学、心理学、消费者行为学等研究成果的运用,再加上各种实际而又有效的市场研究方法的运用,以及计算机的出现和其在数理统计上的广泛运用,推动和促进了市场调研进一步发展。这一阶段市场调研的基本框架体系日趋成型,各种数理统计模型被提出,市场调研进入计量调查时代。

(4) 网络阶段(1990年以后)　计算机技术和互联网基础设施的快速发展,一方面使得企业市场调研的手段更新、范围扩大、周期缩短,调研的数量和质量得到极大的提高;另一方面使得网络消费市场诞生,消费者通过网络浏览信息、购物、娱乐、查询及学习等,网络成为百科全书和数据信息库,网络市场调研成为企业收集信息的重要方式。

4.1.1 网络市场调研的概念及意义

1) 网络市场调研的定义

网络市场调研是指利用互联网,系统地进行营销信息的收集、整理、分析和研究的过程。其含义包括以下三个基本要点:

(1) 调研营销信息　网络市场调研的对象是营销信息,例如市场可行性分析信息,不同地区销售机会和潜力信息,竞争环境信息,消费者需求信息,消费者行为研究信息,供需环境信息,产品的定位、定价、受欢迎程度信息,广告监测和效果信息,企业品牌影响力信息等。

(2) 利用互联网　网络市场调研的途径是互联网,利用在线调查问卷、跟踪软件、数据爬虫软件、新零售店铺传感器,及服务器端获取的客户注册信息、访问行为数据等进行的一手数据收集与研究;利用互联网搜索引擎、社交媒体、专业化调研机构和数据库获取二手数据并进行分析,都是采用了互联网的手段和工具。

(3) 系统的调研过程　网络市场调研是一个系统过程,从设计调研方案开始,到选择调研工具、设计调研方法、确定数据分析方法,然后开展数据资料的收集,再对数据资料进行整理分析,最后形成一个完整的调研报告,环环相扣,缺一不可。

2) 网络市场调研的意义

营销活动的重点是营销决策,而营销决策则是在有关信息的基础上进行的。网络市场调研正是利用互联网工具,系统地收集、记录、整理和分析营销决策所需信息的一种手段,其意义主要表现在以下五个方面:

(1) 识别机会与问题　机会是指未得到满足的需求或没有得到很好满足的需求。很多企业的成功就在于察觉到了别人没有发现的机会,并研发产品与服务去利用这个机会,如支付宝的诞生正是由于当时国内消费者与消费者之间的(C2C)电子商务交易双方缺乏信任。问题是指企业营销中显著的或潜在的不利因素及其影响。企业管理中最容易引起注意的问题之一是营销指标未达到既定目标,此时管理者需要通过网络市场调研来发现原因并找到解决方法。

(2) 更好地理解市场　通过网络市场调研了解市场政策、法律法规的规定,使企业的营销活动符合政府管理部门的要求;通过网络市场调研,企业能够充分了解市场的发展历程,掌握市场供需变化的规律,了解消费者的需求及变化趋势,掌握竞争对手的情况,为进一步扩大市场份额,更好地服务于目标消费者提供依据;通过网络市场调研获取消费者特征数据、消费行为信息及消费者偏好,有助于更准确地进行消费市场细分,形成精准营销方案。

(3) 有利于制定科学的营销战略　营销战略是企业为实现其经营目标,对一定时期内市场营销发展的总体设想和规划,其主旨是提高企业营销资源的利用效率,使企业资源的利用效率最大化。营销战略确定了企业经营的总目标与总方向,因此在制定营销战略时必须要掌握大量可靠的一手数据与二手数据,在充分了解企业所处宏微观环境基础上,结合企业自身特点及优势,制定企业总体发展战略、目标市场战略和竞争战略等。

(4) 有利于优化营销策略　营销策略常被表达为营销策略组合,是针对一定的目标市场所采用的一系列可测量可控的旨在提高销售及企业声誉为目的的活动,是多种营销方法例如产品、价格、渠道、促销、公关策略的综合。企业是否要进行新产品研发?新产品的设计依据是什么?新产品投放市场的定价是多少?产品营销推广的渠道如何选择?如何使得产品营销广告脱颖而出？回答这些问题需要企业全面开展关于消费者需求、产品定位、竞争对手市场占有情况、营销渠道成本效果评估等方面的调研。

(5) 有利于监督营销绩效　营销绩效是特定时间内，企业的经营效益和经营者的业绩。常见的营销绩效指标包括：销售量(额)、市场份额、满意度、忠诚度、老顾客的维持率、再次购买率、购买频率、美誉度、品牌认知度、品牌知名度、品牌差异化程度、新顾客的尝试率、第一选择品牌的提及率、渠道覆盖率、渠道知名度、渠道满意度、渠道对品牌的认知度、渠道忠诚度等。企业通过网络市场调研，获取上述营销绩效指标数据，用于评价企业的营销决策是否正确，发现营销环节的问题并予以纠正，也为评定营销人员薪酬提供依据。

3) 网络市场调研的对象

网络市场调研在调研的方式上不同于传统市场调研，但在调研的适用对象上却是一致的，主要包括以下四方面：

(1) 对消费者的调研　互联网时代，消费者处于市场中心地位，营销活动必须围绕消费者需求来展开。网络信息技术的发展使得个性化、定制化的产品服务成为可能，精准营销甚至可以定位到每一个消费者，从而有了"一个消费者就是一个细分市场"的说法。因此，针对消费者的调研就变得越来越重要。对消费者调研的内容主要包括：消费者特征、消费者行为习惯、消费心理及偏好、消费规模等。

(2) 对产品和服务的调研　对产品和服务的调研内容包括对产品供求状况、市场容量、市场占有率、销售额变化趋势、新产品开发、产品定价、服务满意度等方面。在网络营销环境下，消费者不再是被动的接受者，消费者可以主动参与到产品设计、开发环节，如根据自己的身材及肤色在线定制服装款式等。大量消费者的个性化定制数据成为企业进行智能化推荐的一手资料，这已成为网络调研的一个重要方面。

(3) 对竞争对手的调研　直接竞争对手是指那些向相同的顾客销售相同或相似的产品或服务的竞争者。"知己知彼，百战不殆"。全面、深入了解竞争对手的情况，是企业制定正确竞争策略的前提。竞争对手调研需要对竞争对手有哪些，竞争对手的资金实力、长远目标、业务内容、产品明细、研发能力、生产体系、营销体系、市场份额、人力资源情况、竞争策略等进行调研。

(4) 对市场环境的调研　企业经营活动是在一定环境中进行的，环境的复杂性与动态性以及管理者的认知与行动能力的局限性决定了企业决策的理性与正确程度会受到一定的限制，要尽可能减少这些限制就要对企业所处客观市场环境进行充分的调研和分析。常用的客观环境分析方法是PEST分析法，从政治与法律环境、经济环境、社会与文化环境、技术环境四个方面来分析影响企业发展的重要因素。

4.1.2 网络市场调研的特点

网络市场调研借助先进的互联网工具在开放性、自由性、平等性、广泛性和直接性上具备了传统市场调研所不具备的优势与特点，具体可以总结为以下六个特点：

1) 网络信息具有及时性和共享性

网络信息传递的速度快，因此网络搜集、下载的速度要大大超过传统调研方法。另一方面，通过网络可以直接将电子化的数据存储在数据库中，省去了手动录入数据的时间。与此同时，网络是一个全球联通、开放的环境，大部分网络信息是可以供任何上网者浏览的，甚至很多网站还提供信息免费下载的服务。

2）网络调研具有便捷性和经济性

网络调研可节省传统调研中所耗费的大量人力和物力,如只要把计算机或移动智能终端设备接入互联网,就可以完成原来需要十几个人才能完成对目标消费者进行的问卷调查。通过专业的问卷调查网站可以快速形成电子化的调查问卷,并通过 E-mail、社交平台免费发送至被调研者手中,被调研者通过在线填写问卷的形式完成调查,有的问卷调查网站还能在线形成数据分析结果和自动形成调研报告。

3）网络调研具有交互性和充分性

网络调研的交互性体现为信息在调研者与被调研者之间是双向互动的。由于网络调研的便捷性和经济性,调研者可以根据被调研者反馈的信息及提出的疑问及时给予解答,对调研环节中不合理的内容及时调整而不需要付出高昂的成本。网络调研的充分性体现在调研的手段方法多样化,不止问卷调查这一种形式,还有网站内容检索、在线信息自动抓取、大数据分析与挖掘等。

4）调研结果具有可靠性和客观性

网络调研结果的可靠性体现在,由于便捷而成本低廉的操作方式,被调研者的数量可以大大增加,调研的广度与深度得到提升,可挑选的调研样本空间得到扩大,从而调研结果更加可靠。另外,采用计算机及网络采集、记录、分析数据也降低了人为发生错误的比率。网络调研的客观性体现在除了主观的问卷调查法以外,调研的方式还可以是通过网站数据自动抓取技术、大数据分析与挖掘技术,捕获消费者网上行为数据,发现潜藏在数据背后消费者真实的动机,所谓"大数据分析可以比你更懂你自己"。

5）网络调研无时间和地域限制

网络调研可以全天 24 h 进行,不受人为作息时间的影响,被调研者可以在任何一个方便的时间和地点参与调查,不受地域的限制。一个企业如利用传统方式进行市场调研,需要各个区域代理商的配合,花费大量的人力、物力和财力。若利用网络调研,企业就可以在任何时段访问被调研的网站、有关专业垂直型综合网站进行数据的收集;在对海外市场的调研中,除了访问网站、下载专业调研报告的方式外,还可以通过网络视频、在线会议获取一手数据,为企业节省资金,具有传统调研无可比拟的优势。

6）网络调研具有可检验性和可控性

利用网络进行数据的采集及分析,可以有效地对数据的质量实施系统的检验和控制。企业可以制定统一的关于调查指标的解释,有利于消除因对指标理解不清或调查者解释口径不统一而造成的偏差。调查数据通过计算机及网络设定好的检验条件和控制措施被采集和存储,可以提高调查数据的有效性,保证检验与控制的客观公正性。网络调研还可以通过身份验证技术自动审核被调查者的身份,避免调查过程中的舞弊行为。

4.1.3 网络市场调研的程序

网络市场调研的程序与传统市场调研的程序有相似之处,都需要遵循确定调研目标、制订调研计划、收集信息、分析信息、形成调研报告五个系统步骤。

1）确定调研目标

明确调研目标对网络市场调研来说尤为重要。现在是信息爆炸的时代,网络上的信息及数据急速增加,汹涌而来的信息往往使人无所适从,从浩瀚的信息海洋中迅速而准确地获取自己需要的信息,变得越来越困难。在网络市场调研的初始,如果没有一个明确的目标,调研者会如同在网络信息海洋中随波逐流,浏览或下载没有价值的信息,耗费不必要的时间。因此,网络市场调研的第一步就是要明确调研目标,对总体目标进行分解,细化和明确每一个具体的分级目标。

2) 制订调研计划

制订行之有效的网络市场调研计划是第二个重要的步骤,主要包括明确网络调研信息的来源、网络调研的对象范围、实施时间、成本预算,以及方式和手段。

3) 收集信息

根据调研计划确定的调研对象、方式和手段收集信息。若采用直接调研法,则通过专题讨论、观察法、实验法、在线问卷和网络数据抓取等收集调研信息;若采用间接调研法,则通过搜索引擎、社交网络、访问相关网站等收集信息。

4) 分析信息

网络市场调研可利用计算机等终端对收集的信息进行整理、分类、归纳,从中提炼有价值的信息,并将信息与结论储存在数据库或相关文档中。目前主流的调研数据分析工具有调查问卷数据统计类的 Excel、SPSS、SAS 等,大数据分析类的 Hadoop、Spark、Storm 等。

5) 形成调研报告

撰写网络调研报告是网络市场调研的最后一个环节。调研报告不是将搜集来的数据和信息简单组合在一起,也不是单纯地在数据和信息分析后将相关统计结果的图表画出来,正确的做法应该是将和市场有关的关键性的决策信息整理出来,采取调研报告的正式结构与格式将调查结果撰写成报告。

4.2 网络市场调研的内容

传统市场调研的内容在前文市场调研的对象中提到,是调研消费者、产品和服务、竞争对手、客观市场环境。网络市场调研对上述内容也要进行调研,但由于网络市场是调研的一个重要方面,调研内容需增加关于消费者、产品和服务、竞争对手在网上的信息与数据,以及网络市场环境的内容;此外,由于调研的手段和工具得到了提升,计算机、网络软硬件设施设备的发展,使网络调研可以获取一些传统调研所不能获取的信息与数据,如数据自动抓取软件可以获得消费者在网站、App 端浏览、点击的链接,可以自动检索消费者的评论获取关键词等。因此,对传统市场调研内容进行重新梳理,总结网络市场调研的内容为以下五个方面:

1) 对市场环境的网络调研

(1) 传统企业市场环境的网络调研 市场环境是影响企业生产经营活动的外部因素,大部分属于企业不可控的因素。根据市场环境调查涉及的范围划分,可将市场环境分为宏观环境和微观环境。宏观市场环境是指企业无法直接控制的因素,是通过影响微观环境来影响企业营销能力和效率的一系列巨大的社会力量,包括人口、经济、政治法律、科学技术、社会文化及自然生态等因素;微观市场环境是指与企业紧密相连、直接影响企业营销能力和效率的各种力量和因素的总和,主要包括供应商、营销中介、消费者、竞争者及社会公众等。

(2) 网络企业市场环境的网络调研 对于网络企业,市场环境的网络调研除了需要调研上述传统企业调研的内容以外,还要针对网络市场环境开展调研。网络市场环境也可分为宏观环境与微观环境。网络宏观市场环境涉及网上人口环境、网络商业经济发展情况、网络商业政策法规、网络商业技术等；网络微观市场环境则包括网络信息服务环境、第三方认证环境、电子支付环境、网络消费者、网络合作伙伴、网络交易平台等。

2) 对消费者的网络调研

这里的消费者既包括传统营销渠道里的消费者，也包括网络消费者。消费者的网络调研一般采用直接调研法，通过网络问卷调查、企业网站会员注册、消费者网络行为数据抓取技术等，获取信息并分析有关消费者需求、消费者特征、消费者购买动机、消费者行为偏好、消费者满意度等内容。

(1) **消费者需求** 消费者需求是指消费者对以商品和劳务形式存在的消费品的需求和欲望。随着人们物质文化生活水平的日益提高，消费者需求也呈现出多样化、多层次，并由低层次向高层次逐步发展，消费领域不断扩展，消费内容日益丰富，消费质量不断提高的趋势。消费者需求具体又可分为以下6个方面：

① 对商品使用价值的需求：调研什么样的商品功能、属性可以满足消费者物质或精神需要。

② 对商品审美的需求：对消费者来说，所购买的商品既要有实用性，同时也应有审美价值，消费者对商品审美的需求主要表现在商品的工艺设计、造型、式样、色彩、装潢、风格等方面。

③ 对商品社会象征性的需求：所谓商品的社会象征性，是人们赋予商品一定的社会意义，使得购买、拥有某种商品的消费者得到某种心理上的满足，如购买奢侈品可以表明消费者的社会地位和身份。

④ 对商品个性化方面的需求：现代社会消费者越来越强调个性化消费，每一个消费者都是一个细分市场，网络调研需要做到了解每一个消费者独特的需求。

⑤ 虚拟社会中消费者的新需求：网络时代越来越多的消费者逐渐习惯并融入由互联网为基础构建的虚拟社会，如网络社区、即时通信、网络游戏等，由此产生新的消费者需求，主要体现为兴趣、聚集和交流三个方面。

(2) **消费者特征** 消费者特征一般指消费者的性别、年龄、职业、收入、户籍所在地等信息。调研消费者特征数据是进行市场细分、客户画像、消费者行为及偏好分析、个性化需求分析的基础。

(3) **消费者购买动机** 消费者的购买动机是指消费者产生购买行为的某些内在的驱动力。动机是一种内在的心理状态，不容易被直接观察到或测量出来，但它可根据消费者长期的行为表现和自我陈说加以了解和归纳。企业通过了解消费者的购买动机能够有依据地说明和预测消费者的行为，从而采取适当的促销手段增加消费者产生购买行为的可能性。

(4) **消费者行为偏好** 消费者行为偏好是反映消费者对不同产品和服务的喜好程度的个性化偏好，是影响市场需求的一个重要因素。它主要由当时当地的社会环境、风俗习惯、时尚变化等，以及消费者自身特征、需求及动机决定的。网络调研可以采取问卷调查的形式，或在消费者授权下跟踪其网络消费行为获得行为偏好数据，通过数据挖掘的工具和算法分析消费者的偏好，从而投其所好地开展营销活动。

(5) **消费者满意度** 消费者满意度是对消费满意程度的衡量指标，是对商品或服务的评价，该评价反映出与消费满足感有关的快乐水平，或低于或高于满足感的水平，是一种心理体验。有调研机构分析发现，一个非常满意的顾客的购买意愿将6倍于一个满意的顾客。心理学家认为,情感体验可以按梯级理论进行划分,相应可以把消费者满意度分成若干级别,如不满意、不太满意、一般、较满意、满意,利用网络问卷调研的形式编制量表进行调研。

3) 对产品和价格的网络调研

产品和价格因素是影响消费者购买决策最重要的方面。在传统营销中,企业设计开发产品是以企业为出发点,消费者被动地接受。在互联网时代,企业的产品策略转变为以消费者为中心,围绕消费者个性化需求设计生产产品。互联网的出现打破了信息孤岛,使得企业更易于开展对价格的网络调研。

(1) 对产品的网络调研 这里特指对企业自有产品、品牌进行的调研,对竞争对手产品调研将在后文讨论。产品调研主要包括对新产品设计与研发、产品生命周期阶段、产品销售动向、产品品牌效应、消费者评价的调研。

① 对新产品设计与研发的调研:新产品研发存在巨大风险。权威机构研究表明:在大多数新产品开发活动中,平均每7个新产品创意,有4个进入开发阶段,有1.5个进入市场,只有1个能取得商业化成功。新产品的市场调研是为了提高新产品的销售决策质量、解决存在于未来产品销售中的问题或寻找机会等而系统客观地识别、收集、分析和传播营销信息的工作。新产品研发的调研主要包括对消费者需求、消费者心理与动机、新产品试用体验、消费者满意度等方面的调研。

② 对产品生命周期阶段的调研:产品生命周期一般包括导入期、成长期、成熟期、衰退期四个阶段。产品在生命周期的不同阶段有不同的调研内容,在导入期需要调研产品定位、消费者群体细分、推广宣传策略、市场准入、市场价格相关的内容;在成长期需要重点调研产品竞争力、消费者满意度、产品销售指标的变化、营销推广效果等内容;在成熟期调研的主要内容是产品品牌忠诚度、客户流失率、新的细分市场、消费者需求变化等;在衰退期则需要调研新的消费者需求、产品升级换代需求、品牌再定位等内容。

③ 对产品销售动向的调研:产品销售动向调研是指对产品在不同流通渠道的销售状况进行调研。销售渠道可以分为线下销售渠道和线上销售渠道。线下销售渠道一般根据供应链结构分为一级经销商、二级分销商和零售商及消费者几个部分;线上销售渠道主要包括综合型、垂直型电子商务交易平台,独立电商网店,基于社交媒体平台的电子商务交易平台等。该类调研的具体内容主要包括销量、销售额、利润额及三者的增长率、市场占有率、品牌竞争力等。

④ 对产品品牌效应的调研:品牌效应是指由品牌为企业带来效应,它是商业社会中企业的价值延续。品牌效应可以带动商机,提高企业的市场地位,形成忠实的消费群体,并为企业带来长期而持久的收益。品牌调研的主要内容包括品牌市场占有率、品牌知名度及美誉度、品牌忠诚度、品牌效益等。在互联网时代,网络虚拟企业的不断发展也给产品品牌效应的调研带来了新的内容,网络虚拟企业的品牌主要依靠互联网应用发挥效应,如网站、移动端App、小程序、公众号等,因此调研这一类型企业的产品品牌效应时可以将网络应用工具的访问量、点击率、转发率等指标转化成品牌效应指标进行调研。

⑤ 对消费者评价的调研:产品是否令消费者满意?有什么需要改进的地方?如何更好地满足消费者的需求?企业需要进行消费者满意度调研,其中非常重要的一项内容就是请消费者反馈使用产品后的评价。传统调研方式常采用电话回访、请用户填写使用体验表等形式获取该信息。互联网时代,企业可以通过电商平台直接获得用户评价信息,或通过网络问卷的形式进行调研。该类调研的内容主要包括对产品功能、质量、规格、售后服务、价格等的评价。

(2) 对价格的网络调研　价格调研是企业给产品定价的前提和基础,产品的价格除了考虑成本因素外,还需要考虑市场因素。市场的供需变化很大程度上决定了产品的价格,市场也是通过价格杠杆来调节市场资源配置的,因此调查市场供需变化、同类产品价格水平、原材料成本价格变化是价格调研的主要内容。

① 对市场供需变化的调研:按适当的时间周期,如每天、每周、每月、每季度、每年,调研市场中此类产品的产量产能、库存量、上架数量;同时需要调研市场中此类产品的销量,即了解消费者需求情况。

② 对同类产品价格水平的调研:也可称为竞品价格调研。传统调研方式一般采用实地观察、调查问卷形式,网络调研可在电子商务交易平台免费采集,或通过网络通信工具询价获得。在进行竞品价格调研时,需注意还需要采集调查地区、产品规格、包装样式等信息。

③ 对原材料成本价格变化的调研:原材料成本影响产品成本,产品成本是产品定价的重要影响因素。传统调研方式采取实地调查、询价问价、货比三家等方式了解原材料成本行情,网络调研方式则可通过供应链管理系统实时获取上游原材料供应商的价格变化信息。对于不是合作伙伴的供应商,企业可查询垂直类电子商务交易平台、访问行业主管部门网站、行业比价网站获取相关信息。

4)对促销广告效果的网络调研

广告是市场营销的重要组成部分,新产品推广、提高销量与市场占有率、提升品牌效应都离不开广告。传统的广告经历了纸质媒体广告到视频、音频等多媒体广告及户外媒体广告的发展历程,随着互联网技术与应用的普及,网络广告成为现代企业宣传推广产品与品牌的主要形式。由于互联网的互动性、不受时间地域限制性及信息可追踪性,网络广告在效果调研与评价方面具有传统广告所没有的优势,相比调查问卷方式,通过分析消费者的网络行为数据,我们可以获得更加客观的调研结果。对广告效果的调研主要从以下三方面内容展开:

(1) 对网络广告经济效果的调研　网络广告的主要目的在于促进产品或服务的销售,经济效果的调研是网络广告调研的重要方面。企业需要调研网络广告给企业带来的收益。收益是网络广告收入与成本之差,因此调研的内容及指标主要包括网络广告收入和网络广告成本。网络广告收入的调研首先需要明确由特定网络广告带来的销量,用销量乘产品单价即可得到网络广告收入数据;网络广告成本主要包括广告创意及制作成本、网络媒介广告费用成本及网络广告管理成本。

(2) 对网络广告传播效果的调研　网络广告传播效果测定可以了解广告活动的有效性,了解有多少人真正准确地注意到广告所传达的信息,多少广告信息已被消费者接受,并被消费者准确地理解。网络广告从发布到消费者最后购买,其中经历了一系列的环节,专业上把这个过程总结为 AIDAS,即 A(Attention)注意→I(Interest)兴趣→D(Desire)欲望→A(Action)行动→S(Satisfaction)满意,每个阶段调研的数据不同。注意阶段需要调研网络广告曝光次数,兴趣阶段调研点击次数与点击率,欲望阶段调研浏览次数,行动阶段调研转化次数与转化率,满意阶段调研消费者评分与评价。

(3) 对网络广告社会效果的调研　网络广告的社会效果主要是对广告活动所引起的对社会文化、教育等方面的作用进行综合测定。对网络广告社会效果的调研,很难像对网络广告传播效果和经济效果调研那样有明确的指标,因为网络广告的社会影响涉及整个社会的政治、法律、艺术、道德、伦理等上层建筑和社会意识形态。因此网络广告社会效果的调研是一个长期的过程,一般由第三方调研机构,或专门的社会学研究团队对特定形态的网络广告及主流网络媒体上的广告内容进行长期的追踪、记录与分析,该调研结果对企业制定网络广告战略有辅助作用。

5) 对竞争对手的网络调研

在开展竞争对手网络调研前,先要明确企业的竞争对手是谁。任何一个企业都难以有足够的资源和能力,也没有必要与行业内企业全面为敌、四面出击。竞争对手按照行业、产品、消费群体是否相同可以划分为4类:直接竞争对手、间接竞争对手、替代性竞争对手、潜在竞争对手。直接竞争对手是指那些向相同的消费群体销售基本相同的产品或服务的企业;间接竞争对手是向相同的消费群体销售不同的产品或服务的企业;替代性竞争对手是指其他行业企业拥有相同的消费群体,且其行业优势易对本企业形成替代性趋势;潜在竞争对手是其他行业企业欲进入本行业并与企业形成竞争关系。首先需要通过网络调研对本行业、非本行业的企业进行划分,找出直接竞争对手,而对其他类型的竞争对手保持关注。下面主要讨论对直接竞争对手开展网络调研的内容,主要包括5个方面:

(1) 对竞争对手消费群体的网络调研　可通过发放网络问卷,访问竞争对手网站中关于会员服务及管理的网页,访问竞争对手网店查询用户留言,及使用第三方机构提供的竞争情报系统、数据侦探等网络调研工具获取竞争对手目标消费群体的规模、人口统计数据、消费行为及偏好等内容,从而分析与竞争对手在目标消费群体上的同质与差异。

(2) 对竞争对手产品的网络调研　通过访问竞争对手网站、网店,发放网络调查问卷,网络咨询及购买体验等方式,调研竞争对手产品在市场定位、产品设计、品种数量、销售指标完成、市场占有率、品牌效应等方面的内容。

(3) 对竞争对手价格的网络调研　通过第三方电子商务交易平台、竞争对手独立网店询价等手段,调研竞争对手主打品类产品零售价、在各级分销商的批发价、价格在一定周期内的变化趋势、在不同销售区域的零售价与批发价等内容。

(4) 对竞争对手服务的网络调研　通过访问竞争对手网站客户服务网页、网上咨询客服、发放网络调查问卷等形式,调研竞争对手的客户服务策略、常开展的客户服务活动、进行客户服务使用的工具和手段、客户服务的客户满意度等内容。

(5) 对竞争对手促销的网络调研　通过访问竞争对手销售网站,发放网络调查问卷,调研竞争对手促销活动周期、优惠折扣力度、特定节假日促销活动主题、促销广告的形式及效果、促销活动涉及的客户规模及特征等内容。

4.3　网络市场调研的方法及工具

对网络市场进行调研,通常采用线上调研(网络调研)和线下调研(传统调研)相结合的方式。以下讨论的是线上调研的方法和工具。

4.3.1　网络市场调研的方法

随着互联网技术的不断发展,网络调研方法不断推陈出新。本小节将详细介绍网络市场调研的常用方法。

1) 网络直接调研法

网络市场直接调研是指为了达到特定的目的,在互联网上收集一手资料或原始信息的过程。常用的网络直接调研法包括：专题讨论法、在线问卷法、在线数据采集与分析法。

(1) 专题讨论法　是指专门邀请选定的人员，在主持人引导下，围绕特定的营销主题，如产品定位、促销手段、渠道选择等展开讨论的一种调研方法。网上的专题讨论可以在社交媒体平台，如微博、QQ空间、社区论坛里，由主持人发出主题，参与者通过图文回复的方式进行讨论；也可以是利用即时通信工具，如QQ群、微信群、钉钉群，由主持人引导，参与者通过文字或语音的形式展开讨论；还有专门的网络会议工具，如腾讯会议、Zoom云会议、华为云Welink视频会议等。在线专题讨论的步骤如下：

① 确定要调研的目标。

② 明确参加专题讨论的成员，最好选择年龄、性别、职业及其他特性等方面相似的成员，避免意见分歧过大阻碍讨论的顺利进行。

③ 登录在线讨论工具，通过社交媒体平台、即时通信工具或在线视频会议工具在主持人的引导下开展讨论。

④ 记录讨论的内容及结果，并形成专题讨论调研报告。

(2) 在线问卷法　是指围绕调研目标编制网络调查问卷，通过在线邀请被调研者填写问卷获得调研信息的一种调研方法。在线问卷法可以委托专业调研公司设计、发放问卷，并收集、分析信息，得出调研报告；也可以利用网络在线问卷平台完成调研，如问卷星网站。无论采用哪种形式，在线问卷调研的步骤都可以总结为以下几点：

① 明确调研的目标。

② 分析目标，将调研目标进一步细化为分级目标，并根据分级目标编制调查问卷的问题及选项。

③ 选择一个合适的在线问卷平台，填写问卷信息，并通过该平台发放问卷，可将问卷平台生成的超链接及二维码通过电子邮件、即时通信工具、社交媒体网站发送给被调研者填写。为了鼓励更多的被调研者填写问卷，提供一定的奖励，如抽奖、送赠品、发红包等，有的问卷平台提供问卷互助服务，即调研者填写一份其他调研者发布的问卷即可获得积分，积分可以用于购买被调研者填写自己的问卷。还有的提供有偿填写问卷服务，即调研者可以支付一定的费用购买指定数量、年龄段、学历水平等特征的被调研者完成问卷。

④ 回收问卷数据，大部分在线问卷平台都提供在线统计、分析、生成图表的服务，下载数据及报表，并补充完善后形成调研报告。

使用在线问卷法要注意，调研问卷设计的好不好直接决定调研结果的质量，因此设计问卷要注意以下几点：

① 字词准确无误，易于理解：切忌使用模棱两可的词语，尽量减少易产生理解偏差的字词。

② 尽量使用通俗易懂的语言：问卷问题尽量采用口语化的语言，使被调研者有能力回答，避免使用专业术语、生僻晦涩的词汇。

③ 避免问题带有倾向性：问卷中的问题必须保持中立，提问不能带有暗示性。

④ 避免提容易引起被调研者焦虑的问题。

⑤ 避免笼统的问题：问题如果设置的概念含糊、标准不清，被调研者的答案准确性也会大打折扣。

⑥ 问卷力求简化，问题的安排具有逻辑性，符合被调研者的思维习惯。

⑦ 答案尽可能包括所有情形。

⑧ 采用量表式问题的答案一般不超过 9 个级差。

(3) 在线数据采集与分析法　随着企业信息化程度越来越高,网络市场规模越来越大,消费者行为更多地体现在网络端,企业采用在线数据自动采集的方式收集调研信息变为可能。所谓在线数据采集与分析法是指利用数据自动采集工具,收集互联网上、企业内部管理信息系统里、电子商务平台数据库里与市场调研有关的数据及信息,并使用在线数据分析工具对数据进行整理、统计分析、形成统计图表。可以通过该方式收集的信息有以下几类:

① 采集网站日志数据:网站日志记录了网站被访问的全过程,包括客户端 IP 地址、请求日期/时间、请求的网页、超文本传输协议(HTTP)代码、提供的字节数、客户代理、引用地址等。通过网站日志数据可以统计网站每天的访问量,访问者 IP 定位的地区,访问者在网站上停留的时间,访问者点击的超链接等信息。这些信息是分析网络消费者行为的基础数据。网站日志数据的采集方式分为两种:一种是通过 Web 服务器采集,例如 httpd/Nginx、Tomcat 都自带日志记录功能,同时很多互联网企业都有自己的海量数据采集工具,多用于系统日志采集,如 Apache 的 ChukwA、Cloudera 的 FlumE、Facebook(现已改名为 Meta)的 Scribe 等;另一种是自定义采集用户行为,例如用 JavaScript 代码程序跟踪用户行为,AJAX 异步请求后台记录日志等。

② 网络爬虫抓取开放网页上的信息:开放网页是指任何能连接互联网的客户都可以免费访问的网页,如门户网站页面、社交媒体网站页面、搜索引擎中的网站网页、电子商务网站的页面等。开放网页上显示了大量文字、图片、视频信息,要想从海量的网页中搜集与市场调研有关的信息,如消费者对一次在线消费的评价,竞争对手网站上最新的产品展示图片或视频,关于某一款产品在各大电子商务网站上的价格等,可使用网络爬虫工具获取这些信息。目前较常用 Python 语言开发网络爬虫工具,或者调研者也可使用第三方网络爬虫工具,如八爪鱼、火车头等。

③ 线上交易平台数据侦探采集的营销数据:营销数据包括产品销量、销售额、利润增长率、消费者复购率等;网络市场中产品展示链接的点击率、转化率、成功交易数量及金额等;对竞争对手、竞品进行调研的价格、销量、销售额、市场占有率等。目前大型的电子商务交易平台均推出营销数据分析的增值服务,即商家支付一定的费用便可使用平台为其定制的商务数据采集及分析系统,实时关注商情变化,辅助商家制定营销决策,如阿里巴巴的生意参谋、京东商城的京东商智。

④ 线下新零售门店传感器捕捉营销数据:线下新零售门店若采用电子化设备通过网络采集、传递数据,则也属于网络调研的范畴。线下新零售门店的营销数据,如每天进店人数、展示商品触碰次数、消费者在货架前停留时间等数据是分析店铺客流量、陈列商品受欢迎程度以及消费者偏好的数据基础。目前新零售门店为打通线上线下营销数据,在门店里安装数据采集器,如 Wi-Fi 探针、客流传感器、商品互动传感器、人脸识别设备等。

⑤ 企业内部管理信息系统中采集供应链数据:供应链数据是企业在整个产品采购、生产、营销及客服管理中产生的数据,可以分为 4 个方面:供应数据,包括产品在采购、物流、库存过程中产生的数据,如采购数量、采购单价、物流时效、库存周转率、残次库存比等;生产制造数据,包括物料清单数据、生产能力数据、标准工序数据、工艺路线数据等;营销数据,包括企业在销售过程中产生的数据,如销售额、订单量、响应时长、询单转化率等,以及企业在促销推广中产生的数据,如各种推广渠道的展现、点击、转化率等;客户数据,是客户数据库中关于客户特征的数据,如性别、年龄、职业、爱好等。

2）网络间接调研法

网络间接调研法是指通过互联网收集二手资料的过程。提供二手资料的网络资源有很多，大致可以分为以下三类：一是政府、协会、学术科研单位网站；二是产业行业组织、专业团体、企业行业网站；三是专业第三方调研机构、专业数据库系统等。面对海量的网络信息，要找到调研者需要的数据资源应采用适当的方法，常用的网络间接调研二手数据的方法主要包括：利用搜索引擎检索信息，访问相关的网站获取信息，使用专业化调研机构，数据库查找信息。

（1）利用搜索引擎检索信息　搜索引擎是指根据客户需求与一定算法，运用特定策略从互联网检索出指定信息反馈给客户的一种检索技术。搜索引擎依托于多种技术，如网络爬虫技术、检索排序技术、网页处理技术、大数据处理技术、自然语言处理技术等，为信息检索客户提供快速、高相关性的信息服务。从功能和原理上分类，搜索引擎大致分为四类：全文搜索引擎、元搜索引擎、垂直搜索引擎和目录搜索引擎。

① 全文搜索引擎：是通过从互联网上提取的各个网站的信息而建立的数据库中，检索与用户查询条件匹配的相关记录，然后按一定的排列顺序将结果返回给客户。目前使用最多的 Google、百度都是全文搜索引擎，使用方法是关键词检索，即客户在搜索框内直接输入关键词查找所需信息。关键词的选择需要一定技巧，调研者要善于提炼关键词，提高关键词的命中率，另外对搜索结果的筛选也需要技巧，否则从众多结果链接中找到最符合要求的可能会耗费过多的时间。

② 元搜索引擎：又称为仿搜索引擎，通过一个统一客户界面帮助客户在多个搜索引擎中选择和利用合适的搜索引擎来实现检索操作，是对分布于网络的多种检索工具的全局控制机制。搜索结果是通过调用、控制和优化其他多个独立搜索引擎的搜索结果并以统一的格式在同一界面集中显示。世界上最早的元搜索 Metacrawler，是一个并行式的元搜索引擎，具有同时调用 Google、Yahoo、Ask Jeeves About、LookSmart、TeomaOverture、FindWhat 等搜索引擎的功能，然后按相关度给出精确、详细的结果。

③ 垂直搜索引擎：是针对某一个行业的专业搜索引擎，是搜索引擎的细分和延伸，是根据特定客户的特定搜索请求，对某类专门信息进行深度挖掘与整合后，再以某种形式将结果返回给客户，如专门提供音乐检索的虾米音乐搜索，专门进行图书检索的图书馆检索系统，专门搜索网站素材的站长之家。

④ 目录搜索引擎：是以人工方式或半自动方式搜集信息，由编辑员查看信息之后，人工形成信息摘要，并将信息置于事先确定的分类框架中。信息大多面向网站，提供目录浏览服务和直接检索服务。该类搜索引擎因为加入了人的智能，所以信息准确、导航质量高，缺点是需要人工介入、维护量大、信息量少、信息更新不及时。代表网站有著名的搜索引擎 Yahoo、LookSmart、About、DMOZ、Galaxy 等。

（2）访问相关的网站获取信息　相关网站是指某个领域内容的专题网站，按上文提到二手资料来源总结有以下几类。

① 政府机构、协会组织的网站：在做网络市场环境调研时，如要了解有关政府规定、法律法规的信息，需要访问相关政府机构、协会组织的官网，在通知通告、新闻报道、文件下载中搜集。如查询有关政府对互联网发展与管理的文件可访问中华人民共和国工业和信息化部网站（http://www.miit.gov.cn/）；查询我国人口统计资料，进行社会人口环境调研，可访问我国国家统计局网站（http://www.stats.gov.cn/）；要了解我国专利发布的情况，调研某领域新技术发展趋势，可以访问中国专利信息网（http://www.patent.com.cn/）。

② 学术科研单位网站：在做新产品开发时，需要调研新产品、新技术的工艺路线、实验应用等情况，除了查询专利网站以外，还需要查询学术科研单位网站上相关的学术研究成果资料。另外，企业自身在管理、决策方面的提升与发展也需要调研学术机构前沿报告，科研学术综合类站点有中国国家图书馆(http://www.nlc.cn/)；学术论文、硕博论文、行业报告、法律法规、书籍、会议报告等可以查询中国知网(https://www.cnki.net/)。

③ 产业行业组织、专业团体网站：调研行业发展信息需要访问各行业组织网站，如中国农业信息网(http://www.agri.cn/)、中国钢铁工业协会网站(http://www.chinaisa.org.cn)、中国软件行业协会网站(http://www.csia.org.cn/)等。

④ 企业行业领域的专题网站：调研一个具体企业行业的现状需要访问相关专题网站，如汽车行业综合型信息网站汽车之家(https://www.autohome.com.cn/)；集成电路行业综合交易信息网站集成电路网(http://jcdl.cnelc.com/)；食品行业综合交易信息网站中国食品行业网(http://www.cnfood.net/)。

(3) 使用专业调研机构查找信息　专业调研机构是指专门从事市场调研数据收集、分析的公司或组织。调研者可以访问调研机构网站，搜集免费的信息与报告，如艾瑞咨询网站免费提供大量关于互联网行业的调研报告。如果要使用专业机构的深度调研报告，需要支付一定的费用才能获得。

4.3.2　网络市场调研的工具

上一小节介绍了网络市场调研的方法，方法付诸实施还需要依靠一定的手段和工具，下面分类别列举常用的工具。

1）在线视频会议

目前使用较多的在线视频会议工具有腾讯会议、Zoom 云会议、华为云 Welink 视频会议。

(1) 腾讯会议(https://meeting.tencent.com/)　是腾讯云旗下的一款音视频会议产品，于 2019 年 12 月底上线。腾讯会议具有 300 人在线会议、全平台一键接入、音视频智能降噪、美颜、背景虚化、锁定会议、屏幕水印等功能。该软件提供实时共享屏幕、支持在线文档协作。

(2) Zoom 云会议(https://www.zoom.us/)　Zoom 是一款由 Cisco 与 WebEx 于 2011 年推出的多人手机云视频会议软件，为客户提供兼备高清视频会议与移动网络会议功能的免费云视频通话服务。客户可通过手机、平板电脑等与工作伙伴进行多人视频及语音通话、屏幕分享、会议预约管理等商务沟通。Zoom 适用于 Windows、MaC. Linux、iOS、Android 系统。

(3) 华为云 Welink 视频会议(https://www.huaweicloud.com/product/welink.html) 华为云 Welink 可实现全场景智能办公，通过人工智能(AI)工作助手小微，可使用语音命令找人、找邮件、预定差旅、报销费用、充值卡包等。Welink 的智能会议室适应多种终端；会议纪要可自动转文字，扫码发送纪要到邮箱；支持消息、文档、邮件等多种内容翻译成 7 种语言，支持一键从邮件转群聊。2020 年 4 月 11 日，华为云 Welink 与联合国教科文组织教育信息技术研究所(UNESCO IITE)联合举办了"Learn ON"计划特别活动——"停课不停学——高校在线教育论坛"视频会议。

2）在线问卷调研平台

在线问卷调研平台可以实现问卷的在线编辑、在线发放问卷、在线数据收集、分析与统计图表的生成。目前常用的在线问卷平台有问卷星、问卷网、腾讯问卷。

（1）问卷星（https://www.wjx.cn） 是一个专业的在线问卷调查、测评、投票平台,可以在线填写网络问卷,然后通过即时通信工具、社交媒体、邮件等方式将问卷链接发给好友填写。问卷星能够自动对结果进行统计分析,调研者可以随时查看或下载问卷结果。可用于：调研客户满意度、员工满意度、企业内训、需求登记、人才测评、培训管理；学术调研、社会调查、在线报名、在线投票、信息采集、在线考试；讨论投票、公益调查、博客调查、趣味测试等。问卷星的使用步骤分为以下几步：

① 在线设计问卷：问卷星提供了所见即所得的设计问卷界面,支持多种题型以及信息栏和分页栏,并可以给选项设置分数,可以设置跳转逻辑,同时还提供了数十种专业问卷模板。

② 发布问卷并设置属性：问卷设计好后可以直接发布并设置相关属性,例如问卷分类、说明、公开级别、访问密码等。

③ 发送问卷：通过发送邀请邮件,或者用 Flash 等方式嵌入企业网站,或者通过 QQ、微博、邮件等方式将问卷链接发给好友填写。

④ 查看调查结果：可以查看统计结果的图表,卡片式查看答卷详情,分析答卷来源的时间段、地区和网站。

⑤ 创建自定义报表：自定义报表中可以设置一系列筛选条件,不仅可以根据答案来做交叉分析和分类统计,如统计年龄在 20～30 岁之间女性受访者的相关数据,还可以根据填写问卷所用时间、来源地区和网站等筛选出符合条件的答卷集合。

⑥ 下载调研数据：调研完成后,可以下载统计图表到 Word 文件保存、打印,或者下载原始数据到 Excel 导入 SPSS 等调查分析软件做进一步的分析。

为了解决很多调研者调研样本数量不足的问题,问卷星开发了一项增值服务"样本服务",即调研者可通过向问卷星支付一定费用,邀请符合条件的目标人群填写目标问卷,以最低成本在最短时间内回收样本数量充足的数据。问卷星能够做到"样本服务"的样本质量控制和填写者质量控制,具体实现方式是：填写者都是自愿填写问卷,是对调研主题感兴趣的人,对每一位填写者精确定位,按照性别、年龄、地区、职业、行业等多种属性划分填写者群体,填写者每份答卷提交后都会经过自动筛选规则的筛选和人工排查,不符合要求的答卷被标记为无效答卷,多次被标记为无效答卷的填写者将被移除。

（2）问卷网（https://www.wenjuan.com） 是中国最大的免费网络调查平台之一,能够为企业提供问卷创建、发布、管理、收集及分析服务。问卷网的特点包括：调研者可在线设计调查问卷,并可自定义主题；拥有多种调查问卷模板,简单修改即能制作一份调查问卷；支持 10 余种常见题型,专业逻辑跳转功能保证客户快速完成调研流程；多渠道多方式推送发布,快速到达样本,便捷收获调研数据；提供图形分析界面,并支持导出为 Excel 文件。问卷网的使用步骤与问卷星类似。

（3）腾讯问卷（https://wj.qq.com） 是腾讯公司推出的完全免费的专业在线问卷调查平台。提供多种方式创建问卷,简单高效的编辑方式,强大的逻辑设置功能,专业的数据统计和样本甄别。该平台前身是腾讯公司内部进行客户、市场、产品研究的重要工具,已积累了大量的问卷题型和问卷模版。

腾讯问卷优势有：完全免费使用,用 QQ 号就可以直接登录使用；界面简洁轻量,容易上手,利用拖拉、点选等方式即可创建、编辑一份完整的线上问卷；模版丰富专业,创建方式灵活；多终端自适应,问卷投放灵活；能够实时统计问卷回收数据,并以图表形式展示结果,还可以将结果导出 Excel 进行个性化分析；能够直接在线上进行交叉和筛选分析，并能在线查看分析结果。

腾讯问卷解决调研样本数量不足的功能模块是"回答小组"，回答小组是腾讯问卷为帮助调研者邀请符合其投放条件的人群填写问卷，并帮助回答小组成员获得更多回答问卷的机会。调研者通过红包或甜圈（回答小组的奖励）发起调研，填写者按要求完成答卷，被标记为有效回答后才能获得红包或甜圈奖励，调研者未发放完的红包和甜圈将退回调研者账号。回答小组成员是腾讯问卷经过多年沉淀，汇集的一批爱分享有态度的热心答卷用户，他们通过报名方式加入回答小组，目前腾讯问卷已经积累了超过 100 万的填写者，可以通过填写者提供的基础属性和兴趣标签实现问卷的精准投放。

3）网站日志分析

网站日志包含大量消费者访问行为数据，如访问 IP、点击的超链接、在每个链接上停留的时间等，因此对网站日志的数据采集与挖掘分析有助于调研者进行关于消费者行为、动机、偏好的调研，形成客户画像。网站日志分析工具较著名的有阿里云日志服务、腾讯云日志服务。

（1）阿里云日志服务（https://www.aliyun.com/product/sls/） 日志服务（Log Service，简称 Log）是针对日志类数据一站式服务。在阿里云虚拟服务器租用服务发展成熟的基础上推出日志服务，使用者无须开发就能快捷完成数据采集、消费、投递以及查询分析等功能，主要的功能包括：

① 实时采集与消费：通过云服务器（ECS）、容器、移动端、开源软件、JS（JavaScript）等接入实时日志数据，提供实时消费接口，与实时计算及服务对接，可进行数据清洗、流计算、监控与报警、机器学习与迭代计算。

② 投递数仓：将日志中枢数据投递至存储类服务进行存储，支持压缩、自定义分区，以及行列等各种存储方式，可建立数据仓库，进行数据分析、审计、推荐系统与客户画像。

③ 查询与实时分析：实时索引、查询分析数据，能够进行关键词查询、结构化查询语言（SQL）聚合查询、可视化呈现报表，用于线上运维、日志实时数据分析、安全诊断与分析、运营与客服系统。

（2）腾讯云日志服务（https://cloud.tencent.com/product/cls） 是腾讯云提供的一站式日志服务平台，提供了从日志采集、日志存储到日志检索分析、实时消费、日志投递等多项服务，协助客户通过日志来解决业务运营、安全监控、日志审计、日志分析等问题。腾讯云日志服务的应用场景包括：

① 后台运维管理：在庞大集群的运维工作中，可通过日志服务提供的自研 Agent：LogListener，将分散在集群各个节点的重要日志数据采集到日志服务平台进行统一管理，通过关键词检索可快速搜索出异常事件的日志，定位问题节点，结合上下文查询能力将异常事件的调用链完整还原，并投递至对象存储享受集中式的数据存储及生命周期管理。

② 终端用户行为分析：通过日志服务平台提供的应用编程接口（API）和软件开发工具包（SDK）将多终端日志采集汇总到日志服务平台，可根据业务需求进行实时检索分析，并可将关键数据投递至对象存储（COS）以实现长期存储及集中管理，并且通过 EMR（Elastic MapReduce）的大数据分析能力对海量的日志数据进行分析建模，创建客户画像，理解终端客户行为，结合可视化能力帮助企业进行商业决策。

③ 日志审计：通过日志服务的代理人（Agent）收集日志到日志服务，通过日志查询能力，快速分析其访问行为，例如某个账号、某个对象的操作记录等，判断是否存在违规操作，通过日

志投递对象存储还可以对日志数据进行长时间存储满足合规审计需求。

4) 网络爬虫

最早的一种聚焦类型网络爬虫主要用于辅助搜索引擎检索网页,聚焦爬虫根据一定的网页分析算法过滤与主题无关的链接,保留有用的链接并将其放入等待抓取的统一资源定位符(URL)队列。然后,它将根据一定的搜索策略从队列中选择下一步要抓取的网页 URL,并重复上述过程,直到达到系统的某一条件时停止。现在网络爬虫还被应用到网络数据调研中,搜集客户评论文本数据、指定类型的产品展示图片等。常用的网络爬虫工具有八爪鱼、火车采集器。

(1) 八爪鱼(https://www.bazhuayu.com)　八爪鱼数据采集系统以完全自主研发的分布式云计算平台为核心,可以在很短的时间内,从各种不同的网站或者网页获取大量的规范化数据,实现数据自动化采集、规范化编辑。八爪鱼网络爬虫可视化操作,使用简便。

(2) 火车采集器(http://www.locoy.com/)　火车采集器(Locoy Spider)是一个供各大主流文章系统、论坛系统等使用的多线程采集程序。采集器不仅可以实现数据采集,还能实现数据发布,系统支持远程图片下载、图片批量水印、Flash 下载、下载文件地址探测,以及自制作发表的 cms 模块参数、自定义发表的内容等。

5) 线上交易平台的数据侦探

随着线上交易规模的不断扩大,消费者越来越适应网上购物,高、中、低端品牌企业、各类经营者竞相在线上交易平台设立店铺。传统市场调研对市场环境、行业现状、竞争对手经营状况的调研纷纷转到了线上。为使经营者更加了解市场行情,掌握网络营销数据,在线交易平台推出数据侦探增值服务,即经营者支付一定的费用,使用数据侦探工具洞悉网络营销背后的各项指标数据变化、趋势,从而制定合理的营销决策。目前知名的数据侦探工具有淘宝的生意参谋、京东的商智。

(1) 生意参谋(https://sycm.taobao.com)　诞生于 2011 年,最早是应用在阿里巴巴企业与企业之间电子商务(B2B)市场的数据工具,2013 年生意参谋正式走进淘宝,2014—2015 年,在原有规划基础上,生意参谋分别整合量子恒道、数据魔方,最终升级成为阿里巴巴商家端统一数据产品平台。生意参谋集数据作战室、市场行情、装修分析、来源分析、竞争情报等数据产品于一体,通过生意参谋,商家可以看到口径标准统一、计算全面准确的店铺数据和行业数据,从而成为商务决策的参谋。

生意参谋的操作面板上包括了首页、实时、作战室、流量、品类、商品、交易、营销、服务、物流、财务、市场、竞争、业务专区、人群管理、取数、学院功能模块。下面就其中主要的几个功能做详细介绍:

① 首页:全面展示店铺经营全链路的各项核心数据,包括店铺实时数据、商品实时排行、店铺行业排名、店铺经营概况、流量分析、商品分析、交易分析、服务分析、营销分析和市场行情。

② 实时直播:提供店铺实时流量交易数据、实时地域分布、流量来源分布、实时热门商品排行榜、实时催付榜单、实时客户访问等功能,还有实时数据大屏模式,洞悉实时数据,抢占生意先机。

③ 经营分析:将流量分析、商品分析、交易分析、营销推广总结为经营分析。流量分析展现全店流量概况、流量来源及去向、访客分析及装修分析;商品分析提供店铺所有商品的详细效果数据,目前包括五大功能模块,即商品概况、商品效果、异常商品、分类分析、采购进货;交

易分析包括交易概况和交易构成两大功能,可从店铺整体到不同粒度细分店铺交易情况,方便商家及时掌控店铺交易情况,同时提供资金回流行动点;营销推广包括营销工具、营销效果两大功能,可帮助商家精准营销,提升销量。

④ 市场行情:市场行情专业版目前包括三大功能,即行业洞察、搜索词分析、人群画像。行业洞察具备行业直播、行业大盘分析、品牌分析、产品分析、属性分析、商品店铺多维度排行等多个功能;搜索词分析可以查看行业热词榜,还能直接搜索某个关键词,获取其近期表现;人群画像直接监控三大人群,包括买家人群、卖家人群、搜索人群。此外,市场行情的大部分指标可自由选择时间段,包括1天、7天、自然日、自然周、自然月或自定义时间;可选择的平台包括淘宝、天猫等,自适应各种终端。

⑤ 自助取数:提供数据定制、查询、导出等高端数据服务,配置灵活、周期可定制。

⑥ 专题工具:着重专题分析的一站式优化工具,含竞争情报、选词助手、行业排行、单品分析、商品温度计、销量预测等专项功能。竞争情报是一款提供给淘宝和天猫商家使用的用于分析竞争对手的工具,可精准定位竞争群体、分析竞争差距,并提供经营优化建议;选词助手从PC端和无线端出发,主要呈现店铺引流搜索词和行业相关搜索词的搜索情况及转化情况;行业排行主要展示六大排行榜,分别是热销商品榜、流量商品榜、热销店铺榜单、流量店铺榜、热门搜索词、飙升搜索词,适应所有终端查看;单品分析主要从来源去向、销售分析、访客分析、促销分析四个角度出发,对单品进行分析,商家从中多角度了解商品表现情况,掌握商品实际效果;商品温度计提供商品转化效果的数据分析,同时可对影响商品转化的因素进行检测,检测指标包括页面性能、标题、价格、属性、促销导购、描述、评价等;销量预测可通过大数据分析,为商家推荐店内最具销售潜力的商品,并监控库存;同时,支持商家自定义监控规则,预估商品未来7天销量等;此外,可为商家提供商品定价参考。

⑦ 帮助中心:主要包括功能介绍、视频课程、指标注释、来源、常见问题等五大版块,实现门户及产品功能引导、数据答疑解惑、门户运营与推荐、客户互动学习等。

(2) 京东商智(https://sz.jd.com) 京东商智是京东面向商家的一站式运营数据开放平台,主要功能包括:

① 实时数据:店铺实时数据汇总,大促运营作战阵地;实时销售、流量数据细分,任务进度精准把握;实时商品明细,实时成交转化,拆分细节,发现问题;实时大屏提升运营士气,烘托大促气氛。

② 流量明细:流量来源去向细分,付费免费流量全覆盖,丰富的流量数量、质量、转化指标,支持评估引流效果;搜索排名,支持获取更准确的原始排名。

③ 商品表现:全方位的商品表现数据,包括流量、销量、关注、加购、评价等,能够实现单品流量来源、客户画像等。

④ 交易转化:订单明细、下单转化漏斗等数据全面汇总,多维度剖析交易构成,为制定营销策略提供合理的科学理论依据。

⑤ 行业态势:类目、品牌、属性、客户数据全面开放,可实时了解行业动态,跟踪TOP商家商品的运营进展,了解行业客户的消费需求。

⑥ 竞争对手:对竞店竞品的核心数据全程跟踪,知己知彼,良性角逐,洞悉客户流失问题,辅助精细化运营。

6) 线下新零售店铺的传感器

所谓新零售即个人、企业以互联网为依托,通过运用大数据、人工智能等先进技术手段,对商品的生产、流通与销售过程进行升级改造,进而重塑业态结构与生态圈,并对线上服务、线下体验以及现代物流进行深度融合的零售新模式。有许多线下实体店铺通过数字化升级改造,打通和线上营销推广的数据通道,除了调研线上交易平台的营销数据,还利用线下各类传感设备,自动捕捉线下营销数据,如进店人数、商品触碰次数、消费者驻足时间等,实现线上、线下营销数据整合分析,获得更为全面的市场调研结果。此类市场数据的获得也属于网络调研的范畴,获取数据的传感设备即网络调研的工具。接下来介绍几种常用的传感设备,包括 Wi-Fi 探针、客流传感器、商品互动传感器、人脸识别设备。

(1) Wi-Fi 探针 Wi-Fi 探针是指基于 Wi-Fi 探测技术来识别无线访问接入点附近已开启 Wi-Fi 的智能终端设备,即使移动终端没有接入店铺 Wi-Fi,Wi-Fi 探针也能够识别消费者的信息。其工作原理是:每个智能终端设备都有一个唯一的 mac 地址,只要 Wi-Fi 是打开的状态,无论是否连接上,当消费者走进安装了 Wi-Fi 探针设备的区域时,智能终端的 mac 地址就可以被探测到。

Wi-Fi 探针除了能实现客流量统计与分析,还能打通线上线下营销数据,进行精准营销。其工作原理是:如果智能终端同时安装有该实体店铺的线上店铺 App,Wi-Fi 探针根据探测到的 mac 地址和智能终端上 App 记录的 mac 地址进行匹配,消费者在商城上的所有购物数据将一览无余,店内的广告牌就可以在分析消费者 App 购物历史的基础上推荐有可能想要的商品。这是将调研的收集、分析、总结数据和指导营销活动一气呵成,瞬间完成基于网络数据调研的营销策略。

(2) 客流传感器 即通过红外光电传感器计数,统计客流数量,记录消费者在某一个货架前停留的时间。多个客流传感器联动可获得动线布局分析所需数据。动线即通过店铺陈设引导消费者在店铺内的行走路线。客流分析线上店铺通过网站日志分析工具可以获得相关数据,线下实体店铺的客流分析则可以利用客流传感器来实现。客流分析的主要任务是构建 3 个主要的指标,即进店率、停留率、转换率。以上 3 个数据帮助店主了解店铺的基本运营情况,和"销售额"一起构成展现店铺状况的最重要指标。

(3) 商品互动传感器 商品互动传感器多应用在商品陈列的货架处,如悬挂在衣服架上的电子标签,货架展示鞋子下的电子托盘,橱窗里商品展示下的电子垫片等,消费者如果触碰衣服,拿起鞋子或橱窗里的展示商品时电子标签、电子托盘或垫片能感应到商品被移动,从而记录下商品被触碰或拿起的次数。该数据反映了商品引起消费者兴趣的程度,记录的次数越多说明关注度越高。

(4) 人脸识别设备 人脸识别设备一般安装在店铺天花板,可以监控到店铺任何一个角落,对进出店铺的每一个消费者可以进行人脸识别,判断消费者的身份,是否是店铺会员,若是店铺的会员,则显示该会员的详细信息,如不是会员则自动为该消费者分配一个 ID 号,视频设备记录每一个消费者进出店铺以及在店内的行为,以便形成消费者行为数据,分析消费者的动机及偏好。

7) 企业管理信息系统

网络市场调研关于企业内部供应链运营情况的数据可从企业管理信息系统中导出。目前国内较成熟的 ERP 系统有用友、金蝶;国外的有企业管理系列软件(System Applications and Products,简称 SAP)等。ERP 系统中包含的和生产制造有关的数据有:

(1) 公司基础数据 是描述公司基本属性的数据,这类数据一般固定不变,如单据编号规则、交货厂址、部门设置、员工编号等。

(2) 生产管理数据　是描述主生产计划以及生产现场控制相关的数据，如物料主文件中的数据、物料清单、工艺路线、工作中心数据、产品设计管理数据、计划管理数据、库存管理数据、成本管理数据。

(3) 库存管理数据　是描述有关库存管理的数据，如库位定义、库存信息里的现有库存量、计划收到量、已分配量、订购批量、安全库存量等。

对以上生产制造环节产生的数据调研可以了解企业自身情况。营销部门需要了解企业的生产能力与效率之后制定适当的营销策略。另外 ERP 系统中还记录了有关财务管理、人力资源管理、市场营销管理的数据，这些数据的调研与分析也对营销战略的制定产生影响。

8）搜索引擎

网络搜索引擎是间接网络调研法使用的重要工具，这里主要讲关键词搜索引擎。用户通过输入关键词查找需要的信息，搜索结果以网站链接及网页快照形式排序呈现。目前影响最大的搜索引擎，国外的是 Google，国内的是百度。

(1) Google　是目前世界各个国家使用最多的搜索引擎，成立于 1998 年，其主要利润来自 AdWords 等广告服务。Google 搜索引擎主要的搜索服务有网页、图片、音乐、视频、地图、新闻、问答等。除此之外，Google 还提供其他与互联网相关的业务，如 Google 学术、Google 地球、Google 音像、Google 翻译等。

(2) 百度（http://www.baidu.com）　是全球最大的中文搜索引擎，中国最大的以信息和知识为核心的互联网综合服务公司。百度搜索的主要功能有网页搜索、百度地图、百度学术、百度音乐、百度视频、百度翻译、报读新闻、百度识图等。除此之外，百度还提供百度百科、百度贴吧等社区服务，百度游戏、百度开放平台等游戏娱乐服务，百度指数、百度商桥等站长与开发者服务，以及百度输入法、百度脑图等工具。

9）数据库与数据仓库

通过各种网络工具获取的市场调研数据，需要经过整理、分析、总结成可视化的图表，呈现在调研报告中，因此需要使用数据库及数据仓库工具。数据库是按照数据结构来组织、存储和管理数据的仓库，是一个长期存储在计算机内的、有组织的、可共享的、统一管理的大量数据的集合。数据仓库是为企业所有级别的决策制定，提供所有类型数据支持的战略集合，是单个数据存储，出于分析性报告和决策支持目的而创建，为企业提供指导业务流程改进、监视时间、成本及质量控制的服务。前者更强调数据逻辑概念，后者主要面向实际应用。数据仓库是辅助企业制定决策的重要工具。常用的数据库及数据仓库工具有 Sybase、甲骨文数据库（Oracle Database）、IBM、Microsoft SQL Server。

(1) Sybase（https://www.sap.com/）　美国的一种关系型数据库系统，是一种典型的 UNIX 或 Windows NT 平台上客户机/服务器环境下的大型数据库系统。Sybase 提供了一套应用程序编程接口和库，可以与非 Sybase 数据源及服务器集成，允许在多个数据库之间复制数据，适于创建多层应用。系统具有完备的触发器、存储过程、规则以及完整性定义，支持优化查询，具有较好的数据安全性。

(2) 甲骨文数据库（https://www.oracle.com/cn/database/）　是甲骨文公司的一款关系型数据库管理系统，它在数据库领域一直处于领先地位，可以说是目前世界上最流行的关系型数据库管理系统之一，系统可移植性好、使用方便、功能强，适用于各类大、中、小、微机环境。它是一种高效率、可靠性好、适应高吞吐量的数据库方案。

(3) IBM（https://www.ibm.com/cn-zh）　国际商业机器公司，简称 IBM，为计算机产业

长期的领导者,在大型、小型机和便携机方面的成就最为瞩目,其创立的个人计算机(PC)标准,至今仍被不断沿用和发展。IBM旗下的软件工具众多,在数据库管理系统软件领域,IBM的产品可以分为DB2通用数据库、商业智能解决方案、内容管理、DB2信息集成软件和DB2数据库工具五大类。

(4) Microsoft SQL Server(https://www.microsoft.com/zh-cn) 是Microsoft公司推出的关系型数据库管理系统。它具有使用方便、可伸缩性好、与相关软件集成程度高等优点,可跨越从笔记本电脑到大型多处理器的服务器等多种平台使用。Microsoft SQL Server是一个全面的数据库平台,使用集成的商业智能工具提供了企业级的数据管理。Microsoft SQL Server数据库引擎为关系型数据和结构化数据提供了更安全可靠的存储功能,可以构建和管理用于业务的高可用和高性能的数据应用程序。

10) 大数据分析平台

由于网络调研获取的数据特别是在线平台上的有关消费者行为的数据体量庞大,以网站日志里的访问行为数据为例,一个较受欢迎的电子商务交易网站每天的访问量可以达到5 000万,每一个IP又会产生短则几秒钟,长则数小时的访问行为数据,因此网络调研要收集的在线客户行为数据属于网络大数据,需要使用大数据分析平台才能完成处理。所谓大数据是指一种规模大到在获取、存储、管理、分析方面大大超出了传统数据库软件工具能力范围的数据集合,具有海量的数据规模、快速的数据流转、多样的数据类型和价值密度低四大特征。目前能够进行大数据分析的主流平台国外的有亚马逊云、微软云,国内有阿里云、腾讯云、华为云。

(1) 亚马逊云(https://aws.amazon.com/cn/) 亚马逊云(Amazon Web Services, AWS)是亚马逊提供的专业云计算服务,于2006年推出,以Web服务的形式向企业提供IT基础设施服务,通常称为云计算。其主要优势之一是能够以较低的根据业务发展而增加的可变成本替代前期基础设施费用。亚马逊云能提供的服务包括亚马逊弹性计算网云、亚马逊简单储存服务、亚马逊简单数据库、亚马逊简单队列服务以及亚马逊内容分发系统等。

(2) 微软云(https://azure.microsoft.com/zh-cn/) 微软云(Microsoft Azure)是专为微软建设的数据中心管理所有服务器、网络以及存储资源所开发的一种特殊版本Windows Server操作系统。它具有针对数据中心架构的自我管理机能,可以自动监控划分在数据中心数个不同的分区的所有服务器与存储资源,自动更新补丁,自动运行虚拟机部署与镜像备份等能力。Windows Azure被安装在数据中心的所有服务器中,并且定时和中控软件Microsoft Azure弹性控制器进行沟通,接收指令以及回传运行状态数据等。Microsoft Azure服务平台包含如下功能:网站、虚拟机、云服务、移动应用服务、大数据支持以及媒体功能的支持。其中大数据部分可以通过大数据分析获取洞察力,完全兼容企业的Hadoop服务。其PaaS产品/服务提供了简单的管理,并与Active Directory和System Center集成,支持Hadoop、Business Analytics、SQL Database及在线商店Marketplace。

(3) 阿里云(https://www.aliyun.com/) 阿里云创立于2009年,是全球领先的云计算及人工智能科技公司,致力于以在线公共服务的方式,提供安全、可靠的计算和数据处理能力,让计算和人工智能成为普惠科技。阿里云服务制造、金融、政务、交通、医疗、电信、能源等众多领域的领军企业,包括中国联通、12306、中石化、中石油、飞利浦、华大基因等大型企业客户,以及微博、知乎、锤子科技等明星互联网公司。在天猫"双11"全球狂欢节、12306春运购票等极富挑战的应用场景中,阿里云保持着良好的运行纪录。阿里云上的大数据服务名称为Max-

Compute,是一种快速、完全托管的 TB/PB 级数据仓库解决方案,拥有完整的大数据开发套件,可以实现数据可视化、关系网络分析、推荐引擎、公众趋势分析、企业图谱、数据集成、分析型数据库和流计算。

(4) 腾讯云(https://cloud.tencent.com)　腾讯云的功能包括:云服务器、云存储、云数据库和弹性 Web 引擎等基础云服务,腾讯云分析、腾讯云推送等腾讯整体大数据能力,以及 QQ 互联、QQ 空间、微云、微社区等云端链接社交体系。大数据模块使用腾讯开放数据(TOD)大数据处理、腾讯云分析和腾讯云搜功能。TOD 是腾讯云为用户提供的一套完整的、开箱即用的云端大数据处理解决方案,开发者可以在线创建数据仓库,编写、调试和运行 SQL 脚本,调用 MR 程序,完成对海量数据的各种处理。另外,开发者还可以将编写的数据处理脚本定义成周期性执行的任务,通过可视化界面拖拽定义任务间依赖关系,实现复杂的数据处理工作流,主要应用于海量数据统计、数据挖掘等领域。腾讯云已经为微信、QQ 空间、广点通、腾讯游戏、财付通、QQ 网购等关键业务提供了数据分析服务;腾讯云分析是一款专业的移动应用统计分析工具,支持主流智能手机平台。开发者可以方便地通过嵌入统计 SDK,实现对移动应用的全面监测,实时掌握产品表现,准确洞察客户行为。腾讯云分析还同时提供业内市场排名趋势、竞品排名监控等情报信息。腾讯云搜是腾讯公司基于在搜索领域多年的技术积累,对公司内部各大垂直搜索业务搜索需求进行高度抽象,把搜索引擎组件化、平台化、服务化,最终形成成熟的搜索对外开放能力,为广大移动应用开发者和网站站长推出的一站式结构化数据搜索托管服务。

(5) 华为云(https://www.huaweicloud.com/)　华为云立足于互联网领域,依托于华为公司强大的云计算研发实力,面向互联网增值服务运营商、大中小型企业、政府、科研院所等广大企事业客户提供包括云主机、云托管、云存储等基础云服务、超算、内容分发与加速、视频托管与发布、企业 IT、云电脑、云会议、游戏托管、应用托管等服务和解决方案。华为云在大数据服务方面有弹性云计算,是整合了计算、存储与网络资源,按需使用、按需付费的一站式 IT 计算资源租用服务,以帮助开发者和 IT 管理员在不需要一次性投资的情况下,快速部署和管理大规模可扩展的 IT 基础设施资源。

4.4　网络市场调研实施

将前文网络市场调研理论、方法、工具应用于实践,本小节将以一个具体的案例来说明网络市场调研的实施过程,该案例的主题为 2019 年中国网民搜索引擎使用情况,调研的方法为在线问卷法。

4.4.1　网络市场调研的背景及目标

1) 背景

搜索引擎是一类基础的互联网应用,在网民的日常信息获取活动中占据着十分重要的地位。在 PC 互联网时代,搜索引擎一直是网民使用各类互联网服务的主要入口,而在移动互联网时代,由于受到手机端各类垂直应用的分流影响,搜索引擎在网民日常生活中的重要性有所下降。为更好地了解当前搜索引擎用户使用习惯和行业发展现状,中国互联网络信息中心(CNNIC)于 2019 年 6 月开展了针对中国网民搜索引擎使用情况的专项调查。

2）目标

调研目标是对中国网民的搜索引擎使用行为，搜索引擎客户属性、满意度和信任度，以及搜索广告接受程度等进行全面调研，以反映国内搜索引擎业务的发展现状，并将调研结果呈现为《2019年中国网民搜索引擎使用情况研究报告》。

4.4.2 网络市场调研计划

1）调研对象

中国6岁及以上常住居民，且最近半年在电脑或手机上使用过搜索引擎的网民，计划调查样本量为1 500个，覆盖中国一至四线城市。

2）调研内容

本次调查侧重于了解现阶段中国网民的搜索引擎使用特点、品牌份额、客户满意度，并对不同终端上的搜索行为进行分析，以期全面了解网民的搜索引擎使用现状。

3）调研方法

通过邀请网民填写在线问卷收集数据，同时辅助电话访问系统进行调查，通过随机生成电话号码对中国搜索引擎客户进行访问。

4）术语界定

调研中使用的专业术语定义如下：

（1）搜索引擎客户　过去半年内在互联网上使用过百度、搜狗搜索、360搜索等搜索引擎服务的网民。

（2）PC端搜索引擎客户　过去半年内通过PC（台式机、笔记本电脑、一体机）在互联网上使用过搜索引擎的网民。

（3）手机端搜索引擎客户　过去半年内通过手机在互联网上使用过搜索引擎的网民。

（4）渗透率　询问网民最近半年内是否使用过某类搜索引擎应用或某个搜索网站，渗透率＝半年内使用过某类搜索引擎应用或某个搜索网站的网民数/搜索引擎客户样本总数。

5）调研时限

调研数据收集截止时间为：2019年6月30日。

4.4.3 编制调研问卷

根据调研目的编制在线调研问卷如下：

1. 您是否在手机端或PC端使用过搜索引擎？（　　）
    A. 是　　　　　　　　　B. 否
2. 您的性别是_____。（　　）
    A. 男性　　　　　　　　B. 女性
3. 您的年龄是_____。（　　）
    A. 19岁及以下　　　　B. 20～29岁　　　　C. 30～39岁
    D. 40～49岁　　　　　E. 50～59岁　　　　F. 60岁及以上
4. 您的学历是_____。（　　）

A. 小学及以下 B. 初中 C. 高中/中专/技校
D. 大学专科 E. 大学本科及以上

5. 您的月收入是_____。（　　）
A. 2 000 元以下 B. 2 001～3 000 元 C. 3 001～5 000 元
D. 5 001～8 000 元 E. 8 000 元以上

6. 您户籍所在地是_____。（　　）
A. 城镇 B. 农村

7. 您在用搜索引擎时，使用的设备是_____。（多选）（　　）
A. 台式电脑/笔记本电脑 B. 手机

8. 您使用搜索引擎的目的是_____。（多选）（　　）
A. 工作学习 B. 查询医疗、法律等专业知识
C. 查找新闻、热点事件 D. 查找网上娱乐内容 E. 下载软件
F. 出差旅行 G. 日常出行 H. 上网买东西
I. 查找周边生活服务 J. 查找线下娱乐服务 K. 查找线下餐饮服务

9. 您对搜索引擎使用的体验是怎样的？（　　）
A. 可以搜索到想要的信息 B. 很难找到想要的信息 C. 没想过/说不清

10. 您对目前搜索引擎使用满意吗？（　　）
A. 满意 B. 不满意 C. 说不清

11. 您对搜索出来的结果信任吗？（　　）
A. 信任 B. 不信任 C. 没想过

12. 您常使用的搜索引擎工具是_____。（多选）（　　）
A. 百度搜索 B. 搜狗搜索 C. 360 搜索
D. 神马搜索 E. 必应搜索 F. 中国搜索
G. 其他

13. 您知道搜索引擎的结果里会有广告吗？（　　）
A. 知道 B. 不知道

14. 您能从搜索结果中分辨出哪些是广告链接吗？（　　）
A. 可以辨识 B. 不能辨识

15. 一般您是从哪个应用进入搜索引擎首页的？（多选）（　　）
A. 通过浏览器类应用 B. 使用手机自带的浏览器登录
C. 使用搜索引擎类手机应用

16. 您首选从哪个应用进入搜索引擎首页的？（　　）
A. 通过浏览器类应用 B. 使用手机自带的浏览器登录
C. 使用搜索引擎类手机应用

17. 您在手机端使用搜索引擎的输入方式是_____。（多选）（　　）
A. 输入文字搜索 B. 使用图像搜索 C. 使用语音搜索

18. 您在手机端常用的搜索引擎工具是_____。（多选）（　　）
A. 百度搜索 B. 搜狗搜索 C. 360 搜索
D. 神马搜索 E. 必应搜索 F. 中国搜索

G. 其他

19. 您在手机端首选的搜索引擎工具是_____。（　　）
　A. 百度搜索　　　　　　　B. 搜狗搜索　　　　　　　C. 360 搜索
　D. 神马搜索　　　　　　　E. 必应搜索　　　　　　　F. 中国搜索
　G. 其他

20. 您在手机端进入搜索引擎常用的浏览器是_____。（多选）（　　）
　A. QQ 浏览器　　　　　　 B. UC 浏览器　　　　　　 C. 360 浏览器
　D. 搜狗浏览器　　　　　　E. 猎豹浏览器　　　　　　F. 其他

21. 您是否使用过微信的"搜一搜"功能搜索商品或服务？（　　）
　A. 使用过　　　　　　　　B. 没有用过

22. 依托人工智能技术，信息流服务可以在客户产生搜索行为前就为其推送可能感兴趣的内容，您是否会关注手机端搜索引擎的信息流内容？（　　）
　A. 会关注　　　　　　　　B. 不会关注

23. 您在 PC 端进入搜索引擎主页的方式是_____。（多选）（　　）
　A. 使用浏览器登录搜索引擎网站　　　　B. 使用导航网站上的搜索引擎

24. 您在 PC 端进入搜索引擎主页的首选方式是_____。（　　）
　A. 使用浏览器登录搜索引擎网站　　　　B. 使用导航网站上的搜索引擎

25. 您在 PC 端常用的搜索引擎工具是_____。（多选）（　　）
　A. 百度搜索　　　　　　　B. 搜狗搜索　　　　　　　C. 360 搜索
　D. 神马搜索　　　　　　　E. 必应搜索　　　　　　　F. 中国搜索
　G. 其他

26. 您在 PC 端首选的搜索引擎工具是_____。（　　）
　A. 百度搜索　　　　　　　B. 搜狗搜索　　　　　　　C. 360 搜索
　D. 神马搜索　　　　　　　E. 必应搜索　　　　　　　F. 中国搜索
　G. 其他

4.4.4　调研结果

因篇幅有限，调研结果只引用数据总结的文字部分，统计图表省略，需要报告完整稿的可至 CNNIC(www.cnnic.cn)网站下载。调研结果总结如下：

经调研统计分析，截至 2019 年 6 月，我国搜索引擎用户规模达 6.95 亿，较 2018 年底增长 1 338 万；搜索引擎使用率为 81.3%，较 2018 年底下降 0.9 个百分点。97.1% 的搜索引擎用户通过手机使用该服务，而通过台式电脑或笔记本电脑使用该服务的用户比例仅为 65.0%。用户在工作、学习场景下使用搜索引擎的比例最高，达到 76.5%；其次为查询医疗、法律等专业知识场景，使用率为 70.5%。搜索引擎用户中 77.3% 的用户可以通过该服务找到自己所需的信息，而 18.7% 的用户认为很难找到自己所需的信息。84.9% 的搜索引擎用户对该服务表示满意，仅有 15.1% 的用户认为不满意或没有想过这个问题。71.5% 的搜索引擎用户对该服务提供的搜索结果表示信任，不信任或没有想过这个问题的用户占比为 28.5%。在使用搜索引擎时意识到结果中含有广告的用户占比达到 94.1%，仅有 5.9% 的用户没有意识到搜索结果中包含广告。88.3%的用户可以在使用搜索引擎时对广告和自然搜索结果进行辨别,仅有11.7%的用户表示不能辨识搜索广告。在手机端通过浏览器类应用使用搜索引擎的用户比例最高,达到74.1%;使用手机自带浏览器登录搜索引擎的用户占比排名第二,为72.1%;使用搜索引擎类手机应用的用户比例为66.8%。用户在使用搜索引擎时,通过输入文字进行搜索的比例最高,达96.6%;其次为上传图片进行搜索,使用率为40.6%;使用语音进行搜索的比例最低,为26.6%。60.9%的用户会关注手机端搜索引擎上的信息流服务。在PC端通过浏览器登录搜索引擎网站的用户比例最高,达到90.4%;通过导航网站上的搜索引擎使用该服务的用户相对较少,为56.1%。

案例研究

关于直播带货效果的网络调研

小明是一名电子商务专业本科应届毕业生,毕业后选择了自主创业。半年前,小明成为一名某知名直播平台上的主播,经营了半年的直播账号获得了大量粉丝的关注,但直播带货的销量始终不见起色,与同时期开播的主播形成较大的差距。为了找到原因,小明开展了一次关于直播带货效果的网络调研。

首先,小明希望了解的是直播带货行业的规模、趋势等情况。小明通过访问中国互联网络信息中心(CNNIC)网站,获得第49次《中国互联网络发展状况统计报告》。该报告统计了2021年我国互联网发展现状,报告指出,截至2021年12月,我国网民规模达10.32亿,互联网普及率达73%,其中手机网民规模达10.29亿,网民中使用手机上网的比例为99.7%,网络直播客户规模达7.03亿,较2020年12月增长8 652万,占网民整体的68.2%。小明从事的电商直播(直播类型分为电商直播、游戏直播、体育直播、真人秀直播、演唱会直播等)的客户规模达4.64亿,较2020年12月增长7 579万,占网民整体的44.9%。这个数据给小明吃了一颗定心丸,目前电商直播市场正处于一个快速上升阶段,并且还有很大的发展空间。

接着,小明开展了直播带货效果的网络调研,目的是了解影响直播观众购买意愿的因素有哪些。小明将调研对象确定为经常观看直播的消费者。小明在数据库中查阅了大量文献资料,与几十名直播观众进行一对一访谈,并观看了十几位销量冠军的网络主播视频,总结出以下几点影响因素:直播平台知名度、主播专业性、直播内容、直播的互动性和商品价格优惠力度,并编制调查问卷。问卷包括两个部分:一是被调查者基本信息,如性别、年龄、学历、职业、消费水平、经常观看的直播平台等;二是消费者购买意愿影响因素,采用李克特5级量表。小明将编制好的问卷在问卷星、微信朋友圈、微博、自己的粉丝群等网络平台发布,共收集到1 295份问卷,其中有效问卷1 056份,有效率约为81.5%。

小明通过对问卷第一部分数据统计分析得到,从性别方面看,被调查者中男性占36.11%,女性占63.89%,电商直播的主要观众为女性;从年龄方面看,18岁以下人群占5.67%,18~30岁占63.41%,31~40岁占20.73%,40岁以上占10.19%,观看电商直播的群体主要集中在18~40岁,主要为80后和90后;从学历方面看,观看电商直播的群体的学历主要集中于本科及以上水平,占76.83%;从职业方面看,学生占52.46%,企事业单位员工占15.64%,自由职业及待业占10.21%,其他占21.69%,观看电商直播的群体主要为学生;从月消费金额看,月消费金额在1 000元以下占37.65%,在1 000~3 000元占25.85%,在3 000~5 000元占18.27%,在5 000~8 000元占13.46%,在8 000元以上占4.77%。观看电商直播的群体的月消费金额多数在3 000元以下,主要为中低消费人群;从观看电商直播的平台来看,选择使用淘宝、抖音、拼多多平台观看电商直播的比例（有的人不止选择一个平台），分别为 86.6%、61.6%、41.4%。

小明通过对问卷第二部分调研数据统计分析得出以下结论：①直播平台知名度、直播内容的专业性对消费者购买意愿有一定正向影响；②直播优惠力度越大、互动性越强，消费者的购买意愿越强，且互动性的影响高于优惠性；③主播的专业性对消费者购买意愿的影响最明显。看来小明需要好好提升一下自己的专业水平了。

案例分析题：

1. 小明采用了哪些网络市场调研方法？你知道的网络调研方法还有哪些？
2. 小明采用了哪些网络间接调研的方法？你知道的网络间接调研方法还有哪些？
3. 你认为小明的问卷调研结论可靠吗？为什么？

练习与思考

一、判断题

1. 网络市场调研是指利用互联网而系统地进行营销信息的收集、整理、分析和研究的过程。（ ）
2. 网络市场调研成本低廉，因此可靠性差，需要传统调研方式予以补充。（ ）
3. 网络市场调研的内容仅限于电子商务交易平台上的营销数据。（ ）
4. 使用搜索引擎进行网络市场调研收集的是二手资料。（ ）
5. 线下新零售实体店铺采用 Wi-Fi 探针采集消费者进店数据也属于网络市场调研。（ ）

二、选择题

1. 以下不属于网络市场调研对象的是（   ）。
   A. 消费者　　　　　B. 产品与服务　　　　C. 市场环境　　　　D. 企业经营者
2. 网络市场调研的最后一个环节是（   ）。
   A. 制订调研计划　　B. 撰写调研报告　　　C. 收集信息　　　　D. 分析信息
3. 以下选项，属于网络市场调研方法的是（   ）。
   A. 影射技法　　　　B. 电话调研　　　　　C. 访问专业化数据库　D. 面访调研
4. 以下选项不属于网络专题讨论法工具的是（   ）。
   A. 腾讯会议　　　　B. Zoom 云会议　　　 C. 华为 Welink 视频会议　D. 八爪鱼
5. 最早的一种聚焦类型网络爬虫主要用于辅助（   ）检索网页。
   A. 搜索引擎　　　　B. 调研机构　　　　　C. 服务器　　　　　D. 网站日志

三、问答题

1. 网络市场调研的内容有哪些？
2. 简述网络市场调研方法与传统市场调研方法的异同。
3. 常用的网络市场调研的工具有哪些？这些工具分别能实现什么具体的功能？

实践操作

训练题目： 基于微博文本挖掘的华为手机客户评价调研报告。

目的要求： 通过对微博上评价信息的调研，了解消费者对华为手机的消费体验。

训练内容： 1. 能够使用八爪鱼、火车采集器等工具进行微博语料信息抓取。

2. 通过文本分析、关键词提取，总结当月华为手机的客户评价。

3. 形成相关调研报告。

组织分工： 3～5 人一组，组内分工。

提交成果： 小组提交 3 000～5 000 字的调研报告。

训练器材： 八爪鱼（或火车采集器）、微博、Word、Excel 软件。

5 数据驱动的网络营销

[学习目标]
(1) 掌握数据库营销的功能、基本程序和应用。
(2) 掌握大数据营销的定义、特点和应用切入点。
(3) 了解数据营销的应用领域。
(4) 熟悉 RFM 模型。

5.1 数据驱动的网络营销战略

5.1.1 数据带来的商业变革

全球知名的咨询公司麦肯锡最早提出了大数据的概念:"大数据是指其大小超出了典型数据库软件的采集、存储、管理和分析等能力的数据集",并认为"数据已经渗透到当今每一个行业和业务职能领域,成为重要的生产因素。人们对于海量数据的挖掘和应用促使了新一波生产率增长和消费者盈余浪潮的到来"。在万物数据化的时代,数据所蕴含的巨大潜在价值带来了商业模式和决策的巨大变革,见图 5-1。

图 5-1 数据带来的商业变革

1) "产品+服务"是数据商业变革的必然

在大数据时代,传统的商业模式将被个性化商业模式所取代,是未来商业发展的必然趋势。个性化商业模式的基础是大数据技术,未来商业的发展方向必然是"产品+服务"模式,企业可以通过对可流转性数据以及消费者行为和个人偏好的数据进行分析,挖掘每一位消费者的不同兴趣和爱好,进而提供专属于消费者的个性化产品和服务。

2) 数字化电子商务是数据商业变革的结果

电子商务是传统商业活动电子化、网络化的结果,它的发展离不开信息网络技术的支持。计算机的出现和发展,极大地降低了数据的存储成本。因此,中小微企业也有能力利用互联网技术来挖掘、收集数据,并且将数据分析技术运用于电子商务活动过程中。基于对大数据的挖掘、收集、分析、整合,电子商务能够更加精准地、动态地了解客户需求,并且有针对性地为客户提供更加准确的推荐信息,最大化地满足客户对产品和服务的需求。

3) 智能化商业是数据商业变革的产物

智能化商业在商业系统的基础上实现了智能化。本质上,智能化商业的发展离不开数据的支撑,更离不开企业对数据的即时管理。智能化商业时代,数据全面而系统、动态而即时,企业可以通过智能手机,不受时间、空间的限制,随时调阅企业的运营数据,从而及时评估团队乃至职业经理人的工作方向及状态;企业管理者甚至可以利用一部手机对任何一个店面进行巡视,使得生意尽在"掌"中。智能化商业系统在本地化、动态商业数据的基础上形成了数据链信息,可以通过数据信息的支撑,高效地反向倒推管理生产流程、重构产业轴线,因此,大数据是智能化商业经济增长的巨大原动力。

数据带来的商业变革,无论是"产品+服务"模式的诞生,还是电子商务的数字化,抑或是智能化商业的发展,都为经济发展注入了新的活力。

5.1.2 数据驱动的网络营销宏观环境及发展趋势

在信息时代,利用数据优势的企业可以节省资金、增加销售额并提高客户忠诚度。企业发起的每个营销活动都应充分使用数据作为指导因素,战略性地接触目标受众。金融时报给数据驱动的营销定义为"分析关于或来自消费者的数据而获取的营销洞察和决定"。数据驱动的网络营销基于客户信息优化商业广告和品牌传播的方法,可被视为使用数据和策略来修改和优化营销活动的组合。营销人员使用客户数据来预测他们的需求、决策和未来的行为,为不同客户制定个性化的营销策略,以获得尽可能高的广告和营销投资回报。数据驱动的企业可以通过收集和分析客户数据,发现趋势和模式,并使用这些新信息来决定如何最好地向未来的客户做广告、促销和销售。

那么数据如何推动营销策略呢?当广告主要通过广播、报纸、杂志和电视等传统渠道推送时,营销模式相对简单,即凭借历史数据制定营销策略(如受众、渠道、内容等)。但是传统营销对数据的使用存在诸多问题,如数据分散割裂、渠道相互不通、客户行为难以追踪、效果无法有效衡量等。虽然数字本身并不能创造出吸引受众注意力的创意广告,但是数据可以帮助企业了解客户,评估营销结果,并改进营销战略,见图5-2。有别于传统营销,网络营销以"数据+技术"驱动,融通多源数据,依托智能技术,促进营销智能化,全面实现更广域的数据采集、更精准的客户触达、更敏捷的闭环营销。数据驱动的营销,尤其是数据驱动的广告投放,通过推荐算法和机器学习,极大地消除了营销预测中的不确定性,降低广告收入损失和将时间浪费在错误的目标市场上的风险,推动营销由粗放型向集约型发展,实现营销效率全面提升、业务高速增长,因而具有显著的优势。此外,收集广告投放带来的客户转化率信息,可以及时总结无效及有效的营销渠道,在有效的渠道上加倍下注并消除无效的渠道,从而创建持续改进的营销策略。

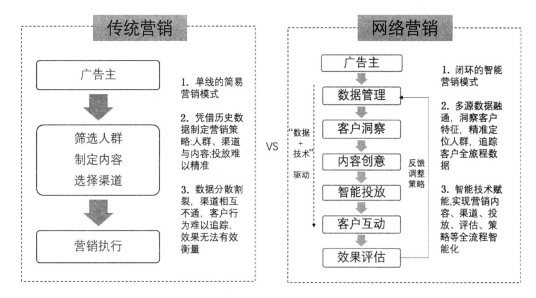

图 5-2 传统营销与网络营销的对比

1）数据驱动的网络营销宏观环境分析

（1）经济环境　经济挑战与市场机遇并存，企业积极开展营销数字化转型。在宏观经济下行，数字经济和消费市场蓬勃发展的环境下，企业积极开展数字化营销，以应对经济挑战、把握市场机遇，实现降本增效，促进业务增长。首先，经济下行、经济结构转型升级促使生产要素成本上升，迫使企业进一步降本增效，提高营销效率。宏观经济层面，全球经济增速持续放缓。同时，中国经济开始从规模速度型增长向质量效率型增长转变，增速放缓。其次，中国数字经济市场日渐成熟，带动数字变革，推动营销转型升级，成为数字化营销的重要推动力。中国数字经济增值规模保持增长，占国内生产总值（Gross Domestic Product，简称 GDP）比重逐年提升。数字经济对经济增长的贡献不断增长，贡献率已超 60%。

（2）技术环境　新技术日益成熟，全面驱动企业营销智能化。新技术驱动营销智能化，不断拉近企业与客户的距离，助力企业实现"人、货、场、内容"营销要素的精准匹配，全面提升营销效率。新技术驱动新营销，云计算提供海量存储，提升数据处理和分析能力；边缘计算使得网络服务响应更快，小数据得到及时处理；物联网的发展使任何时间地点的人、机、物互联互通；5G 高速率、低延时、超高清的特点有益于精准实时定位；区块链技术拥有强大的数据留痕能力，公开透明。简言之，技术赋能数据管理、客户洞察、内容创意、智能投放、客户互动、效果评估等营销关键环节，管理潜在顾客与流程，缩短数据与增长的路径，实现降本增效，驱动营销。

（3）社会环境　客户消费行为及外在环境变化，推动企业开展精细化营销。在客户价值经营精细化、消费多元化、行为线上化的环境下，企业需要快速响应客户需求与行为变化，辅以灵活智能的渠道、内容、互动能力，深度挖掘客户价值，实现精细化营销。客户价值的精细化要求企业通过数字化营销进行精细化经营，增量获客和存量活客，深度挖掘客户价值；客户消费逐渐多元化要求企业通过数字化营销准确洞察客户需求，掌握客户偏好，快速响应客户消费需求；客户行为的线上化要求企业通过数字化营销实现渠道多元化、内容个性化，满足客户线上需求。

2) 数据驱动的网络营销的发展趋势

数据驱动的网络营销,呈现出客户全生命周期价值经营、全景数据实时采集与安全共享、"立体＋智慧"营销的总体趋势。

(1) 营销理念向以客户为中心的全生命周期价值经营转变,从以产品为中心的线性营销,转变为以客户为中心的闭环营销。在公域与私域流量并存的情况下,企业以客户为中心,从前端的触达、获客,到中后端的转化、留存及复购,进行360度全方位洞察,实时动态调整全流程营销策略,构建以客户全生命周期价值经营为核心的营销闭环体系。此外,相比于暂时的营销效果,高层管理者甚至更重视品牌建设,尤其是成熟行业;而新锐行业(如互联网)还在建立品牌认知的初级阶段。

(2) 全景数据实时采集,实现安全共享,助力精细化营销。全景数据实时采集,具体指在结构化、线上场景数据基础上,5G＋IoT(Internet of Things)技术加速了文本、图片、视频、音频、增强/虚拟现实(Augmented Reality/ Virtual Reality,简称AR/VR)等非结构化、线下场景数据的生成,从而对企业全景数据实时采集、传输、处理等能力提出更高的要求。此外,随着数据隐私问题日益突出,为实现多方数据的安全共享,隐私计算、区块链、分布式计算等新技术得到了广泛应用。

(3) 新技术赋能营销场景、触点、洞察立体化,实现实时、精准、智能化的"立体＋智慧"营销。近年来,以抖音为代表的短视频广告流量快速增长,具备转化和带货能力的短视频广告、关键意见领袖(Key Opinion Leader,简称KOL)广告、信息流广告与社交媒体是当下网络营销的投资热点,以微信、小红书为代表的社群运营(私域流量)也受到高度关注。

5.1.3 数据驱动的网络营销战略的升级

互联网时代,数字媒体较之传统媒体有大量优势。一方面,消费者不再被动地从单一的传统渠道获取信息,而是通过各种新媒介获取实时化的信息;互联网的扩散与延伸属性使信息传播速度加快,因此消费者接收的信息已从传统的点对点方式转向多元化。另一方面,通过互联网投放广告能够缩短流程,精准投放,并实现实时反馈。总体来说,数字媒体营销更有效、更精准、更便于进行大数据分析。

对众多广告主来说,互联网和移动端已成为营销的首选媒介,这极大地冲击了传统广告市场。因此传统广告市场增速将继续走低,而新兴互联网广告市场将领跑整体广告市场增速。媒体社会化、广告移动化、内容细分化已是普遍现象,各类数字媒介渠道已取代传统媒体成为企业营销的重点渠道。今天的营销不只是单纯的媒体采买,也不只是品牌的塑造,更不只是销售效果的转化,而是多种目标和因素综合作用的市场行为。

1) 从传统营销战略到数据驱动的网络营销战略

(1) 营销核心不变 互联网时代消费者的消费活动很大程度上从线下转到线上,其线下线上的行为轨迹因为移动互联网和物联网技术的发展,被记录和集合成大数据,即"消费者比特化",而消费者的互动和交流则转移到社会化媒体上。消费行为的变化促成了营销策略的调整,但是不变的是营销的核心:需求管理、建立差异化价值和建立持续交易的基础。

① 需求管理:需求管理的核心是作为"较少弹性"的企业对"不断变化"的市场的根源需求不确定性进行有效控制和导引。市场机会就在于未被充分满足的需求(包括反需求)和一切需求之间的失衡状况,而营销管理的主要任务是刺激、创造、适应以及影响消费者的需求。

100多年来,宝洁其实只专注于做一件事,那就是挖掘消费者最本质的需求,以精益求精的态度打造满足消费者需求的创新产品。宝洁在公司内部设立消费者学习中心,在那里还原迷你超市、客厅、卧室等消费者真实的生活场景,几乎每天都有消费者来到这里,参与各种各样的调研、测试。研发中心还设有试点工厂,生产用于消费者测试的小批量产品,从而快速得到消费者的反馈,这些对消费者细致入微的洞察都真切地融入宝洁的产品中。洞察、挖掘消费者需求是商机所在,在新的形势下,消费者需求个性化、分散化,各种小众、长尾的需求更需要企业去关注。

② 建立差异化价值:市场竞争激烈,同一领域产品或服务日趋同质化,品牌很难脱颖而出,所以品牌要像赛斯·高汀所说的那样成为普通黑白花奶牛中脱颖而出的一只紫牛(Purple Cow)。广告营销的黄金时代已经结束了,4Ps理论已不再起作用,是时候加入一个新的"P"——Purple Cow(紫牛)。只有拥有与众不同的产品或者创意,企业才能在市场中处于领跑者的地位,才能取得非同凡响的业绩。今日头条用机器学习算法推荐建立起区别于一般新闻客户端的区隔性、差异性优势,所以在整个领域一直领先。

③ 建立持续交易的基础:能否建立持续交易的基础,是从战略上衡量营销是否持续的核心。建立起品牌的企业绝不会甘心一次性营销,扩大消费群体、可持续性销售才是长远的发展之道。苹果公司就是一个例子,早期(20世纪80年代)的苹果是一家通过产品本身来凸显优势的公司,当时乔布斯很倔强,苹果电脑从硬件到软件全部设计,全部包办,小众的定位、封闭的系统使得苹果在80年代败给了IBM和微软。而乔布斯重新回归苹果后,通过iPod、iPhone和iPad打赢了翻身战,除了高性能的产品、感性的工业设计之外,苹果最大的不同是将系统开放,通过iTunes、App Store等渠道平台,让使用者能够不断更新服务。这个时候的苹果就已经不仅仅是一部手机或一台个人计算机,而是一个服务终端,使用者成为iPhone社区的一员,有共同的兴趣、爱好,有群体认同。苹果公司从一家极端品牌导向的公司变成与消费者建立关系的成功范例,这就是"建立持续交易"的营销思路。不断创新使产品升级,创造相关配套产品,优化售后服务,保持与消费者的沟通、交流,创建社群,都是维持持续性交易的方法。

无论是在传统时代还是数字时代,营销的本质没有变化,需求管理、建立差异化价值和建立持续交易的基础仍然是有效营销、可持续营销的核心。

(2) 营销战略导向的变化　营销的发展过程是客户(消费者)价值不断前移的过程,客户(消费者)从过往被作为价值捕捉、实现销售收入与利润的对象,逐渐变成最重要的资产,和企业共创价值、形成交互型的品牌,并进一步将资产数据化,企业与客户(消费者)之间变成一个共生的整体。互联网让信息扁平化,电商物流为消费者提供了多样化的选择,消费者只要动动手指就可以替换掉一家企业的产品,选择权完全掌握在消费者手中,因此企业必须以消费者的需求作为第一要素规划生产运营。

在产品上,以前企业都是大规模生产满足不同消费者。如今在数据驱动下,为了满足分散化的消费者需求,企业需要更精准的消费者洞察,推出不同类别的产品,以适应其个性化的需求。在宣传上,需要线上线下全面增加消费者的"接触点",无论是宣传信息还是产品服务都需要小心管理,以最大化消费者忠诚度。社会化营销在移动互联时代的效果显著,因此社交媒体曝光、加强社交连接互动,搭建网上社群是建立口碑和知名度的重要策略。在数据收集上,保护消费者隐私、征询及尊重消费者偏好,才能建立长期信任。数字营销时代,消费者信息数据暴露在网络上,对其缺乏有效监管和统一的规定规范。有责任感的企业如果做到保护消费者的隐私数据,必能赢得其好感和信任。

(3) 营销战略环节的变化 从市场细分到产品战略再到品牌塑造,每个环节都被互联网和数据技术重塑再构,见图 5-3。

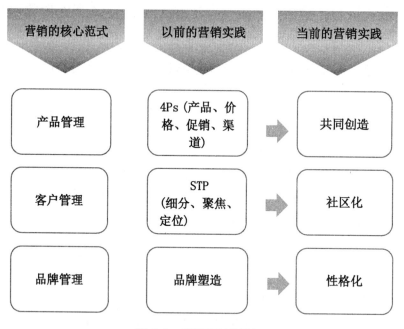

图 5-3 营销管理的框架

① 营销战略 STP 的升级:1956 年,美国营销学家温德尔·史密斯(Wendell Smith)提出市场细分(Market Segmentation)概念。此后,美国营销学家菲利浦·科特勒进一步发展和完善了温德尔·史密斯的理论并最终形成了成熟的 STP 理论,分别是市场细分(Segmentation)、选择目标市场(Targeting)和定位(Positioning)。它是营销战略的核心内容,指企业在一定的市场细分的基础上,确定自己的目标市场,最后把产品或服务定位在目标市场中的确定位置上。在数据驱动下,实现它们的手段和方法都有所升级,市场目标定位更加精准细分化。

在市场调研方面,传统的调研方法如问卷调查、邮件调研的缺点都被克服,网络调查降低了调研成本,大样本的定量调研不在话下,智能化信息处理技术使得数据处理分析更加便捷;同时基于网上的评价分析和讨论,推测客户态度,可以得到客户的真实反馈和意见。精准的数据和趋势预测帮助企业洞察客户需求和完善产品。

在市场细分上,网络连接了不同地域、文化和年龄的人群,市场细分的指标已告别传统,超细分和精准画像使细分达到极致。如今,淘宝"千人千面"的排名算法基于每个买家的不同特征推荐商品,网易云音乐的算法推荐也得到广大用户好评。淘宝的"拍照识物"功能解决了这样一种需求:在现实生活中或者杂志上看到别人的衣服、包、鞋子很棒,却不知道去哪里可以买到时,只需要拍下来,利用"拍照识物"功能便能搜索到与之类似甚至相同的商品。这个功能运用了两个核心技术,一个是将客户拍摄的照片转换为计算机能够识别的信息;另一个就是根据这一信息,通过大数据的匹配与分析,精准地找到客户喜欢的商品。和传统的关键词搜索相比,听歌识曲、拍照识物等人工智能技术更精准地满足了客户需求。

在目标市场选择上,因为市场的精细分化,目标市场也更加小众。定位理论之父阿尔·里斯(Al Ries)曾说:很多公司把自己聚焦在大众,得到的往往是小众;而把自己聚焦在小众的公司,最后耕耘出来的却是大众,真正的市场机会往往是在相反的定位中产生的。许多小众营销最后过渡到了大众营销,如小米、零度可乐。互联网时代为小众营销创造了条件——消费者的聚合,电商平台和物流的发展。想把小众营销做大的企业还需要贴近消费者,聚合创造力和想象力,以扩大企业边界,提供更具深度的内容打开市场。小众营销的战略实施框架为:特定客户群—快速连接—产品众创—圈层推介—跨群扩散—分项衍生—附加盈利。

至于STP中的定位战略,除了以前的"构建品类逻辑"之外,企业还需构建"连接逻辑"。如果说品类逻辑是纵向深潜,那么连接逻辑指的是横向生长,在深潜的垂直思维下,以水平思维进行补充,增加营销的创造力,打开新的市场空间。以豆瓣为例,豆瓣一直坚持着最初起家的"书、影、音"媒介基因这一"品类逻辑",逐渐发展成今天的"中国文艺青年大本营"。进入移动互联时代,豆瓣的几个有想象力的动作都在以"连接逻辑"来有效横向扩大产品边界:"豆瓣东西"用创意商品导购进军电商,"一刻"迈入媒体化、降低姿态占据大众客户碎片化时间等。数字化时代实现的是"连接红利",品类是成功的第一步,然后用连接的基础扩展,甚至可以变成一个生态型的企业,当然,这是更高层面的战略思维。

② 产品战略4P的升级:从市场营销组合的要素来看:产品、价格、促销、渠道在数字营销时代也发生了转变。

产品战略上的变化,反映在从洞察主导到循证主导与精益创业的MVP(Minimal Viable Product,最小可视化产品)模式,产品升级从依赖于"边界扩展",到变成"产品+社区";从大创想的Big Idea走向大数据的Big Data以及产品服务化,即从拥有到共享。社群经济、大数据、共享经济变成了产品战略升级的核心。产品战略走向了共创,企业让客户更多地参与到创作过程中,给予创意、体验反馈、改进建议等。例如,做一款小产品,先给发烧友或朋友使用,听取他们的建议和反馈改进产品。再如众包模式,集中大众的智慧或知识来提供某种产品或服务,Facebook早就开放了后台,让有编程能力的客户自己编写小程序和游戏,知乎这种客户生成内容(User Generated Content,简称UGC)的生产方式也是典型的众包。

价格策略上,无差别定价转化为动态化场景化定价、免费化与补贴优惠组合策略。基于位置的服务(Location Based Services,简称LBS)随着定位技术的发展和移动互联的随时可触性,促成了场景化动态化定价。优步(Uber)针对用车高峰期首创的动态定价算法不同于传统定价法,它做到了同时兼顾时间、空间、天气、路况等多重场景维度的变化,通过大量的数据提取,高速的数据加工,建立大规模的计量经济模型和数据库从而完全达到实时反应,实现不同场景下不同定价的"量身定制"。克里斯·安德森提出"免费"是未来的商业模式,新型的"免费"并不是一种左口袋出、右口袋进的营销策略,而是一种把货物和服务的成本压低到零的新型卓越能力。这是数字化时代的一个独有特征,如果某样东西成了软件,那么它的成本和价格也会不可避免地趋于零。同时补贴和优惠组合策略牢牢抓住了消费者心理,天猫"双十一"因为折扣力度大,成为一年一度的"节日",商家通过在支付宝和微信上投放优惠卡券,引流O2M (Online/Offline to Mobile)。

渠道策略上,从单渠道、多渠道转向O2O(Online to Offline)、O2M及全渠道。O2O是传统互联网与线下实体店互动。O2M是O2O的场景化的细分,即线上或者线下跟移动端互动的一种模式,O2M要让客户从PC屏、电视屏或者地铁海报、门店二维码转移到移动端。全渠道更是强调线上、线下渠道的共同发力。不论是O2M还是O2O或是全渠道,都强调把所有的触点数字化,当消费者和品牌的所有接触都有数字购买渠道,自然能带来效益的提升。

品牌战略上,数字时代出现了从价值导向到价值观导向。价值观导向的品牌能在社交媒体上实现"疯传",品牌从劝服者到互动者与赋能者,从硬性广告到内容与数据营销,大数据可以打通消费者的线上浏览行为与线下购买行为之间的关系,这正是过去一年很多企业建立数据管理平台(Data Management Platform,简称DMP)的原因。另外,品牌性格更重要,这也被称作魅力经济或粉丝经济,所谓的超级IP、网红,背后都是这个原理。例如,海尔官方微博与九阳等官方微博的互动在无意中爆红,得到上万粉丝的互动留言,从此一发不可收拾,成为80万"蓝V总教头",建立了有趣年轻的品牌性格。通过社交媒体,品牌与客户交流互动,共同塑造了品牌形象和性格,而且这种形象更容易深入人心。

2)数据驱动的网络营销战略的转型方法

(1)拥抱数据科学　从软件开发到业务运营,"数据科学"在当今企业的很多方面都大有作为,数字营销自然也不例外。如今全球很多企业之所以大获成功,一个很重要的原因就是将数据科学家和营销人员有机结合起来,打造数据营销团队,通过在营销中注入数据科学来拓展客户,提高客户保留率,降低获客成本。

在营销领域,与传统技术相比,利用数据科学挖掘客户、洞察数据集可以帮助企业更快找到正确答案。目前,MailChimp、Uber、亚马逊等企业已经采用数据科学,来帮助各个业务部门(包括营销团队)发现潜在商机。MailChimp产品管理副总裁(曾担任首席数据科学家职务)John Foreman表示:"我们的数据科学团队在数据科学方面处于领先地位,他们不断设法运用各种分析和数据驱动产品,为其他团队和我们的客户提供个性化支持和服务。"

(2)打造增长营销团队　促进需求生成是营销团队的一项关键职责,对于企业业务增长十分重要。增长营销已经在Hub Spot、Dropbox、Warby Parker等企业中得到了积极采用。

一个增长营销团队通常由多名数据驱动型专业人员组成,一般有一名营销主管,以及负责提供支持的一名工程师、一名产品经理和一名数据科学家。对于增长营销人员的技能,Brian K Balfour(曾任Hub Spot增长副总裁)在一篇文章中提出了一个T形图,基于对增长关键问题的深入理解,直观展示了增长营销人员应该掌握的各方面技能。例如,对于谷歌趋势图,增长营销人员就必须学习、掌握如何进行搜索引擎优化和投放点击付费广告,消除客户购买的障碍。企业主更容易理解如何购买其产品,但客户和潜在客户的理解并不相同。寻找方法来简化和消除任何可能减缓或限制销售的减速带。理想情况下,每个数据集都应由特定部门(例如,处理社交媒体信息的社交媒体团队)处理并输入中央报告仪表板中。在某些情况下,数据可以通过连接不同的账户自动上传。例如,Google Analytics和Facebook Ads等工具将很容易将信息集成到AdEspresso等工具中。

打造增长营销团队,将增长战略融入企业的方方面面,营销团队就能以可扩展、可持续的方式推动业务强劲增长。事实上,我们无法准确判断未来几年营销会发生哪些变化,唯一可以确定的是变化一定会到来。在变革大潮即将来临之际,企业可以开展员工培训,让员工为未来做好准备。通过培训,企业不仅可以在组织内分享来之不易的专业知识,提升营销团队能力,还可以节省巨额的招聘成本。

(3)衡量营销渠道　著名管理顾问Peter Drucker说:"只有能被量化的,才能被管理。"为确保营销团队在当下和未来持续取得成功,企业必须准确衡量、跟踪并将所有关键指标融入企业文化中,同时以关键绩效指标为核心进行营销团队改进和个人绩效评估。遗憾的是,今天的很多企业营销团队经常在一些领域(例如电子邮件营销)中过度衡量,而对另外一些领域重视不足。其中,营销团队应重点关注新兴的社交媒体营销衡量,例如借助 Owlmetrics 等分析平台,充分利用社交媒体来促进业务增长。

(4) 准确预测营销绩效　随着各种先进的分析技术和分析功能越来越易于访问和使用,未来企业的数据驱动水平将越来越高,准确预测营销绩效也将越来越重要。营销团队需要通过提供可靠的营销绩效预测,在组织内赢得信任,帮助其他团队了解应当对营销绩效结果抱有何期望。营销绩效预测的一个绝佳做法是使用简单或双指数平滑模型,在充分考虑过去历史数据的基础上预测未来绩效。其中,双指数平滑模型相对更复杂一些,它会更多地考虑近期绩效,非常适合正处于快速扩张阶段的企业。

(5) 制订国际营销计划　所有希望扩大市场规模,发展成为 10 亿美元级企业的营销团队都应当意识到国际市场上的海量商机,而针对海外市场本地化营销可以帮助企业更好地开拓低竞争度和高利润市场,拓展客户群。在这方面,Trello 展示了海外本地化营销的非凡成效,为营销人树立了一个成功典范。在被 Atlassian 以 4.25 亿美元收购前,Trello 创建了一支由国际营销专业人员组成的国际营销团队。通过调整营销战略和适应当地人的偏好,这支团队帮助 Trello 在巴西、德国和西班牙等市场成功拓展了大量新客户。

5.2　数据库营销

5.2.1　营销数据库与数据仓库

数据库营销是 20 世纪 90 年代以来发展最快的营销方式,与传统的大众营销方式相比,数据库营销具有准确定位客户、短回应周期、方便测算营销效果的特点,可以极为便捷深度地追踪、了解和预测客户行为,开辟了交叉销售、重复销售、客户维系与客户挽回等一系列传统营销不能覆盖的新领域,推动企业的营销在深度和广度上的巨大飞跃。在营销环境中,"数据库"和"数据仓库"这两个词经常互换使用。但是,这两个概念有一些根本区别。

1) 营销数据库

数据库营销的实现离不开数据库,数据库是企业开展数据库营销的引擎和支柱。营销数据库最初是为实施直复营销而收集的客户和潜在客户的姓名和地址,后来逐渐发展成为市场研究的工具。营销数据库往往是企业利用经营进程中搜集的各类客户消费信息、行为信息和背景资料,通过必要的分析和整理后,以客户为核心来构建的。营销数据库常常作为营销部门制定市场营销策略和市场营销活动的依据。在以数据库营销为核心的关系营销中,客户营销数据库用来记录和跟踪每一位客户的消费行为,如客户何时购买、什么缘故购买、与客户的沟通、来自客户的反馈,也包括市场调查的结果、客户的投诉建议等。

营销数据库一般是基于关系模式来构建的,这使得所有客户交易状况一目了然。依照需要,企业的营销数据库通常还会包括客户的人口统计数据,和依照需要增加的其他一些字段,比如:生命周期价值、RFM(最近一次消费 Recency,消费频率 Frequency,消费金额 Monetary)、积存的销售额和累计交易额、客户积分、营销活动的结果等。因此,营销数据库能够记录客户行为,展示客户购买行为的统计规律,使得营销活动避开盲目和猜测,以理性代替经验,有利于推行精细化和深度化的营销。客户竞争的实质就是信息竞争,通过建立营销数据库来记录、分析客户数据,企业可以更好地掌握客户需求变化,使"一对一营销"成为可能,从而获取更高的投资回报率。

营销数据库是一个通常只存储一种数据并且执行比营销数据仓库轻得多的查询的系统。例如,企业的客户关系管理(Customer Relationship Management,简称 CRM)、谷歌分析(Google Analytics)和存储在营销自动化平台中的电子邮件列表就是各个营销数据库的绝佳示例。因此,营销数据库能够帮助企业快速找到简单问题的答案,例如"有多少人订阅了我们的电子邮件通信?"或"我们现有的客户中有多少已经与我们合作一年多了?"

2) 营销数据仓库

数据仓库之父比尔·恩门在 1991 年出版的 *Building the Data Warehouse*(《建立数据仓库》)一书中所提出的定义被广泛接受,数据仓库(Data Warehouse,可简写为 DW 或 DWH)是一个面向主题的(Subject Oriented)、集成的(Integrate)、相对稳定的(Non-Volatile)、反映历史变化(Time Variant)的数据集合,用于支持管理决策。数据仓库是一个过程,而不是一个项目;数据仓库是一个环境,而不是一件产品。数据仓库提供客户用于决策支持的当前和历史数据,这些数据在传统的操作型数据库中很难或不能得到。数据仓库技术是为了有效地把操作型数据集成到统一的环境中以提供决策型数据访问的各种技术和模块的总称,目的是让客户能够更快、更方便地查询所需要的信息,以提供决策支持。

因此,营销数据仓库是一种基于云的解决方案,用于存储和分析所有历史营销数据。这通常需要来自不同来源的大量数据,包括企业的 CRM、营销自动化平台和网络分析工具。营销数据仓库的一大机遇是,企业可以存储大量的数据,并快速运行复杂的查询。营销数据仓库非常适合对历史数据进行深入分析。不必手动从企业的广告平台、CRM、产品后端、营销自动化平台和 Google Analytics 中提取数据来找出哪些营销渠道产生的客户获取成本最低或生命周期价值最高,数据仓库结合了所有这些数据,使企业可以轻松找到所需的答案。

3) 营销数据库和数据仓库的区别

(1) 数据源数量　数据库通常存储来自单一来源的数据,而数据仓库在数据源数量方面没有限制。

(2) 数据处理和查询的复杂性　数据库专为联机事务处理(On-Line Transaction Processing,简称 OLTP)而设计,这意味着它们最适合运行简单的日常查询,例如实时账户余额、预订数量和库存。数据仓库支持联机分析处理(On-Line Analytical Processing,简称 OLAP),这意味着企业可以根据来自多个不同数据源的历史数据运行更复杂的查询。数据库与数据仓库的区别本质上是 OLTP 与 OLAP 的区别,见表 5-1。

① 操作型处理:OLTP,也可以称为面向交易的处理系统。它是针对具体业务在数据库联机的日常操作,通常对少数记录进行查询、修改。客户较为关心操作的响应时间,数据的安全性、完整性和并发的支持客户数等问题。传统的数据库系统作为数据管理的主要手段,主要用于操作型处理。

② 分析型处理:OLAP 是快速、灵活的多维数据分析工具,一般针对某些主题历史数据进行分析,支持管理决策。OLAP 的目的是支持分析决策,满足多维环境的查询和报表需求,其核心技术在于"维"的概念。OLAP 访问和分析数据对象是多维数据信息,这些数据信息是已经对原始数据完成了抽取、清理、转换后保留的信息,反映的是客户所理解的企业业务事实和观察这些事实的各维度。

表 5-1 OLTP 与 OLAP 的区别

项目	OLTP	OLAP
数据范围	存储当前状态数据	存储历史的、完整的、反映历史变化的数据
数据变化	支持频繁的增、删、改、查操作	可添加、无删除、无变更的
应用场景	面向业务交易流程	面向分析、支持战略决策
设计理论	遵守范式(第一、二、三等范式)、避免冗余	违范式、适当冗余
处理量	频繁、小批次、高并发、低延迟	非频繁、大批量、高吞吐、有延迟

（3）面向客户数量不同　数据库通常用于具有数千或更多并发客户的应用程序,使用者是业务环境内的各个角色,如客户、商家、进货商等。数据仓库通常只能处理有限数量的并发客户,被少量客户用来做综合性决策,因为通过它们运行的查询本质上要复杂得多。

（4）设计结构不同　数据库通常尽可能高效地构建,尽量避免冗余,以缩短查询响应时间,一般针对某一业务应用进行设计,比如一张简单的 User 表,记录客户名、密码等简单数据即可,符合业务应用,但是不符合分析需求。数据仓库不太关心重复数据,因为速度不是数据仓库中的问题,可能会有意引入冗余,依照分析需求、分析维度、分析指标进行设计。

（5）存储数据时间范围不同　由于数据库必须能够快速运行查询,因此它们通常只专注于包含实时或接近实时的数据。这意味着必须定期修剪数据库中的数据才能使系统正常运行。数据仓库可以包含无限量的历史数据,这使其成为数据分析和报告的更好解决方案。一般来讲,操作型数据库只会存放 90 天以内的数据,而数据仓库存放的则是数年内的数据。

5.2.2　数据库营销的程序与应用

1）数据库营销的历史及功能

数据库营销是由产业市场营销领域中的关系营销和直复营销发展而来的。20 世纪 90 年代以来,数据库营销的影响力逐渐扩大,但仍存在对市场潜力认识不够、发展前景了解不够、营销方式运用不够等问题,这就导致了企业对于数据库营销长期处于讨论和探索的阶段。在这个时期里,数据库营销仅产生了它的直接价值,而其潜在价值却一直被忽略。纵观其发展历史,数据库营销的运用大概经历了三个阶段,首先是 20 世纪 80 年代以前,主要通过短信邮寄、目录、电话以及电视营销等方式进行直销;其次是 80 年代以后,由于计算智能化、数据库技术的升级和市场饱和引发的竞争加剧等因素,数据库营销的方法和技术被很多非直销领域的营销者加以利用;最后在 90 年代中期,某些营销者终于认识到了数据库营销的潜在价值,于是真正意义上的数据库营销应运而生。

作为企业经营的一种全新的方式,数据库营销在技术的支持下,集营销方法、营销工具于一身,提供了广阔的营销平台。美国数据库营销中心认为,数据库营销相比传统营销方式的优势,主要体现在其现有客户和潜在客户的数量上。不仅如此,营销数据库还具有更新快、扩充性强的特点,这也是它在现代市场上受欢迎的原因之一。数据库营销作为一套动态数据管理系统,它的主要功能体现在两个方面。第一,数据库营销对不同品质的客户能够合理地侧重分析,比如分析老客户的购物数据来得到消费方向和喜好,达到与之建立长期良好关系的目的。第二,数据库营销通过建立特定企业和特定群体的数据库,可以实现及时与客户互动和沟通,使品牌在市场上更具竞争力,提高营业额,进而让销售的过程更快捷简单。美国数据库营销中心通过在实践中应用数据库营销得出的经验以及对其理论基础的分析得出:企业可以将各种与客户相关的数据导入数据库中,以客户为导向,使用有关其客户或某些情况下其潜在客户的信息,例如姓名、地址、家庭收入、年龄、种族、客户过去从公司购买的产品等信息,通过所建立的营销数据库来发现营销规律和营销问题,并由此针对性地进行营销推广以促成客户购买行为。

2) 数据库营销的基本程序

数据库营销不仅可以全面监测质量并加以管理,还能够以信息技术为媒介发展成为一种全新的营销模式,并在不断实践和检验的过程中达到了新的高度。数据库营销的日臻完善使其被广泛运用,比如在商品化服务、定制化服务、大数据下的市场营销、公益事业、甚至在工业生产和基金筹措等领域也随处可见数据库营销的影子。

数据库营销的基本程序通常可以分为以下几个模块,见图5-4。

(1) 数据采集 主要针对客户信息、产品信息和竞争对手信息三个方面进行数据采集。其中营销数据库中以客户信息为主,主要包括客户的基本情况、客户的偏好及行为方式、旗舰店与客户之间的业务互动、客户过去的购买行为

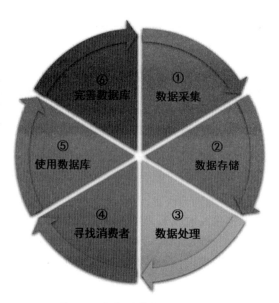

图5-4 数据库营销的基本程序

等,一般都是通过客户自身注册信息和行为信息被后台记录来获取。产品信息中,产品的基本情况和供销存情况,一般通过旗舰店相应部门提供。产品服务情况、客户意见等通过平台提供的反馈机制进行采集。竞争者的相关信息一般包括明确竞争对手是谁、竞争对手的经营规模、竞争对手的产品构成、与本品牌之间流入流出的人数和金额、竞争对手的促销机制和会员机制以及客户的反应情况等,通过第三方机构行业数据发布、第三方统计平台检测、竞争对手客户群调研等方法来获取。在数据采集过程中,一定要避免信息的杂乱和无序,同时应保证收集来的信息具有及时性、准确性、真实性和可用性。

(2) 数据存储 将不同用途的数据通过不同的渠道获取以后,必须以一种安全且有效的方式进行保存,保存的方式一般选择数据库存储的模式。首先,依靠数据库服务公司将收集到的客户信息准确无误地存储到专门建立的数据库中,然后通过数据融合渠道,将产品信息数据和竞争对手信息数据按照规范的格式,录入数据库进行存储。数据库能用来分析数据信息并在此基础上进行一定的需求预测,从而产生更多的决策信息。

(3) 数据处理 利用数据处理技术把无序、不规范且不同属性的原始数据综合为有条理的数据,及时掌握客户需求变化,并根据变化的趋势,适时调整企业经营方向、捕捉市场营销机会,同时也可满足各业务部门的其他需要。由于各类企业所存储的原始数据不仅用于营销,同时,它还将数据库分析得来的信息应用于产品研发、产品改良、客户关系管理等多个领域。所

以对于经过数据处理后的数据来说,应在保证独立性的同时实现集中控制,保证数据一致性的同时实现应用的广泛性。

(4) 寻找消费者　在某一时间段内发生购买行为的消费者往往具有一些共同的特点,比如兴趣、收入水平、偏好等。营销者将购买者信息标签化,形成客户购买画像,在掌握购买者自身特性、购买特性与购买意愿的基础上,有目的地运用市场营销手段,以此查找目标群体,锁定理想客户。

(5) 使用数据库　数据可以根据具体的业务用于多个方面:根据消费记录判定消费者消费档次和消费能力;根据消费者特性,确定制作投放素材和广告;另外,通过确定店铺会员机制,决定将哪一部分人纳入会员,将会提升会员成交率;确定店铺促销机制,决定哪一种促销形式更受欢迎,且在保证利润最大化的状态下完成促销期间店铺销售目标。

(6) 完善数据库　数据库的完善主要从三个方面入手:①伴随着日常运营中客户数量的增加,数据库不断丰富完善;②与店铺有关的抽奖销售活动、优惠券反馈、商品评论等相关有效信息的收集,进一步补充数据库内容;③跨平台广告投放人群回流,融合外部数据,使数据库更加多元和完整。总之,随着日常交易的不断积累,多平台多领域的数据融合,收集来的信息数量在不断增加,数据结构也更加多元,数据库也随之完善。更加完善的数据库可以提供更加准确的分析基础,从而有利于更加准确地定位目标消费者。

3) 数据库营销的应用

(1) 根据营销数据预测市场,设计营销活动　营销数据库的宏观应用主要是应用营销数据进行市场预测和营销活动设计,并且获得营销活动和客户的实时响应。营销部门应用营销数据库来设计市场营销活动,以建立客户忠诚或是增加产品销售。根据客户的行为和价值将客户划分成不同的细分客户群,并且针对不同的客户细分设计营销活动。营销活动的结果也经常记录在营销数据库中,营销人员和客户管理人员能够清楚地看到每一次营销活动的客户响应情况和投资回报率(Return on Investment,简称 ROI)。

营销人员根据客户数据库的资料,应用数据分析技术在潜在客户数据中发现和识别赢利机会。基于客户的年龄、性别、人口统计数据等,对客户购买某一特定产品或服务的可能性进行预测,帮助企业决策和设计适销的产品和服务,并且设计和制定合适的价格体系。通过市场、销售和服务等一线人员获得的客户反馈,把相关的市场调查资料整合,定期对市场的客户信息和反馈进行分析,帮助产品和服务在功能和销售方式上的改进,帮助产品设计和研发部门做出前瞻性的分析和预测;也可以根据市场上的实时信息及时调整生产原材料的采购,或者调整生产的产品型号,控制和优化库存等。

(2) 根据客户生命周期预测客户价值　客户生命周期价值常常用来预测每一位客户的价值。企业经常应用生命周期价值来区分高价值客户和普通客户,并可以有效地识别潜在客户,并分别设计和采取相应的营销策略。对于一个企业来说,真正给企业带来丰厚利润的客户往往只是客户群中的一小部分,这些小量的客户是企业的最佳客户,他们的忠诚度和盈利率往往是最高的。企业可以通过应用营销数据库中的客户资料,结合客户分群的智能统计分析技术来识别这些客户来区别服务和对待高价值的客户。对于这些客户,企业不仅仅需要提供特别的服务或回报机制,还需要保持足够的警惕,这些高价值的客户往往也是竞争对手所瞄准的目标营销客户。一些客户密集型企业也经常应用营销数据库建立营销分析模型来预测客户的流失倾向。

5.3 大数据营销

5.3.1 大数据营销的定义、特点及应用

1) 大数据营销的定义

大数据营销是基于多平台的大量数据和大数据技术,应用于互联网广告行业的营销方式。区别于传统营销,它的营销模式精准度更高。传统营销往往基于市场调查中的人口统计学信息(如性别、年龄、职业、地区、社会身份等)以及其他用户主观信息(包括生活方式、价值取向等)来推测消费者的需求、购买的可能性和相应的购买力,从而帮助企业细分消费者、确立目标市场并进一步定位产品的营销模式。大数据营销则是通过以互联网为主的渠道来收集、分析、执行数据,得到消费者洞察结果,从而精准定位目标消费者群体,对营销活动进行预判与调配,对营销各个环节进行优化以提升总体营销效果的过程。用户、媒体、广告主是大数据营销过程中的三个主要角色,用户提供数据,广告主利用用户数据优化营销策略,媒体则同时充当了收集用户数据的渠道以及广告到达用户的渠道。

大数据营销的核心在于让网络广告在合适的时间,通过合适的载体,以合适的方式,投给合适的人。和数据库营销相比,大数据营销拥有更广泛和多样的数据源、更全面和深入的数据处理技术,凭借丰富的数据资产让营销更趋精准。数据库技术的发展对数据营销模式影响巨大,除了数据库、云计算等技术因素外,大数据营销的兴起与互联网社交媒介等数字生活空间的普及密不可分,与人类社会信息总量爆炸式增长的时代背景密切相关。大数据营销衍生于互联网行业,又作用于互联网行业。依托多平台的大数据采集,以及大数据技术的分析与预测能力,能够使广告更加精准有效,给品牌企业带来更高的投资回报率。

2) 大数据营销的特点

基于以下这些特点,大数据营销具有广阔的应用前景。

(1) 多平台化数据采集 大数据的数据来源通常是多样化、多平台化的,见表5-2。大数据的来源可以是内部和外部,如 CRM 数据、社交媒体平台、电商数据等。多平台的数据采集能对消费者行为刻画得更加全面而准确。

表 5-2 大数据的四种数据源

数据源	数据来源	数据源归属	数据平台	典型来源	常见数据类型
第一方数据	内部	自身	自身	CRM 数据	历史交易数据 营销积累数据 呼叫中心数据 网站分析数据 客户业务数据
第二方数据	外部	自身	外部	社交媒体平台 电商数据	社交媒体行为数据 电商交易数据
第三方数据	外部	外部	外部	外部供应商	客户行为数据 客户信用数据 其他数据
开放数据	外部	外部	外部	爬虫数据	互联网上可见数据

(2) 时效性强　在网络时代,消费者的消费行为和购买方式极易在短的时间内发生变化,在消费者需求点最高时及时进行营销非常重要。全球领先的大数据营销企业AdTime提出了时间营销策略,它可通过技术手段充分了解网民的需求,并及时响应每一个网民当前的需求,让他在决定购买的黄金时间内及时接收到商品广告。

(3) 个性化营销　在网络时代,广告主的营销理念已从"媒体导向"向"受众导向"转变。以往的营销活动须以媒体为导向,选择知名度高、浏览量大的媒体进行投放。如今,广告主完全以受众为导向进行广告营销,因为大数据技术可让他们知晓目标受众身处何方,关注着什么位置的什么屏幕。大数据技术可以做到当不同客户关注同一媒体的相同界面时,广告内容有所不同,大数据营销实现了对消费者的个性化营销。

(4) 性价比高　传统广告中有很大部分广告费会被浪费掉,这是因为目标受众不够精准。相比,大数据营销在最大限度上,让广告主的投放做到有的放矢,并可根据实时性的效果反馈,及时对投放策略进行调整。

(5) 关联性　大数据营销会让消费者收到的广告更具有关联性。这是因为大数据在采集过程中可快速得知目标受众关注的内容,因此消费者可以察觉到广告之间的深度互动。

3) 大数据营销的应用

很多企业在了解了大数据营销后,依旧不知道如何应用。找准大数据营销的切入点,才能真正发挥其价值。

(1) 精准营销　精准营销,或者说个性化营销,是大数据营销的一大特点,也是可切入点。虽然精准营销总是被提及,但真正能做到的公司很少,而做不到精准营销,就会造成垃圾信息泛滥,客户的体验感下降。

比较经典的精准营销实例是千人千面。千人千面指的是通过将人群细分,来实现精准营销,这是目前众多商家营销的发展趋势。人群有不同特点,对不同特点的客户出售商品或者让不同客户使用产品,需要根据客户需求提供不同的产品和服务。大数据在千人千面中的应用,背后是统计学的原理,整个过程分为四步:第一步是建立标签;第二步是根据标签寻找相似人群;第三步是根据相似人群喜好的宝贝(商品)建立宝贝合集;第四步是将宝贝合集与目标消费者进行更精细化的匹配,最终将最优的宝贝合集推荐给消费者,见图5-5。

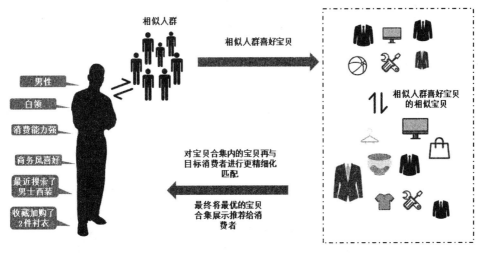

图5-5　千人千面示意图

(图片来源:https://www.yubaibai.com.cn/h/359903/)

(2) 口碑营销　俗话说,金杯银杯不如口碑,这背后就是强调了口碑营销的重要性。尤其在目前的互联网平台中,评价系统已经较为成熟,客户已经养成购买商品前浏览评价的习惯,而这些评价可能会直接影响消费者的决策。大数据则可以采集负面评价内容,及时做出改变。口碑营销的实例很多,被大量应用于本地生活领域。例如在酒店行业,住客的点评习惯逐渐养成,入住前查看点评决策预订,入住后发表点评分享感受,信息透明化时代,口碑点评决定了生意好坏,见图5-6。

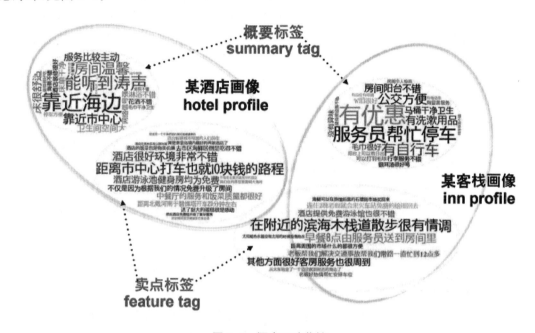

图5-6　酒店口碑营销
(图片来源:北京众荟信息技术股份有限公司——大数据驱动的数字营销)

(3) 竞品分析　在对竞争对手进行分析时,传统方法聚焦于产品和服务本身,而大数据方法则提供了一种新思路。依旧以酒店行业为例,以往的竞品分析可能更加会关注竞品酒店的位置、星级、设施、品牌、服务等,虽然这些因素也很重要,但它们只能反映一方面,我们无法从这些情况中得知消费者的偏好,也就可能无法识别出真正有竞争力的竞争者。而大数据营销则关注用户流动,从另一个层面提供了看待竞品的新角度。

(4) 市场预测　数据对市场预测及决策分析的支持,早在数据分析与数据挖掘盛行的年代被提出过。沃尔玛著名的"啤酒与尿布"案例便是那时的杰作。在2012年美国总统选举中,微软研究院的David Rothschild就曾使用大数据模型,准确预测了美国50个州和哥伦比亚特区共计51个选区中50个地区的选举结果,准确率高于98%。之后,他又通过大数据分析,对第85届奥斯卡各奖项的归属进行了预测,除最佳导演外,其他各项奖预测全部命中。

大数据时代对数据分析与数据挖掘提出了新要求,更全面、速度更及时的大数据,必然对市场预测及决策分析的进一步提升提供更好的支撑,似是而非或错误的、过时的数据对决策者而言简直就是灾难。许多数据监测与统计分析的数据指标完全可以应用于其他行业,价值显而易见。关键是要具备充分利用大数据发掘有价值信息的理念,这是大数据时代最需要的东西,具体需要什么类型的数据,则应该在实践过程中逐步深化与扩展。

5.3.2 大数据营销的发展趋势与挑战

1) 大数据营销的发展趋势

(1) **不同数据库之间的整合与协同**　随着信息技术的不断发展,单一企业所拥有的碎片化的消费者信息早已不能满足市场对数据量和多样性的需求。基于全样本数据的大数据营销将呈现更加精准有效的客户数据挖掘,更加全方位、立体地展示消费者的爱好、习惯、个性及潜在的商业价值。随着技术的发展,跨媒体、跨渠道、跨终端的全面打通使信息得以多维度重组。通过企业内外不同数据库之间的有效整合、协同与联动,实现消费者信息全方位、多角度的反馈与融合,成为大数据营销发展的关键和基础。

(2) **场景成为大数据营销的着力点**　数据营销不仅要找到合适的消费者,还要选取合适的时间及地点,这就使场景化成为大数据营销未来发展的新的着力点。场景营销的基本流程就是先找到合适的人,再根据消费者所属群体和消费习惯决定用什么样的信息内容,然后根据消费者所处的环境来决定什么样的触点有效。实施场景营销需要大数据的支撑,需要多渠道地了解客户,然后通过挖掘场景、客户分群、对触点进行把控,做到针对不同的消费者在最适合的情境下给他推送最合适的商品和服务。

(3) **通过效果监测实时优化策略**　完整的营销活动涵盖前期的准备、中期的投入以及后期的监测,但对于很多中小型企业而言,后期监测的时间成本以及资金成本都比较大,所以,效果监测环节往往被企业忽视。但随着大数据营销不断发展,实时效果监测将成为常态。大数据挖掘技术的改善与提高使营销效果的监测成本大大减少,而每一次营销活动无论成功与否,通过效果监测都可以找到其中的原因,从而改进其中的不足,尽快拿出解决方案以提高效率、减少损失。

2) 大数据营销的挑战

快速发展的大数据营销在带来商业利好的同时也面临着重重问题,主要是数据质量、数据人才、客户隐私这三个方面的问题。

(1) **数据质量待提升**　大数据营销的理念虽然已经被反复提及,但能够在真正意义上开展大数据营销的企业,应该同时满足三个条件:一是所从事的业务与市场营销相关;二是拥有足够多有价值的数据;三是具备大数据处理方面的技术。因此企业大数据营销的发展还面临其他诸多挑战,首先是数据来源,大部分企业认为大数据营销面临的主要困难是数据源不充分,很多普通企业没有足够体量的数据获取方法,没有深刻体会获得数据的过程,没有与数据的提供者深度沟通。其次,大数据因"大"而闻名,但并不代表带给企业的价值大,反而会因为大而产生纷繁的数据垃圾。数据量越大,确保大数据的准确性及有效性就越困难。

当前企业大数据营销的发展仍处于起步阶段,企业在数据采集、挖掘和分析方面的能力和水平尚未成熟,收集的数据不全、挖掘分析不透彻等问题使大数据营销难以落地实施,大数据的商业价值并未完全体现出来。更有甚者,政府部门之间、企业之间、政府和企业间信息不对称、制度法律不具体、缺乏公共平台和共享渠道等多重因素,导致大量政府数据存在"不愿公开、不敢公开、不能公开、不会公开"的问题,而已开放的数据也因格式标准缺失无法进行关联融合,形成孤岛。另外,企业在收集到消费者信息之后,很少有做数据挖掘,形成结构化数据,然后用来指导营销和产品改进的。更多的时候,消费者所提供的信息,不过是让这些企业有了一个推销的渠道而已。垃圾数据还会带来成本问题。虽然IT设备的单价在迅速下降,但远远比不上数据量的增长,收集、存储、处理数据的成本越来越高,人们花费很大的代价和成本去处理海量数据,与此同时 IT 系统又在不断生产创造着更多的数据,不仅 IT 系统的建设成本高,包括数据的识别、使用、处理等所消耗的人力成本也越来越高。

(2) 专业营销人才较为缺乏　　目前,大数据营销正处于起步阶段,各类数据处理技术及处理工具亟须进一步发展与完善,更为重要的是企业组织结构的完善和营销思维的转变。另外,大数据分析、挖掘、应用方面的专业营销人才较为缺乏。原国家信息中心专家委员会主任宁家骏等专家认为,与信息技术其他细分领域人才相比,大数据产业对人才的复合型能力要求更高,不仅要具备数学、统计学、机器学习等基础知识,拥有数据分析和数据挖掘能力,还要拥有大数据思维,懂得具体业务领域。

不过,这对于想要从事大数据营销行业的人们来说也是难得的机遇——人才缺口大,那么就能够提供很多就业机会,帮助他们实现自己的理想和抱负。对于企业来说,一方面可建立独立的大数据部,充分利用现有的大数据技术工具,有效挖掘大数据,充分实现数据的价值;另一方面,增大在专业人才培养方面的投入,加强对现有数据分析人才的培养;再一方面,积极引进和挖掘大数据营销方面的复合型人才,快速推进企业大数据营销的发展。

(3) 大数据营销中的隐私问题　　网络跟踪与隐私权的碰撞在网络时代时时刻刻都在发生。网络这种匿名、开放的监视状态对隐私的侵犯,以及网络管理与个人隐私权的平衡已经成为一个严重的现实问题。作为一种新型的社会资源,数据资源在法律上的权限尚不明确,对于数据被利用甚至出售,客户有没有知情权和否决权,对于关系到客户切身利益的数据有没有删除权和被遗忘权,哪些数据是可以用的,哪些是绝对不可以用的,对这些数据挖掘分析的限度在哪,都没有明确的法律规定。

目前,对数据隐私的保护主要依靠数据加密和数据访问权限限制这两方面的技术手段,但屡屡发生的数据泄露事件证明只靠技术壁垒是不够的。在技术保护之外,个人隐私观念的加强及相关法律法规的完善也是必要的。2017 年 6 月 1 号,《中华人民共和国网络安全法》以及最新刑事司法解释正式施行,明确"出售"和"非法发布"都是非法提供行为;而对于非法获取,不仅包括"窃取",只要无法提供获取的正当性,或者违反国家有关规定,都可以视为犯罪。但相关法律仍然是薄弱的,需要从加大惩罚力度和划分隐私内容两方面继续完善。

5.4　数据营销的应用

5.4.1　数据决策

伴随数据驱动和精细化运营时代的到来,营销人员必须转变以往的决策模式,建立以数据为中心的决策模式,形成一种科学化的管理,因此在决策上我们始终要记住"以数据分析指导营销决策"。成功的品牌都具备某种特质——他们知道如何运用所收集的客户数据来做出营销决策。Monetatc 发布的信息图表明,有 87% 的营销人员认为,ROI 的高低取决于是否能够及时获取和分享有用的信息。

1) 多渠道数据采集

数据采集是按照确定的数据分析和框架内容,有目的性地采集、整合相关数据的一个过程,它是数据分析的一个基础。汇编客户统计数据,没有完整准确的客户数据,即便是经验老到的营销人员也不可能创造出有效的营销方案。取得数据最好的方法就是充分挖掘各种渠道,从社交网络、博客、显示广告、邮件促销中收集客户资料,编辑分析这些资料,创建精准的客户档案。

2) 标签化数据处理

数据采集完以后,需要对数据进行处理,即建立一个基础——标签体系,这也是整个客户画像、客户分类的基础,没有这个标签体系,整个客户画像都没办法做。所以在数字营销开始之初,每个企业就需要建立自己的标签体系。这也有助于根据客户行为和状态特征,制定客户生命周期管理模型,监控客户在不同阶段的变化,并针对不同周期的客户进行对应的营销活动,这是标签体系的初级应用。但实际上,营销策略的变化永远赶不上客户兴趣迁移的速度。客户的来源、退出的节点都是动态的,因此,给客户打标签的过程也应该是动态的,当我们设置一个标签条件后,所有满足条件的客户会自动纳入这一标签,并进入此类标签人群的营销活动。这样的自动化管理可以让运营人员实时掌握客户的变化,将运营人员从繁复的数据处理工作中解脱出来,真正释放营销创意。标签体系的搭建,为个性化营销活动打下了基础。

3) 数据监测与效果分析

与任何活动一样,最后一步便是数据监测和效果分析,通过对数据的监控,可以得出各种各样的经验总结,帮助企业进行营销优化,比如:吸引客户关注的内容有什么共性,流量比较多的渠道有哪些,渠道的 ROI 情况等。从曝光到点击,到激活,到转化,到付费,每一个环节的转化率都能够清楚地查看。通过衡量分析来指导广告优化策略,明确广告投在哪个渠道上能获得的付费客户更多,采用何种形式客户更愿意付费。显然,这一完整分析,通过曝光数和点击数是无法评估的。能够善用客户数据的公司往往都有专人负责收集、储存以及实时更新数据。想要把客户数据转化成公司利润,聘请数据专家是个聪明的选择。共同分享并且解读数据。公司内部信息分享是数据战略成功的关键。通过跨部门信息的分享以及和各部门管理人员一起回顾、理解、洞察分析数据将使公司进入一个全新的发展阶段。

4) 数据分析

全盘分析数据。有些时候,"指标"对于掌握消费趋势和消费行为来说并不是那么准确。比如,某家网站的数据表示,这家网站的某些特征在访问者当中并不受欢迎。但是,通过更进一步的分析却发现,来自某一特定地区的访问者恰好喜欢该网站的这些特征,该网站的业绩在这一特定区域甚至还有所提升。当营销人员回顾"指标"的时候,应该考虑到这些可能的差异,以全面的眼光来看待收集到的数据。数据分析有 3 种形式:漏斗分析、客户行为分析和整体分析。

(1) 漏斗分析　在介绍漏斗分析之前,我们先引入转化的概念。什么是转化?当客户向着产品的业务价值点方向进行了一次操作,就产生了一次转化。以电商为例,一次成功的购买行为要依次涉及搜索、浏览、加入购物车、修改订单、结算、支付等多个环节。那客户在浏览商品后,完成了加入购物车这个动作,就叫完成了一次转化。每一次大的转化都包含了若干个小的转化环节。为了让整个过程更加直观,我们通常使用转化漏斗来描述这个过程。转化漏斗描述了一个有序的多步骤过程,整个过程中,客户会不断流失,最终形成一个类似漏斗的形状。通过这个模型,可以帮助企业做好三方面的工作:

① 企业可以监控客户在各个层级的转化情况(降低流失):聚焦客户选购全流程中最有效转化路径;同时找到可优化的短板,提升客户体验。降低流失是运营人员的重要目标,通过不同层级的转化情况,迅速定位流失环节,针对性持续分析找到可优化点,如此提升客户留存率。

② 多维度切分与呈现客户转化情况,"成单"瓶颈无处遁形(提高转化):科学的漏斗分析

能够展现转化率趋势的曲线,能帮助企业精细地捕捉客户行为变化,提升了转化分析的精度和效率,对客户决策流程的定位和策略调整效果验证有科学指导意义。

③ 不同属性的客户群体漏斗比较,从差异角度窥视优化思路:漏斗对比分析是科学漏斗分析的重要一环。运营人员可以通过观察不同属性的客户群体(如新注册客户与老客户、不同渠道来源的客户)各环节转化率,各流程步骤转化率的差异对比,了解转化率最高的客户群体,分析漏斗合理性,并针对转化率异常环节进行调整。

(2) 客户行为分析　企业的精细化运营、数据驱动都是基于大数据分析进行的。在大数据分析中,对客户行为进行分析挖掘又是一个重要的方向。通过对客户行为进行分析,企业可以了解客户从哪里来,进入平台后进行了哪些操作,什么情况下进行了下单付款,客户的留存、分布情况是怎样的等。在这些数据的指导下可以完整地揭示客户行为的内在规律,进而帮助我们分析建模,或者是对一些商业决策提供支持。

基于客户行为分析的模型有两个显著的特点:第一,可视化客户流程,全面了解客户整体行为路径;通过客户行为分析,可以将一个事件的上下游进行可视化展示。客户可查看当前节点事件的相关信息,包括事件名、分组属性值、后续事件统计和流失、后续事件列表等。营销人员可通过客户整体行为路径找到不同行为间的关系,挖掘规律并找到瓶颈。第二,定位影响转化的主次因素,产品设计的优化与改进有的放矢。

客户数据分析对产品设计的优化与改进有着很大的帮助,了解客户从登录到购买整体行为的主路径和次路径,根据客户路径中各个环节的转化率,发现客户的行为规律和偏好;也可以用于监测和定位客户路径走向中存在的问题,判断影响转化的主要因素和次要因素;甚至发现某些冷僻的功能点。

(3) 整体分析　整体分析可以预测整个营销的发展趋势走向是怎么样的。一般而言,整体分析适用于产品核心指标的长期跟踪,比如,点击率、商品交易总额(Gross Merchandise Volume,简称GMV)、首次交易数、活跃用户数、复购数等。多维度查看用户数据,全面了解用户、预测订单趋势。一般来说,整体分析的分类方法主要有两种:一是按照分析目的分类,分为预测趋势分析和现状分析;二是按照分析方向分类,分为纵向分析和横向分析。

如果想要做单一数据的纵向趋势分析,最核心的分析要点就是找拐点,然后结合不同维度数据进行原因分析,最后进行有效预测,得到趋势分析结果。如果想对多个数据进行横向趋势分析,核心点就是找差异,然后针对所有指标进行分析,最后根据拆分出来的数据趋势图,就能看出整体的趋势。最终,我们可以得到一个产品分类和管理的模型,作为我们的分析结果。

随着经济的发展,中国拥有日渐庞大的消费人群,他们有着极强的购买力和购买欲望,相较于传统的消费者,他们不仅仅关心商品本身,更加注重消费体验。收集、分类、分析消费者数据,这些都为企业洞察消费者的本质需求提供了素材,方便企业为消费者制定个性化的营销方案,吸引消费者购买。

5.4.2　需求预测

企业必须测量并预测每一个新的市场机会的大小、增长率和利润潜力。从多个营销渠道获得数据,用这些数据做出明智的营销决策,比如定位广告以及确定营销预算。为了改善营销决策,在营销中,我们引入了更复杂的方法来更好地利用和分析数据,最终获得更好的结果,而

"预测"就是其中的方法之一。需求预测以数据驱动营销和销售。

1) 市场需求的测量

我们将消费者市场区分为四种不同的类型。

(1) 潜在市场(Potential Market)　是指对市场所提供的产品有某种兴趣的消费群体,潜在市场的消费者必须具有足够的收入且能够接近这项产品。

(2) 有效市场(Available Market)　是指对市场提供的产品有兴趣、有足够收入又可以接近特定的产品或服务的消费群体。

(3) 目标市场(Target Market)　是指在合格的有效市场中,企业决定从事经营的那部分市场。

(4) 渗透市场(Penetrated Market)　是指购买企业产品的消费群体。如果企业对目前的销售不满意,它可以从目标市场中尝试吸引更多的消费者、降低潜在购买者的资格要求、通过建立更多渠道或者降价来扩张有效市场,或者在消费者心中重新定位。

营销人员评估营销机会第一步是估计总的市场需求。

(1) 产品市场需求(Market Demand)　是指在确定的地理区域、确定的一段时间、确定的市场环境中的确定的客户群,在一项确定的营销方案中所估计的总购买量。

(2) 市场渗透指数(Market Penetration Index)　是指目前的有效市场需求除以潜在需求。低的市场渗透指数表明有巨大的增长潜力。市场渗透指数很高时,市场中价格竞争会更加激烈、利润会降低。

(3) 市场份额渗透指数(Share Penetration Index)　是指企业将其市场份额除以潜在的市场份额。市场份额渗透指数低,表明企业可以大幅度扩张它的份额,其背后的原因可能是品牌认知度尚低,品牌可获得程度不高,获利不足,价格太高。

2) 需求预测技术

在营销领域,主要有三种需求预测技术。

(1) 无监督的学习技术　无监督学习技术能识别数据中的隐藏模式,也无须明确预测一种结果。比如在一群客户中发现兴趣小组,也许是滑雪,也许是长跑,一般是用于聚类算法,揭示数据集合中真实的潜在客户。所谓聚类,就是自动发现重要的客户属性,并据此做分类。

(2) 有监督的学习技术　通过案例训练机器,学习并识别数据,得到目标结果,这个一般是给定输入数据情况下预测,比如预测客户生命周期价值,客户与品牌互动的可能性,未来购买的可能性。

(3) 强化学习技术　这种是利用数据中的潜质模式,精准预测最佳的选择结果,比如对某客户做促销应该提供哪些产品。这个跟监督学习不同,强化学习算法无须输入和输出训练,学习过程通过试错完成。从技术角度看,推荐模型应用了协同过滤、贝叶斯网络等算法模型。

3) 需求预测的好处

(1) 预测技术使营销人员更好地了解客户行为。与常规的营销数据分析不同,需求预测工具可以直接做出决策。换句话说,需求预测模型会准确说明哪些营销策略可能会起作用,哪些无效,从而使决策变得更加容易。根据获取的有关客户的数据,需求预测模型可以判断客户是否会进行购买、何时以及如何进行购买。

(2) 通过分析客户以往的行为,数据供应商还可以帮助公司在多个方面做出决策,诸如营销预算管理、营销活动规划、潜在客户开发和促进转化的策略。因为它是基于对客户的大量和多种数据的分析(相对于直觉和猜测),所以需求预测做出的决策目标更加明确,并且可以产生更好的结果。所有的预测都以以下三种信息之一为基础。

① 人们说了什么：使用人们说了什么的信息进行预测，需要提前做购买者意图调查、销售人员意见调查、专家意见调查。

② 人们在做什么：基于人们所做的信息进行预测，需要将产品投入市场检验以确定购买者的反应。

③ 人们已经做了什么：基于人们已经做了什么进行预测，公司需要分析过去购买行为的记录(可采用时间序列分析或统计需求分析)。

（3）预测分析可以使企业向自动化营销系统或规范性营销贴近。也就是说，营销系统会自动分析数据并做出实时决策，随后将立即进行模型生成、访客分级和更新客户关注的内容等方面的操作。在这种精确程度下，我们可以轻易地细分客户并设置针对性的营销活动，从而能够大大提高客户参与度。运用预测分析的结果很明显可以优化营销预算，提高访客细分的效率并增加销售收入。企业通常需要进行宏观经济预测，然后进行产业预测，最后进行企业销售额预测，既可以自行预测，也可以向专业的公司购买预测数据。

5.4.3 个性化营销

无论是营销人员还是客户，我们都已置身于一个技术驱动无限可能的时代。为每个潜在客户创造独特体验的能力无疑会带来更相关、更有用、更愉快的购买体验。在探索这个新领域并制定策略的过程中，保持开放的态度是很重要的。讨论在个性化的世界中什么可行，什么不可行，这些数据有助于企业构建与客户初期沟通的策略，希望会有更多的企业使用个性化营销来创造更多的"人性化"的营销体验。

1) 利用大数据推动个性化营销

互联网的发展使得消费者个性化需求日益凸显，基于大数据的精准营销给企业给营销战略带来了挑战的同时，也赋予了新的可能。依托全渠道、多平台的大数据采集，以及大数据技术的分析与预测能力，使广告的投放更加精准有效，从而给品牌及企业带来更高的投资回报率。而想要让大数据精准营销顺利实现，构建一个一体化的大数据平台必不可少，它是实现大数据精准营销(实施营销、交叉营销等)，以及创造客户良好体验(个性化推荐、客户全生命周期管理等)的基础。

大数据精准营销的核心，在于让广告能够在恰当的时间点，通过恰当的渠道或载体，以恰当的表现形式和表达方式，传递给恰当的受众群体。因此，我们需要在营销过程中，把客户的想法在各种场景中展现出来，利用客户的数据来构建客户画像，进行分析和判断。大数据精准营销区别于传统营销拓客的点在于，它可以清晰识别目标受众。通过大数据计算，准确推测客户的真实需求，将客户想要的或喜欢的产品、内容和信息精准送达到客户眼前，从而实现有效导流、客户触达和促进销售。

2) 利用人工智能推动个性化营销

有了人工智能，分析数据点变得更容易。你可以通过分析位置、设备、过往互动和人口统计类数据来向每个潜在客户展示个性化内容。Rare Carat 使用 IBM Watson 系统，能预先对比不同线上销售商的钻石价格以令消费者能找到有着相宜价钱的合适钻石。现在，每个公司都可以通过消息传递与消费者进行一对一的个性化对话。对话式 AI 推动团队开创了帮助企业和品牌了解消费者的一种新方式，能够更好地为消费者提供想要的产品与服务。

3）个性化营销的活动配置

个性化营销的特征体现在以下三个方面：

（1）推送渠道个性化　基于短信、邮件、App push、公众号模板消息等主流触达渠道客户的互动反馈情况，在客户偏好的渠道上推送信息，提升体验的同时节约推送成本。

（2）推送内容个性化　根据客户历史订单、浏览数据，实现基于客户消费、兴趣偏好的个性化推荐，并在文案中适当加入一些强烈的客户个人属性，在千人千面的基础上增加互动亲密度。

（3）推送时间个性化　基于客户历史点击、购买时间，判断客户最易被营销触动的时间点，在黄金时间点给客户发送营销信息。

5.4.4 广告智能推送

大数据来源的多维度可以帮助我们更全面地描述客户的行为轨迹，从线上浏览数据、社交数据、交易数据再到线下的客户定位数据，几乎能够完整地描绘单个客户的实体、数字世界的所有行为。大数据形式的多样化使企业能够以多种形式向客户推送广告信息：客户查看智能手机、观看互联网电视，甚至在线下的公交地铁广告牌、户外大牌、电梯显示屏都能接收到企业的广告；大数据的及时性可以确保在很短的时间内就给客户推送他当前正在考虑购买的商品的广告信息；大数据的高精度可以帮助企业实现向每一个客户推送最契合他需要的广告内容。

由于移动互联网时代可以追踪到消费者的地理位置轨迹，广告推送可以进一步落实到地理位置与客户画像的结合，企业可以通过客户手机里提供的数据获取客户的属性标签，比如性别、年龄、职业、收入、爱好等，了解"客户是什么样的人"；通过地理围栏技术和定位数据知道"客户在哪里干什么"。由于数据的存留，企业甚至还可以追踪到客户近期经常使用的应用、去过的地方等具有一定时效性的行为数据，知道"客户最近对什么感兴趣"。这三种数据使营销的场景化与大数据完美结合，实现广告推送的精准化、场景化。

推送即我们常说的 Push，指的是运营人员对 App 客户主动推送的消息，出现在设备锁定屏幕、通知中心、横幅中，客户点击后可以唤醒 App 或者进入相应页面，从而帮助企业达到促活、增加客户使用黏性等运营目的。常见的消息通知有：

（1）功能类的通知消息　例如，下单通知、收到红包、被评论、被关注等。

（2）内容类的资讯消息　例如，今日头条推送新闻、爱奇艺推送视频等。

（3）营销类的活动消息　例如，天猫"双十一"活动、进入某个商圈的优惠券等。

无论是哪种类型的通知，只有进行精准地推送，即"在合适的时候，给合适的人群，推送合适的内容"，才能在不打扰客户、给客户带来价值的同时，有效延伸产品价值。例如，易观数科旗下智能运营产品易观方舟可以帮助企业完成广告推送智能触达，见图 5-7。易观方舟预置了 7 个推送通道：百度云推送、小米消息推送、阿里云推送、个推、华为、极光推送、信鸽推送，配置成功后即可使用。同时，如果有自定义使用需求等的客户，可对推送通道进行修改，保证客户享受集成服务的同时，不违背客户自身使用习惯。除此之外，易观方舟智能运营具备智能路由的特有功能。客户选择智能路由后，无须关心推送发送时使用的厂商通道，易观方舟会根据客户当前机型自动进行判断，选择对应的厂商通道进行发送，保证极高到达率。同时，作为具备推送、App 弹窗、微信模板消息、短信等多种触达方式与客户交流的智能客户运营平台，对于推送在转化周期内无法触达客户的情况,易观方舟还能够自动实现短信补发,召回流失客户。

图 5-7　易观方舟推送通道设置

(图片来源于:易观方舟 2021 智能客户运营实战手册)

5.4.5　客户精细化管理

在客户数量较少时,粗犷式运营也许能够满足日常的运营需求。但随着产品规模快速扩张,面对越来越多的客户,客户需求与客户场景也越来越多元。同样是使用产品,但客户使用产品的理由、满足的需求却存在各种差异——A 客户也许看中了品牌情怀,B 客户也许看中了产品性价比高,C 客户也许看中了产品的服务好。因此,在客户运营的过程中,利用大数据技术把客户分成各个层级和群体,根据各个层级和群体的不同需求,制定出更精准、更有针对性的运营策略。

1) 客户画像

如果说客户画像的缘起是为了更好地理解客户需求、改善客户体验,那么随着信息技术的发展,大数据时代的客户画像则从另一个层面颠覆了传统的营销路径:不仅可以理解需求,而且可以预测需求。从此,营销计划可以始于对结果的预测而不仅是对动机的理解。

相对于传统的客户洞察,如今大数据时代的客户画像是全景式的(全样本)、透明的(多维度数据)、高精的(客观、粒度细微的数据)、动态的(实时性)。这些特征使得营销计划更为精准、有效,结果更可预测。而准确的预测能使企业制定更加具有前瞻性的营销战略并合理规划营销中的资源分配,规避过于乐观或过于悲观地评估市场和销售前景而带来的资源浪费、机会浪费,进而提升投资回报率。只要累积了足够多的客户数据,就能对客户有更深入的了解,包括他的喜好、价值观、行为习惯。这是许多大数据营销的前提与出发点。

客户画像一般包含客户的人本属性,如身份特征、行为特征、消费特征、心理特征、兴趣爱好、渠道属性。具体内容见表 5-3。

表 5-3 客户画像的具体内容

人本属性	具体内容
身份特征	基于客户自带属性,如性别、地区、学历、城市维度、婚育情况等
行为特征	基于客户本身行为,如活跃时长、App启动时段、功能使用等
消费特征	基于消费金额、下单频度、消费周期,如购物类型、消费水平等
心理特征	基于优惠券使用频度、购买品牌分布,如促销敏感度、购物忠诚度等
兴趣爱好	基于购买商品品类、颜色、品牌,如兴趣偏好、颜色偏好等
渠道属性	基于客户来源,如百度、社群、地推、××平台信息流广告等

2) 客户价值分层

美国数据库营销研究所 Arthur Hughes 认为,客户数据库中 3 个要素(Recency、Frequency、Monetary)构成了数据分析最重要的指标,并以此构建了 RFM 模型。

(1) Recency(最近一次消费) 是指客户距离当前最近一次消费的时间。最近一次消费的时间距今越短的客户,对企业来说更有价值,对提供即时的商品或是服务也最可能有反应。

(2) Frequency(消费频率) 是指客户在一段时间内,在产品内的消费频次。最常购买的客户,忠诚度也就最高。

(3) Monetary(消费金额) 是指客户的价值贡献。

RFM 模型依托于客户最近一次购买时间、消费频次以及消费金额,来衡量客户价值与客户创利能力。将每个维度划分为高、中、低 3 种情况,并构建出完整的客户价值象限,见图 5-8。

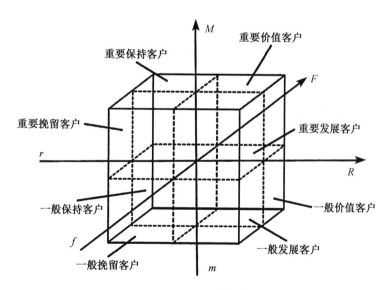

图 5-8 RMF 模型

根据客户的价值象限的具体位置,可以将客户划分出 8 个层级,见表 5-4。如果能够找出产品客户属于以上 8 个层级中的哪一类,就可以针对性地制定运营策略。例如,某客户最近一次消费时间距今比较久远,没有再消费了,但是累计消费金额和消费频次都很高,说明这个客户很有价值(属于重要保持客户),我们不希望流失。所以,运营人员就需要专门针对这类型客户,设计召回客户运营策略,这也是 RFM 模型的核心价值。

表 5-4 基于 RFM 模型客户类型细分表

类别	最近一次消费(R)	消费频次(F)	消费金额(M)
重要价值客户	高	高	高
重要发展客户	高	低	高
重要保持客户	低	高	高
重要挽留客户	低	低	高
一般价值客户	高	高	低
一般发展客户	高	低	低
一般保持客户	低	高	低
一般挽留客户	低	低	低

3）客户分群

相较于客户价值分层，客户分群更加聚焦于客户行为表现，例如，高消费频次＋低消费额、低消费频次＋高消费额，这两类客户可能都是某种意义上的高消费客户，但行为特征会存在很大差异，所对应的运营策略也不一样。在不同行业中，客户分群分层可能是多样性的，客户分群分层在产品发展的不同阶段也有不同的变化，且客户分群分层需要定性与定量。因此企业在进行客户管理时遵循下面这两个原则，可以更好地完成客户分群分层：

（1）精细分群分层，遵循 MECE 原则　在进行注册客户精细分群分层的过程中，企业需遵循由麦肯锡提出的 MECE 分析法（Mutually Exclusive Collectively Exhaustive），也就是对于一个重大的议题，能够做到不重叠、不遗漏的分类，而且能够借此有效把握问题的核心，并成为有效解决问题的方法。这不仅仅是帮助客户运营找到所有影响预期目标的关键因素，并找到所有可能的解决办法，而且有助于对客户、问题或解决方案进行排序、分析，并从中找到令人满意的解决方案。即在确立主要目标的基础上，再逐个往下层分解，直至所有的细分目标都找到，通过对目标的层层分解，分析出客户的关键行为与目标间的关联。

（2）明确阶段目标，让分群分层更简单　正如客户有生命周期一样，产品与客户运营也有着明显阶段性的目标和策略。产品所处的生命周期阶段不同，对客户运营的要求也不尽相同。

5.4.6　客户智能运营

客户处于不同生命周期的阶段，相应的运营重点也不同，只有针对性的运营，才能促进各生命周期客户实现最大价值。智能客户运营主张"在恰当的时刻，给恰当的人，推送恰当的消息"。第一步就是针对恰当的人，那么按照运营策略期望达到的目标，将客户的生命周期划分为 5 个阶段：

1）激活阶段

客户激活是指让潜在的客户及流量实现从访客到客户的转变，通常指客户完成下载注册，并真正使用过产品的核心功能，比如购买、上传、绑卡等。如何让更多人愿意激活产品，关键在于产品价值引导，如何让客户最短时间内发现产品的"顿悟时刻"（Aha moment），让客户感觉到价值。要么是"多快好省"地购买了一件商品，要么发现了让自己愉悦、满足的内容。这都是客户感知到产品价值的过程，客户在一次一次与产品价值交互的过程中对产品产生认可和依

赖。提升客户激活率的核心方法就是扫除客户到达核心功能的障碍,以及让客户更早、更容易到达核心功能点,具体包括:

(1) 减少干扰项　客户从认识产品到体验再到核心功能的过程,如果企业为了索取客户信息而设置过多的门槛,比如大量的表单、多环节复杂的交互,都会阻碍客户到达核心功能。解决办法就是减少阻碍,将整个获取客户信息的过程拉长,比如在客户希望解锁更多功能的时候提示进行信息补充。还有一个方法就是价值前置,这个方法在商家对消费者的领域比较常用,比如在加入购物车之后才会有注册的环节,因为客户本就完成了购买决策,显然此时放弃成本更高。还有很多种减少干扰项的方法,企业可以通过客户行为分析工具,结合事件分析和漏斗分析,发现是什么阻碍了客户的激活流程,从而促进激活率。

(2) 加强鼓励机制　在玩游戏过程中,客户通过完成任务,得到各种装备与经验奖励,从而引导游戏客户完成更多任务,推动剧情的发展。这种奖励在提升激活率中,就是那些具有鼓励性质的信息或互动。而这些互动大多是从心理学角度出发设计。比如利用稀缺性,消费者在购物的时候发现,库存很少了,再不下决心购买就可能买不到;或者企业会利用优惠券、组合销售等方式促进客户购买,这些都是鼓励前进的方法。此外,提供更多的人工帮助也是。这个场景在电商产品中经常出现,客户购买一件衣服或者相对陌生的产品时,内心的疑惑会很容易让其产生犹豫,及时的在线客服介入,帮助客户快速解决问题,能够更有效地引导其完成购买。

2) 转化阶段

当客户完成了激活动作后,我们希望让客户成为真正的客户,开始频繁使用产品。由于业务特点有着不同的划分边界,比如注册算是激活,而产生购买才算是真正的转化。一般,促进转化的方法有以下两种:

(1) 新手优惠券　以注册到首单购买的转化为例,促进客户完成首单购买的方法最常见的就是注册后发放含有优惠券的新手礼包和新手任务,比如银行类在线业务会在注册之后赠送部分虚拟理财金,让注册客户提前感受投资理财的收益,这部分资金不能提取但是起到了一个新手引导的作用,通过虚拟理财金,可以让注册客户去模拟体验正式投资的流程,从而打消客户对于投资理财的生疏感,促进注册客户到入金环节的转化率。

(2) 优化转化流程　客户从注册到真正完成转化,会经历完整的交互流程。良好的交互和有重点的引导,会让客户更容易进入企业规划好的核心路径,当企业知道整个客户的转化漏斗后,就有能力去优化整个转化流程。

3) 留存阶段

提高客户的留存率,即让客户更喜欢使用产品,花更多时间使用产品。在所有让客户留下的原因里,核心一定是产品足够优秀。一款优秀的产品可以做到让客户每天打开,甚至每天打开很多次,比如微信和抖音。除了将产品做到极致,找到客户最爱使用的功能点也很重要。企业可以通过两种方式发现客户喜爱的功能点:第一种是通过给关键功能埋点的方式;第二种是利用客户行为分析工具的留存分析模型,进行不同功能之间的留存判断,根据这两种方式洞察到客户喜欢的功能点。通过客户行为分析工具的留存分析模型,企业可以通过选择初始行为和后续行为来判断两个行为之间产生的影响。比如初始行为选定要分析的功能点,而后续行为选择打开 App 或网站,这样就可以判断客户是否基于某个功能或行为而选择多次体验产品。

4) 唤醒阶段

沉睡客户的唤醒是客户运营的重要环节。从产品运营开始,企业会拥有大量客户,而这些客户中会有部分客户是在一段时间内与产品无任何互动的客户,这部分客户称之为"沉睡客户"。对沉睡的活跃客户采用挽回措施,引导其回到产品中,重新活跃,整个唤醒流程可以划分为两部分:

(1) 识别客户　如何判定为沉睡客户?其实每款产品都有自己不同的判定规则,比如3个月没有打开网站算是沉睡客户?还是3个月来到网站但没有登录、下单等行为算是沉睡?做沉睡唤醒运营需要先对沉睡进行定义,这也就是客户识别的部分。可以基于客户行为和客户属性,精准、快速地找到目标客户,并对他们触发相应的内容。

(2) 唤醒内容　一次成功的运营活动,是将正确的内容发送给恰当的人,实现内容打开率的最大化。首先基于客户分群后定制化内容,在最开始的时候就向着正确的方向制定,比如关注 A 的客户,分群后给他们发送 A 关注的内容。对于正确的内容,也可以通过一些智能化的手段,让内容更加匹配客户的兴趣。

5) 召回阶段

客户召回,即让已经流失的客户重新回到网站或者 App,推荐一些新功能或者产品亮点,吸引客户重新喜欢产品。首先,需要判断客户的哪些行为意味着客户流失。不同的场景下判定方法不同,例如,对于 App 来说,卸载了 App 算是流失;对于游戏来说,很长的时间没有登录游戏,则判定为流失。不同的运营人员对流失的判定标准不同,但是召回动作却有很多相似之处。长期不活跃的客户,被判定为流失,针对他们的召回策略与唤醒一致。但对于已经卸载了 App 的客户,企业还可以选择短信、公众号等方式进行广告推送。此外,企业还可以选择重定向。易观方舟的智能客户运营可打通头条、广点通等投放平台,基于重定向的方式唤起客户重新下载,当然有针对性地给予召回内容,也是可以召回成功的重要因素。

案例研究

塔吉特:比父亲更早知道女儿怀孕

曾经有一位男性客户到一家塔吉特超市投诉,商店竟然给他还在读书的女儿寄婴儿用品的优惠券。这家全美第二大零售商,会搞出如此大的乌龙?但经过这位父亲与女儿进一步沟通,才发现自己女儿真的已经怀孕了。

关键环节一:数据信息记录

一家零售商是如何比一位女孩的亲生父亲更早得知其怀孕消息的呢?每位客户初次到塔吉特刷卡消费时,都会获得一组客户识别编号,内含客户姓名、信用卡卡号及电子邮件等个人资料。日后凡是客户在塔吉特消费,计算机系统就会自动记录消费内容、时间等信息。再加上从其他渠道取得的统计资料,塔吉特便能形成一个庞大数据库,运用于分析客户喜好与需求。每个 ID 号还会对号入座地记录你的人口统计信息:年龄、是否已婚、是否有子女、所住市区、住址离塔吉特的车程、薪水情况、最近是否搬过家、钱包里的信用卡情况、常访问的网址等。塔吉特还可以从其他相关机构购买你的其他信息:种族、就业史、喜欢读的杂志、破产记录、婚姻史、购房记录、求学记录、阅读习惯等。乍一看,你会觉得这些数据毫无意义,但在安德鲁·波尔(Andrew Pole)和客户数据分析部的手里,这些看似无用的数据便爆发了前述强劲的威力。

关键环节二:数据模型建立

Andrew Pole 想到了塔吉特有一个迎婴聚会(Baby Shower)的登记表。Andrew Pole 开

始对这些登记表里的客户的消费数据进行建模分析,不久就发现了许多非常有用的数据模式。比如模型发现,大部分孕妇在孕中期就开始买许多大包装的无香味护手霜;在怀孕的最初20周大量购买补充钙、镁、锌的善存片之类的保健品。最后 Andrew Pole 选出了 25 种典型商品的消费数据构建了"怀孕预测指数",通过这个指数,塔吉特能够在很小的误差范围内预测到客户的怀孕情况,因此塔吉特就能早早地把孕妇优惠广告寄发给客户。

关键环节三:建立和客户沟通渠道

那么,客户收到这样的广告会不会吓坏了呢?塔吉特很聪明地避免了这种情况,它把孕妇用品的优惠广告夹杂在其他一大堆与怀孕不相关的商品优惠广告当中,这样客户就不知道塔吉特知道她怀孕了。

根据 Andrew Pole 的大数据模型,塔吉特制订了全新的广告营销方案。结果塔吉特的孕期用品销售呈现了爆炸性的增长。Andrew Pole 的大数据分析技术从孕妇这个细分客户群开始向其他各种细分客户群推广,从 2002 年 Andrew Pole 加入塔吉特到 2010 年 8 年间,塔吉特的销售额从 440 亿美元增长到了 670 亿美元。

(这是一个被广泛传播的案例,最早出自纽约时报 2012 年 2 月 6 日的一篇报道:How companies learn your secrets)

案例分析题:

1. 塔吉特是如何做到比父亲更早知道女儿怀孕的?
2. 塔吉特是如何运用数据库和大数据技术优化其营销策略的?
3. 塔吉特的新营销策略效果如何?

练习与思考

一、判断题

1. 大数据仅仅是指数据的体量大。   (   )
2. 大数据的数据来源通常是多样化、多平台化的。   (   )
3. 大数据是需要新处理模式才能具有更强的决策力、洞察发现力和流程优化能力的海量、高增长和多样化的信息资产。   (   )
4. 数据驱动的营销理念是从以产品为中心的线性营销,转变为以客户为中心的闭环营销。(   )

二、选择题

1. 客户画像指标不包括(   )。
A. 性别   B. 职业   C. 外貌   D. 喜好
2. 在 RMF 模型中,最近一次消费时间很短、消费频率很高但是消费金额不高的客户属于(   )。
A. 重要价值客户   B. 一般价值客户   C. 重要保持客户   D. 一般保持客户
3. 数据库营销一般经历数据采集、(   )、使用数据、完善数据六个基本过程。
A. 数据存储、寻找消费者、数据处理   B. 数据存储、数据处理、寻找消费者
C. 寻找消费者、数据处理、数据存储   D. 数据处理、寻找消费者、数据存储

三、问答题

1. 与传统网络营销相比,数据驱动的网络营销有哪些相似特征?又有哪些新特征?
2. OLTP 与 OLAP 的区别是什么?
3. 什么是大数据营销?大数据营销有哪些特征?
4. 大数据营销有哪些成功实践?未来还有哪些潜在的应用领域?

实践操作

训练题目：数据驱动的网络营销现状调研。

目的要求：运用网络调研、问卷调研和访谈调研等方法，调查了解数据驱动的网络营销发展现状、存在问题和面临的挑战。（全班可在授课教师指导下进行分工协作，合作完成一篇完整的调研报告。）

训练内容：1. 明确调研目的，制定调研方案，确定调研报告提纲。
2. 制定调研问卷和访谈提纲。
3. 实施调研。
4. 整理、分析调研数据，编写调研报告。

组织分工：3～5人一组，组内分工。

提交成果：小组提交3 000～5 000字的调研报告。

训练器材：电脑、互联网、打印机、复印机等。

6 网站营销

[学习目的]
(1) 了解营销网站的特点。
(2) 熟悉营销网站策划步骤。
(3) 掌握营销网站的功能设计和布局设计。
(4) 掌握营销网站搜索引擎优化方法。

6.1 营销网站策划

6.1.1 营销网站概述

1) 营销网站的概念和特点

营销网站是指企业为了实现某些营销目的,如进行企业宣传、品牌推广、产品销售、客户服务与管理等,以现代网络营销理念为指导,在网站的策划、设计与开发中融入营销的思想、方法、工具和技巧而建立的网站。

营销网站具有如下三个方面的特点:

(1) 以市场营销为导向 营销网站侧重点在于促进产品的交易和服务,在营销网站建设的过程中,应始终坚持市场营销的导向,使网站成为企业进行网络营销的工具和平台。

(2) 基于搜索引擎优化的网页设计 搜索引擎是客户获取信息的重要渠道之一,如何让客户快速通过搜索引擎找到企业网站是建站者应着重考虑的问题。营销网站要让客户轻易找到,就必须存在有价值的站内文章、合理的关键词设置、优质的外链建设。如果营销网站无法通过搜索引擎进行推广,那么企业网站的营销功能将大打折扣。

(3) 利于企业品牌建设与推广 营销网站是企业的一张网络名片,通过向访问者传递企业信息、展示产品、维护与客户关系等展示出企业的形象,有助于实现企业的产品销售和品牌塑造。

2) 营销网站与普通网站的区别

企业营销网站在目的、功能、客户访问网站的目的上,与普通网站相比,有着明显的区别。

(1) 网站目的不同 营销网站在页面上呈现企业的产品与信息,同时会把客户常见的疑惑问题通过解答的方式展现在页面中,主要目的在于促成交易。普通网站主要展现的是企业简介、业务内容、产品等基础信息,主要目的在于让客户了解企业,宣传企业形象。

(2) 网站辅助功能不同 营销网站有明显的客服引导系统,交互性强,确保客户从浏览网站到下单,以及后期的售后都具备一套完整的体系,让客户操作更方便快捷。普通网站不需要线上交易功能,交易环节采用线下方式进行。

(3) 客户访问网站的直接目的不同 普通网站和营销网站既要面向搜索引擎又要面向客

户,都希望在搜索引擎中容易被搜索到,在搜索引擎搜索中有一个相对较好的排名,提高企业的曝光率。但前者面向的客户访问网站的直接目的主要是为了了解企业信息,后者面向的客户访问网站的直接目的是为了购买企业的产品或服务。

3) 营销网站与营销App的区别

(1) 速度不同　打开营销网站必须要求有网络,而且有一个网站的加载时间,如果网速慢的话,需要延长加载时间,才能浏览整个网站内容。App是安装在客户手机上的应用程序(Application),打开App不需要加载,还可支持离线操作,在离线状态保存一些数据,等联网后把数据同步到远端服务器。

(2) 时效性不同　营销网站的客户只有在登录和查看网站的时候才能看到内容的更新,App可通过实时消息推送提醒客户查看消息等方式来提高信息的传播效率。

(3) 维护速度不同　营销网站是建在自己购买的网络空间上,任务内容都可控。如果网站有了改动,只要在网站后台更改完成,客户就可以立即看到修改后的版面。App一般是发布在各大应用平台上,需要一定的审核周期,所以App做了调整之后,需要一段时间,客户才能看到更新的内容。

6.1.2　营销网站策划的内容

营销网站策划是指在网站建设前对市场进行分析,确定网站建设的目的和功能,并根据需要对网站建设中的技术、内容、费用、测试、维护等做出规划。营销网站策划需要对企业目前所处的行业背景、竞争对手、潜在客户等进行分析,从而有针对性地设计网站,使网站符合企业发展战略,反映行业特点,凸显企业优势,区别竞争对手并迎合客户的使用习惯。

以下是营销网站策划的部分内容:

1) 确定营销网站的建设目的

营销网站的建设目的服从并且服务于企业的整体战略。营销网站常见的目的包括:有效推广企业,提高产品品牌影响力;开拓市场,销售产品;客户沟通与服务;降低销售成本,获取更多利润;等等。企业在不同的发展阶段,营销目的的侧重点不同,因此,营销网站的目的也随之不同。对于初创或成长期企业而言,营销网站的主要目的是宣传推广企业、产品及网站本身,让更多的人了解企业及其产品,让营销网站有更多曝光率,获取种子客户(产品早期的目标客户);对于成熟期企业,则要建立稳定的客户关系,建立自己的口碑客户群,获得稳定的流量(在一定时间内访问网站的客户数量),保持或扩大销售额,获得更多盈利。

2) 需求分析与功能定位

营销网站的需求分析和功能定位是网站规划中的重要步骤。营销网站的使用者包括企业内部人员和企业的客户(包括潜在客户)。营销网站的需求分析主要有两个方面,一是企业的业务运营对网站的需求;二是企业的客户对网站的需求。分析客户对网站有哪些需求,是需求分析的重点。营销网站的功能定位包括精准定位客户,明白客户来网站的意图是什么,搞清楚客户的关注点在哪里等。

3) 网站设计

网站设计主要包括两个方面的内容,分别是模块划分和处理流程设计。

模块划分是根据客户要求,将设计出的网站逻辑模型转化为物理模型。所谓模块(Module),是指可以分解、组合及更换的单元,是组成系统、易于处理的基本单位。在管理信息系统中,任何一个处理功能都可以看作一个模块。在将逻辑模型转化为物理模型的过程中,需重点考虑模块的独立性、复用和扩展等方面的要求。在模块划分时,应遵循以下原则:一是最大独立性原则。这个原则是划分模块最重要也是最基本的原则。要达到这个目的,模块的内聚性要强,耦合性要弱。二是最少冗余原则。建立公共模块,将一些共用的方法及属性放在共同模块中,减少冗余,方便扩展。三是合理扇入扇出原则。一般来说,模块扇入数越大越好,模块扇出数不能过大,也不宜过小。设计得好的系统,上层模块有较高的扇出,下层模块有较高的扇入。

处理流程设计的任务就是设计出网站所有模块以及它们之间的相互关系,并具体设计出每个模块内部的功能和处理过程。企业营销网站包含一系列的核心处理流程,比如购物流程、支付流程、退货流程等。对这些流程的理解和处理,将会直接影响企业营销网站的功能和性能。常用的流程设计工具包括程序流程图、IPO 图、N-S 图、问题分析图、判定树等。

4)网站开发

当以上内容都准备好时,就可以建站了。建站主要分为前台和后台,前台是网站的版式,根据网站类型及面向人群设计网站的版面,版面不宜太过杂乱,一定要简洁,保证客户体验舒适,才能让客户有好感。建设后台就较为复杂,要用程序语言整合前台,并且完成需要的功能,这需要较为复杂的程序编写。网站布局必须合理布局每一个版块,把最直接和最有效的信息展示在客户面前,当客户查找信息更快捷方便时,客户获得的有效的信息自然就会更快更多,有助于提高网站的转化率。

5)网站发布

当网站程序编写好后,网站或多或少还是会有漏洞,需要进行测试和评估,并从客户体验的角度去观察,逐步完善。当网站通过测评后,就可以把网站上传到虚拟主机空间里,域名解析到服务器 IP,这个时候访问域名就可以正式访问网站了。

6)网站运营与维护

在网站上线之后,还要对网站的不足之处进行完善,定期修复和升级,保障网站运营顺畅,然后对网站进行推广宣传。网站的推广方法主要有搜索引擎推广、电子邮件推广、资源合作推广、信息发布推广、病毒性营销、网络广告推广和综合网站推广等。

6.2 营销网站域名注册与保护

6.2.1 域名注册

1)域名介绍

域名是由一串用点分隔的名字组成的互联网上某一台计算机或计算机组的名称,用于在数据传输时标识计算机的电子方位(有时也指地理位置)。

2)主流域名注册平台

国内目前主要的域名注册平台如下。

西部数码:https://www.west.cn/

阿里云:https://www.aliyun.com/

腾讯云:https://cloud.tencent.com/

百度智能云:https://cloud.baidu.com/

3)域名种类

域名种类分为顶级域名(一级域名)和非顶级域名(二级域名)。

（1）顶级域名　包括国际常用域名和国家域名。

① 国际常用域名

.top：表示高端、顶级、事业突破。

.com：表示商业机构，如淘宝——www.taobao.com。

.net：表示网络服务机构，如中国知网——www.cnki.net。

.org：表示非营利性组织，如联合国官网——www.un.org。

.gov：表示政府机构，如中华人民共和国中央人民政府——www.gov.cn。

.edu：表示教育机构，如北京大学——www.pku.edu.cn。

② 国家域名

.cn：中国，如人民网——www.people.com.cn。

.uk：英国，如英国王室网——www.royal.uk。

（2）非顶级域名　非顶级域名是域名的倒数第二个部分，如在域名 example.baidu.com 中，二级域名就是 baidu。

4）域名种类选择

（1）域名尽可能简短，便于拼写和记忆。

（2）域名选择尽量避开俚语，有助于突破地域限制。

（3）尽量避免采用流行语，否则容易变得过时。

（4）域名后缀应与网站的属性相符。

（5）新顶级域名资源非常多，可考虑像 xin、top、xyz、vip、club 等相对热门度高的域名。

（6）尽量不使用连字符，避免数字与字母混用。

（7）注意检查版权和商标，确保所选的域名不包含受别人版权或注册商标保护的品牌名称。

5）域名注册

（1）以西部数码为例，首先登录西部数码网站，点击域名注册，见图 6-1。

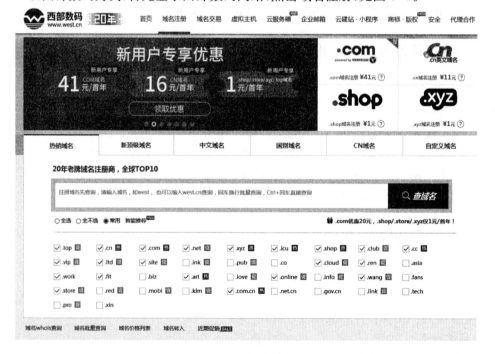

图 6-1　西部数码首页

(2) 在搜索框内输入你想注册的域名,见图 6-2。

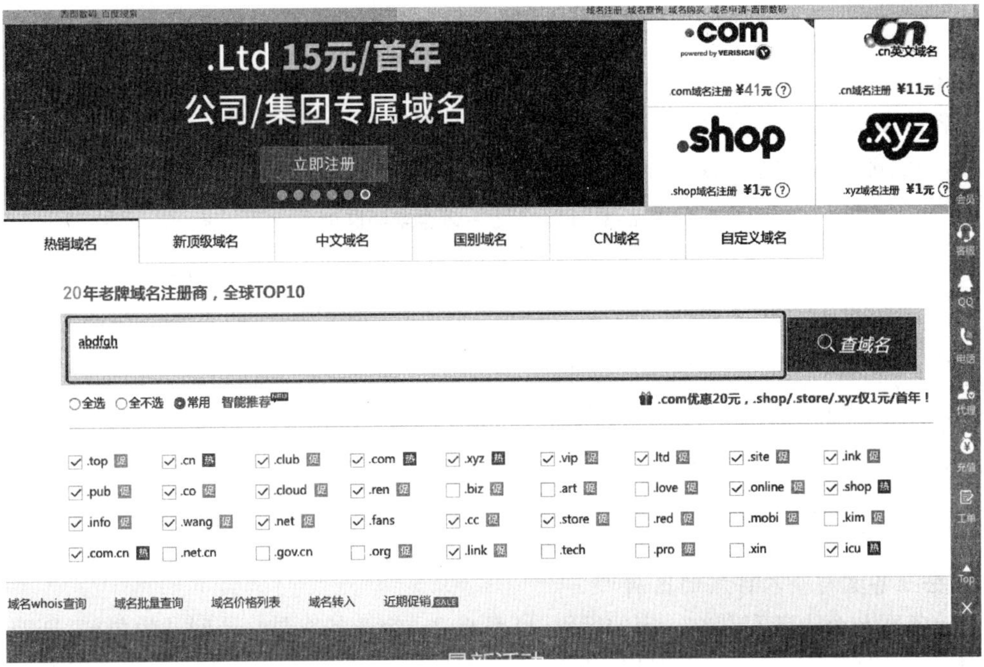

图 6-2 域名查询

(3) 根据查询结果进行注册,见图 6-3。

图 6-3 域名查询结果

6.2.2 域名备案

1) 域名备案与不备案的区别

域名备案不是必需的,但是一般企业为了提高网站的访问速度,进行搜索引擎优化(SEO),一般都会选择进行域名备案。域名备案与不备案是有区别的,见表6-1。

表6-1 域名备案与不备案的区别

项目	域名备案	域名不备案
空间	可以使用国内空间	不能使用国内空间,只能使用国外空间
竞价推广	能做竞价推广,如360竞价、搜狗竞价等	不能做竞价推广
支付接口	能申请支付宝、微信等扫描API①	不能申请支付接口
SEO	可以接入百度云加速,国内空间更快,对SEO友好	不能接入百度云加速,国外空间访问慢,对SEO不友好

注:①API为应用程序编程接口。

2) 企业备案与个人备案的区别

企业备案与个人备案存在一定的区别,见表6-2。企业备案是一个网站的象征,证明这个网站属于企业性质。在工业和信息化部查询,备案性质一栏显示为企业。企业备案对于消费者而言可增加其对网站的信任度。个人备案是以个人性质创办的网站,内容不得含有企业性质,不能有某某公司字样。在工业和信息化部查询,备案性质一栏显示个人备案,单位也显示为个人姓名。

表6-2 企业备案与个人备案区别

项目	企业备案	个人备案
空间	国内、国外空间	国内、国外空间
竞价推广	能	不能
支付接口	能	不能
企业网站	能	不能
论坛	能	不能
SEO	友好	友好

3) 域名备案平台

域名备案是跟着空间走的,使用哪个服务商的空间,就在哪个服务商那里备案,和域名在哪里注册没有关系。可以进行域名备案的平台有西部数码(https://www.west.cn)、阿里云(https://www.aliyun.com/)、腾讯云(https://cloud.tencent.com/)、百度智能云(https://cloud.baidu.com/)。

6.2.3 域名保护

域名对于企业来说是宝贵的财富,具有唯一性和有价性。一切好的网站都是先从好的域名开始,好的域名就是一个企业的品牌,当域名被真正利用并发挥出巨大的作用时,它的价值就显露出来了。企业域名的保护步骤如下:

(1) 选择好的域名注册商　好的域名注册商对于域名的管理都有很多的严格要求和规范,所以域名就不会被轻易地盗走。个人在注册域名时也应谨慎对待,不要随便找相对便宜的域名注册商或者代理商,表面上看域名注册费用便宜,但可能不提供完全自由的域名解析服务。

(2) 填写真实信息　注册域名时尽量如实填写企业或个人信息,万一域名出现纠纷可以通过有效的证据,方便配合域名注册商尽快解决。当发生域名过户、转移或者纠纷时,如果企业或个人信息不完整就做不到相应的识别。填写完整真实的信息最重要的是当出现问题时能及时准确地找到联系人,减少中间时间,降低企业损失。

(3) 设置复杂的域名管理密码　很多人为了方便记忆将域名的管理密码设置的过于简单,比如生日密码、纯数字密码等,这种很容易被他人识别从而进入企业的后台进行修改。

(4) 给域名增加安全锁　给域名增加安全锁是为了提高域名的安全性,普通的域名安全锁是一种域名增值服务,通过一定的技术手段适当地保护域名的客户注册信息,不被错误地修改和恶意地改正,通过此项服务可以对域名进行保护。只有通过特定的验证流程解除域名锁定后才能进行域名修改。

还有一种安全升级的锁称为域名注册局锁定,是目前比较安全的域名锁定服务,状态的设定和解除均直接由域名的注册管理机构人员进行人工操作,域名设置的注册局锁定后,域名的一切更新、过户、转移以及变更等操作,除正常的验证流程外,还需要专业的人员线下认证后才可以进行操作,从而在最大限度上保护企业的域名不被刻意地篡改。

(5) 及时保留域名认证信息　域名也有属于自己的认证证书,当注册完域名后,可以直接去域名管理后台打印域名认证证书作为凭证,万一出现域名纠纷时可作为证据。

(6) 域名过户选择可靠平台　域名交易过户最好选择可靠平台,很多域名是在过户的过程中被盗。

6.3　营销网站设计

6.3.1　营销网站功能设计

企业营销网站通常都是由前台和后台两大部分组成的。从企业营销网站的性质来看,它是用于为企业提供信息宣传的一种渠道,前台通常都是进行信息的展示,给企业客户进行浏览所用,而后台则给网站管理员对前台展示信息的更新维护所用。两部分所针对的客户群体是不一样的,而且这两种群体有着非常明显的区别。前台主要是指面向广大客户提供的信息浏览和交互界面,前台的主要任务是获取客户提交的业务请求和数据,然后将请求和数据传递给后台进行下一步处理,此外,前台页面还需要将处理的结果按一定的格式展示给客户。后台由业务处理模块构成,主要包括具体的功能模块,如信息发布、产品维护,此外,还包括网站基本信息的管理或设置功能。

1) 产品搜索模块

产品检索引擎系统应支持多种方式的检索,既支持简单的关键词检索,也支持复杂的智能检索，并且支持同时对商品、分类等进行的高速查询服务。目前很多营销网站中，都提供了一种贴心式导购服务，即通过畅销商品、推荐商品、特别企划、专卖店、更新商品、商场打折等方式，向消费者提供购买导向，更好地为消费者提供服务。

2）登录注册模块

网站登录注册功能主要是提供给网站会员客户的入口，因为在网站中会涉及产品订单的处理，每一个订单都需要下单者维护配送信息，因此需要给这些客户提供个人账户管理的功能。注册功能是网站的游客填写注册信息后便会成为网站的会员，通过登录功能可以进入自己的账户管理中心，即会员管理中心来管理自己的订单、配送地址等信息。

3）企业介绍模块

营销性质的企业网站的目的是宣传推广企业本身及其产品。首先要在后台的管理平台中对企业介绍的模块分类进行定义，然后在每个分类的下面通过文本框来实现模块中的图文编辑。在前台的信息展示模块中，客户点击相应的信息就会呈现在页面中。

4）客户服务模块

营销网站应该配有网站客服、网站热线、企业邮箱等这些功能模块。网站客服主要是在线及时回复客户提出的问题，把握销售机会。网站热线包括400全国免费热线、销售或服务部直线电话、手机等供客户直接拨打咨询。企业邮箱也是方便客户沟通、开展客户服务的重要工具。

5）信息中心模块

信息中心是将企业需要经常变动的信息，类似新闻、新产品发布和业界动态等更新信息集中展示的模块。它通过信息的某些共性进行分类，最后系统化、标准化发布到网站上。通过这些图文信息吸引更多的客户群，保持网站的活力和影响力。

6）产品营销模块

产品营销模块是系统中最核心的模块，它主要是将企业内当前所经营的产品信息发布到网站上，同时网站还支持商城形式，通过多样化的途径来全面展示产品的相关信息。前台的产品信息页面主要包括产品的列表页面、产品的详细页面。在产品信息页面中可以分类展示不同类别的产品分页列表，而详细页面则展示产品所有卖点相关信息。此外，这些前台显示的产品信息都需要在后台产品库中进行维护才能显示出来。

7）会员中心模块

会员中心模块设计主要是为会员客户提供相关信息管理。其中包括会员基本信息管理、会员订单管理、收货地址管理、购物车管理等。会员中心模块是对会员所有信息进行集中管理的一项功能，通过该功能可以为会员客户提供全方位的服务。

8）企业营销模块

企业营销模块主要是用于企业在网站前台发布市场营销相关信息，在后台营销管理模块中维护营销信息。当浏览者进入企业营销模块时，系统就会按照系统内营销的类别依次列出每个营销的列表信息。企业营销模块中主要包括了营销网络信息、合作伙伴信息、经典案例信息、招商加盟信息以及联系我们五大类。

营销网络信息是将企业当前在各地的联系信息列举出来，从而方便客户了解企业当前所拥有的营销点。合作伙伴信息是将企业合作的客户信息列表出来从而给浏览者参考。经典案例信息是向客户介绍企业所推出的产品方案。招商加盟信息则是通过表单让前台客户提供加盟申请信息，方便加盟商提供申请。联系我们是提供给前台客户联系企业的信息，比如企业地址、企业联系电话、电子邮箱等。

6.3.2 营销网站布局设计

企业营销型网站主要包含两类客户,一类客户是网站的目标客户;另一类客户是搜索引擎。网站能否对目标客户产生吸引力?能否使目标客户方便地找到感兴趣的内容及具有良好的客户体验?搜索引擎能否收录网站更多的页面并且排名靠前?对于这些问题,网站的排版布局起着很重要的作用。

1) 营销网站首页的布局类型

网站虽然千差万别,但网站的首页都包含标题、网站Logo、页眉、导航栏、内容版块和页脚等部分。网站首页常见的布局类型包括同字形布局、匡字形布局、吕字形布局及自由式布局。同字形布局页面顶部为水平放置的主导航栏,其下大体上分为左中右三栏。匡字形布局是把同字形布局右边的内容移到底部而成。吕字形布局的特点是把页面分为上下两大块,其中每一块都具有同字形布局的特点。自由式布局通常以一幅精美的图片作为设计中心,导航栏作为次要的设计元素,自由摆布,起到点缀、修饰和均衡的作用。在设计网站布局时,尼尔森F形状模型和古腾堡法则是两个重要的指导性法则。

网站首页的策划要从客户的角度出发,按照客户浏览网页的习惯来规划栏目呈现的顺序,并考虑客户在不同版块上停留的目的、会进行哪些操作,做出清晰明确的指引标示,引导客户操作。大部分客户在浏览网站时不会完整阅读网站内容,而是采用扫视和快速略读的方式查找所需要的信息,如果一旦页面内容没有符合客户期望,客户会离开并关闭网站页面。研究表明,客户浏览页面,习惯按照F形分布方式进行浏览,见图6-4。

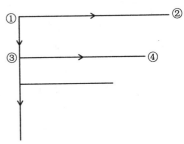

图 6-4 F形分布浏览图

(1) 客户以水平方向阅读 点①是客户最先关注和被吸引到的点,在点①处一般放入企业的Logo。在点①和点②中间是导航条的位置,方便客户的点击和搜索内容。客户在点①附近的停留时间一般为6.48 s,在点①和点②中间停留的时间一般为6.44 s。

(2) 客户向下移动阅读 客户来到点①和点③之间,在屏幕左侧垂直浏览,寻找段落开篇几句中感兴趣的内容。当找到感兴趣的内容时,他们在第二个水平方向上快速浏览(点③到点④处),在点①、②、③和④中间的空白区域,一般会放比较大的Banner图片吸引客户的注意,避免客户的视觉疲劳。客户停留在点①、②、③和④中间的空白区域的时间一般为5.94 s。

(3) 客户以垂直方向扫描内容左侧 理论上,客户会继续向下浏览,但是如果客户没有找到感兴趣的内容,停留几秒后就会离开,不再继续浏览。

2) 营销网站的布局设计步骤

企业营销型网站布局的设计步骤一般遵循以下四步:

(1) 构思构图 首先对网站的整体布局进行认真的构思。在这个阶段,要学会借鉴同类优秀网站的布局,吸取精华,融入自己的整体构思中。其次要围绕网站主题,充分发挥艺术想象力,大胆创新,结合现有的网页素材考虑,进行整合创作。在借鉴的同时一定要有自己的独特创意,并且要考虑技术实现的可行性。

(2) 绘制草图 绘制草图就是把头脑中构思的页面布局轮廓具体化的过程,可以在纸上绘画,也可以使用软件工具在计算机上绘制。

(3) 草图细化　草图细化就是在绘制出来的轮廓草图上,具体摆放页面元素,包括网站 Logo、导航栏、内容版块等。在这个阶段可以使用一些软件工具(比如 Photoshop、Axure RP、Excel 等)在计算机上完成。

(4) 量化描述　量化描述就是确定各种页面元素的具体尺寸,主要包括网页的外形尺寸、网页各个内容版块的尺寸、网页的文件大小等。

6.4 营销网站开发技术

6.4.1 图像处理技术

图像处理技术是指为达到想要的图片效果,利用计算机对图片进行深一步处理的手段。常见的图像处理技术有 Photoshop、Firework、CorelDRAW、Illustrator 等。

图像处理技术在营销网站的开发中主要应用在以下三个方面:

1) 图像尺寸的设计

一般情况下,网页上的图片像素越大,它的清晰度就越高,但客户在加载、浏览过程中等待的时间就越长,会极大地影响浏览效率。另外,在网页的版面有限的情况下,图片占据的版面越大,能够安排的文字的版面就越少。因此,在网页设计中,要根据营销目的,统筹考虑图片大小对浏览者注意力的吸引程度、图片的清晰度和文字与图片在版面上的合理分配。

2) 合理选择图像

不同的图像在网页布局中扮演的角色和职责都不尽相同,不同风格的网站对于图像的要求也不一样。网页设计选择的图片一定要符合网站的设计风格,来增强网页的色彩和识别度。

3) 运用多样化的图像

大多数人浏览网页的习惯常常是先进行图像观赏,再进行文字阅读,可见图像处理技术在网站开发中的重要性。一般而言,网页设计采用的图片分为摄影图片和插图,但两者都有着明显的优缺点。在对图片进行处理的时候可将两者搭配使用,使得网站更加美观、更有吸引力。

6.4.2 Web 前端开发技术

当前,Web 前端开发拥有三种比较重要的支柱性语言,它们分别是 HTML、CSS 以及客户脚本语言。网站性能的好坏在很大程度上受到它们的影响。

HTML(Hyper Text Markup Language)是指超文本标记语言,通常情况下,它的主要作用是通过各种类型的标记,进一步区分网页中不同类型的内容,最后系统终端会对 HTML 的请求进行解析,并根据需求向客户显示相应的网页内容。

CSS(Cascading Style Sheets)是指层叠样式表,它是由一些不同的属性构成的,在多种属性的共同影响下,Web 中相应的页面元素会根据实际情况自动进行格式化,并且根据不同的格式会显示出不同的网页内容。

客户脚本语言实际上是一段完全独立于其他内容的简单程序,在一定程度上决定了网页的实现和客户交互。上文提到的 HTML 和 CSS 通常都是静态的,它们的功能比较单一,仅仅只能通过一种已经提前选择好的格式来显示出相应的网页内容。目前脚本语言用的较为普遍的是 JS(JavaScript)小程序，它是制作页面动态效果的必备技术。

6.4.3　程序开发技术

网站的程序开发技术有很多，主要包括 CGI、ASP、JSP、ASP.NET、PHP 等。每一种技术都有其自身的特点与局限性，具体的网站开发技术要根据网站的功能需求、面对的受众、访问量、开发者熟悉的技术等方面进行选择。

ASP(Active Server Pages)称为动态服务器页面，是一种简单、方便的编程工具。利用 ASP 技术可以实现动态的网站页面，展现更加丰富的内容。网站利用 ASP 技术进行开发，但是客户在客户端看到的只是 ASP 技术执行后返回的结果代码，这些代码将源代码进行更好地隐藏，能够有效地保护客户信息和网站资源的安全。

ASP.NET 不仅仅是 ASP 的下一个版本，而且是一种建立在通用语言上的程序构架，能被用于一台 Web 服务器来建立强大的 Web 应用程序。ASP.NET 比 ASP 技术的执行效率要高，当这种语言经过首次编译之后，以后再使用时不需要再次编译，直接执行相关的可执行文件即可，其执行效率比 ASP 网站开发技术要快很多。同时它的适应能力特别强，具有很好的包容性特点。

超文本预处理器(Hypertext Preprocessor，简称 PHP)是一种 HTML 内嵌式的语言，是一种在服务器端执行的嵌入 HTML 文档的脚本语言，语言的风格有类似于 C 语言，现在被很多的网站编程人员广泛的运用。其出众的性能与其特有的开源模式，使得 PHP 程序在全球范围的应用最为广泛。同样，PHP 框架整合了大量的基础程序开发代码，在其之上可以快速架设高级系统功能应用。

6.4.4　数据库技术

企业级网站使用最多的数据库系统是 MySQL(关系型数据库管理系统)与 MsSQL(微软的 SQL Server 数据库服务器)，一般分别使用 PHP 与 ASP.NET 程序进行整合开发。小型的 Access 数据库已逐渐被开发人员抛弃，超大型网站则可能采用 Oracle 数据库。

除各种基础网站开发技术外，企业网站建设中经常使用的还包括 CMS(网站内容管理系统)与众多的第三方 API(应用程序变成接口)。

CMS 是基于程序语言(如 PHP)与数据库(如 MySQL)开发的，具备网站常用系统功能的管理系统。它已经内置了客户管理、文章管理等企业网站的常用功能，对于简单的企业网站，即使不懂程序开发的人员，也可以使用 CMS 快速建立网站并上线运行。对于需要进行功能改造或二次开发的情况，程序员可以通过对其源程序的修改，或使用其提供的模板、模型、标签管理功能，也可以进行快速实施。比较有名的 CMS 系统如国外的 Joomla、Drupal，国内的 PHPCMS、DedeCMS 等。

API 是一种开放式的程序编程接口。举例来说，如果我们想在网站上显示今天的天气预报信息，传统的方式需要自行开发程序，还要与气象局等有气象数据的单位联系获得相关数据。如果使用 API，我们则不需要进行任何开发工作，将接口程序按照规则放到网站源代码中即可。通过 API，我们还可以在网站上放置在线地图、股票行情、在线客服等众多实用功能而不用过于担心开发成本的问题。

6.5 营销网站运营

营销网站的运营包括网站发布与推广、网站内容更新、网站服务器维护、网站流程优化、数据挖掘分析、客户服务与管理、网站营销策划等一系列工作,主要目的是提升网站的客户体验水平和经营效率。

6.5.1 网站发布与推广

营销网站上线发布要选择一个好域名,好域名对网站的推广可起到事半功倍的效果。好域名通常有比较简短、容易记忆、容易拼写等特点。营销网站发布后还要进行推广,否则网站做得再好也无人知晓。网站的推广方式有线下和线上两种方式。线下方式可以采用电视、广播、户外广告以及各种印刷品(报纸、杂志、广告传单以及商品外包装)等方式进行;线上方式可以采用网络广告、网站关键词优化(见本书"搜索引擎营销"章节)、链接、网络社交媒体(微信、微博、QQ、视频网站等)进行。

6.5.2 网站内容更新

一个网站如果没有优质的内容,不可能赢得客户的喜爱;同样,一个网站的内容如果长期得不到更新,客户也会对它失去兴趣;再者,搜索引擎也喜欢抓取互联网中的新信息,这样,网站才能通过搜索引擎获得更多客户流量。因此,为了使网站对客户形成更强的吸引力,更好地满足客户需求,同时也能增强搜索引擎对网站的好感度,从而提升网站优化效果,必须坚持为网站提供优质的、符合客户需求的内容,并及时更新有关信息。这是一项日常性的基础工作,必须持之以恒地做好。

6.5.3 网站系统性能优化

网站在运行过程中难免会出现各种问题,如网页打不开或速度太慢、网站内的程序不能运行或出现错误、版面设计不合理、客户使用不方便等。这些问题可能给客户访问网站带来诸多不便或障碍,严重时会使客户失去对网站的信心,导致客户流失。因此,网站运维人员需要对网站的运营状况进行周密监视,及时发现、修正、排除网站运营中出现的问题、错误和故障,确保网站处于正常的运行状态,力争为客户提供一个优质的浏览环境。另外,网站在运行一段时间后都会产生一些必要的数据,如哪些页面比较受欢迎、哪些页面访问次数最少,顾客反映最多的问题是哪些等,网站运维人员可以对这些数据进行统计和分类,作为网站修改或改版的依据。

案例研究

联想集团网站

联想集团(以下简称联想)是一家成立于中国的、全球领先的ICT科技企业,每年为全球客户提供数以亿计的智能终端设备(包括电脑、平板、智能手机等)、强大的云基础设施与行业智能解决方案。目前,联想集团分为智能设备集团(IDG)、基础设施方案业务集团(ISG)、方案服务业务集团(SSG)、数据智能业务集团(DIBG)四大业务集团,业务遍布180多个国家和地区,服务全球超过10亿客户。

联想面向中国的网站(https://www.lenovo.com.cn)是一个兼具信息发布与网上销售的综合型网站,见图6-5。

图6-5 联想集团(中国)网站主页部分截图

在联想网站主页及其后的每个网页的顶部,左侧为"Lenovo 联想""商城""企业购""政教及大企业""服务""品牌"(主页之后的网页增加了"App 下载")导航栏,右侧则为"会员""社区""购买""搜索""登录|注册""购物车"导航栏。

占据网站主页的中间主要位置的是宣传画面,轮换占据大屏,介绍联想的重要产品信息、活动信息等。点击之,可进一步了解信息详情。

网站主页的下方,是"个人及家庭产品""中小企业产品""政教及大企业产品"三个导航栏目,鼠标停留在各栏目时,其下显示为该类产品专门设计的网页。

联想网站的功能包括新闻发布、产品促销、产品展示、产品销售、客户服务、产品定制、直播营销、社区互动、热门推荐等。

案例分析题:

1. 浏览联想网站(https://www.lenovo.com.cn),谈谈其导航栏目为什么要这样设计。

2. 从网站定位、网站结构、网站内容、网站风格、网站功能、网站可信度等几个方面,对联想网站进行诊断并提出改进意见。

练习与思考

一、判断题

1. 营销网站一般配套在线客服、联系方式等辅助功能。( )
2. 域名在哪里注册就得在哪里进行备案。( )
3. ASP 是静态服务器页面。( )
4. 一个网站 PageRank 的值就是该网站中网页 PageRank 值之和。( )

二、选择题

1. 客户浏览页面习惯(　　)形式浏览。
   A. F形　　　　　　B. Z形　　　　　　C. H形　　　　　　D. B形
2. (　　)属于网站的常见布局。
   A. 吕字形　　　　　B. 匡字形　　　　　C. 同字形　　　　　D. 以上都是
3. (　　)不属于Web前端开发技术。
   A. HTML　　　　　 B. CSS　　　　　　C. PHP　　　　　　D. JS

三、简答题

1. 营销网站的规划步骤是哪些？
2. 如何依托营销网站策划活动？

实践操作

训练题目：营销网站策划。

目的要求：让学生熟悉营销网站的设计要求。

训练内容：选择一个企业，为其策划一个营销网站，包含网站的功能设计、布局设计等。

组织分工：3～5人一组，组内分工。

提交成果：小组提交2 500字的策划方案。

训练器材：互联网、计算机。

7 App 营销

[学习目标]
(1) 熟悉 App 营销的功能。
(2) 了解 App 营销的优势。
(3) 掌握 App 营销模式。
(4) 了解 App 功能设计。
(5) 熟悉 App 的运营与推广策略。

7.1 App 营销概述

7.1.1 App 营销的概念

App 营销即应用程序营销,指的是通过智能手机、平板电脑等移动终端上安装的第三方应用程序所展开的一系列的营销推广活动。在移动互联网时代,智能手机、平板电脑等移动终端设备已成为人们获取信息的主要工具。作为安装在移动终端上的应用程序(App),因其载体使用广泛、制作成本较低、互动性强和营销更精准等特点,成为企业开展营销活动的重要工具。

对于一款营销 App 来说,通常具备如下功能:

(1) 会员积分功能 商家或平台可以根据用户消费金额或累计购买次数等消费情况设置相应的积分规则,与此同时用户可进行积分兑换或者积分抵扣现金等。

(2) 好友拼团功能 邀请好友进行拼团活动,拼团成功有价格优惠激励用户分享,或者直接选择和其他人拼单,比单买更划算。

(3) 分享有礼功能 对于用户喜欢的商品可分享推荐给好友或用分享有礼(积分、现金、券等)方式去调动用户积极性,获取更多潜在用户。

(4) 满减优惠功能 满减优惠功能是指消费者消费金额达到了商家或者活动规定的一定金额以后,减去规定的优惠的部分(如消费满 100 元减 5 元)。这种做法让用户产生多买一些是省了钱的感觉,从而达到了增加销售的目的。

(5) 限时秒杀功能 利用限时或限量秒杀促销活动方式销售部分商品,引导用户进行抢购,先到先得。

(6) 商品预售功能 对于一些新款或者爆款商品,可以采用预售的方式进行预付定金或全款抢购,可减轻库存压力。

(7) 好友邀请功能 利用社交关系邀请新用户成功注册或成功购买商品,该用户可获得积分、现金、券等奖励。

（8）购物返现功能　为促使用户再次购买，可以提供购买返现功能，返现可直接抵扣购买商品的金额或累积到个人账户，累积到个人账户的，满一定金额后可提现。

（9）游戏抽奖功能　利用一些促销游戏进行抽奖活动，比如大转盘、刮刮乐、翻九宫格等方式，达到与用户互动效果，增加平台黏性，利用用户想中奖的心理增加再次消费欲望。

（10）一物一码功能　可为每个商品设置一个二维码，扫描即可购买对应商品，减少用户转化流失风险。

（11）每日签到功能　为增加用户黏性，可利用每日签到功能，根据连续签到天数给予不同的奖励。

7.1.2　App营销的优势

相对于网站营销，App营销具有自己的优势。

1）不受时间和地点的限制

因为App是安装在智能手机、平板电脑等移动终端设备上面的，在移动互联网已经普遍存在的情况下，各种App已经成为人们采购商品、休闲娱乐、获取信息的主要工具，而不受时间和地点的限制。

2）成本低

App营销模式的费用相较于电视、报纸、广播等都要低，只要开发一个适用于本产品的App就可以，企业无须过多的前期资本投入，只需后期的一点推广费用。同时App程序完成之后就不需要再进行重新制作，只需要进行维护和更新就可以，花费的资金较少，成本较低。

3）精准度高

App营销能识别出用户所处的时间、位置情况，以及用户正在使用的终端等，分析目标用户群体的属性。当用户出差或旅游来到一个陌生的城市，在吃、穿、住、行、用等各个方面都希望得到帮助的时候，一些生活服务类的App便会帮你识别你的位置变化，收集分析当地的美食、酒店、旅游信息等数据，向你推送距离最近的商家以供选择。

4）个性化强

App营销之所以更能够做到个性化，是因为App种类丰富，形式多样，企业可以根据目标群体的情况来设计出个性化的App，并且能够通过App呈现出具有个性化的形式和内容，使用户获得更符合自己、更有用户体验的营销信息，达到定制式营销的高度。

7.2　App营销模式

7.2.1　广告植入模式

广告植入是指品牌运营商以符号方式将其产品和服务整合到其他产品中去。广告植入是目前各大移动App的主要收入来源，常见的广告植入模式有六种：

1）开屏广告

开屏广告是App刚启动时，利用用户注意力集中，进行广告品牌宣传和产品推广。它独占整个屏幕,强势曝光,能够100%触达目标用户,给用户留下深刻的"第一印象"。且开屏广告持续时间短,不影响用户体验。在同等数量的广告展示下该类广告能覆盖相对更多的独立用户,但它收费较高,主要以千人展示成本(CPM)计算为主。

2) 问答模块

很多App推出问答模块,它不仅可以提高平台的用户活跃度,还能帮助用户解决日常生活中的问题。在日常基本提问中加入广告营销,是一种互动性的营销方式,不但能在问题上植入关键词,也能在回答上植入,通过问答巧妙地给产品和品牌做广告,让用户在互动中接受广告安利。

3) Banner广告

Banner广告经常出现在App的顶部或者底部,展示量大、媒体覆盖面广,其最大优势在于更能直观地展示商品广告,能够快速地吸引用户注意力,引导用户点击并更深入地了解广告品牌或者产品,一般以每次点击成本(CPC)结算为主。

4) 插屏广告

使用App时动作触发全屏或半屏弹出或嵌入。一般都是精准广告推广形式,视觉冲击力更强,广告效果更好。手游适合采用这种广告形式,点击率、转换率、用户活跃度表现都有不错的表现。计费方式一般以用户下载注册等(CPA)为主,也存在以CPM和CPC的付费方式。

5) 视频广告

视频中的广告就是在视频播放过程中插入广告。其广告形式多种多样,主要有冠名、贴片、软植入、口播、定制、角标等。贴片是指在视频的片头或片尾插播的广告,贴片广告的优势在于范围广、曝光度高。口播就是在视频中由主持人或演员念出广告,比如大家都熟悉的《奇葩说》,主持人花样百出地念广告词,称为"花式口播"。角标广告是在视频播出时,悬挂在屏幕右下角播放的动态标识,也叫浮窗Logo,很多电视节目都会有这样的角标广告。它的优点是既不影响用户体验,停留时间长,因此效果好,是很多品牌主青睐的方式。

6) 信息流广告

常常在Timeline上和正常的信息混在一起,不容易被识别,用户不知不觉中将广告阅读完了,计费方式以CPM为主。

7.2.2 App植入模式

App植入模式是结合内容营销和游戏角色无缝整合用户体验,从而提高广告的点击率。曾经流行的"疯狂猜图"App就是典型的内容植入模式。在游戏中设置品牌的关键词,在达到品牌宣传推广的同时又不影响用户的体验,这种互动式的广告效果良好。

"农场农民""种菜偷菜""开餐厅"曾经是非常流行的网络游戏话题,乐事薯片利用在人人网上每日聚集着几百万消费者的、最热门的社交网页游戏《开心农场》,针对乐事100%纯天然、健康的概念,结合人人网社交网络服务(SNS)优势,让消费者在种植的乐趣中,体验乐事土豆的"100%纯天然"产品特质,并通过SNS的传播优势,分享给他们更多的朋友。

7.2.3 用户营销模式

该模式是根据广告主的营销目标来制定产品内容,再结合目标群体对创意的需求,制定产品的形式,开发出来新奇的、有创意的App来吸引用户注意、使用和分享。通过这些App,用户可以在一个有趣的体验下,了解相关的品牌信息和最新发展,对企业和商品的好感度逐渐加深,同时可以对应用进行反馈,或者分享给朋友等进行信息的再传播。

Papi酱为小米商城感恩季定制了短视频《挑剔的妈妈》,本来12月19日并不是什么节日,但成了小米的购物节。原因是在Papi酱的周一放送里,推出为小米商城创作的创意广告。Papi酱此次视频的主题为"挑剔的妈妈",初看这个标题真是怎么也想不到居然植入了小米的广告。Papi酱打出"妈妈的唠叨"这样一张温情牌,一人分别演绎了"拧巴的别人家小孩"和"宇宙无敌唠叨上海妈妈"两种极端人格,上演"遭遇挑剔妈妈无懈可击的围剿"大戏,引爆了网友"同一个世界,同一个妈妈"的热议话题。小米商城就被热情过度的网友挤爆了,一度由于人气过旺甚至出现了服务器不可用的状态。

在这则营销短视频中,"Papi酱"抓住了内容定制营销的核心,即内容为王、话题导流和兼容渠道三个原则,精准定位到年轻人共同的生活体验,高度还原的生活化情景使受众自然产生共鸣,最终通过适度的品牌黏合度得到内容与盈利的共赢。

7.2.4 内容营销模式

App内容营销,指的是通过App,以图片、文字、动画、视频等形式传达有关企业的相关内容给用户,促进销售,通过合理的内容创建、发布及传播,向用户传递有价值的信息,从而实现网络营销的目的。App内容营销包括热点性内容、持续性内容、即时性内容、方案性内容、时效性内容和实战性内容。

(1) 热点性内容　热点性内容是某段时间内人们关注的热点,合理利用热点事件可以达到很好的营销效果。

(2) 持续性内容　持续性内容是不受时效影响,也不会随着时间变化而变化的内容。

(3) 即时性内容　即时性内容是指当下所发生的物和事。

(4) 方案性内容　方案性内容是具有一定逻辑、符合营销策略的方案内容。

(5) 时效性内容　时效性内容是在某个时间段能够创造一定价值的内容。

(6) 实战性内容　实战性内容是通过不断的实践后积累一定的经验而产生的内容。

内容植入是一种执行较为简单的营销策略,典型代表是李子柒营销案例。李子柒,一位从四川绵阳走出来的90后小姑娘,以古法风格形式发布原创美食视频,在微博上拥有超过2 000万粉丝,在海外社交平台上的订阅者达到746万,热门视频播放量超过4 000万,以过着都市人理想的田园生活的短视频在全网引发"病毒式"传播。在视频中有着青山绿水、竹林木屋,身穿粗麻衣饰的少女正在酿酒、做酱油,制作竹子家具、文房四宝等,颠覆人们思维定式中的乡村情景,一度成为网络热议的焦点。

7.2.5 购物App模式

购物App是指的用户安装在手机或其他移动端上的用于购物的App,相比购物PC网站,购物App模式的主要特点如下:

(1) 购物变得更加自由　传统网络购物因PC端体积庞大、携带不便,限制了活动范围。移动电子商务打破了时间、空间限制,实现了随时随地网络购物。

（2）使用网络更加便捷　随着5G网络的普及、移动终端性能的不断提升、无线网络覆盖范围的扩大以及流量资费的降低，消费者更加容易接触、使用网络。

（3）潜在用户规模更加庞大　数据显示，我国使用智能手机的用户总数和比率明显高于电脑。

（4）购物App领域更容易实现技术创新　购物App领域涉及技术很多，包括计算机技术、无线通信技术、移动支付技术、人工智能等，每种技术的创新都会给购物带来不同的体验。

7.3　App设计

7.3.1　App设计的基本原则

1）一致性原则

App界面设计的一致性，即通过视觉结构、视觉层次、视觉元素等达到设计的统一，减少用户认知成本，加深对品牌认识。要做到良好的视觉效果，需要对线下到线上统筹设计，处理好各个系统之间的差异，并形成统一的品牌形象。

2）简便原则

简便原则主要指App的操作界面设计，要用简洁、便利的功能操作，提高互动效率。当下的App界面操作置于触摸屏之上，用户没有了按键的触感，只能通过视觉和听觉得到操作状态的反馈。如果用户没有很好地被引导，未及时得到信息反馈，将会导致用户在与界面的交互过程中迷失方向，进而产生挫败感。

3）以用户为中心原则

以用户为中心原则是指App界面设计要以用户为中心，满足目标用户参与及用户个性化的需求。在移动互联网环境下，新媒体为用户参与App系统设计提供了可能，App用户可参与性强的系统，会使人感受到使用的乐趣，并留下深刻的印象。

4）环境原则

App设计的环境原则有两层意义：一是指App的设计要考虑与其将来运行的系统环境，包括硬件环境[如中央处理器（CPU）等]和软件环境（如操作系统等）的适应性；二是指用户操作App的场景，如用户可能会在走路、开会、乘车、与人交谈等多种情景中使用App，要灵活运用移动设备硬件功能，如重力感应器、全球定位系统（GPS）、摄像头等，提高用户体验满意度。

7.3.2　App功能设计

1）消息中心功能设计

（1）产品定位

① 社交类：我们最常使用的微信、QQ等社交App，聊天通信就是App核心的功能，所以位置处于App首页，并且每次打开App的时候首先也是展示消息页面。

② 社区类：小红书、微博、知乎、抖音这类社区一般都会在底部导航栏中保留消息功能，而消息中心主要承载了通知和聊天的即时通信（IM）功能，集合了转发、评论、赞、@等通知功能。

③ 电商类：电商类 App 消息中心占比权重相对弱了很多，位置一般都会在首页搜索旁边放一个消息的 icon（功能图标），或者我的页面（头部或列表）。京东除了购物车页面没有消息入口，其余四个主页面都在右上角同一个位置保留了消息入口；淘宝的消息入口也是在底部导航，淘宝突出的消息是方便用户可以快速和店家沟通，使用频率比较高。

④ 资讯、学习、团购类：这类 App 消息中心几乎是在"我的"或"个人中心"页面，入口相比前面几种弱化了许多，主要是因为这些 App 用户的核心需求是文章内容阅读、学习教程产品介绍等，消息主要承载系统通知、文章推送或者其他消息推送（在资讯 App 中首页其实已经会根据用户爱好或订阅而推荐阅读），几乎在使用过程中不需要使用到消息功能。

(2) 功能分类

① 通知：通知中主要包括系统通知和活动推送。通知的作用主要是为了提高用户的活跃度和用户的黏性，获得用户的关注，提高用户的参与度。

② 互动：互动中主要包括点赞、评论、关注（新增、取消）和收藏。互动的作用主要是让用户主动参与进来，从而获得认同感，用户的互动是轻松自在的，没有压迫感，也无须付出大量的成本和过于暴露个人的信息。

③ 私信：私信相较于互动的功能，它实现的是用户与用户之间一对一的沟通方式，聊天的内容是不公开的。

(3) 消息展现形式　消息展现形式主要有三种，分别是 icon/头像＋缩略内容列表、图文列表和纯文字列表。

① icon/头像＋缩略内容列表：icon/头像＋缩略内容的形式是最常见的一种消息列表，符合从左到右的浏览习惯，能承载多种类型的消息，包括对话聊天类、订阅号、官方活动、系统通知等，需要引入下一级页面展示消息详情。这种形式适合大部分的产品。

② 图文列表：图文列表形式对用户更具吸引力，一般用在消息类别比较单一的消息中心。常见的有上图下文和左图右文的展现形式。

③ 纯文字列表：消息列表以纯文字形式展示，形式较单一，能展示较多的文字信息，常见于通知消息。

2) 搜索功能设计

(1) 搜索入口　用户想要使用搜索功能的时候，都希望快捷地找到搜索结果，所以搜索入口一般需要放置在明显易识别的位置。搜索入口的设计大致分为三类：

① 导航栏：搜索入口在导航栏的呈现形式主要有嵌入顶部 Banner、置于导航条上和置于导航栏下。广告栏形式将搜索框与 Banner 融合在一起，这样设计的页面一般内容涵盖量大，所以这样设计视觉上会减少内容层次，增强画面感。放在导航栏的搜索，一般会保持页面置顶、悬浮置顶，或者上拉隐藏，下拉出现，这种设计方式尽量不打扰用户视角，又可以在用户滑动页面时，迅速找到搜索功能。

② 独立 Tab：这种设计的搜索占用页面权重很大，适用于用户对搜索功能独立的场景，比如苹果应用商店（App Store），用户甚至不需要看到其他页面，直接进入搜索获取所需应用。或者是在搜索页面加入内容运营，用户在独立的搜索页面就能完成信息获取。

③ icon 形式：用户对于搜索功能的使用频率可能不高，但是又能让用户在需要使用搜索功能时，直接进入搜索页面，点击 icon 进入独立的搜索页面。

(2) 搜索过程

① 推荐搜索：这种搜索方式会根据用户输入一个文字进行一次搜索匹配，输出提示信

息,可以减少用户操作,前提是推荐内容精准。

② 准确搜索:这种搜索方式更加简单,即用户点击回车后开始查询,这种查询方式适用于用户对查询内容明确的场景,而且这种方式更节省查询流量。

③ 搜索中间页:主要包括运营类中间页和结果类中间页。

④ 搜索删除:输入内容后,出现删除搜索内容和取消搜索按钮;删除之后展示搜索之前的页面,但是停留在搜索中间页;点击取消,退出搜索中间页回到进入之前页面。

(3) 搜索结果

① 分类展示:如知乎是按照话题、专栏、内容分类展示的。

② 不分类展示:如微博不分类展示结果。

3) 注册登录功能设计

(1) 注册和登录的方式 注册的方式主要有以下四种:手机注册,邮箱注册,自定义用户名注册[如 Instagram(即 Facebook 公司旗下社交应用)]和添加邀请码注册(如 PMCAFF),不同注册方式各有特点,见表 7-1。

表 7-1 App 不同注册方式的对比

注册方式	普遍性	便捷性	安全性
手机注册	要有手机号	① 易操作;② 易理解;③ 易记忆	① 密码可通过手机短信找回;② 有手机号被盗的风险;③ 手机丢失导致用户账号泄漏的风险;④ 有手机换号后不好处理的风险
邮箱注册	要有邮箱账户	① 不便操作(需要邮箱验证);② 不易理解(考虑部分不常使用邮箱的用户);③ 易记忆;④ 永久留存	① 密码可通过邮箱找回;② 有邮箱用户数据泄漏导致账号密码被盗的风险
自定义用户名注册	要求注册的名字不存在	① 易操作;② 易理解;③ 不易记忆;④ 永久留存	① 密码容易忘记;② 有密码被破解的风险
添加邀请码注册	要有邀请码	① 不易操作(设置了准入门槛);② 不易理解	安全性较高

登录的方式主要有以下四类:账号登录(手机、邮箱),第三方登录(微信、QQ、微博),生物特性登录(指纹、声纹、人脸、虹膜)和一键快捷登录(账户关联登录),不同的登录方式也各有优缺点,见表 7-2。

表 7-2 App 不同登录方式的优缺点

登录方式	优势	劣势
账号登录	① 安全性较高;② 使用场景较广	用户容易忘记用户名和密码
第三方登录	① 便捷;② 安全性较高;③ 使用范围较广	无法提高用户黏性和用户转化率
生物特性登录	① 方便高效;② 避免接触	识别技术受到多种因素影响
一键快捷登录	① 安全高效;② 速度极快;③ 成功率高;④ 接口稳定	非常依赖手机号,如果手机号变换就无法登录

(2) 注册和登录功能设计应遵循的原则

① 注册方式应满足绝大部分用户的注册条件：一款希望用户进行大量传播的产品，满足绝大部分用户注册条件是必不可少的。

② 注册流程尽量简洁易操作：早期的用户注册一个账户时需要填写姓名、性别、年龄、生日等一大堆信息，很多用户觉得不耐烦，导致新用户在注册阶段的流失率特别大。其实现在也存在有一些产品，用户经过第三方登录之后，仍然强制跳转到填写姓名、邮箱的页面，这是用户体验做得不好的地方之一。整个注册过程，应尽量简洁，先把用户留住，后续可以再通过运营的手段引导用户完善自己的标签。

③ 保证注册方式的安全性：没有安全保证的产品，用户的安全感就无从谈起。尤其是支付类、金融类等安全等级要求较高的产品，注册过程应避免漏洞，保证用户账户的安全。

(3) 注册和登录功能设计思路

① 是否需要注册和登录功能：如果用户注册登录对于用户需求、产品功能、商业模式本身带不来任何价值的话，就没必要设计这样的功能。比如一些实用工具类的产品：计算器、手电筒、无社交属性的天气预报等。

其他像强社交需求的产品（微信）、涉及较多用户财产安全的产品（支付宝）、用户对信息使用比较关注的产品（邮箱）等，都需要账户体系的支持，自然也就需要注册和登录。

② 先使用后注册，还是先注册后使用：有些 App 是一定需要账户体系支持才能使用核心功能的，例如百度云、微信等，这种情况下一定要让用户"先注册后使用"。除此之外的大部分 App 都支持"先使用后注册"。但是即使是支持"先使用后注册"，用户经过不同的操作行为之后，用户端要判断什么情况下需要提醒用户登录。比如天猫 App，浏览商品、加入购物车等可以不用登录，但是一旦要订单支付，就需要登录账户。再比如人人都是产品经理 App，游客可以任意点赞、浏览，甚至打赏，但是一旦采取收藏、评论等操作时，就需要登录。

③ 选择注册和登录方式：每一个 App 支持的新用户注册方式都不尽相同：微信支持 QQ 账号登录，简书支持豆瓣登录，知乎日报支持新浪微博和腾讯微博登录。不同产品之间的注册方式差距很大，主要考虑的是用户来源和产品本身的业务模式。

(a) 用户来源：考虑到微信、微博、QQ 强大的用户基础，很多 App 都开始支持第三方登录。这样做的好处是可以优化用户注册流程，提供用户体验。简书增加了豆瓣登录，也是考虑到简书的用户与豆瓣的用户匹配度比较高，有利于用户转化。

(b) 业务模式：知乎日报的主要营销对象在知乎外，而非知乎内，是一款对外营销知乎品牌的产品。既然受众主要是知乎外用户，那么增加知乎用户登录功能自然不是必要的，而且也会让没有知乎账号的人产生排斥感。强制用户使用微博登录，可能也有利用用户分享的方式协助对外推广的目的。

很多时候注册和登录方式的选择是多种因素共同作用的结果，具体的还应该视产品而定。

4) 首页功能设计

(1) 进入首页前的授权弹窗　用户在初次登录进入产品首页之前，会弹出一些弹窗，包括授权类弹窗或促销类弹窗。授权弹窗只有在用户通过授权产品才可以正常运转和使用某项功能。授权弹窗也是操作系统安全机制中的一部分，会涉及用户的安全和隐私。

授权弹窗的设计可以直接使用系统模态弹窗的样式，iOS（苹果公司开发的移动操作系统）和安卓（Android）弹窗的样式还有点不一样，iOS 除了系统固定文字外还可以配以必要的说明文字，告知授权的重要性和不授权的后果，而安卓只能是系统固定的文字，相比起来 iOS

更优一点。且 iOS 只能出现一次授权弹窗,而安卓比较特殊,下次登录时还会弹出授权弹窗,也可以点击不再提醒。但是如果 iOS 用户在第一次拒绝了授权,产品也是有二次授权的机会,比如电商类产品消息通知的授权,好多用户都不会授权,因为不喜欢被促销消息所打扰,但是这类授权对电商类产品很重要,再次登录产品时,会弹出二次授权弹窗提醒用户去打开消息通知。

(2) 城市/地址定位 在获取用户的定位授权后,产品可以根据定位范围提供相应的服务,功能很常见,比如电商类、团购类、社交类(做社区电商)等;用户每次进入产品首页都会刷新定位,一般都很精准,用户除非需要更改定位才会想到要去点击它。

不同产品对于定位功能的诉求是不一样的:电商类首页顶部不保留定位功能入口,用户一般会在个人资料里添加多个收货地址,下单时直接选择地址就好,不需要用户常去更改定位,所以现在首页定位入口干脆隐藏掉了;团购类产品首页定位到区、县、市等,而对团购类或是需要提供及时配送服务的产品,需要方便用户查看和更改定位,所以这类产品都将定位功能在首页予以保留;外卖、及时配送类产品首页需要定位到具体地址。

以美团为例,美团首页顶部保留着定位功能入口,考虑用户使用场景,用户通过产品可以查看定位城市周边所有团购服务,只需要精准定位到区、县、市等即可,如有查看其他区域需求时,用户可以点击进行切换。

(3) 扫一扫 扫一扫功能几乎是每天都会用到的功能,二维码付款已经充斥了我们生活的各个方面,微信、支付宝的扫一扫功能越来越强大,不但可以扫描二维码,还可以识别手机相册内照片上的二维码。表 7-3 为具有代表性的产品扫一扫的功能。

表 7-3 不同 App 扫一扫功能

App	功能
微信	扫码识别+相册照片二维码识别+书籍/CD等封面识别+街景识别(定位功能)+文字拍照翻译+操作文字提示+手电筒
支付宝	页面布局和交互与微信类似,区别是页面底部的 AR Tab
淘宝	底部 AR、扫码、拍照识别 Tab(Tab 间切换会有动效)+识别历史+相册照片二维码识别+手电筒+帮助+操作文字提示+广告
京东	顶部扫码识别、拍照识别、AR Tab+识别历史+交易记录+输入条形码+操作文字提示+手电筒+底部付款码、支付优惠、相册照片二维码识别、会员码

(4) 顶部 Banner(旗帜)广告位 Banner 广告几乎是所有产品难以避免的存在,它也是产品出于运营需要或盈利的方式之一。Banner 数量一般为 3~8 个不等,可以左右滑动查看,点击可进入相关专题或是详情页面。电商类产品的 Banner 是根据用户喜好生成的,系统推荐给用户可能感兴趣的内容,可产生较高的点击率。

常见的 Banner 设计比例有 2∶1 和 16∶9,当然这不是固定的,高度可以根据产品需要来定,比如电商类产品首页空间比较宝贵,Banner 高度就会相对紧凑,以节省页面空间。我们在设计 Banner 时最好使用屏幕最大的宽度尺寸进行设计,这样做虽然会多占资源,但是在适配下面的各个屏幕时可以避免可能出现模糊不清的状况。

5) 导航栏设计

导航是在各个功能场景之间切换的工具,是整个产品功能的大框架。它将产品的功能有序地连接起来,让功能出现在合理的位置。如果没有导航的话,用户在使用产品时会不知所

措,想使用某个功能也无法快速找到。导航的形式主要有如下7种:

(1) 底部标签式导航　底部标签式导航是最常见、最常用、最符合用户习惯的样式,是导航中的首选样式。根据拇指热区图显示,拇指的最佳操作区域是只有页面的三分之一,所以标签导航常位于页面底部,一般作为全局导航使用。导航的内容最直观,不会被隐藏,并且被选中的标签会高亮显示,明确告诉用户当前所在位置,用户可以轻松点击标签进行页面切换。

(2) 顶部Tab式导航　这类导航形式也很常见,常和底部标签式导航搭配使用。作为二级辅助导航样式,一般Tab数量为3个以上,并且可以进行左右滑动切换。当然也有作为一级导航使用的情况,比如安卓的设计规范中,将顶部Tab式导航作为一级导航;再比如QQ音乐,出于产品核心功能需要,音乐播放页面的快捷入口始终置于页面底部,所以主导航就使用了顶部Tab式导航。

(3) 舵式导航　舵式导航,也称为点聚式导航,也可归为底部标签式导航一类,因为在两者搭配使用时,它常作为核心功能入口放在中间位置,形成了对称,故而叫作舵式导航。设计上会和其他标签有明显区分并重点突出了自己,很容易吸引用户的注意力,也有鼓励用户使用该功能的意味,但是因为过于明显所以会弱化其他功能入口。比如带有社交属性的产品,会希望用户多发布一些UGC内容,常采用这种导航形式。这类导航里常放置用户经常使用的或是产品最重要的功能,拓展的功能数量不宜过多。

(4) 抽屉式导航　抽屉式导航,也称为汉堡或侧边栏导航,也是很常见的一种导航样式,多用于阅读类产品。因为可以给用户沉浸式阅读体验,可以将很多低频功能藏到抽屉导航内,节省了屏幕空间,自然可以让页面看起来简洁美观。还有一些产品因为功能比较复杂,抽屉导航常作为辅助导航进行配合使用,比如QQ既有底部标签式导航又有抽屉式导航。还有一类就是目的性比较强的产品,比如共享单车或是打车软件,都是采用这类导航,将用户最需要的核心功能放在首页,其他的都隐藏起来,不干扰用户的注意力。当然这类导航的弊端也有很多,比如隐藏起来的功能用户可能会想不起来去展开,需要用户多操作才能进入其他功能页面等。

(5) 宫格式导航　使用这种导航样式最具代表性的就是美图秀秀,这类导航在视觉上比较整齐直观,方便用户快速查找,同等级功能之间割裂感比较大又或是功能之间没有很大的关联可以采用这种导航形式。虽然这种导航形式功能的数量上可以很多,但还是建议这种导航方式作为辅助导航使用,一方面用户对这种导航形式相对比较陌生,接受度不一定高;另一方面,由于功能间割裂感较大,可能用户切换其他功能时会比较麻烦。比如微信钱包页面、电商和团购类产品首页Banner下的类目入口也是属于宫格式导航,都是作为辅助导航使用。

(6) 列表式导航　这种导航形式很常见,但用户平时很难察觉这类竟然也是导航,在视觉上整齐美观,几乎所有产品都会用到,列表式导航和宫格式导航类似,只是在表现形式上有不同。列表式导航的表现形式有很多,比如纯文字/icon+文字/文字+图片等。数量上也可以很多,并没有局限性,因为用户是上下滑动查看的方式。常作为二级导航和其他导航搭配进行使用,因为不方便用户切换功能,并且太靠下的列表可能点击率不高。

(7) 悬浮式导航　这种导航形式也比较常见,现在的手机屏幕比较大,用这种导航方式也越来越多,常作为二级辅助导航使用,在阅读类或工具类产品中比较常见。点击导航常伴有动效并出现若干功能,这些功能聚合在悬浮导航内,节省了屏幕空间,但是会对用户的视觉形成干扰。

6）加载方式设计

加载是用户在进行某个操作，服务器进行处理后并将数据反馈给用户。对这一过程中耗费的时间用来做什么，用户是不知情的，所以才会需要有加载方式来进行反馈，减少用户的焦虑。

（1）下拉刷新加载　下拉刷新这一交互的首创是源于 Twitter。下拉刷新其实也不只是在首页存在，在产品很多页面中普遍存在。下拉刷新的过程是页面整体下拉—顶部出现提示文案"松开即可刷新"—松开后显示旋转动效＋"刷新中"—刷新成功后动效消失—页面自动置顶或如果刷新失败进行提示。

下拉刷新的动效设计越来越多样化，已不再局限于早期系统的刷新样式，各大产品都设计了拥有自己特色的刷新动效，将自己的品牌基因融合进去，并加以趣味活泼的文案修饰，给人一种惊喜感，可以加深用户对产品的印象，这种做法可谓是一举多得。

（2）进度条加载　多用于 Web 端，这种加载方式不知道具体的加载时间，开始时可以加载的较快，最后时可以加载慢一点，这样用户会比较愿意等待，但是不能在加载时卡住。移动端用这种方式的不多，多数是 H5 页面，因为这种加载方式会过于吸引用户的注意力，而且在加载速度很快的情况下可能进度条都不会显示出来。

（3）全屏加载　全屏加载是用户在进入新页面时的加载方式，一次性加载完所有内容之前看不见任何内容，自然也无法进行操作，所以最好能采用情感化的加载动效设计，因为趣味的动效反馈可以避免用户的焦虑。但在对于网络不佳的情况下，加载时间过长会让人感到急躁，所以这种加载方式的跳失率比较大。

（4）分段加载　这类加载方式属于上拉刷新加载，使用场景一般是用户刷到 Feed 流底部时继续上滑或点击后加载出的数据。在做交互文档时应该注明一次性加载出多少条数据，这个需要根据产品的自身需求来定，如仅加载文字内容的话可以一次性加载 50 条，而带有图片的内容数据可以一次性加载 25 条。

（5）分步加载　顾名思义，就是一步一步地加载，优先加载占用资源比较小的内容。分步加载主要分两种情况：第一种先加载文字再加载图片，图片的突然出现会打扰到用户，这种体验不佳，已经慢慢被舍弃了；第二种就是先加载出页面的框架再加载出页面的内容，比如先加载图片占位符，占位符可以是灰色或产品主色（＋Logo 或 icon）或彩色（后台设置颜色，随机出现），接着加载页面文字，最后加载占位符位置上的图片。这种加载方式的好处是可以让用户快速看到页面整体的大致结构，体验较好。

（6）懒加载　指在用户使用到时才会加载，以免造成流量和资源的浪费，比如用户刷Feed 流时，上滑被看见时再加载出图片内容，再往底下看不见的位置可能只加载出文字和框架。

（7）智能加载　指在不同网络环境下，加载的内容也不一样。比如在 4G 网络下，为了给用户节省流量，页面中进行加载文字内容和普清图片，不对视频进行加载或只加载标清视频，但是考虑一部分用户的流量比较多，所以现在也会给用户提供自己选择的权利，比如弹窗提醒用户是否使用流量加载或切换高清模式；而在 Wi-Fi 条件下，则是可以自动加载高清图片或视频。

（8）预加载　在阅读类产品中使用较多，指对用户下一步的操作进行预判，提前加载下一页的内容，以减少用户进入下级页面时加载所需要的时间。可以和智能加载搭配使用，比如在 Wi-Fi 情况下可以使用预加载,移动网络下则不进行预加载,节省流量,这样的体验会比较好。

7.4 App 运营与推广

7.4.1 App 运营

1) 探索期

一个 App 在成型之前,是否真能满足用户需要,还有待验证。为了防止杂乱的内容令社区失控,在这个时间,需要确定好内容的调性(用户对于产品在情感上的整体感知)。

(1) 引入种子用户　以知乎 App 为例,知乎早期投入市场的时候,选择的是半封闭的形式,创始人通过自己的人脉,将界内的一些较为知名的人士邀请到知乎中来。借助这些名人的名气,网络上出现了各种求邀请码的帖。

不少用户在微博、豆瓣等平台求助他人,最后才要到了邀请码。事实上,当时知乎官方也是有派发邀请码的,但是需要用户填表格申请,官方审核通过了之后才能获得,这种填写个人信息获得邀请码的方式,实际上是在自己与种子用户间搭建了一座沟通的桥梁。将种子用户遇到的问题和建议反馈给 App 后台运营者,后台运营者根据用户的需求,对 App 进行改进。

(2) 个性风格的确定　以爱彼迎(Airbnb)(一家为用户提供空房出租信息的 App)为例,在调查中发现,App 上的图片都是房东用手机随随便便拍出来的,对于用户没有任何的吸引力,为了吸引到用户,Airbnb 的运营人员挨家挨户地上门,帮助房东拍摄房子的照片,并将照片美化,上传到 App 上。由此可见,App 内的内容在很大程度上决定了用户是否会喜欢,是否愿意继续待在这里。

个性风格会对用户第一次进入这个 App 时的主观感受产生影响,所以在这个阶段,App 后台运营者应该确定好 App 的内容调性。如果是内容产品,需要确定内容的评判标准;如果是电商产品,需要确定商品的图片展示;如果是社交产品,则需要确定用户与用户间如何连接。

(3) 刻画目标人群画像　探索期可以通过接入一些第三方的应用监测软件开发工具包(SDK)来了解初期用户群体的画像,从侧面验证用户群体与假设的目标用户群体特征是否一致,常见的是人口学属性(性别、年龄、学历、地域)。

(4) 监测留存率指标　在当前用户符合目标受众特征时,核心关注这些用户的留存率、使用时长和频率、用户的黏性等指标。

比如留存率的维度分很多种(7 日,双周,30 日等),依据该 App 的特征来选择,若 App 本身满足的是小众低频需求,留存率则宜选择双周甚至是 30 日;留存率高,代表用户对产品价值认可并产生依赖。一般来说,假设能得到验证,通常低于 20% 的留存率是一个比较危险的信号。

2) 成长期

App 正式推出到市场上后,模仿者会在这个时候出现,如果 App 没办法快速获取用户,则会被竞品赶超。所以在这个时期,App 会根据用户的需求快速迭代。在此阶段,需要大量的用户,所以在这个阶段,重点是要对 App 进行推广。

(1) 推广　对 App 进行推广,如果你的 App 尚未在任何平台发布,可以申请应用商店首发,如果已经发布过了或者申请首发失败,可以购买应用商店的付费推广服务。

(2) 活动促销　促销活动能够在短时间内快速获取 App 用户,很多公司在这一个阶段将促销活动作为首选推广方式。

2015 年外卖线上与线下融合的交易模式(O2O)的补贴大战,饿了么、美团外卖和百度外卖三足鼎立,拼命烧钱。新用户仅需一块钱就可以点餐,这种烧钱补贴活动为这三个外卖平台快速获取了大量用户。

通过烧钱补贴带来的用户,忠诚度不高,一旦补贴力度减弱或取消,用户就会离开。所以,除了烧钱抢用户,还需要用活动的手段培养用户的使用习惯。

(3) 监测新用户的增长和激活指标　在成长期仍需要关注用户留存、用户时长、用户画像的变化等数据,但可以将侧重点放在关注用户的整个生命周期的管理上,其中以新用户的增长、激活、触发到稳定活跃用户的整个用户行为漏斗分析为主。

3) 成熟期

App 进入成熟期时,已经累积了大量的用户,但此时,市场仍存在着较多的竞品,若是掉以轻心,很容易被抢占市场。所以,在这个阶段,运营是重点,要围绕着用户进行精细化运营,关注用户的活跃度,在用户心中建立起企业的品牌形象。

(1) 用户活跃度　App 内已经有了大量用户,但是并不活跃,所以部分 App 应在这个阶段完善用户激励体系,具体的激励方法可以是虚拟荣耀、积分等级、徽章等。比如共享单车前些年火爆的时候,摩拜和 ofo 都推出了免费骑行的月卡。

(2) 品牌塑造　在这个阶段,企业需要通过运营推广来不断塑造自身的品牌形象,使用户对企业具有更高的认知度,而这样才能使企业更加深入人心,对企业的长远发展更为有利。

(3) 监测流失与回流指标　随着用户快速增长,App 也在不断完善,在进入成熟期前后,关注的重心开始从用户生命周期的前半段(吸引、激活、留存)往后半段(流失、回流)开始偏移。

在关注流失指标的过程中,通过回访定性＋数据验证为主要手段,可先对流失用户进行分群,对该类人群进行分析,初步了解流失的原因,再根据流失特征反向验证,确定最终的流失原因,最后通过改变 App 的运营策略,促进用户回流。

4) 衰退期

当该 App 进入衰退期,有如下策略可供选择。

(1) 维持策略　保持原有的细分市场和营销组合策略,把销售维持在一个低水平上。待到适当时机,便停止该产品的经营,退出市场。

(2) 集中策略　把企业能力和资源集中在最有利的细分市场和分销渠道上,从中获利。这样有利于缩短产品退出市场的时间,同时能为公司创造更多的利润。

(3) 收缩策略　抛弃无希望的顾客群体,大幅度地降低促销水平,尽量减少促销费用,以增加目前的利润。这样可能导致产品在市场上的衰退加剧,但也能从忠实于这种产品的顾客中获取利润。

(4) 放弃策略　对于衰退比较迅速的产品,应该当机立断,放弃经营。放弃的形式可以是把产品完全转移出去或立即停止生产;也可以采用逐步放弃的方式,使其所占用的资源逐步转向其他产品。

7.4.2　App 推广

App 的推广方式与网站的推广方式基本相同,相同之处不再赘述。不同的是,因为 App

是要安装在用户端,而网站是安装在自己的(或租赁的)服务器上。App 开发多基于 iOS 和安卓(Android),两种系统的分发渠道是不同的。iOS 系统的分发渠道有官方的 App Store 和通过 iOS 签名的方式进行应用分发下载安装。安卓的分发渠道比较多,各大安卓手机厂商都有自己的分发应用商店,也可通过在第三方平台进行分发下载。

案例研究

瑞祥福鲤圈 App

1. 公司概况

瑞祥福鲤圈 App 是江苏瑞祥科技集团有限公司旗下的一家综合生活服务平台,以打造福利礼品行业龙头企业为发展目标,为客户提供一站式数字福利解决方案。该平台提供生活缴费、出行预订、酒店住宿、景点门票、演出票务、外卖服务、电子卡券兑换等多重增值服务。自创立以来,累计服务企业超 16 万家,与 3 000 多个品牌,60 000 多家连锁商超、百货、餐饮等开展深度合作。

2. 福鲤圈 App 整体架构设计

App 平台采用高性能的 PHP+EasySwoole 技术框架,运营管理端主要划分会员中心、产品中心、订单中心、商户中心 4 大 EOP 服务模块。客户端企业用户主要接入福鲤圈小程序及 App,商户用户主要接入商户宝小程序及 App。通过分布式、集群式部署策略及反向代理、负载均衡、静态资源缓存、限流等机制确保 C 端用户快速流畅的使用体验;通过 HTTPS 安全认证、应用端数据过滤机制、存储容灾方案数据恢复机制、系统鉴权、API 访问黑白名单权限以及业务核心数据加密传输处理等方案保证平台的高安全性。

福鲤圈 App 在上下游业务交互过程中接入了各大应用中台,包括瑞祥通行认证中心、支付中台、卡券中台、大会员平台、售后中台、Open API 开发中台、日志数据中台等,使得福鲤圈和各业务平台数据天然互通,构建闭环私域流量池,不断发挥数据流量价值,进而支持公司业务的决策和优化,整合生态服务,高效构建内外一体化的企业数字化平台,加速实现公司的数字化转型。

在服务接口层面采用了 RESTful API 标准协议。RESTful API 是典型的基于 HTTP 的协议,提供支持高可用、稳定可靠的各类服务接口,应用层服务包括:

① 基础服务:统一鉴权、瑞祥联合支付、云端文件存储三大基础服务。

② 业务服务:用户中心、商品中心、订单中心、积分中心、消息中心、评价中心、内容中心、公告中心、配置中心、日志中心十大业务服务。

在环境部署方面,与江苏联通达成上云合作,在阿里云及腾讯云相关资源库上开设云主机配置及相关应用,不仅实现了数据信息化、实时化,同时降低了运维成本,优化了业务模式,提升了经营管控能力,提高了企业生产经营效率。

数据存储层采用了 MySQL 数据库集群。MySQL 数据库可提供安全可靠、性能卓越、易于维护的企业级云数据库服务,可实现分钟级别的数据库部署、弹性扩展以及全自动化的运维管理。MySQL 数据库集群主要对系统的存储做高可用,如出现任何一个数据库节点宕机的情况,对客户端都不影响,保障数据服务的正常运行。

内存数据库 Redis 对部分常用资源及静态资源数据进行缓存存储,提升系统性能,提高并发访问和响应速度。

负载均衡(Cloud Load Balancer,简称 CLB)提供安全快捷的流量分发服务,访问流量经由

CLB 可以自动分配到云中的多台云服务器上,扩展系统的服务能力并消除单点故障。负载均衡支持亿级连接和千万级并发,可轻松应对大流量访问,满足业务需求。

消息队列采用腾讯 CMQ(现 TDMQ)技术　腾讯云消息队列是一种分布式消息队列服务,它能够提供可靠的基于消息的异步通信机制,能够在分布式部署的不同应用(或同一应用的不同组件)之间收发消息。CMQ 支持多进程同时读写,收发互不干扰,无须各应用或组件始终处于运行状态。消息队列 CMQ 高效支持亿级消息收发和推送,海量消息堆积且消息堆积容量不设上限;单集群 QPS 超过 10 万。

3. 福鲤圈 App 前端设计

(1) 首页部分采用卡片展示方式,卡片式的分类布局使各项功能清晰明了。

(2) 添加金刚区位,以满足更多用户的需求,用户可以快捷地找到相应的分类、首页的产品分类,避免了用户仅使用搜索页面来回跳转。

(3) 限时秒杀作为 Banner 运营的补充,滚动的区域,即减少了纵向所占区域,动态的滚动状态又保持了比较强的引导作用。

(4) 主题色依旧延续瑞祥活力橙,选择更为明亮的色彩,以提升页面整体的对比度,增加购买欲,高饱和的橙色也增加了愉悦的氛围。

(5) 根据业务需求,大牌卡券为主导业务,分别在首页的头部和底部展示,头部今日好券使用动态图标吸引用户点击,接着品牌墙增加品牌效应,增加用户的点击欲望,底部卡券列表形式全面展示卡券内容。

附:集团官网:https://www.jsrxjt.com/;瑞祥福鲤圈小程序二维码,见图 7-1。

图 7-1　瑞祥福鲤圈小程序二维码

案例分析题:

1. 分析瑞祥福鲤圈 App 整体架构设计的合理性。
2. 登录瑞祥福鲤圈 App,从用户视角分析其前端设计的合理性。

练习与思考

一、判断题

1. App 是需要安装在用户端的应用软件。　　　　　　　　　　　　　　　　(　　)
2. App 是安装在智能手机、平板电脑等移动终端设备上面的,较安装在 PC 上的网站,使用起来较不受时间和地点的限制。　　　　　　　　　　　　　　　　　　　　(　　)
3. App 都应设置注册登录功能。　　　　　　　　　　　　　　　　　　　　(　　)
4. App 营销的精准度高。　　　　　　　　　　　　　　　　　　　　　　　(　　)

二、选择题

1. 下列各种 App 导航形式中,(　　)是最常见的样式。
A. 底部标签式导航　　　　　　　　　　　B. 抽屉式导航
C. 悬浮式导航　　　　　　　　　　　　　D. 宫格式导航

2. 以下各种注册方式中,(　　)不是 App 注册的主要方式。

A. 手机号注册　　　　B. 邮箱注册　　　　C. 自定义用户名注册　　D. 添加身份码注册

3. 在(　　)需要监测用户流失与回流指标。

A. 探索期　　　　　　B. 成长期　　　　　C. 成熟期　　　　　　　D. 衰退期

4. 以下哪一条不是 App 设计的基本原则(　　)。

A. 一致性原则　　　　B. 简便原则　　　　C. 以用户为中心原则　　D. 以开发技术人员为中心原则

三、简答题

1. 抽屉式导航有哪些优缺点？

2. 处于成长期的 App 该如何运营？

实践操作

训练题目： App 营销方案设计。

目的要求： 让学生熟悉 App 营销模式。

训练内容： 选择一个较为熟悉的 App,为其设计一个营销方案。

组织分工： 3~5 人一组,组内分工。

提交成果： 小组提交 2 500 字的营销方案。

训练器材： 互联网、计算机。

8 第三方平台营销

[学习目标]
(1) 了解第三方平台的概念、类型和优缺点。
(2) 掌握第三方平台的选择方法。
(3) 熟悉第三方平台网店开通流程。
(4) 掌握 PC 端及手机端网店装修技巧。
(5) 熟练掌握第三方平台网店的促销方式。

8.1 第三方平台概述

8.1.1 第三方平台的类型

第三方平台是指独立于产品或服务的提供者和需求者的第三方机构,按照特定的交易与服务规范,为买卖双方提供供求信息发布、商品搜索、交易洽谈、货款支付、商品物流等服务支持的网络服务平台。

第三方平台的类型很多,可以从多种角度进行分类。

1) 按照平台运营模式分类

运营模式主要是从第三方平台扮演的角色出发进行分类,可以分为两类:平台型第三方平台和混合型第三方平台。

(1) 平台型第三方平台 这种平台主要是指独立于产品或服务的提供者和需求者的第三方机构搭建的一个供买卖双方进行在线交易的网络空间。在整个交易过程中,企业只需要将精力放在交易的谈判上,第三方平台会为企业提供技术保障和服务保障,促成交易的达成。典型代表有阿里巴巴中文站等。

(2) 混合型第三方平台 这种平台主要是指一些企业将原来只供自己使用的平台对外开放,吸引其他商家入驻,最终实现平台资源利用的最大化的一种运营模式。但对于平台来说也是很具有挑战的,既要保持原有的竞争优势,又得对入驻的商家进行管理。典型代表有亚马逊、京东等。

2) 按照交易主体分类

交易主体是从第三方平台面向的交易对象进行分类,可以分为四类:B2B 第三方平台、B2C 第三方平台、C2C 第三方平台以及混合型第三方平台。

(1) B2B 第三方平台 是专门为企业与企业之间提供交易服务的第三方平台。B2B 第三方平台的典型代表有慧聪网、中国制造网等。

(2) B2C 第三方平台 是专门为企业与消费者之间提供交易服务的第三方平台。B2C 第三方平台的典型代表有天猫等。

（3）C2C第三方平台　是专门为消费者与消费者之间提供交易服务的第三方平台。C2C第三方平台的典型代表有淘宝网等。

（4）混合型第三方平台　是在电子商务发展到一定阶段出现的一种类型，在激烈竞争的环境下，平台为了扩大规模，提升平台交易量，平台对买卖双方的身份不再做强制规定，买卖双方可以是企业也可以是个人。如淘宝网，开设店铺的时候就会让你选择开设的是企业店铺还是个人店铺，同时，个人买家使用淘宝账号登录阿里巴巴，也可以在阿里巴巴电商平台上进行购物。

3）按业务范围分类

按业务范围划分就是根据第三方平台为消费者提供商品品类多少进行分类，可以分为两类：综合交易平台和垂直交易平台。

（1）综合交易平台　综合交易平台上的产品种类丰富，且横跨多品类，为消费者提供更多选择，从而满足消费者对一站式购物的需求，使得平台具有更大的竞争力。综合交易平台的典型代表有淘宝、京东等。

（2）垂直交易平台　垂直交易平台将特定产业的上下游厂商聚集在一起，让产业链上的厂商都能很容易地找到供应商和买主。这类交易平台更具专业性，提供的是符合某一领域用户需要的产品和服务，满足他们特定的购买习惯，从而更容易取得用户信任。垂直交易平台的典型代表有中国化工网等。

4）按地域范围分类

按地域范围划分主要是根据交易主体所处的关境，可以分为两类：境内交易平台和跨境交易平台。

（1）境内交易平台　是指为同一关境的用户（买卖双方）提供的互联网交易平台，淘宝网、京东、慧聪网都属于这类平台。

（2）跨境交易平台　是指为不同关境的用户（买卖双方）提供的互联网交易平台，速卖通、亚马逊、Wish、敦煌网就属于这类平台。

8.1.2　第三方平台营销的优缺点

第三方平台是一个依托互联网建立起来的虚拟交易市场，它以"中介"身份为买卖双方顺利完成交易提供必要的技术支持和服务。相较于企业自建的网站而言，具有以下优缺点：

1）第三方平台的优点

（1）交易概率高　第三方平台会根据市场形势，制定入驻政策，以吸引企业入驻，快速占据市场，将巨大的市场呈现在企业面前，从而吸引更多的企业入驻，通过这样的良性循环，最终形成第三方平台的企业集聚，增加了企业间合作机会和交易概率。

（2）初始投入较少　第三方平台为企业省去了自建平台的建设费用、推广费用和维护费用，只需缴纳入驻年费（有的平台可免费入驻）或按平台规则缴纳销售成，企业不用承担自建平台的风险。

（3）入市门槛低　企业自建网站费用相对高、周期长，而且后期的管理和维护难度大，需要有专门的技术人员进行维护。相比之下，企业在第三方平台开设店铺只需要提交相关资质材料即可，时间短、操作简单，同时，平台也为企业提供了多种推广营销方式，实施精准投放，为企业带来大量流量，从而大大降低了企业入市门槛。

2）第三方平台的缺点

（1）店铺样式单一　企业自建网站可以根据企业理念对网站进行设计，在网站中添加各种所需元素,使得网站的样式多样化,而第三方平台提供的店铺样式相对单一,难以展现出店铺自身的特点,无法形成个性化、差异化,无法实现对客户的长时间吸引。

(2) 运营受限制　对于企业自建网站来说,企业根据需要,设计个性化功能,随心所欲做各种营销活动,还可以和企业内部信息管理系统对接,但是在第三方平台下,企业的相关操作都受到平台规则及相关功能限制,使得企业的选择性大大减弱。

8.1.3　第三方平台的选择

第三方平台数量繁多,每个平台都有各自的特点,如何选择平台,是摆在想要利用第三方平台开展网络营销的企业面前的首要任务。我们一般从第三方平台的平台属性、平台服务、平台费用等方面综合考虑。

1) 平台属性

第三方平台的基本属性通常包括平台规模、平台类型、平台品牌等。

(1) 平台规模　第三方平台的客户数、访问量决定了这个平台的规模,是第三方平台实力表现的重要标志,也是企业选择第三方平台的首要依据。平台规模除了从官方发布的相关数据中获得,还可以通过查看平台的访问量来获得。

(2) 平台类型　第三方平台类型众多,不同类型的平台有不同的特点。例如,综合平台具有行业覆盖面广、平台内容广度大、客户资源庞大等特点;行业平台显著的特点就是专业化、垂直化,平台内容深度大,行业分工精细;区域平台则主要是针对某一特定区域范围内的综合性或行业性平台。因此,企业在选择搭载平台时,应该根据自身的规模、技术、业务流程、产品、组织结构、所处的地理区域等要素,结合不同平台的特点,合理地选择第三方平台。

(3) 平台品牌　第三方平台的品牌是企业衡量第三方平台可信度的一个重要标准,买卖双方都将平台的品牌作为选择平台的依据之一。

2) 平台服务

平台服务是指第三方平台为入驻企业提供的服务,比如,企业供求信息发布、店铺装修、在线支付、物流管理、营销推广、售后服务、客户关系管理、数据分析等。平台提供的全面、深层的服务,可以帮助企业从烦琐的事务中解脱出来,将重心放在产品研发等方面,从而增强企业入驻的意愿。

3) 平台费用

企业在入驻第三方平台的时候,需要缴纳一定的保证金才能在店铺中发布商品。保证金主要是用以保证店铺规范运营及对商品和服务质量进行担保,当商家发生侵权、违约、违规行为时,第三方平台可以依照与商家签署的协议中相关约定及平台规则扣除相应金额的保证金作为违约金或给予消费者的赔偿。同时,店铺为了获得更多的流量,需要使用平台提供的推广营销工具,而这些工具的使用也需要一定的费用。

8.2　第三方平台网店设计与装潢

8.2.1　第三方平台网店申请

我们以淘宝网为例,来说明第三方平台网店开通流程。淘宝网开店流程主要有两步:

1)注册淘宝账户

用户可以通过访问淘宝网首页,点击"免费注册",输入手机号验证完成后,根据实际情况填写相关信息即可完成注册。如果之前有买家账户,可以使用买家账户作为卖家账户。

2)认证

有了淘宝账号后,想要开店的话,还需要进行"支付宝实名认证"和"淘宝开店认证"。登录淘宝网,依次点击"千牛卖家中心""免费开店",进入店铺创建界面,见图8-1。

图8-1 店铺创建界面

选择相应的店铺类型,点击"创建"按钮,进入"开店须知"界面,了解相关条款后,点击"我已了解,继续开店"按钮,进入"开店认证"界面,见图8-2。

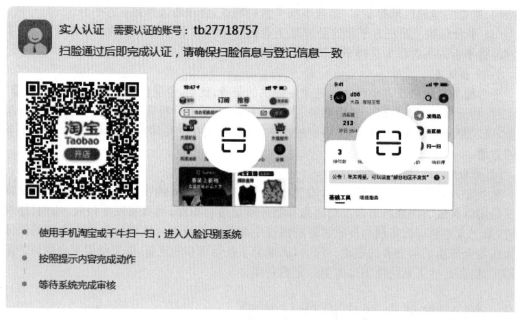

图8-2 开店认证界面

进入"开店认证"界面后,开始进行"支付宝实名认证"和"淘宝开店认证"。根据系统要求,点击"立即认证",进入认证界面,提交相关材料,等待审核。"支付宝实名认证"一般在提交材料后24 h内完成审核,"淘宝开店认证"一般在提交材料后1~3天内完成审核。所有审核通过后,再次进入卖家中心,接收"开店协议",完成网店申请。

8.2.2 第三方平台店铺基本设置

店铺开通后,首先需要对店铺基本信息进行完善,这些基本信息将会直接向买家展示,对商家来说非常重要,需要商家认真如实填写。商家通过进入卖家中心,在左侧纵向菜单中依次点击"店铺管理""店铺基本设置",进入店铺基本设置界面,见图8-3。

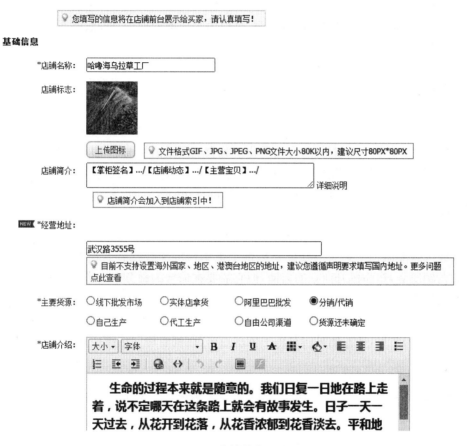

图8-3 店铺基本设置界面

1)店铺名称

好的店铺名称有利于交易,买家在搜索我们店铺的时候,通过店铺名称能够精准地找到卖家,所以要谨慎填写。可以根据自己的品牌或企业名称命名,特别注意取的名字一定要简单好记。

2)店铺标志

店铺标志好比我们实体店铺的牌匾,企业的Logo,用户在搜索店铺的时候,它会展示出来。所以店铺标志一定要清晰明了。

3)店铺简介

店铺简介是对店铺出售商品的一个说明,可以将店铺出售的商品罗列在里面,用户在搜索相关商品的时候,我们的店铺能出现在他的搜索结果页中。店铺简介以主营的形式在搜索结果页中显示。店铺只有展示在搜索结果页才有机会被用户点击、查看,这样才能增加店铺的销售额。

4）经营地址

经营地址需要填写我们经营的真实地址,如果填写完无法保存,可以使用高德地图进行重新定位。经营地址虽然很简单,但是非常重要,如果淘宝网发现商家经营地址存在弄虚作假,商家会受到平台处罚,对店铺的搜索展现权重是有影响的。

5）主要货源

主要货源是淘宝网收集商家数据的一种途径,用户可以根据实际情况填写即可。

6）店铺介绍

店铺介绍就是对店铺主要内容进行说明,可以填写店铺的理念、产品、联系方式等,突出店铺的实力即可。

8.2.3 店铺装修

随着互联网的发展,网络已经成为人们购物的重要渠道。企业为了适应市场需求,纷纷开通网上销售渠道,市场竞争越来越激烈,在同质化现象愈加严重的情况下,很多商家都显得举步艰难。如何在众多千篇一律的店铺内脱颖而出呢?我们可以通过对店铺进行装修,来提高店铺页面的视觉效果,增加用户的视觉体验,提供更加便捷的操作引导界面,从而提升店铺的竞争力。

1）店铺装修版本

淘宝网为店铺装修提供了旺铺基础版和智能版。旺铺基础版无须订购,所有卖家都可以免费使用;旺铺智能版在基础版的基础上提供了更丰富的无线端装修功能和营销方法,从转化、效率和营销层面,全面提升商家的店铺,但它需要在淘宝的服务市场进行订购。

2）店铺装修类型

根据用户访问时使用设备的不同,可以将淘宝店铺装修分为 PC 端装修和手机端装修。商家登录"卖家中心"后,在左侧纵向菜单中依次点击"店铺管理""店铺装修",进入店铺装修界面,见图 8-4。

图 8-4 店铺装修界面

淘宝平台为店铺装修提供了两种方式,一种是通过模板装修;另一种是根据店铺需要进行自主装修。模板装修可以使用系统提供的免费模板,也可以在"服务市场"中购买模板。购买操作为:进入"服务市场"后,点击左侧菜单栏中的"店铺装修"进入"装修市场"进行购买,见图8-5。使用模板装修简单快捷,但缺乏个性。相对而言,自主装修能够结合企业理念、产品特点进行自由灵活设计,突出个性,但是对于装修人员的要求较高,不仅要懂得 HTML 语言,还要懂得常用图片处理技巧等。

图 8-5 装修市场入口

(1) PC 端店铺装修　PC 端店铺可以装修的页面包括基础页、宝贝详情页、宝贝列表页、自定义页、大促承接页和门店详情页,见图 8-6。

图 8-6 PC 端店铺装修界面

每个页面都由页头、主体、页尾三部分构成,页头、页尾部分是一个通栏的设计,它的宽度为 950 px,主体部分是左右结构,宽度分布是 150 px 和 750 px。如图 8-7 所示,页头和页尾是通用的，页面主体部分根据每页各自功能，布局不同的模块。比如，店铺首页是网店的门面，它的颜值越高才能吸引买家停留得越久，所以在装修首页的时候，我们可以放入图片轮播模块、促销活动模块、商品展示模块等。而在宝贝详情页，为了方便用户咨询，可以放入客服中心模块。在 PC 端店铺装修的时候，我们需要考虑店铺的装修风格以及模块布局。

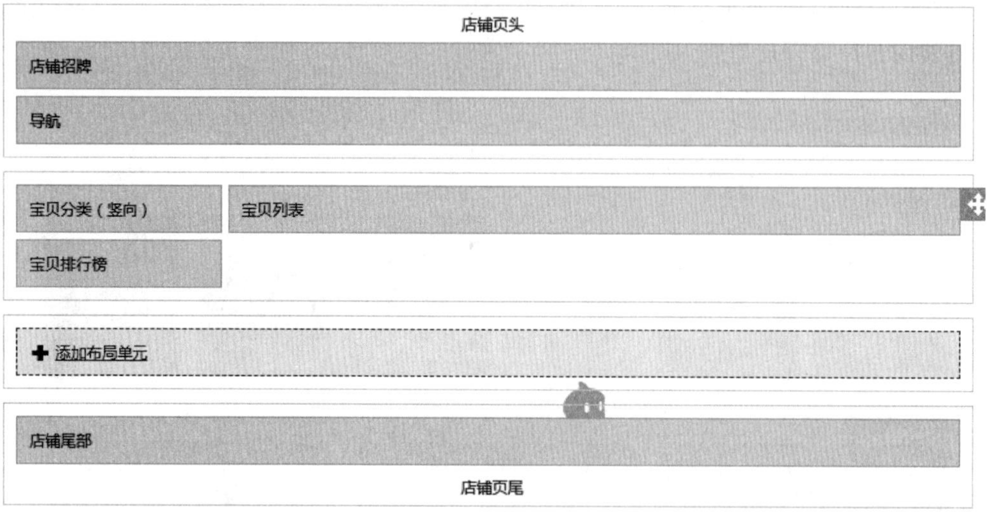

图 8-7　页面结构

① 页面风格：淘宝网为店铺提供了统一风格，合适的风格会强烈地影响买家的购买行为。当你选择一种配色方案后，点击该方案，就能在"页面编辑"中看到导航、各模块标题上应用了相应的配色。见图 8-8。

图 8-8　配色方案界面

② 店铺页头：店铺页头结构相对固定，由店铺招牌（简称"店招"）和导航两部分构成。店铺页头的规格是 950 px×150 px。店铺招牌是传递网店的经营理念和品牌形象的重要工具，一般由图片构成，它的高度最多设置为 120 px，再多就会影响导航部分的显示效果。

店铺招牌有两种类型，一种是默认招牌，上传事先设计好的图片完成店铺招牌装修，同时，还可以根据需要选择是否在店铺招牌上显示店铺名称以及设置相应默认招牌高度，见图 8-9。这种类型的店铺招牌的缺点是无法在图片上设置热点来实现页面跳转，导致无法达到引流的效果，营销的功能大大降低。另一种是自定义招牌，这种类型可以通过直接添加 HTML 代码使得上传的图片自带热点，让促销活动或者热卖商品等信息不只是展示，而且能够实现链接跳转，达到营销效果。具体操作步骤是：首先设计好图片，然后利用代码生成工具为图片添加链接,最后将生成的代码复制到自定义招牌的代码区,见图8-10。

图8-9 默认招牌界面

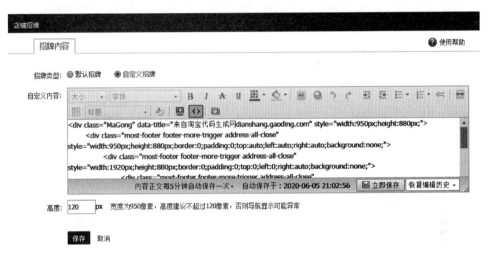

图8-10 自定义招牌界面

导航就是让顾客可以清楚、快速地找到自己所要东西的类目,从而提示顾客更直接的购买路径。导航装修有两种方式:一种是导航设置,打开导航编辑器,单击"添加"即可完成导航内容添加。导航内容包括"宝贝分类""页面"和"自定义链接"。另一种是显示设置,是直接输入CSS代码完成装修,见图8-11。

③ 页面主体:各页面中主体的模块会有不同,其中最常用的模块有图片轮播、促销活动、宝贝分类、商品展示等。

图片轮播一般出现在店铺首页中,能够实现在有限的空间里尽可能多地展示信息,包括商品信息和促销活动等信息。具体设置为:首先通过拖拽的方式将模块添加到页面相应位置,然后对轮播图片及轮播方式等信息进行设置,见图8-12。

淘宝网在店铺装修中提供了很多形式的促销活动模块,如满返、红包、购物券、满减等。这些模块要想在页面中生效,必须先在店铺中设置相应的活动,才能在页面中显示出来,否则系统会出现模块未创建提示,见图8-13。

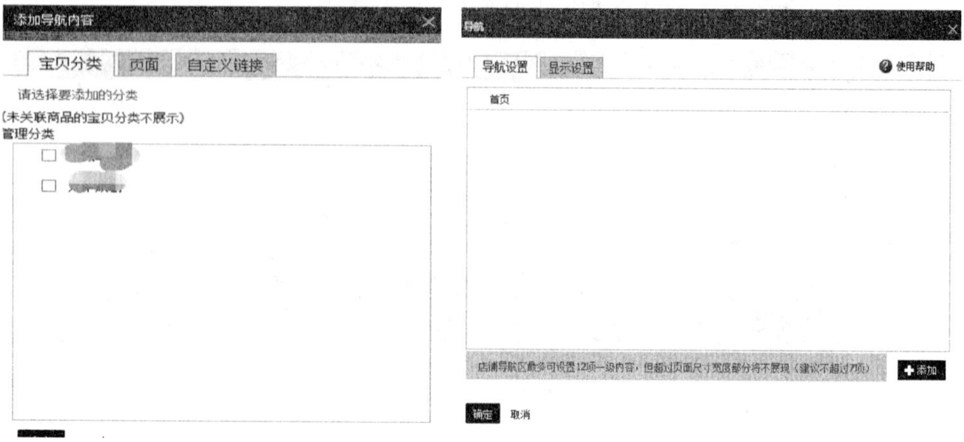

(a)　　　　(b)

图 8-11　导航界面

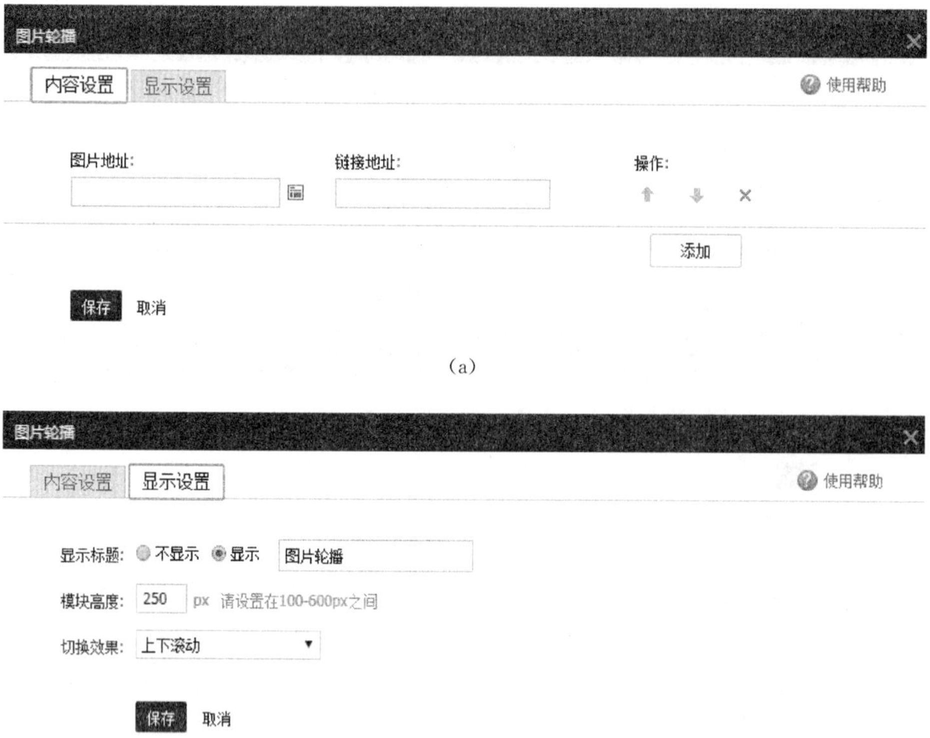

(a)

(b)

图 8-12　轮播图显示设置界面

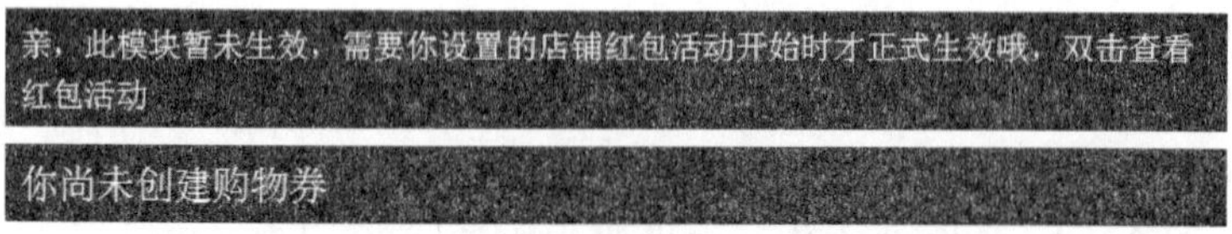

图 8-13　模块未创建提示

除以上这些促销活动外,优惠券也是常用的促销活动。它的创建可以通过自定义内容区模块来实现。除了要事先在店铺中设置好优惠券活动外,还需要能够实现用户点击优惠券进行页面跳转,领取相应优惠券。这和之前所说的营销型店铺招牌很相似,所以,优惠券的实现操作是:首先在页面中添加"自定义内容区"模块,然后利用代码生成工具对设计好的图片添加链接,最后将生成的代码复制到自定义内容区的代码区内,见图8-14。

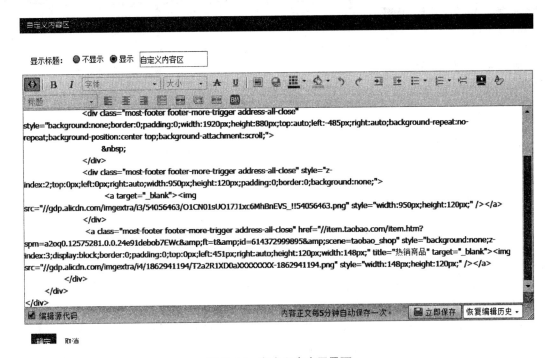

图8-14 自定义内容区界面

商品分类的作用主要是引导进入店铺的买家快速找到自己所需的商品,从而增强买家的购物体验。商品分类可以通过"默认分类"和"个性分类"两个模块来实现,这两个模块的宽度为150 px,见图8-15。

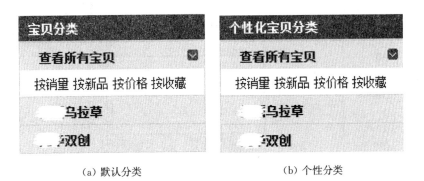

(a)默认分类　　　　　　　　(b)个性分类

图8-15 宝贝设置默认分类和个性分类

商品展示区顾名思义就是对商品进行展示,一般会选择一些热卖商品、新品、主推商品、促销商品在页面中展示。可以通过系统提供的"宝贝推荐"模块来完成装修。"宝贝推荐"包含两个选项卡,一个是"宝贝设置",见图8-16(a),这里提供了多重选择项,直接影响展示商品内容,包括宝贝推荐方式、自动推荐排序、宝贝分类、关键字、价格范围以及宝贝数量;另一个是"电脑端显示设置",包括:显示标题(标题的内容可以根据显示商品类型进行更改)、展示方式以及是否显示等内容,见图 8-16(b)。

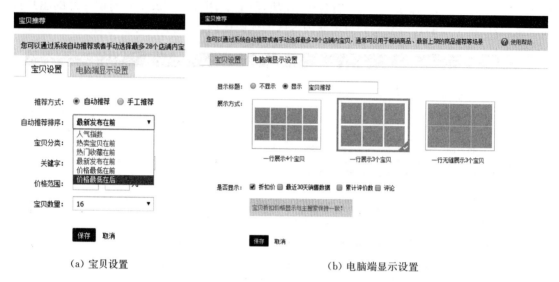

(a) 宝贝设置　　　　　　　　　　　(b) 电脑端显示设置

图 8-16　宝贝设置和电脑端显示设置

④ 店铺页尾:店铺页尾可以用来展示店铺特色的宝贝、活动信息等,一般通过"自定义内容区"模块来装修。

(2) 手机端店铺装修　事实上,手机端用户已经成为店铺流量的主要组成部分,相比于 PC 端而言,手机端店铺装修更为重要,它更能提高店铺的转化率。

手机端装修界面和 PC 端差不多,页面中的模块都是通过拖拽的方式进行添加,但是在模块编辑方面,系统提供的模块更加丰富,功能也更加完善,使得手机端装修会更加智能、方便。手机端装修模块主要包括智能人群类、宝贝类、图文类、营销互动类等类别,每个类别中又包括很多子类。通过对每个子类属性的设置,来完成手机端的装修,见图 8-17。

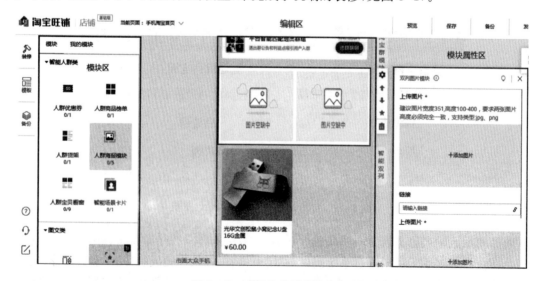

图 8-17　手机端店铺装修界面

① 智能人群类：智能人群类里面包含了"人群优惠券""人群商品榜单""人群货架""人群海报模块"等模块，这些模块都需要针对不同的人群设置对应显示的内容，以便店铺对不同类型的用户进行不同的营销策略，从而提高店铺的转化率。一般人群分为三类：店铺新客、店铺老客、店铺会员。比如，在进入手机淘宝店铺后，经常看到店铺中有优惠券，如果你想对不同用户给予不同的优惠，就可以使用"人群优惠券"来实现，见图 8-18。如果你之前在后台已经将优惠券设置好了，当模块拖拽到编辑区后，系统自动抓取你所创建的优惠券，按照门槛面额由小到大排列，但是最多显示 6 个优惠券。点击保存即可完成"人群优惠券"装修，操作非常简单。

图 8-18　人群优惠券界面

② 宝贝类：宝贝类里面包括"智能双列""智能单列""猜你喜欢""宝贝排行榜""视频合集"等模块，主要是将商品根据不同的布局需求显示在页面中。

"智能双列""智能单列"是按照一行显示两个或者一个宝贝进行布局，通过属性来设置宝贝选择方式、显示宝贝数量、排序规则等，见图 8-19。该模块还支持放入视频，若你添加了含主图视频的宝贝，则视频主图将替换宝贝坑位的图片，在 Wi-Fi 下自动播放。

"猜你喜欢"模块属于淘宝"千人千面"策略层面。该模块所列商品是系统根据算法自动展现，只要拖拽到相应位置即完成操作，无须商家再编辑，见图 8-20。

"宝贝排行榜"是系统根据后台数据自动生成的，可以从销量和收藏进行排名。

③ 图文类：图文类包含的模块较多，但是有些模块功能和其他类里的模块功能差不多，比如"单列图片模块""双列图片模块"和宝贝类模块中"智能双列""智能单列"。图文类中常用的模块有"定向模块"和"轮播图模块"。

"定向模块"其实是一个针对特定人群进行宣传展示的海报，只有符合条件的人群才能在页面上看到本模块，见图 8-21。商家需要去"客户运营平台"对人群进行定向策略设置，可以设置多组策略来针对不同人群。

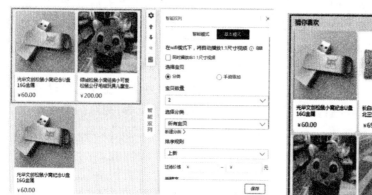

图 8-19　智能双列界面　　　　　　图 8-20　猜你喜欢界面

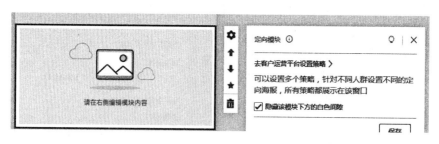

图 8-21　定向模块

"轮播图模块"可以自动轮流播放图片,最多支持 4 张图片轮播,可以给每张图片添加相应链接,经常用于首页横幅广告处,见图 8-22。图文类中添加的图片一般都是提前做好的,所以,在制作图片之前一定要按照相应模块对图片的尺寸要求来制作。

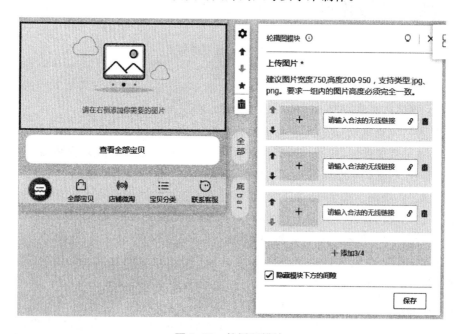

图 8-22　轮播图模块

④ 营销互动类：店铺日常运营中离不开营销活动，它能够提高初次进入网店购物顾客的购买热情和买家的回头率等，从而提高网店的市场占有份额。手机端页面可以布局系统提供的营销互动类模块来达到店内营销的效果。淘宝提供了很多营销互动类模块，其中使用最多的是"优惠券模块""淘宝群模块""会员卡模块"。

和智能人群类中的"人群优惠券"模块不同，这里的"优惠券模块"所添加的优惠券是针对所有访问者的，可以通过自动添加和手动添加两种方式进行操作。自动添加是系统自动抓取店铺已经创建的优惠券，按照面额从小到大排列，最多显示 6 个优惠券。手动添加需要自己设置显示优惠券的数量及种类。

"淘宝群模块"是用来在页面中创建淘宝群。淘宝群是商家对店铺会员及粉丝的实时在线运营阵地，通过淘宝群卖家可高效触达消费者，结合群内丰富的玩法和专享权益，形成客户的高黏性互动和回访，促进进店和转化。淘宝群需要先创建，只有满足"近 30 天支付宝成交笔数在 30 笔及以上"的店铺才可以创建淘宝群，见图 8-23。

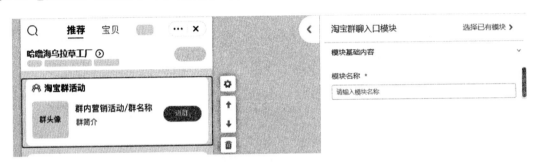

图 8-23　淘宝群模块

"会员卡模块"设置完后，消费者可以通过模块看到自己在店铺的会员 VIP 等级和积分，要应用这个模块需要先设置会员卡功能，这属于客户关系管理，将在后续的章节中介绍。

8.3　第三方平台网店运营

第三方平台网店运营是指企业为了实现自己的商业目标，对开设在第三方平台上的网店的运营管理。网店日常运营管理的内容包括宝贝管理、物流管理、交易管理和数据分析。

8.3.1　宝贝管理

宝贝管理包括宝贝发布、宝贝操作两个部分。

1）宝贝发布

宝贝发布就是将商品信息发布到网上，供用户查看选购。在发布之前应该准备好商品的图片及各种信息。宝贝发布以后，用户才能通过搜索引擎找到店铺，才能为店铺带来更多的流量。

(1) 宝贝发布的前提　在宝贝发布之前，店铺需要加入消费者保障服务，简称"消保"。

① 消费者保障服务内容：消费者保障服务分为基础消费者保障服务和特色交易约定服务。基础消费者保障服务包括商品如实描述义务、7 天无理由退货义务等；特色交易约定服务包括发货时间承诺服务、品质承诺、破损补寄承诺、退货承诺等。消费者保障服务的目的是为

了保护消费者的权益,当商家的承诺未履行时,消费者可以获得相应的赔偿。

② 消费者保障服务资金保障工具:加入消费者保障服务时要选择资金保障工具。资金保障工具一共是 3 类 4 种,分别是:保证金、订单险和账期保障,其中保证金又分为现金保证金和保险保证金。具体选用哪种资金保障工具由商品的类目决定。

(a) 现金保证金:缴存并以专户形式冻结作为金钱质押,用于担保您对于消费者保障服务承诺以及淘宝网相关规则规定的履行和遵守的资金。根据类目不同,现金保证金的数额从 1 000 元到 10 万元不等。

(b) 保险保证金:通过购买保险的方式可以获取保险公司提供的授信额度,该授信额度属于保证金账户额度的一部分;保险公司会在该授信额度内根据保险协议先行垫付退款或赔付金额。这种方式无须冻结保证金,只需支付少量保费即可。

(c) 订单险:是淘宝网联合保险公司为淘宝集市卖家量身定做的险种。加入订单险后,根据维权结果,保险会替卖家先行赔付给买家。赔付后,保险公司会向卖家追缴赔付款项对应金额,也会收取一定费用。

(d) 账期保障:是一种交易货款账期延长的资金保障工具。确认收货后 15 天届满或售后完成后,账期解除,资金才能转为支付宝可用余额。

每种工具都有它们各自的特点,商户可以根据自己的实际情况进行选择。

③ 服务和工具的开通流程

第一步:登录淘宝网,进入"卖家中心",依次点击左侧菜单栏中的"淘宝服务""消费者保障服务",见图 8-24。

第二步:进入"资金保障工具"选择界面。通过切换红色框区域选项卡,来选择不同类型,点击各类型下的"开通"按钮完成选择,见图 8-25。设置完资金保障工具后,就能发布宝贝了。

(2) 宝贝发布　宝贝发布的流程比较简单,只要按照系统提供的流程操作即可,具体流程如下:

① 进入发布页面:登录淘宝网,进入"卖家中心",依次点击左侧菜单栏中的"宝贝管理""发布宝贝",进入发布界面,见图 8-26。

② 选择商品发布方式:商品发布方式有 3 种,分别是"一口价""拍卖"和"租赁"。"一口价"表示卖家以固定的价格出售宝贝,淘宝网上大部分商品都是使用这种方式进行售卖的。"拍卖"是卖家出售宝贝时设置宝贝起拍价、加价幅度,以价高者得的方式出售商品。商家可以设置较低的起拍价来吸引消费者,从而增加店铺流量,引起关注。如果你的店铺想入驻淘宝租赁市场,可以选择"租赁",但是,需要将你店铺中所有非租赁的宝贝下架或删除,否则会受到淘宝处罚。

③ 设置类目:系统提供的类目是淘宝设定好的,所有售卖的商品都会在类目框中找到自己所属的类目。类目对于发布的商品来说是非常重要的,因为类目是店铺的流量来源,如果将类目选错,系统不会将你的商品展现在消费者面前。类目的选择有两种方式,第一种是直接搜索,即在搜索框中直接输入商品名字,点击"搜索"后,系统会将所有包含该名字的类目都显示出来;第二种是从类目框中从左往右一级一级选择,这要求商家对商品以及淘宝类目的分类都非常熟悉,见图 8-27。

④ 结合实际填写商品信息:这里是商品发布的重点,很多填写的信息都会在商品详情页显示,所以要认真仔细填写。要填写的商品信息包括基础信息、销售信息、图文描述、支付信息、物流信息以及售后服务。填写后点击"提交宝贝信息"即可完成该商品的发布。

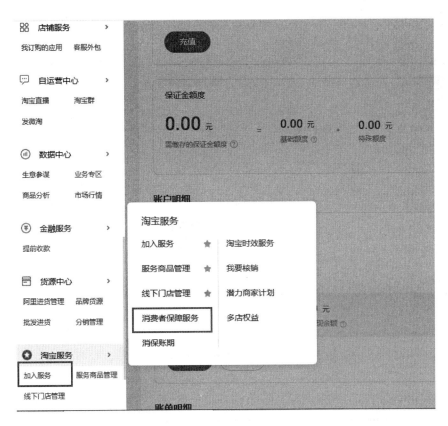

图 8-24 消费者保障服务入口

图 8-25 资金保障工具界面

2）宝贝操作

（1）查看宝贝 回到"卖家中心"首页，依次点击左侧菜单栏中的"宝贝管理""出售中的宝贝"，就能找到刚刚发布的宝贝了，见图 8-28。

图 8-26 商品发布界面

图 8-27 设置类目

(2) 编辑宝贝 如果你想对某一宝贝进行编辑，找到该宝贝，并点击该宝贝操作区的"编辑商品"即进入编辑界面，根据实际情况修改即可。

(3) 上架、下架宝贝 如果想让出售中的宝贝下架，可以点击该宝贝操作区的"立即下架"即可。下架后的宝贝在"仓库中的宝贝"选项卡内找到；如果想让"仓库中的宝贝"选项卡中的宝贝上架，点击该宝贝操作区的"立即上架"即可，该宝贝又回到了"出售中的宝贝"选项卡中。

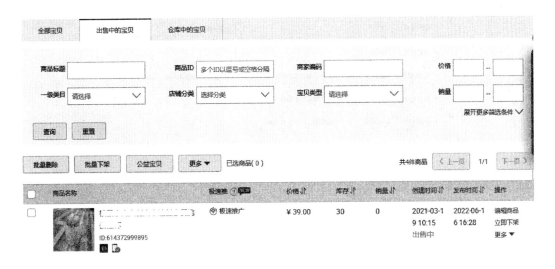

图 8-28 查看宝贝

8.3.2 物流管理

为了能够实现物流发货等基本功能,需要对物流相关内容进行设置。

1)物流工具设置

对物流工具设置主要是为了让店铺具有基础的发货功能,同时,让店铺获得地域标签。可以通过登录淘宝网,进入"卖家中心",依次点击左侧菜单栏中的"物流管理""物流工具",进入"物流工具设置"界面,见图 8-29。在物流工具中,需要对"地址库"和"运费模板设置"两个内容进行设置。

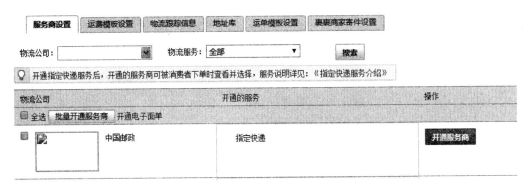

图 8-29 物流工具设置界面

(1)地址库 是用来保存自己的发货、退货地址。所以,要根据实际情况如实填写。最多可以设置 50 条地址。

(2)运费模板设置 每个宝贝在发布的时候都需要选择相应的运费模板,如果设置错误,会直接影响店铺收入,所以,运费模板设置非常重要。进入运费模板界面后,点击"新增运费模板"进行设置,见图 8-30。

① 模板名称:用于卖家区分不同的模板,只有卖家才能看到。

图 8-30 新增运费模板界面

② 宝贝地址：指卖家发货的地址。

③ 发货时间：是指当用户拍下商品后，多长时间内发货。一般设置为 48 h 内发货。

④ 是否包邮：自定义运费，即非包邮；卖家承担运费，即包邮。选择不同，运送方式设置也不同。

⑤ 计价方式：可以根据店铺与快递公司签订的协议进行设置。一般选择"按重量"。

⑥ 运送方式：必须三选一，如果选择卖家承担运费，即包邮，只需勾选任意一种方式即可。如果选择的是自定义运费，在勾选方式后，详细设置邮费标准。

⑦ 指定条件包邮：当店铺做某些活动，如购物满 38 元包邮、指定苏浙沪包邮等，就可以在这里进行设置。

2）电子面单

电子面单是淘宝店铺开店的必备工具，和传统的面单相比，它的打印速度快，可以节省很多时间，见图 8-31。

(a) 电子面单　　　　　　　　　(b) 传统面单

图 8-31　电子面单和传统面单

(1) 电子面单开通流程　当电子面单模板设置好之后,在之后淘宝店铺的经营过程中,几乎是不需要再去改动的。电子面单需要开通才能使用,具体操作如下:

① 找到开通电子面单入口:登录淘宝网,进入"卖家中心",依次点击左侧菜单栏中的"物流管理""物流服务",进入"物流服务"界面,见图8-32。

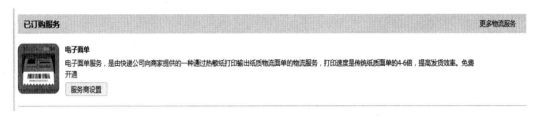

图8-32　开通电子面单界面

② 开通电子面单:点击图8-32中的"免费开通",进入选择物流公司界面,见图8-33。

图8-33　选择物流公司

③ 向物流公司发出申请:点击"申请"后,填写相关申请表格,填完后需要等待公司审核。其实,在开通电子面单之前,一般是先和物流公司联系,从价格和效率等方面综合考虑,确定使用哪家物流公司,然后再申请。

(2) 电子面单配套内容　电子面单开通时,还需要为电子面单配备以下内容:
① 要去服务市场购买电子面单打印软件。
② 要购买电子面单专业打印机。
③ 要向物流公司购买快递单号。

经过以上设置后,就能对产生的订单进行发货了,打印出相应的电子面单,张贴在商品包装的外面,联系快递公司完成发货流程。

8.3.3　交易管理

交易管理也是网店运营中最常用的一项,它是指对交易流程的管理,常用的操作有"已卖出的宝贝"和"评价管理"

1) 已卖出的宝贝

登录淘宝网,进入"卖家中心",依次点击左侧菜单栏中的"交易管理""已卖出的宝贝",进入"已卖出的宝贝"界面。在本页中可以根据系统提供的标签查到相关交易内容,还可以通过订单的某个或某些属性来查看特定的交易内容,见图 8-34。

图 8-34　查看已卖出宝贝界面

2) 评价管理

淘宝评价是淘宝店铺的信誉度表现。买家收到货物主要是看商品与网上描述是否一致,卖家服务是否耐心、细致等。真实客观的评价不仅可以提升卖家的信誉度,还可以供更多的潜在买家参考。

淘宝评价体系包括"信用评价"和"店铺评分"两种,淘宝订单评价两种都包括,天猫订单只有店铺评分。买卖双方可基于真实的交易在交易成功后 15 天内发布与交易商品或服务相关的信息,开展相互评价。卖家登录淘宝网后,进入"卖家中心",依次点击左侧菜单栏中的"交易管理""评价管理",进入"评价中心"界面,可以查看到 7 天和 30 天的 DSR(Detailed Seller Ratings,即卖家服务评级系统)评价、近半年内的信用评价统计情况,还可以查到一些违规评价的"评价治理"情况。

(1) 信用评价　信用评价仅在淘宝集市使用,在淘宝集市交易平台使用支付宝服务成功完成每一笔交易订单后,双方均有权对交易的情况做出相关评价。

信用评价采用的是积分制,随着积分增长,会进入不同的信用等级。淘宝网买卖双方信用等级见图 8-35。

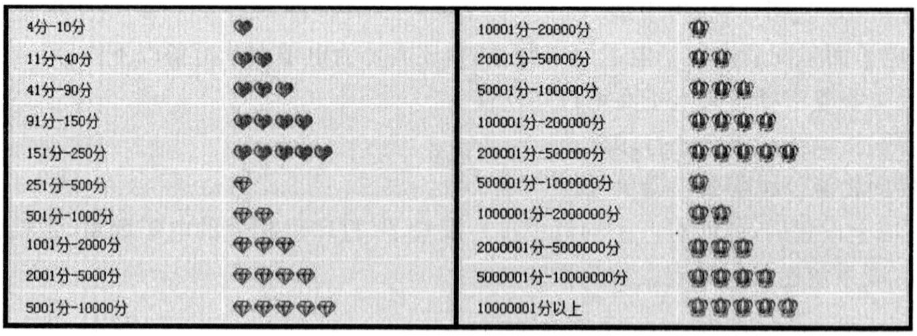

图 8-35　信用等级

评价分为三类:"好评""中评""差评"。信用评价的积分规则是:"好评"加 1 分,"中评"零分,"差评"扣 1 分。同时,淘宝平台为了鼓励大家参与交易评价,如果一方评价而另一方在 15 天内未评价,那么评价方信用积分加 1 分。为了防止刷分情况的出现,淘宝平台规定:每个自然月中,相同买家和卖家之间的评价计分不得超过 6 分,超出计分规则范围的评价将不计分;若 14 天内相同买卖家之间就同一个商品进行评价,多个好评只加 1 分,多个差评只扣 1 分。

淘宝平台也提供评价修改操作，但只针对中、差评。买家可以在评价后的30天内进行修改或删除操作，逾期将无法再修改。修改为好评后，如果符合计分规则的，那么会正常计分。

（2）店铺评分　店铺评分，也称DSR动态评分，是指在淘宝网交易成功后，买家可以对本次交易的卖家进行如下3项评分：宝贝与描述相符、卖家的服务态度、物流服务的质量。每项店铺评分取连续6个月内所有买家给予评分的算术平均值，见图8-36。

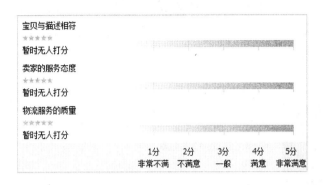

图8-36　店铺动态评分

店铺评分的规则为：

① 交易成功后的15天内，买家可本着自愿的原则对卖家进行店铺评分，逾期未打分则视为放弃，系统不会产生默认评分，不会影响卖家的店铺评分。

② 若买家在进行店铺评分时，只对其中1项或几项指标做出评分就提交，则视为完成店铺评分，无法进行修改和补充评分，剩余未评指标视作放弃评分，不会默认评分。

③ 每个自然月，相同买、卖之间交易，卖家店铺评分仅计取前三次。

④ DSR计算的是使用支付宝并且交易成功的客户，非支付宝的交易客户不能进行动态评分。

（3）评价解释　商家可以在"评价管理"页面中，查看来自买家的评价，评价后面对应的"解释"按钮是指您可以对收到的评价进行解释，发表您的看法，解释入口会在评价生效后开放，评价解释期为对方做出评价的30天内，逾期解释入口将关闭。主评和追评各有一次解释机会，若卖家在主评和追评均已产生的情况下进行解释，则只能对追评进行解释，主评无法解释。

8.3.4　数据分析

随着大数据时代的到来，网店的运营不能局限于依靠经验，而是要以数据为依据，通过店铺数据分析，制定有效的店铺运营策略，实现数据化运营。

1）数据分析的意义

对于一个店铺而言，可以在卖家中心看到很多数据，如访客数、支付订单数、支付金额、支付人数、转化率、核心流量等。这些数据的变化直接反映店铺的运营状况，通过对数据监控来发现问题，从而调整运营策略。所以，数据分析是每个运营所必须具备的技能。当发现店铺销售额下降，首先要分析访客数据，看访客数有没有降，如果降了，说明流量入口可能出现了问题；如果没降，可能是转化率出现了问题，转化率降低可能是页面装修不好、详情页描述不清、客服解答不满意等原因造成的，通过对相关模块的数据分析，最终得出销售额下降的原因，从而对症下药,帮助店铺健康、持续发展。

2) 数据分析工具——生意参谋

(1) 生意参谋概述　生意参谋是阿里巴巴集团重金打造的首个商家统一数据平台,面向淘宝网、天猫商家提供一站式个性化、可定制的商务决策体验。该数据平台集成了海量数据及店铺经营思路,还新增了自助取数、单品分析、商品温度计、实时直播大屏等新功能。

生意参谋需要订购才能使用。卖家登录淘宝网,进入"卖家中心",依次点击左侧菜单栏中的"我订购的应用""服务订购",进入服务市场,在搜索框中输入"生意参谋",在搜索结果页中点击,进入订购页面,见图8-37。

图 8-37　生意参谋订购界面

生意参谋有好几个版本,根据店铺实际需求进行订购,其中"标准包"是免费的,它为店铺提供基础的数据查看和查询功能。

订购完后,就可以在"我订购的应用"中看到该应用了,点击"生意参谋"进入它的主界面,见图8-38。

(2) 生意参谋主要数据　生意参谋包括很多功能模块,其中很多主要数据都会在首页进行展示,包括实时数据、整体数据、流量数据、转化数据、客单数据、评价数据、竞争数据以及行业数据。

① 实时数据:包括实时概况和店铺概况两部分数据。

(a) 实时概况:显示店铺实时数据,包括访客数、支付买家数、浏览量以及支付的子订单数。同时可以将今日的数据与昨天同时段进行对比,从数据对比上可以反映出今天店铺发展情况。

(b) 店铺概况:显示店铺在淘宝集市店铺中的排名,包括了层级排名、名次排名以及变化情况等。系统以30天支付金额为依据对店铺进行排名,并将排名结果显示出来,系统一共设置七层级,从第一层级开始到第七层级结束,排名层级越高,店铺获得流量空间也会更大。

② 整体数据:包括运营视窗、服务视窗以及管理视图。

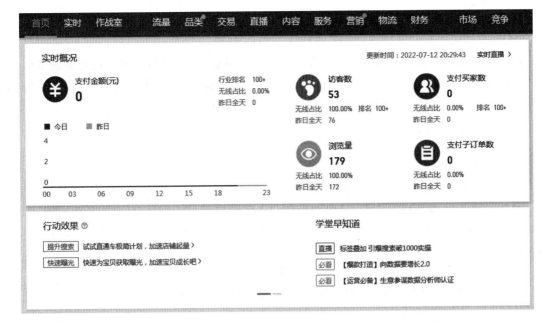

图 8-38　生意参谋主界面

（a）运营视窗：显示店铺近一个月的支付金额、访客数、转化率、客单价、退款金额、直通车、超级推荐、钻展消耗、淘宝佣金、支付新老买家数、支付子订单数、支付件数、收藏加购浏览数以及行业优秀店铺和你的数据对比。

（b）服务视窗：显示了店铺纠纷率、退款率、投诉率、介入率等数据。

（c）管理视图：能够帮助店铺更加宏观地制定好整年的目标。

③ 流量看板：能够看到店铺的流量都来自哪里。分为一级流量和二级流量。一级流量表示流量的渠道，如站内免费流量、站内付费流量、站外流量等；二级流量是流量渠道的明细，如免费流量可以是通过搜索引擎进店的流量，也可以是通过购物车重新进入的流量。

④ 转化看板：可以看到店铺的商品收藏人数和收藏次数、加购人数和加购件数、支付买家数和支付件数等数据，同时，通过查看商品的访客数，了解哪个宝贝的权重最高。从加购收藏支付最多宝贝知道哪个款式最受欢迎。

⑤ 客单看板：显示买家在店铺下单的平均件数、客单价金额以及连带率，同时还会给店铺推荐一些可以搭配的宝贝。通过版块的数据可以掌握店铺客单价是多少以及商品的关联销售有没有做好。

⑥ 评价看板：显示了近一个月 DSR 评分的走势图以及负面评价榜，可以看到当前店铺负面评价数量多的一些宝贝。DSR 的评分影响着店铺的权重，同时，还会影响参加淘宝官方活动的资格，通过这个版块的数据可以了解到店铺售后服务的情况。

⑦ 竞争情报：显示店铺前一天的流失金额，流失人数，引起本店流失的店铺数，流失竞争指数较高的一些店铺。通过这些数据可以判断有哪些同行和本店铺的宝贝在做竞争，哪些宝贝是无法和他们竞争的，如果你的流失金额较高，一定要进流失竞店查看，分析他们的优势。

⑧ 行业排行：可以看到整个行业排名前十的店铺、整个行业排名前十的商品以及排名前十的搜索关键词。通过这些数据可以分析出当前哪些产品销售好、哪些产品的需求量大。

8.4 第三方平台网店的促销方式

网店促销就是商家利用第三方平台提供的营销工具开展营销活动,最终达到促进销售的过程。通过促销活动能够帮助网店快速打造爆款,提升店铺转化率,提升客单价,提升店铺动销率。淘宝网中的促销活动可以分为活动营销和内容营销。

8.4.1 活动营销

淘宝网为网店提供了自运营活动和官方活动两种活动营销。官方活动营销需要店铺符合淘宝或天猫卖家营销平台准入要求,要求里面对店铺资质进行了设定,包括:开店时间、店铺类型、参加买家保障计划、实物交易占比、店铺动态评分、违规级别要求等,所以一般适用于老店。而自运营活动适用于任何店铺。

1)自运营活动

针对不同时期的店铺,自运营活动采用的互动营销方式也不同。对于新店而言,每个进店人员都是一个新访客,都是第一次进入你的店铺,所以,需要利用一些营销方式,如满减、打折、减现、促销价、发优惠券、买二送一等活动来吸引住他们,让他们尽可能多地停留在本店铺里,从而提高店铺的转化率、客单价。这里常用的营销工具有单品宝、店铺宝、优惠券等。淘宝网卖家需要通过服务市场购买这些应用,才能发布相应营销活动。购买后的应用可以在"我订购的应用"里面找到,见图8-39。对于老店而言,除了利用以上工具吸引新顾客外,还可以通过其他营销工具来维系老顾客,如会员管理、淘宝群等。接下来对这些常用的营销工具进行详细说明。

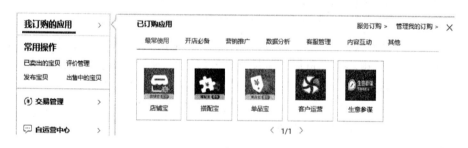

图8-39 我订购的应用

(1)单品宝 单品宝是原"限时打折"的升级版,它支持SKU级打折、减现、促销价,而且对于过期活动,具有一键重启功能,相对"限时打折"而言更加灵活、高效。

单品宝根据活动类型的不同可以分为创建新活动、粉丝专享价、会员专享价、老客专享价、限时特惠,见图8-40。

后面4种活动,都是官方活动,可以直接点击图标创建,也可以通过点击"创建新活动"来创建,见图8-41。比如我要创建一个"老客专享价"活动,就可以用以上两种方式创建。创建新活动是一种通用模板,可以创建任何所需要的活动。

单品宝的活动创建包括活动设置、选择活动商品以及设置商品优惠等步骤。接下来以"创建新活动"为例,对创建流程进行说明。

图 8-40　单品宝活动类型

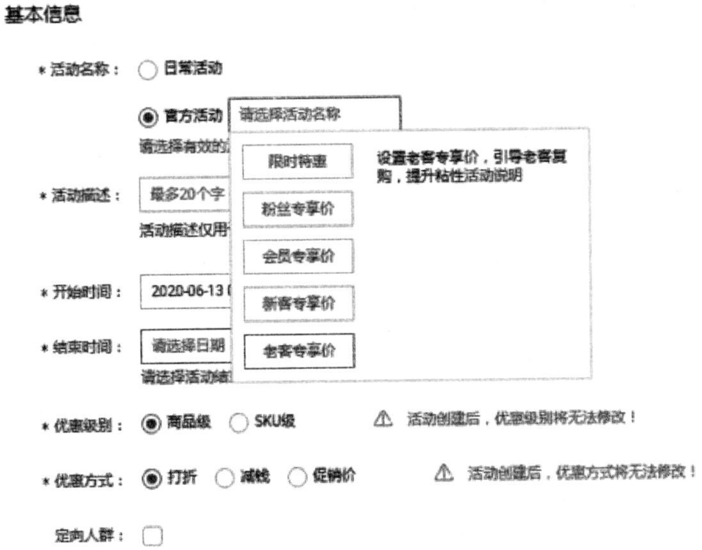

图 8-41　官方活动类型

① 活动设置：从图 8-42 可以看到，单品宝活动设置中包括活动名称、活动描述、开始时间、结束时间、优惠级别、优惠方式、定向人群、活动包邮等信息。

(a) 活动名称：用于指定活动的类型，包含"日常活动"和"官方活动"两种。"官方活动"就是前文说到的几种类型，一般是针对老客户做的活动，适合老店使用。如果你是对单品做日常促销的话，可以选择"日常活动"。淘宝网提供了很多类型的日常活动，商家根据实际情况选择即可，见图 8-43。

(b) 活动描述：这部分内容仅用于商家自己管理活动，不会显示给消费者，所以，这部分内容随意写，自己能区分开就行。

(c) 开始时间：指活动的开始时间，默认当前时间。

(d) 结束时间：指活动的结束时间。

(e) 优惠级别：优惠级别有两类，即商品级和 SKU 级。商品级表示单品详情页中的宝贝都是一个价；如果你的单品详情页中的宝贝价格是区间价，可以选择 SKU 级。但是一旦设置完后，是不能更改级别的，所以，在设置之前要考虑好。

(f) 优惠方式：有三种方式，即打折、满减、促销价。不管选择哪种方式，商品详情页的显示效果都是一样的，只是在后台设置界面不同，它们的目的都是为了做折扣。所以，一般情况

基本信息

图 8-42 设置的活动基本信息

图 8-43 日常活动类型及显示位置

下,选择打折方式即可。

(g) 定向人群:这个功能不是必选项,你需要提前设置针对人群,如加购物车人群、收藏人群等,从而实现精准营销。当选择后,只有被你选中的那类人才能看到优惠信息,这个是单品宝所特有的功能。在使用方面,新店一般不建议勾选,只有让大众都享受到优惠政策,才能快速积累粉丝。等网店经营一段时间后,有了一定流量、老客户、粉丝以后再做。

(h) 活动包邮:如果原来商品中需要邮费的,你在活动中想使用免邮费,你就可以勾选它,从而达到包邮效果。如果你想对个别地区不包邮,可以点击"不包邮地区"进行选择。

② 选择活动商品:进入界面后,根据实际情况勾选要参加活动的商品即可完成本步骤,可多选,见图 8-44。

③ 设置商品优惠:在优惠方式里面,根据设置的优惠方式,输入相应的内容即可。如果经过优惠后价格出现分数,你也可以通过"取整""抹分"等形式进行调整,见图 8-45。

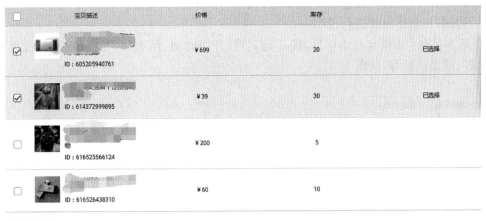

图 8-44 选择活动商品

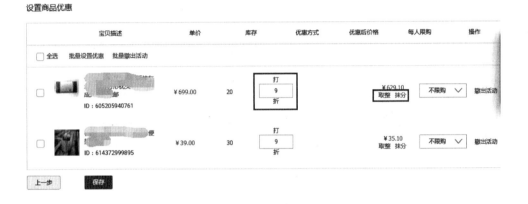

图 8-45 设置商品优惠

(2) 店铺宝 是店铺级优惠工具,是原"满就减(送)"的升级版,支持创建部分商品或全店商品的满减、满折、满包邮、满送权益、满送赠品等营销活动,是一款提升客单价利器。

店铺宝根据活动类型的不同可以分为:创建新活动、满元减钱、多件多折、拍下立减、拍下送赠品、2件7.5折,见图8-46。

图 8-46 店铺宝活动类型

后面5种活动,其实是"创建新活动"的快捷模块,能够快速确定活动类型。店铺宝的活动

· 167 ·

创建包括 5 个步骤：基本信息、优惠门槛及内容、选择商品、活动推广和完成。接下来以"创建新活动"为例，对创建流程进行说明。

① 基本信息：店铺宝基本信息，即活动名称、开始时间、结束时间、低价提醒、优惠类型、定向人群、活动目标等，见图 8-47。

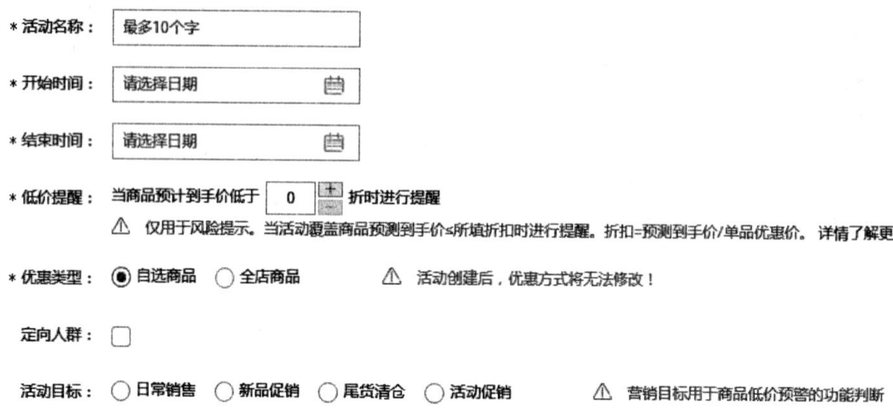

图 8-47　店铺宝活动基本信息

（a）活动名称：按照实际填写就行，便于自己区分，最多 10 个汉字。
（b）开始时间：指活动的开始时间，默认当前时间。
（c）结束时间：指活动的结束时间。
（d）低价提醒：是帮商家检查多优惠叠加后的商品到手价是否有过低风险，避免最终到手价过低出现亏损。在设置活动时，系统会按你填写的低价折扣来抓取出存在风险的商品，并及时提醒给你。

（e）优惠类型：优惠类型有两类，即全店商品和自选商品。全店商品表示店铺下的商品都参加这个活动，只要满足条件，就能享受到优惠。比如，购买 2 件打 9 折，顾客在店铺内任意购买 2 件就能享受到这个优惠。而自选商品表示只有店铺中的部分商品参加这个活动，只有购买这部分商品才能享受到优惠。
（f）定向人群：可选项，同单品宝的定向人群功能。
（g）活动目的：可选项，它有日常销售、新品促销、尾货清仓和活动促销 4 种目的，主要是用于商品低价预警的功能判断。

② 优惠门槛及内容：店铺宝优惠门槛及内容，即优惠条件、优惠门槛及内容等信息，见图 8-48。
（a）优惠条件：这里有两个优惠活动，满件打折和满元减钱，如果你选择的是满件打折，需要确定商品折扣基准价是 7 天最低价。满元减钱就是消费满多少钱

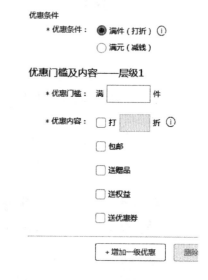

图 8-48　优惠内容设置界面

减多少，这里有个多选项"上不封顶"，勾选与不勾选差距很大。比如，我们做的是满 200 元减 20 元活动，若勾选，则满 200 元减 20 元，满 400 元减 40 元，以 200 元的倍数类推进行减价；若

没有勾选,则满 200 元减 20 元,满 400 元减 20 元,满多少都减 20 元。具体根据店铺的活动进行选择。

(b) 优惠门槛及内容:是活动的主体部分。它包含优惠门槛和优惠内容两部分。优惠门槛会根据优惠条件中选择的类型,显示对应的设置内容。优惠内容部分是多选。除了设置对应的折扣或减钱外,还可以设置包邮、送赠品、送权益、送优惠券等。"包邮"同单品宝的包邮功能。"送赠品"需要商家提前发布,而且是发布在类目为"其他""赠品或其他""搭配类目"下才行。系统提供了很多的权益供商家赠送,如优酷会员、支付宝红包、天猫超市卡等,见图 8-49。你可以根据店铺的营销方案有计划地开通某些项目,进行赠送。这里送的优惠券只能等到下次才能使用,为的是让买家能够复购,所以需要对优惠券的使用时间进行设置,最长是 180 天。买家付完款后就能得到优惠券了。优惠门槛及内容是可以设置多层的,最多设置 5 层,我们可以通过"增加一级优惠"来添加下一层优惠。当顾客满足哪层条件就享受那层的优惠政策。

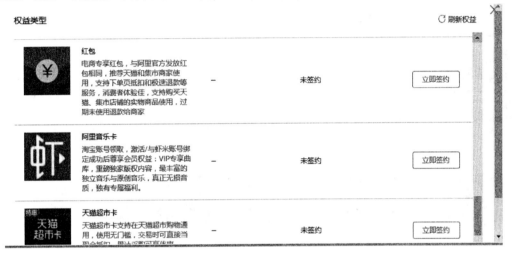

图 8-49 权益类型界面

③ 选择商品:进入界面后,根据实际情况勾选要参加活动的商品即可完成本步骤,同单品宝。

④ 活动推广:活动推广就是帮助你去获得更多的流量。系统提供了 4 个途径,阿里妈妈-超级推荐、群聊-今日超值推广、专属客服以及福利中心,见图 8-50。对于店铺前期可以不用设置此步骤,点击"下一步"跳过,这里的活动更多适合老店。

⑤ 完成:经过前面 4 步的设置,系统提示"设置完成"。

(3) 优惠券 优惠券是一种虚拟的电子券,卖家可以在不用充值现金的前提下针对新客户或者不同等级会员发放不同面额的优惠券,通过设置优惠金额和使用门槛,刺激转化提高客单。优惠券仅能通过官方活动创建。优惠券包括三种类型:店铺优惠券、商品优惠券以及裂变优惠券,见图 8-51。店铺优惠券:全店通用,买家购买全店商品可凭券抵扣现金;商品优惠券:定向优惠,买家购买特定商品可凭券抵扣现金;裂变优惠券:适合好友社交传播,是流量爆发的拉新引流神器。下面以"店铺优惠券"创建为例,说明优惠券创建过程。

优惠券创建的时候,要对"推广渠道""基本信息""面额基础"3 个内容进行设置。

① 选择推广渠道:推广渠道有 3 类,即全网自动推广、官方渠道推广、自有渠道推广,见图 8-52。

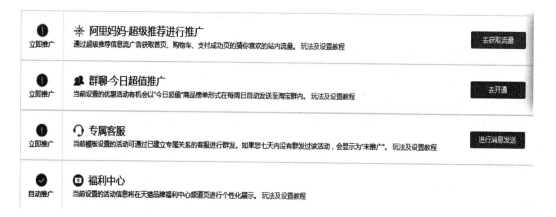

图 8-50 活动推广方式

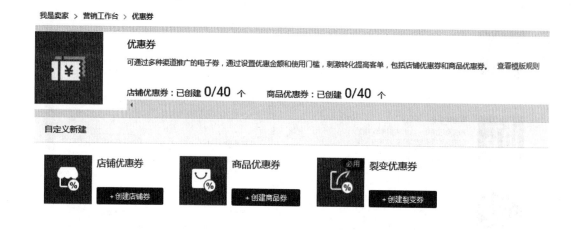

图 8-51 优惠券类型

图 8-52 优惠券推广渠道

全网自动推广类型的店铺优惠券会在宝贝详情页、购物车、天猫工具栏页面展示。如果是商品优惠券则不会在这些地方显示。

官方渠道推广类型的优惠券均无法提取链接，且不能主动结束或删除，只能等待活动自然结束。

自有渠道推广可设置对指定消费者发放一次性链接领取、通用领券链接，通过分享链接，消费者领取优惠券。

② 填写优惠券基本信息：包括名称、使用时间、低价提醒以及活动目标，见图 8-53。

（a）名称：优惠券的名称，用于商家自己区分，买家无法看到。不能使用特殊符号，如()、♯、¥等。

（b）使用时间：通过设置优惠券的开始日期和结束日期，来确定优惠券的有效期。有效

图 8-53 优惠券基本信息

期不能超过 60 天。

（c）低价提醒和活动目标：这里的功能和店铺宝中的一样。

③ 填写优惠券面额信息：包括优惠金额、使用门槛、发行量以及每人限领，见图 8-54。

图 8-54 优惠券面额信息

（a）优惠金额：优惠券的面额。输入的数字应该为 1、2、3、5 及 5 的整数倍金额，且最大面额不能超过 1 000 元。

（b）使用门槛：客户消费多少钱才能使用对应优惠金额的优惠券。

（c）发行量：设置发行优惠券的数量。

（d）每人限领：对每个账号领取优惠券数量进行设置。

为了能够快速创建优惠券，系统提供了批量创建方式，点击图右上角的"增加新面额"实现批量创建，一次批量最多创建 3 张优惠券。

（4）会员管理 会员管理是客户关系管理的一部分。要进行会员管理，需要先去服务市场订购"客户关系管理"应用，该应用的订购是免费的。会员管理能够帮助商家通过差异化的服务来提高老客户的忠诚度，通过对会员的分析从而达到客户精准营销的效果。根据客户的忠诚度可以将会员分为不同的等级，会员等级的划分可以通过会员 VIP 来设置。

商户登录淘宝网，进入卖家中心，依次点击"营销中心""客户关系平台""忠诚度管理""VIP 设置"，进入设置，见图 8-55。系统提供最多 4 个会员等级，每个等级需满足"层级等级交易额满足点必须逐级递增"的条件，点击每一等级右上角的"设置"，进入设置界面，通过对升级条件和会员权益设置，完成会员的 VIP 设置。

注意：请谨慎设置会员 VIP 层级，由于会员 VIP 层级不是实时更新，且不建议随意任意更改。如更改，会造成新旧规则下的不同结果呈现。设定好会员 VIP 等级，并不意味着原有会员的 VIP 等级会立即变化，老会员下一次下单并成功交易后，系统才会判断其 VIP 等级，并给予自动升级。新会员成功交易后，则根据 VIP 等级的设置，立即判断并自动给予 VIP 等级。

设置完 VIP 折扣,并不意味着会员浏览商品就能看到 VIP 价格,商家可以自由选择参与 VIP 折扣的商品,因此请一定要在发布商品信息时,勾选"参与会员打折"选项,见图 8-56。

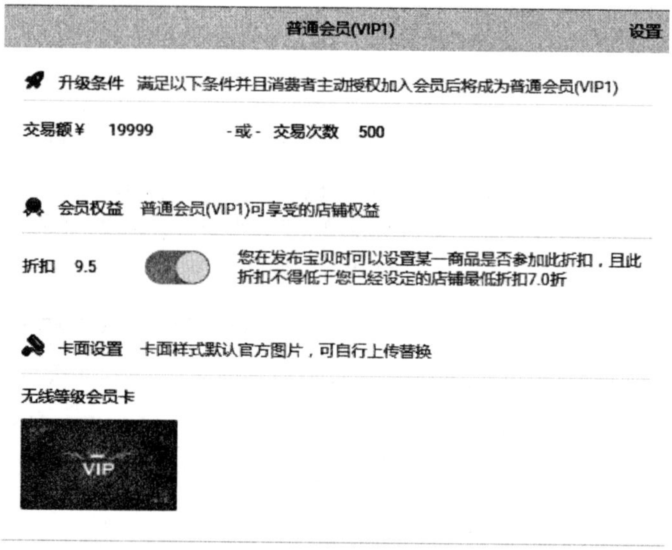

2) 官方活动

淘宝官方活动能够为店铺带来极高的展现量,短期爆发力强,可以为店铺积累大量的客户。但是只有满足资质的店铺才能参与。

(1) 官方活动类型 官方营销活动可以分为五类:大促活动、行业营销活动、品牌活动、无线手淘活动、去啊旅行活动,见图 8-57。大家比较熟悉的"618""双十一"等都属于大促活动,"天天特价""聚划算""淘金币"等属于品牌活动。

(2) 官方活动报名入口 商户登录淘宝网,进入卖家中心,鼠标移动到横向菜单"营销"上,点击"活动报名",见图 8-58。点击后,进入淘宝官方营销活动中心。通过点击菜单栏中相应的活动类型找到自己想要参加的官方活动。

图 8-55 VIP 设置界面

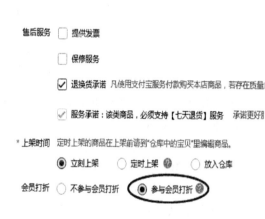

图 8-56 会员打折设置界面

8.4.2 内容营销

淘宝从 2016 年开始逐渐引入内容营销,鼓励卖家做内容营销,通过内容创作让意向买家、老客户持续关注商家,从而提升品牌知名度、客户留存率、店铺转化率、复购率等,最终实现销量增长的目的。

1) 内容营销的概念

内容营销是指以图片、文字、动画等为介质,以店铺或者商品的相关内容为基础,通过合理的内容创建、发布及传播,向客户传递有价值的信息,从而达到促进销售的过程。

2) 淘宝内容营销工具

淘宝网提供了多种形式的内容营销工具,网店使用最多的有短视频、淘宝直播、微淘。

(1) 短视频 我们在逛淘宝的时候,经常会在商品详情页的主图区看到视频,客户通过观看来了解商品,虽然只有短短的几十秒,但是能生动形象地将产品展示出来,带给客户不一样的体验。这就是第一种内容营销工具——短视频。

淘宝网一直通过多种形式鼓励商家发布主图视频,包括站内免费资源扶持、店铺加权等,

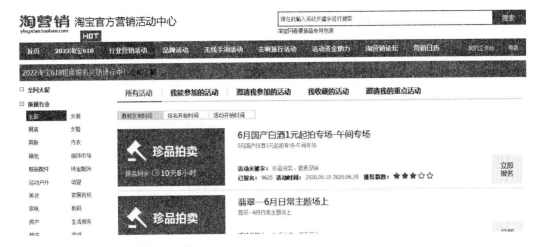

图 8-57　官方活动首页

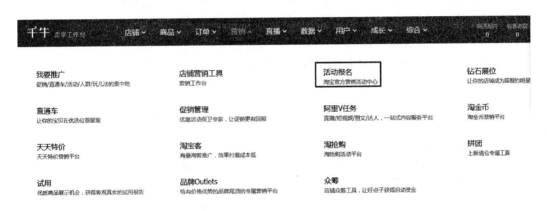

图 8-58　官方活动入口

同时,为了让卖家更好地拍摄短视频,淘宝网还推出了官方免费视频拍摄剪辑工具"淘拍",使用手机就可以自拍 60 s 以内的宝贝短视频,从拍摄、简单编辑到分享,一步到位,实现手机端淘宝的 60 s 短视频展示功能。

短视频内容一般可以包括 5 类素材画面:宝贝主体、配件和包装等展示类画面;宝贝独有外挂、设计亮点展示类画面;宝贝安装、连接、使用等过程的演示画面;宝贝独有亮点功能操作演示类画面;集成卖家标志、提示说明图文的防盗用类画面。

短视频如果想要作为主图视频进行发布,不仅需要知道发布的入口,还需要了解主图视频的要求。

① 发布路径:在"发布宝贝"的"图文描述"中的主图视频,点击"选择视频",见图 8-59。

② 主图视频要求:(a)尺寸可使用 1∶1 或 16∶9 比例视频。(b)时长要在 15~60 s,官方建议控制在 30 s 内,节奏明快有助成交。

(2) 淘宝直播　近年来,直播卖货的方式也越来越受欢迎,越来越多的商家参与到淘宝直播中来。直播商品覆盖面也越来越广,客户通过观看直播能实时接收到卖家信息并可与卖家进行即时对话,与卖家进行零距离接触,是一种非常有效的营销方式。对于商家而言,淘宝直播权限分为两类,即直播发布权限和直播浮现权限。

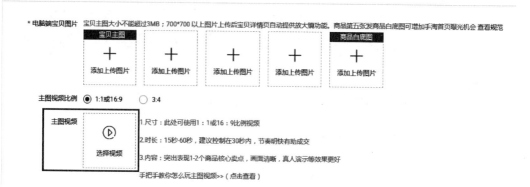

图 8-59 短视频发布入口

① 直播发布权限:是淘宝直播的基础权限,开通后可使用淘宝直播进行直播,并可在微淘或自有淘宝集市店铺首页、天猫店铺首页展示。淘宝网卖家想要开通直播发布权限需要经过两个环节,第一环节是店铺资质审查,即查看店铺资质是否同时满足以下条件:

(a) 淘宝店铺满足一钻及以上(企业店不受限)。

(b) 主营类目在线商品数≥5,且近30天店铺销量≥3,且近90天店铺成交金额≥1 000元。

(c) 卖家条件须符合《淘宝网营销活动规则》。

(d) 本自然年度内不存在出售假冒商品的违规行为。

(e) 本自然年度内未因发布违禁信息或假冒材质成分的严重违规行为扣分满6分及以上。

(f) 卖家具有一定的客户运营能力。

符合资质的店铺将进入第二环节——考试环节,即进行基础规则的考试认证,只有考试90分及以上才可开通权限。

② 直播浮现权限:拥有此权限,可在手机淘宝—淘宝直播频道内展示。淘宝直播浮现权限是实时开通功能,淘宝商家只要满足主播等级为V2(等级2),且符合《淘宝网营销活动规则》,即可实时开通浮现权限。

③ 淘宝直播封面和标题设置:淘宝直播封面图和宝贝的主图一样重要,它决定客户是否能进入直播间。在日常直播中,封面图内容需要注意以下几点:

(a) 封面图内容可以是主播照片或跟主题有关,要让人一眼看懂;图片要清晰,有品质。

(b) 预留固定信息的展示,比如在封面上展示"直播观看人数""直播标题""主播头像""主播名""点赞氛围"等内容。

(c) 封面图上不能出现文字、不要拼接图片、画面不可过花哨、内容必须填满,不能有白边、不能粘贴其他元素。

(d) 活动标识设置要规范,最大尺寸为180 px×60 px,固定在右上角,不可以移动。

(3) 微淘 微淘是手机淘宝的关系运营阵地,为账号提供确定性的粉丝触达,提升商家粉丝进店、商品成交能力、货品变现能力。它是基于关注关系的内容电商社区,商家可以通过内容来提升自己的电商能力,在微淘进行私域流量的搭建和运营,完成新粉沉淀,关注粉丝的确定性触达，通过粉丝互动、货品运营、内容运营、权益运营来最终达成粉丝成交。长时间持续地进行粉丝运营，可以带来持久的高成交、复购回报，即微淘能为店铺带来流量价值、成交价值、客户关系价值。

① 微淘内容发布类型：有店铺上新、好货种草、粉丝福利、视频内容以及其他内容类型。

(a) 店铺上新：店铺上新是商家将自己的新品有效进行推广的一种内容形式。通过上新内容的发布，可以让粉丝第一时间收取上新相关商品信息以及折扣信息。上新内容为点击率TOP内容，超过内容平均点击率1/3。店铺上新内容类型有预上新、上新和单品上新3种。当你想要为即将上新的新品进行推广，可选择该内容类型进行发布；上新：当你想要为多款新品进行推广，可选择该内容类型进行发布；单品上新：当你想要为你的一款新品进行推广，可选择该内容类型进行发布。

(b) 好货种草：好货种草是一种高效导购内容类型。通过对货品的真人实拍或者场景呈现，可以获得更高点击更强导购效率；优质采纳内容还能获得微淘发现、猜你喜欢等公域流量。好货种草内容类型有多品种草和单品种草两种。多品种草：你想为多款商品对用户进行种草，可选择该内容类型进行发布；单品种草：你想为一款商品对用户进行种草，可选择该内容类型进行发布。

(c) 粉丝福利：是商家通过对商品设置粉丝专享价来进行粉丝忠诚度维护的一种内容形式，通过粉丝福利的发布，可以让粉丝对店铺的忠诚度更高，激励后续粉丝活跃度的提升。粉丝福利内容类型有多品粉丝专享价、单品粉丝专享价、互动抽奖、粉丝小活动4种。商家可选择相应内容类型进行发布。互动抽奖可配置在任意一条微淘内容中。引导粉丝针对内容进行评论或点赞，并获得奖品，玩法轻便简单，为日常商家最高频使用的功能之一。粉丝小活动当前主要为3类，即店铺派样、店铺活动、新品预约。可以在"阿里创作平台"→"自运营"→"互动中心"中进行配置。该类互动匹配不同场景，可收获不同的成效。

(d) 视频内容：短视频是商家将商品通过视觉效果包装之后的一种内容形式，通过视频内容的发布，可以让粉丝更直观地获取商品相关信息。一般视频时长控制在10 min之内，大小300 MB以内。

除了以上内容类型外，微淘的内容类型还包括主题清单、买家秀、图文、店铺动态和转发等。主题清单是商家将自己的新品有效进行分类聚合推广的一种内容形式，通过清单内容的发布，可以让粉丝更集中地获取商品相关信息以及促销折扣相关信息；买家秀是商家将优质买家秀进行二次推广的一种内容形式，通过买家秀内容的发布，可以让粉丝获取到第三方视角的商品展示；图文是商家对商品进行深度评测展现的一种图文内容形式，通过图文内容的发布，可以让粉丝更深入地了解商品相关信息；店铺动态是商家和粉丝进行情感沟通的一种内容形式，通过店铺动态内容的发布，可以让粉丝更深入地了解店铺的日常，提升粉丝黏性；转发可以一键转发达人发布的相关商品内容。

② 内容发布渠道：如果商家的店铺是正常状态，那么自动生成微淘号·商家，商家可以通过PC端和手机端两种渠道来发布微淘内容。

(a) PC端发布渠道：商家通过电脑登录阿里创作者平台（https://we.taobao.com/）进行发布，见图8-60。

(b) 手机端发布渠道：手机端是通过千牛App进行发布的，所以要先下载千牛App。下载完App后，可以通过两种方法找到"微淘"。第一种方法：在"我的应用"里能找到；第二种方法：通过在搜索框中输入"微淘"进行查找，见图8-61。

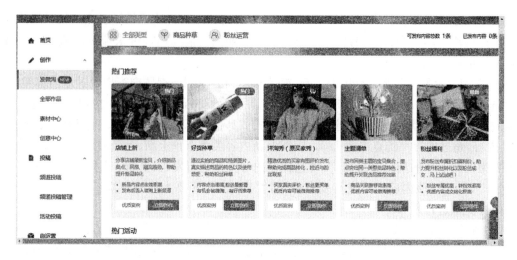

图 8-60 阿里创作者平台

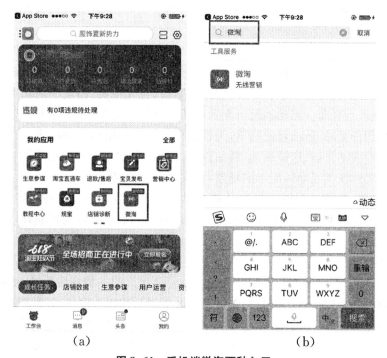

图 8-61 手机端微淘两种入口

案例研究

靓靓甜橙的第三方平台网店营销

2021年12月，一辆装满甜橙的卡车缓缓驶出厂门，这是靓靓甜橙有限公司(以下简称靓靓甜橙)开始在拼多多开展网店销售的短短两个月以来发出的最新一批产品。靓靓甜橙在拼多多的甜橙网络销售量两个月就达到20多万斤。这样一个富含硒元素的特色农产品,能够经由第三方电商平台销往全国广阔市场,给靓靓甜橙的总经理——黄靓靓,带来喜悦和振奋的同时,也让她陷入了一段难忘的回忆。

靓靓甜橙是西部地区的一家村集体企业,主要从事甜橙种植和销售业务。多年来,靓靓甜橙通过建立与采购商的稳定关系,产品通过传统的线下渠道进行销售。但近年来,随着当地甜橙产量成倍增长,传统渠道无法满足甜橙的销售需求,产品出现大量库存积压,企业间相互压价销售使得产品售价越来越低,企业利润越来越薄。产品销售成了影响企业生存、发展的关键问题。

在一次参加县里的乡村青年企业家电子商务培训班时,黄靓靓跟培训老师谈到了自己遇到的困难,老师建议她在继续做好线下销售的同时,不妨试试在电子商务平台开办网店,拓展新的销售渠道。黄靓靓其实早就有这个念头,只是想法还不够清晰和坚定,也不知道从哪里着手,通过学习培训,她有了把念头转变为行动的信心。

从培训班回来后,黄靓靓认真分析了开办网店的条件:当地已经覆盖5G网络,交通条件较为发达,物流设施较为完备,为开展电子商务打下了良好的基础;靓靓甜橙的甜橙品种好,质量优,而且富含对身体有益的硒元素;目前的销售困难,主因是销售渠道过于单一,销售市场范围过于狭小,如果能让靓靓的产品被客户了解,就一定会得到他们的认可。但靓靓甜橙开办网店也面临一些不利因素:靓靓甜橙此前从未开展过网络销售,缺乏网络销售的经验和能力;靓靓甜橙以往的销售主要是通过中间商销售,而不是直接面对最终消费者,在产品包装、运输、客户服务等方面都缺乏和最终消费者打交道的经验;靓靓甜橙的产品知名度不高,网络消费者对靓靓甜橙的产品还不了解,在网店开办初期,可能会遇到无人问津的情况。

黄靓靓深知开办网店对她来说不是一件容易的事,这是一次传统企业向互联网企业转型升级的初步尝试,意味着需要从传统的经营方式转变到网络经营方式,有许多东西需要从头开始,但"没有比人更高的山,没有比脚更长的路",从创业第一天起,她就做好了勇于面对一切困难的准备。黄靓靓下定决心开办网店!

摆在黄靓靓面前的第一个问题就是要建立自己的网络营销核心团队,但农村企业存在的一个比较普遍的现象就是缺乏有经验的网络营销人才。纵观现有团队,在传统经营模式下,是一支有热情、有战斗力的队伍,但面对未来的任务,就显示出种种不足:公司员工传统观念已经根深蒂固,已经习惯了传统的经营模式和工作方式,组织结构也是按传统经营方式要求进行设计的,团队内部缺乏网络营销专业核心技术人才,虽然少数员工可以承担客服、物流等相关工作,但也需要进行专业培训。

黄靓靓认识到,改变,首先要从观念开始。如果没有员工观念的转变,就不会有员工自觉的行动,后面的工作也势难为之。黄靓靓在就读中学、大学期间就一直担任班干部,做思想工作是她的拿手好戏。她利用在培训班学到的知识,采取个别谈心、培训学习等方式,向员工普及网店经营的重要意义,经过一段暴风疾雨式的洗脑,大多数员工转变了思想观念,统一了思想认识。

核心团队建设的关键在于团队的领军人才。黄靓靓想到了与自己一起参加培训的程紫红。她是县里一家知名电子商务企业负责运营的高管,业绩优异,经验丰富。但要说服此人改投己处,困难不小。黄靓靓仿效刘备"三顾茅庐",以求才若渴的诚心和足具竞争力的待遇相邀,终于将其揽于麾下,并委任其为靓靓甜橙的副总经理,统领网店营销工作。出于高度信任和专业化要求,黄靓靓授予其相关人员的选聘权。后来随着网店营销工作的推进,程紫红利用其在专业领域的影响和人脉,陆续引进了一批公司急需的专业人才。

面对众多国内电子商务平台,选择哪个平台入驻是黄靓靓需要谨慎决策的问题。黄靓靓和程紫红对国内主要电子商务平台进行了调查分析,她们发现拼多多的商品比较便宜,入驻的门槛较低,还可以通过社交裂变的方式进行推广。拼多多的这些特点,比较符合黄靓靓薄利多销的想法,最终,她们选择拼多多作为开办网店的平台。

在经过一个多月的辛勤工作后,团队成功注册店铺并完成店铺界面设计。呈现在大家眼前的是"靓靓甜橙,甜到你心里!"几个粉色大字和绿油油的叶子下面一串金黄色的橙子,每一个橙子好像涂上了一层薄蜡,新鲜闪亮,十分好看。特别是一个切开的橙子,又大又圆,汁水欲滴,让人恨不得马上咬上一口。

甜橙网络市场是一片红海市场,如果没有过硬的产品质量和周到细致的服务,很难在激烈的竞争中取胜。团队在对消费者进行调查之后,根据消费者需求,将过去面向中间商的大包装改为质量3、5、10、15斤不等的小包装,并且推出了普通包装、礼品包装、旅游包装等各种类型包装,让消费者有更多的选择。为了让消费者吃到安全、新鲜的甜橙,每个靓靓甜橙都要在浸药消毒后,才能进行袋装。除此之外,团队还通过对消费者收到货物后的消费场景分析,考虑到消费者需求细节,随箱附上剥皮的小利器、擦手的小纸巾、退换货小纸条和一封充满温馨的感谢消费者选择靓靓甜橙的信函(信函里也简要介绍了靓靓甜橙的特色)。

鉴于拼多多平台的优势在于社交电商,黄靓靓和她的小伙伴们从身边的朋友开始推广。公司员工、亲戚、朋友、同学、乡村领导……有的出于朋友义气,有的出于经济利益考虑(黄靓靓设计了一套提成奖励办法),有的出于责任感,更多的是出于对产品实际需求……纷纷购买靓靓甜橙并帮助推广靓靓网店。在不到一周的时间里,靓靓网店的累计销量就达到了500多单。

在销售进入智能投放阶段后,黄靓靓一方面在拼多多站内逐步加大推广力度,并根据累计数据实时调整广告投放重点。另一方面,在程紫红带领下,陆续建立了企业微信公众号、微信小程序、企业博客、企业门户网站,在抖音、小红书等开设企业号进行直播带货,经营百度贴吧、百度问答等各种形式,进行推广。功夫不负有心人,靓靓甜橙接获的订单数量呈现稳定显著增加趋势,黄靓靓一直悬着的心终于落地了。

"不谋万世者,不足谋一时;不谋全局者,不足谋一域。"在网店经营取得初步成功后,黄靓靓将关注重点放在了如何提高服务质量,使网店长期保持良好的经营状态上。黄靓靓与程紫红商议后,建立了一个专用于处理售后问题的微信群,并安排专门人员收集客户意见,处理客户提出的问题。周到、细致的服务,赢得了广大客户的信任,大多数客户成了靓靓甜橙的常客,很多客户不仅自己购买,还会主动向亲朋好友介绍靓靓甜橙,靓靓甜橙的好口碑开始慢慢形成。

案例分析题:

1. 靓靓甜橙为什么要开展第三方平台网店营销?
2. 靓靓甜橙为什么选择入住拼多多平台?请你谈谈国内主要第三方电子商务平台的特点。
3. 靓靓甜橙在网店营销初期为实现客户突破和增长,做了哪些营销努力?
4. 在第三方电子商务平台开办网店应该做好哪些方面的准备?

练习与思考

一、判断题

1. 在淘宝平台上申请完网店后,就能直接发布商品了。( )
2. 网店招牌是网店的门面,有两种制作方法,一种是默认店招;另一种是自定义店招。营销型的网店招牌使用默认店招方法制作更合适。( )
3. 微淘是淘宝推出的内容营销工具。( )

4. 只要你的店铺具有淘宝直播发布权限,你的直播就能在首页淘宝直播频道内展示。（ ）

二、选择题
1. （　　）可以创建全店通用的"优惠券"。
   A. 店铺优惠券　　　B. 商品优惠券　　　C. 裂变优惠券　　　D. 以上都可以
2. 店铺为了鼓励消费者多买商品,推出满3件打9折的活动,这种活动是通过（　　）营销工具来设置的。
   A. 单品宝　　　　　B. 店铺宝　　　　　C. 优惠券　　　　　D. 会员管理
3. （　　）是微淘内容的主要发布形式。
   A. 店铺上新　　　　B. 好货种草　　　　C. 粉丝福利　　　　D. 以上都可以

三、简答题
1. 第三方平台营销和企业自建网站营销各有何优缺点?
2. PC端店铺首页布局分为哪几部分?

实践操作
训练题目：为你的店铺设计一套属于自己的、全方位的网店运营和推广策略。
目的要求：让学生熟练掌握淘宝网网店运作流程。
训练内容：包含店铺的定位、装修、商品的选择与定价、详情页的设计等运营方案,以及店铺和商品的推广方案。
组织分工：3~5人一组,组内分工。
提交成果：小组提交2 000字的策划方案。
训练器材：互联网、计算机。

9 搜索引擎营销

[学习目标]
(1) 了解搜索引擎的原理。
(2) 掌握搜索引擎营销的概念。
(3) 熟悉搜索引擎优化的方法。
(4) 了解搜索引擎营销的工具。

9.1 搜索引擎概述

9.1.1 搜索引擎的概念

搜索引擎(Search Engine)是指根据一定的策略、运用特定的计算机程序(爬虫)从互联网上搜集信息,在对信息进行组织和处理后,为用户提供检索服务,将用户检索相关的信息展示给用户的系统。

搜索引擎的工作依托于多种技术,如网络爬虫技术、检索排序技术、网页处理技术、大数据处理技术、自然语言处理技术等,为信息检索用户提供快速、高相关性的信息服务。其核心模块一般包括爬虫、索引、检索和排序等,同时可添加一系列辅助模块,为用户创造更好的网络使用环境。

9.1.2 搜索引擎的发展历程

搜索引擎是伴随互联网的发展而产生和发展的。互联网已成为人们学习、工作和生活中不可缺少的平台,几乎每个人上网都会使用搜索引擎。搜索引擎大致经历了四代的发展。

1) 第一代搜索引擎

1994 年第一代真正基于互联网的搜索引擎 Lycos 诞生。它以人工分类目录为主,代表厂商是 Yahoo,特点是人工分类存放网站的各种目录。用户通过多种方式寻找网站,现在也还有这种方式存在。

2) 第二代搜索引擎

随着网络应用技术的发展,用户开始希望对内容进行查找,出现了第二代搜索引擎,也就是利用关键字来查询,最成功的是 Google,它建立在网页链接分析技术的基础上,使用关键字对网页搜索,能够覆盖互联网的大量网页内容,该技术分析网页的重要性后,将重要的结果呈现给用户。

3）第三代搜索引擎

随着网络信息的迅速膨胀，用户希望能快速并且准确地查找到自己所要的信息，因此出现了第三代搜索引擎。相比前两代，第三代搜索引擎更加注重个性化、专业化、智能化，使用自动聚类、分类等人工智能技术，采用区域智能识别及内容分析技术，利用人工介入，实现技术和人工的完美结合，提高了搜索引擎的查询能力。第三代搜索引擎的代表是 Google，它以宽广的信息覆盖率和优秀的搜索性能为发展搜索引擎的技术开创了崭新的局面。

4）第四代搜索引擎

随着信息多元化的快速发展，通用搜索引擎在目前的硬件条件下要得到互联网上比较全面的信息是不太可能的，这时，用户就需要数据全面、更新及时、分类细致的面向主题的搜索引擎。这种搜索引擎采用特征提取和文本智能化等策略，相比前三代搜索引擎更准确有效，被称为第四代搜索引擎。

9.1.3 搜索引擎的工作原理

搜索引擎优化是在了解搜索引擎基本工作原理的基础上，使网站对搜索引擎有吸引力，在搜索结果页上获得更好的排名，以实现更好的线上产品服务或者扩大自己的品牌效应。所以，在了解如何做搜索引擎优化前先要对搜索引擎工作的原理有所了解。

搜索引擎的工作过程大体可以分成三个阶段：

1）爬行和抓取

爬行和抓取是搜索引擎工作的第一步，其目的是完成数据收集。搜索引擎蜘蛛通过跟踪链接发现和访问网页，读取页面 HTML 代码存入数据库。

在实际中蜘蛛的带宽资源、时间都不是无限的，即使是最大的搜索引擎也只是爬行和收录互联网的一小部分。搜索引擎蜘蛛做的就是尽可能抓取重要页面。所以，想要目标网站更多的页面被搜索引擎收录，就要想方设法吸引蜘蛛来抓取。以下是影响蜘蛛抓取页面的重要因素：

（1）网站和页面权重　质量高、资格老的网站被认为权重比较高，这种网站上的页面被爬行的深度也会比较高，所以会有更多页面被收录。

（2）页面更新频率　蜘蛛每次爬行都会把页面数据存储起来。如果页面内容经常更新，蜘蛛就会更加频繁地访问这种页面，页面上出现的新链接，也自然会被蜘蛛更快地跟踪，抓取新页面。

（3）导入链接　无论是外部链接还是同一个网站的内部链接，要被蜘蛛抓取，就必须有导入链接进入页面，否则蜘蛛根本没有机会知道页面的存在。高质量的导入链接也经常使页面上的导出链接爬行深度增加。

（4）与首页点击距离　离首页点击距离越近，页面权重越高，被蜘蛛爬行的机会越大。

（5）URL 结构　蜘蛛要对网页进行预判，除了链接、与首页距离、历史数据等因素外，短的、层次浅的 URL 也可能被直观认为在网站上的权重相对较高。

2）预处理

"预处理"也被称为"索引"，因为索引是预处理最主要的内容。搜索引擎数据库中的页面数在数万亿级别以上，用户输入搜索词后，靠排名程序实时对这么多页面进行相关性分析，计算量大,不可能在一两秒内返回排名结果。因此抓取来的页面必须经过预处理。蜘蛛抓取的原始页面,需要通过索引程序对页面数据进行文字提取、中文分词、索引、倒排索引等处理,以备排名程序调用。

(1) 文字提取　　搜索引擎以文字内容为基础。蜘蛛抓取到的页面 HTML 代码,除了用户在浏览器上可以看到的可见文字外,还包含了大量的 HTML 格式标签、JavaScript 程序等无法用于排名的内容。搜索引擎预处理首先要做的就是从 HTML 文件中去除标签、程序,提取出可以用于排名处理的页面文字内容。

(2) 中文分词　　分词是中文搜索引擎特有的步骤。搜索引擎存储和处理页面内容及用户查询都是以词为基础的。英文等语言单词与单词之间有空格作为天然分隔,搜索引擎索引程序可以直接把句子划分为单词的集合。而中文的词与词之间没有分隔符,一个句子中的所有字和词都是连在一起的。搜索引擎必须先分辨哪几个字组成一个词,哪些字本身就是一个词。

(3) 索引　　经过文字提取、分词、消噪、去重后,搜索引擎得到的就是独特的、能反映页面主体内容的、以词为单位的字符串。接下来搜索引擎索引程序就可以提取关键词,按照分词程序划分好的词,把页面转换为由关键词组成的集合,同时记录每一个关键词在页面上的出现频率、次数、形式、位置等信息。这样,每一个页面都可以记录为一串关键词集合,其中每个关键词的词频、格式、位置等权重信息也都记录在案。

(4) 倒排索引　　正向索引不直接用于排名。假设用户搜索的关键词只存在正向索引,排名程序需要扫描所有索引库中的文件,找出包含该关键词的文件,再进行相关性计算。这样的计算量无法满足实时返回排名结果的要求。所以搜索引擎会将正向索引数据库重新构造为倒排索引,把文件对应到关键词的映射转换为关键词到文件的映射,以方便搜索引擎计算相关性。

3) 排名

用户在搜索引擎界面输入查询词后,搜索引擎程序开始对搜索词进行以下处理:分词处理、根据情况对搜索是否需要启动进行判断、找出错别字和拼写中出现的错误、去掉停止词等。处理完上述程序后,搜索引擎程序会把包含搜索词的相关网页从索引数据库中找出,随后排名程序调用索引库数据,计算相关性,然后按一定格式生成搜索结果页面。

在实际搜索中,影响结果排序的因素很多,但最主要的因素之一是网页内容的相关性。而网页的相关性主要取决于以下五个方面。

(1) 关键词常用程度　　经过分词后的多个关键词,对整个搜索字符串的意义贡献并不相同。越常用的词对搜索词的意义贡献越小,越不常用的词对搜索词的意义贡献越大。常用词发展到一定极限就是停止词,对页面不产生任何影响。所以不常用的词加权系数高,常用词加权系数低,排名算法更多关注的是不常用的词。

(2) 词频及密度　　通常情况下,搜索词的密度和其在页面中出现的次数成正相关,次数越多,说明密度越大,页面与搜索词关系越密切。

(3) 关键词位置及形式　　关键词出现在比较重要的位置,如标题标签、黑体、H1 等,说明页面与关键词相关。在索引库的建立中提到的,页面关键词出现的格式和位置都被记录在索引库中。

(4) 关键词距离　　关键词被切分之后,如果匹配的出现,说明其与搜索词相关程度越大,当"搜索引擎"在页面上连续完整的出现或者"搜索"和"引擎"出现的时候距离比较近,都被认为其与搜索词相关。

（5）链接分析及页面权重　页面之间的链接和权重关系也影响关键词的相关性，其中最重要的是锚文字。页面上以搜索词为锚文字的导入链接越多，说明页面的相关性越强。链接分析还包括了链接源页面本身的主题、锚文字周围的文字等。

9.2　网站结构和外部链接优化

9.2.1　网站落地页优化

1）落地页优化的作用

想要目标关键词有排名，就必须有内容进行支撑，这也是为什么强调要为目标关键词创建一个落地页的原因。就好比论述时需要有大量的内容去支撑论点，不然就站不住脚了。如果说这个词就是整个网站的主题，每个页面都有提到这个词或者相关的关键词，那么这个词肯定有好的排名。

当你确定了核心关键词并拓展了大量的相关联的关键词时，并不是要对每个词建一个页面。你需要做的是围绕有关联的词输出内容，并按 SEO（Search Engine Optimization，搜索引擎优化）落地页优化方法将一个页面做到符合标准的落地页。

2）如何优化落地页

（1）网页标题优化　网页标题在页面关键位置出现目标关键词是页面优化的基本思路，标题标签是第一个关键位置。页面标题是包含在 Title 标签中的文字，是页面优化最重要的因素。标题标签 HTML 代码格式如下：

```
<head>
<title>标题内容</title>
...
</head>
```

用户访问时，页面标题文字显示在浏览器窗口最上方。

在搜索结果页面上，页面标题是结果列表中第一行文字，是用户浏览搜索结果时最先看到的、最醒目的内容。

页面标题优化要注意以下几点：

① 独特且不重复：标题是页面优化第一位的因素，是搜索引擎判断页面相关性的最重要提示。即使在一个网站，主题相同，不同页面的具体内容也不会相同，不同页面使用重复标题是极大的浪费，用户体验也不好。所以每个页面都需要有自己独特标题标签，让搜索用户从页面标题看出这个页面到底是什么内容。

② 内容相关：每个页面的标题都应该准确描述页面内容，用户看一眼标题就能知道将访问的页面大致讲的是什么，搜索引擎也能迅速判断页面相关性。准确描述页面内容，就必然会在标题中包含目标关键词。唯一要注意的是，不要在标题中加上搜索次数高，但与本页面无关的关键词。

③ 字数限制：搜索结果列表页面标题部分能显示的字数有一定限制。百度最多出现

30个中文字符，Google 最多显示 65 个英文字符。Title 标签中超过这个字数限制部分将无法显示，通常在搜索列表标题结尾处以省略号代替。

标题标签之所以不宜超过搜索结果列表所能显示的字数限制，主要有三点原因：

（a）搜索结果列表标题不能完整显示时，结尾会被切断，且不能预见什么地方被切断。结尾处字被拦腰截断时，给搜索引擎和用户连接带来困难。

（b）虽然超过显示字数限制标题标签并不会引来搜索引擎惩罚，但超过显示字数的部分搜索引擎会降权。

（c）标题越长，在不堆积的前提下，无关文字必然越多，不利于突出关键词的相关性。

④ 关键词堆积：堆积关键词也是初学 SEO 的人很容易犯的错误，为了提高相关性，在标题中不自然地多次出现关键词，见图 9-1。SEO 不仅要考虑搜索引擎，还要考虑用户，要把标题写成一个正常通顺的句子，不能让用户一看标题就感觉这是一个为关键词而关键词的页面。

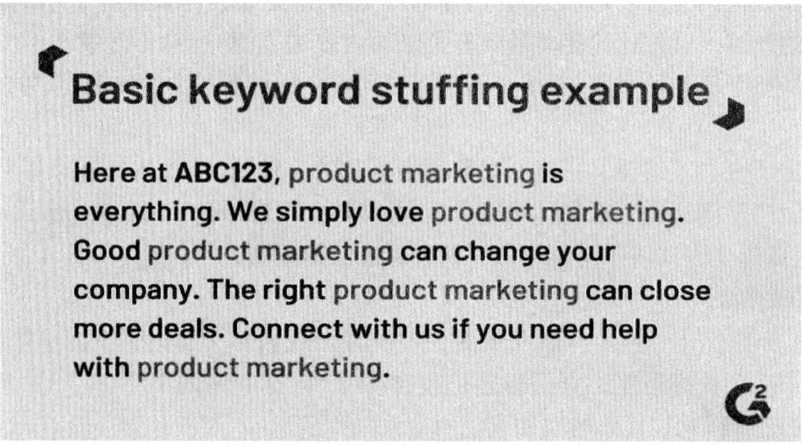

图 9-1　关键词堆积

⑤ 关键词在标题中的位置：目标关键词应该出现在标题标签最前面。经验和一些统计都表明，关键词在标题中出现的位置与排名有比较大的相关性，位置越靠前，通常排名越好。

⑥ 公司或品牌名称：通常把公司品牌名称放在标题的最后是个不错的做法。虽然用户在搜索公司名称、网站名称时，一般只有首页才会排在最前面，分类页、产品页等内页既没有必要，也没有可能针对品牌名称做优化，但是品牌名称如果多次出现在用户眼前，就算没有点击也能让用户留下更深印象。

⑦ 连词符：标题标签中词组之间需要分割时，既可以使用空格，也可以使用连词符、、/、>、、，_ 等。连词符对排名没有影响，对显示的视觉效果有影响。

⑧ 有用内容：标题标签是最重要的优化资源，不要浪费在没有意义的句子上。

（2）描述标签　描述标签是 HTML 代码中 head 部分除标题标签外与 SEO 有关系的另一个标签，用于说明页面的主体内容。代码如下：

```
<head>
…
<meta name="description", content="……">
…
```

```
</head>
```

描述标签对排名算法不重要,没有直接影响,但对点击率有一定影响。

(3) 正文优化　除了标题优化,在正文中重要的位置嵌入关键词也很重要,同时还要考虑到词频、用户体验等因素。

① 词频和密度:词频顾名思义就是关键词出现的次数;关键词密度就是出现次数和正文文字总数的比例。不过高词频不代表网页的价值高。一般篇幅较短的页面出现2~3次关键词就够了,较长的出现4~6次也就可以了。

② 用户体验度:对于 SEO 实施,用户体验是一个重要的影响因素。影响用户体验度的因素主要有排版合理、易读、用户一眼能看到有价值的内容。

③ H 标签:H 标签也是页面优化的一个重要因素。H 标签有 6 个层级,从 H1 到 H6,H1 重要性最高,H6 最低。普通页面存在 H1 和 H2 标签就足够。

④ ALT 文本:是指图片的替换文字。在某些情况下,比如用户浏览器禁止使用图片,或由于网络等图片文件没有被下载完成,图片不能正常显示,图片 ALT 属性中的文字将被显示在页面上。

(4) 页面更新频率　对某些有时效性的网站来说,如博客和新闻网站等,页面更新也能提高排名或至少帮助保持排名。更新内容使搜索引擎认为内容有时效性,更相关;另外,页面更新也是吸引搜索引擎蜘蛛反复抓取的因素之一。

9.2.2 网站结构优化

在实施 SEO 之前要确保网站的结构清晰,对搜索引擎友好。要做到这一点,网站结构必须符合用户体验,能让用户很快找到自己想看到的信息;网站结构清晰,增加网站站内的锚文字内容相关性等,能让网页顺利被编入索引。

1) 网站结构清晰的标准

解决搜索引擎抓取、索引等问题的网站优化基础是网站结构清晰,为此要做到以下几点:

(1) 蜘蛛能找到网页　当蜘蛛找到网站后,要能通过首页找到层级最深的内容页。所以网站的逻辑结构要清晰,网站所有的页面不能离首页太远,不可以超过四五次点击。

(2) 蜘蛛要能抓取页面内容　没有用的 URL、大量复制内容等都是对优化不友好的因素。这些是不会被蜘蛛抓到进行收录的,需要在收录文件中给出指令,让蜘蛛不去抓该内容。

(3) 网站页面信息有用　这和上面提到的网站落地页优化类似,网页的内容要有效而不是为了关键词排名而堆积的无效信息。有清晰的、有价值的信息才能有好的搜索效果。

2) 如何优化网站结构

(1) 清晰导航　清晰的导航要让用户知道在网站中的位置、在哪个页面上。用户如果被这个网站页面内容吸引进来却不知道自己还要去看网站哪些内容的时候,导航要给他们提示,引导他们去浏览目标页面。

(2) 子域名和目录　根据公司的产品和规模,决定使用子域名还是目录。如果一个公司产品线和规模都不是很大,使用子域名的话会分散权重,排名的效果也被分散了,建议还是使用目录。如果公司规模大,产品线多且不相关的话,可以使用子域名进行推广。

(3) URL 静态化　很多网站为了抓取动态数据,使用动态的 URL,如 https://www.mysite.com/product.1.123456&=1?/。这样的 URL 含有参数、特殊符号、问号等,对搜索引擎优化是非常不利的。进行 URL 静态化，就是重新编辑 URL，比如将其修改成 https://www.mysite.com/product.category/product.1/。更改完后需要进行 301 转向，并向搜索引擎提交新的收录文件。

9.2.3 外部链接建设

1）建设外部链接的意义

（1）相关性和锚文字　网站和目标关键词的相关性是作为 SEO 效果是否准确和有效的重要指标。但网站优化空间是有限的，把页面的优化标准做好后，再去大量添加想要进行排名的关键词就会显得太突兀，堆积关键词。这时需要依靠外部链接和锚文字来让搜索引擎知道网站内容的确是和这些关键词相关的，见图 9-2。外部链接及锚文字也是影响关键词排名的又一个重要因素。

图 9-2　外部链接示意图

（2）权重　如果有大量的外部链接导入你的网站，说明很多网站给你的网站"投票"，相应的权重也会积累在你的网站上。权重在搜索引擎排名中的地位非常重要。如果能有高权重的网站链接你的网站，网站权重会有质的提升，关键词的排名也会有提升。

（3）收录　所有的排名前提是你的网站页面要被搜索引擎收录。如果你的外部链接资源自身权重很高，蜘蛛来抓取你的网站的频率也会高，同时更新收录新的页面内容。

2）优秀外部链接的标准

好的外部链接基本是内容强相关，且锚文字是目标关键词，大部分的外部链接资源不允许出现目标关键词。同时，外部链接资源排名也会影响到网站效果。

（1）内容相关　选择的外部链接接资源要和网站的主题相关。

（2）链接位置　放置网站链接的位置也很重要，页首、页脚或者侧边都会影响到外部链接的效果，最好的是出现正文开始的位置。

(3) 锚文字　最好的锚文字就是出现目标关键词。锚文字要做到自然分布,不要做得太刻意和过度集中,这样有可能反被搜索引擎惩罚。

(4) 网站情况　好的外部链接资源页面快照内容更新速度会比较新和快。网站整体的流量要高,能被搜索引擎收录。网站规模较大,用户较为活跃。

3) 建设外部链接的原则

难度越大的外部链接对于 SEO 来说价值也越高,值得去争取。同时,外部链接的内容必须和目标站点业务相关。但是也要注意锚文字的分布,也就是关键词出现的位置要自然,不是为了排名而过度地增加关键词。除此之外,外部链接的质量要高,不能为了数量而去选择垃圾外部链接。所以,建设外部链接一般需要遵循以下几个原则:

(1) 难度越大价值越高　获得好的权重高的外部链接资源难度很高,需要投入大量的人力物力去和对方联系才能获得。有难度的链接对网站 SEO 效果会有更好的提升。

(2) 内容相关　首先要保证自己网站页面的内容是高质量的,这是吸引到好的外部链接前提。

(3) 种类多样　在进行外部链接建设的时候,切记一定要自然。这就要求这些链接多样化。多样化可以体现在网站种类、链接位置、不同域名等方面。最后的结果是能实现外部链接在博客、新闻等不同种类且不同权重的平台上。

(4) 平稳增加　建设外部链接是一个长期且循序渐进的工作,想要网站的流量和排名稳定,需要有计划、平稳地建设外部链接。

(5) 质量最高　并不是网站有很多的外部链接就可以很高的排名,如果是大量的垃圾外链或者内容不是很相关的外部链接资源,对排名并没有什么好处。高质量的外部链接的效果会比大量的低质量的外部链接更有效。

9.3　搜索引擎优化

9.3.1　搜索引擎优化的概念

搜索引擎优化(Search Engine Optimization,简称 SEO)是指利用搜索引擎的搜索规则来提高目标网站在有关搜索引擎内的排名方式。其基本目标是增加网页收录,提高网页关键词排名从而吸引更多的流量,继而实现网站的商业目的。主要工作原则是通过了解各类搜索引擎抓取网站页面,进行索引以确定其对特定关键词搜索结果排名等技术来对网页进行相关优化。

9.3.2　搜索引擎优化的意义

(1) 针对性强,显著提高客户访问量　对企业产品真正感兴趣的潜在客户能通过有针对性的产品关键词直接访问到企业的相关页面,使网站通过搜索引擎自然检索获得的客户访问量显著提高。优化后的网站排名属于正常搜索排名,客户接受程度也比较高。

(2) 性价比最高的网站推广方式　SEO 通过对网站功能、网站结构、网页布局、网站内容等要素的合理规划,使得网站符合搜索引擎的搜索规则,优化后的网站在几大主流搜索引擎都能取得较好的排名。花少量的投入,同时在几大主流搜索引擎做了广告,真正达到了低投入高回报的投资效果。

SEO 的基本目标即增加网页收录、提高关键词排名,目的是吸引更多的流量,从而实现网站的商业目的。

(3) 成本低,预算可控　竞价排名按点击收费,而 SEO 产品采用包年费用方式,关键词的定价以首页竞价结果的价格的一部分为标准,根据技术难易程度,制定出合理的 SEO 价格。优化后的网站搜索排名属正常排名,通过 SEO 使网站进入搜索结果前列,无论每天点击量是多少次,都不用支付任何点击费用。

SEO 是吸引客户的重要渠道。从这个意义上来说,SEO 是通过技术的方法来实现营销的目的。SEO 的好处很多,比如是排名稳定。通过 SEO 的方法优化的关键词排名一般比较稳定,除非网站进行大量修改或者竞争对手异军突起,否则一般可以保持排名的时间比较长,相对于停止花钱,排名就会消失的竞价广告,SEO 的好处不言而喻。

9.3.3　关键词研究

关键词研究是每个 SEO 项目中最重要的一步,究其原因如下:

(1) 如果网站用错了关键词,可能会花费大量时间精力,却收不到任何流量。如果没有调查过所用的关键词竞争力,可能会花费大量时间和精力在特定的关键词上,结果却发现竞争太大,甚至在第一个页面也排不上名次。这两方面通常是一个 SEO 项目能否成功的决定因素。

(2) 每个人的思维都有局限,而用户的需求千变万化,SEO 搜索的词可能是用户没有想到的。能否发现新的关键词,也一定程度上决定能否给网站带来新颖、能留住用户的内容,带来新的机会。

(3) 关键词有流量虽然重要,但是关键词是否有效也是非常重要的,简而言之,关键词是否能带来转化。即便花了很多时间找到了流量大且竞争适中的词,但这个词并不能带来转化,那么这个投入产出比是失衡的。寻找精准的、有一定转化率的关键词才是研究关键词的目的。

1) 关键词的类型

关键词可以是任何可以使网站在搜索中排名靠前的短语。它可以是单个字,也可以是词组。按照搜索目的的不同,关键词大致分为导航类、交易类和信息类关键词。

(1) 导航类关键词　是指用户在寻找特定网站,在搜索引擎直接输入品牌名称或特定品牌有关的词,直接找到自己想去的那个网站。通常这类关键词排名第一的就是用户想访问的官方网站。有的导航类关键词非常明确,如特定品牌官网 Google、YouTube 等。这种关键词最符合用户意图的结果通常只有一个。导航类关键词搜索量巨大,占所有搜索的 10% 左右,商家的品牌名称被搜索时,网站会排在第一。

竞争对手或其他相关品牌名称被当作导航类关键词搜索时对商家是个机会。在搜索广告领域,使用他人注册商标、品牌名称存在争议。但在自然搜索方面,只要不使用欺骗性手法,用户搜索竞争对手品牌时,你的网站排到前面并没有法律限制。

(2) 交易类关键词　指的是用户明显带有购买意向的搜索,如"网上购买夹克"等,交易类关键词占全部搜索的 10% 左右。

显然交易类关键词商业价值是最大的,用户已经完成商品研究比较过程,在寻找合适的商家,离网上交易只有一步之遥。吸引到这样的搜索用户,转化率是最高的。所以在进行关键词研究时,这类关键词优先度应该放在最高,可以考虑特殊页面专门优化。交易类关键词在网站上分布需要非常明确,把用户直接导向最能说服其购买的页面。

(3) 信息类关键词　指的是没有明显购买意图,也不含明确网站指向性的搜索。这类关键词占总搜索量80%左右。

信息类关键词搜索数量最多,变化形式也多。用户搜索此类关键词时通常还在需求了解、商品研究阶段。这类关键词并不一定立即实现转化,但是在用户进行商品研究时让网站或品牌进入用户视野也是非常重要的。好的网站设计和文案,让搜索信息的用户记住网站或品牌名称,会吸引用户以后搜索网站名称,也就是导航类关键词,进而实现转化。

2) 关键词的选择

选定关键词需要一定的SEO技巧。只有选择正确的关键词,才能确定后续SEO各步骤的实施方向。选择关键词,需遵循以下原则。

(1) 内容相关度　目标关键词必须与网站内容或产品相关。设置没有关联的热点关键词虽然可以带来流量,但是没有任何实际的意义。网站需要的是能带来影响的流量。这条规则也不是每个网站都是适用的。如果是新闻类、宣传类的网站,本身就有很多种类内容,能够吸引流量和点击就已经达到效果了。

(2) 竞争程度　SEO要选择的关键词是搜索次数多且竞争程度适中的词,这样才能在成本适中的前提下,创造最大的价值。但实际操作中,此类词一般竞争度很大,因此,我们要通过Google关键词工具、百度指数等,来进行关键词拓展、挖掘。

(3) 核心关键词范围　对于行业大公司来说一般主关键词想做通称词难度较小,但如果是中小企业将主关键词作为通称词,无疑是加大了SEO难度,而且词过于的宽泛,目的不明确,无法体现产品特性,转化也不会高,更别说带来价值。

(4) 核心关键词特殊程度　主关键词也要避免冷僻、没有人搜索的词。太特殊或者太长的词是不可以放到首页进行优化的。选择网站核心关键词的标准需要找到平衡点。

(5) 关键词价值　关键词的价值可以通过转化率体现。比如交易类关键词就有很高的转化率,针对这类的词进行内容建设就可以提高交易额。交易类关键词也是SEO工作中首先选择优化的关键词。

3) 关键词拓展和布局

要得到好的关键词排名,前提是确定好核心关键词,接下来就是进行关键词拓展和布局。对于一个稍有规模的网站来说,还需要找出比核心关键词搜索次数少一些的更多关键词,拓展出几百、几千个关键词都很常见。确定核心关键词与关键词拓展,应该得到一个词库,词库中的词要合理分布在整个网站上。

关键词的拓展通常可以从以下几个方面着手:

(1) 形式变体

① 同义词:假如核心关键词是推广,网站推广、网络推广、网站营销都是它的同义词。

② 相关词:虽然不同义,作用却非常类似的词,如网页设计、网站营销与SEO等,目标用户也大致相同。

③ 简写:如北京大学简称北大,Google Page Rank简称Google PR。

④ 错字:有不少用户输入时常会输错字、同音字,所以这样的词也有些流量,但优化错别字就要在页面中出现这些错别字,可能会给用户带来负面影响,使用时要小心。

(2) 补充说明　核心关键词可以加上各种形式补充说明。

①地名：有的核心关键词配合地名很明显，如红酒—法国红酒。有的关键词看似与地理位置无关，却有不少用户会加上地名搜索，经常与本地购买有关，因此商业价值比较高。

②品牌：核心关键词加上品牌名称也很常见，如家具—红星家具、IKEA家具。

③限定和形容词：如商品—打折商品。

（3）网站流量　通过对网站流量的分析，发现什么词可以把用户引到网站上来。通过分析这些相关性高的词，也可以进行关键词扩展。

（4）单词组合　上面提到的核心关键词、同义词、近义词、相关词、简写、地名、品牌、限定词等，放在一起又可以交叉组合出很多变化形式。

如果前面已经找到几百个关键词，交叉组合起来很容易生成数千个扩展关键词。这些比较长的组合起来的关键词可能搜索次数并不多，但是数量庞大，累积起来能带来的流量潜力可观。

4）关键词排名

关键词经过选择和布局后，更容易被搜索引擎抓取和处理。通过搜索引擎的相关性算法进行计算，当搜索到目标关键词的时候，目标网站才能在搜索结果页上进行展示。

（1）搜索词处理　搜索引擎接收到用户输入的搜索词后，需要对搜索词做一些处理，才能进入排名过程。搜索词处理包括如下几方面。

①中文分词：与页面索引时一样，搜索词也必须进行中文分词，将查询字符串转换为以词为基础的关键词组合。分词原理与页面分词相同。

②去停止词：和索引时一样，搜索引擎也需要把搜索词中的停止词去掉，最大限度地提高排名相关性及效率。

③拼写错误矫正：用户如果输入了明显错误的字或英文单词拼错，搜索引擎会提示用户正确地用字或拼写，见图9-3。

④整合搜索触发：某些搜索词会触发整合搜索，比如明星姓名就经常触发图片和视频内容，当前的热门话题又容易触发资讯内容。哪些词触发哪些整合搜索，也需要在搜索词处理阶段计算。

⑤搜索框提示：用户在搜索框填写过程中，搜索引擎就根据热门搜索数据给出多组的可能查询词，减少用户输入时间。

（2）相关性计算　当用户输入相应的关键词，搜索引擎进行初始子集选择后，对子集中的页面计算关键词相关性。计算相关性是排名过程中最重要的一步。

（3）排名显示　所有排名确定后，排名程序调用原始页面的标题标签、说明标签、快照日期等数据显示在页面上。有时搜索引擎需要动态生成页面摘要，而不是调用页面本身的说明标签。

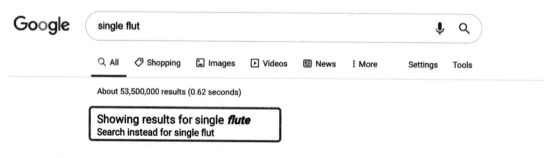

图9-3　拼写错误矫正

9.3.4 主流搜索引擎网页排名算法

网页搜索的本质是网页信息的聚合,把本来很难聚合在一起的网页通过共同包含的关键词聚合起来,网页被聚合后就自然会产生排序问题。归纳起来就是通过科学有效的方法将"好"的搜索结果按照"好"的程度依次排列。

当然"好"是一个相当主观的且难以量化的概念,因此如何评价这个"好"成为搜索质量的关键。

1) 谷歌网页排名算法

(1) 网页排名(Page Rank)算法　Page Rank 是 Google 创始人于 1997 年构建早期的搜索系统原型时提出的链接分析算法。目前很多重要的链接分析算法都是在 Page Rank 算法基础上衍生出来的。

一直到 Google 提出了 Page Rank 模型,网页间彼此链接关系的价值才被挖掘出来。这种挖掘过程也称为"链接分析"(Link Analyze)。简单地说,如果网页 A 链接到 B,那么表示网页 A 的编写者(网页工程师或者其他网页创造者)对网页 B 的一种认可。或者说网页 A 为网页 B 投了一票,网页 B 的重要性被网页 A 认可。

(2) 如何评价网页重要性　如下 3 点被认为是对网页重要性的评价。

① 认可度越高的网页越重要,即反向链接(Back Link)越多的网页越重要。

② 反向链接的源网页质量越高,被这些高质量网页的链接指向的网页越重要。

③ 链接数越少的网页越重要。

(3) Page Rank 的两个基本假设　Page Rank 除了考虑到入链数量的影响,还参考了网页质量因素,两者相结合获得了更好的网页重要性评价标准。对于某个互联网网页 A 来说,该网页 Page Rank 的计算基于以下两个基本假设:

① 数量假设:在 Web 图模型中,如果一个页面节点接收到的其他网页指向的入链数量越多,那么这个页面越重要。

② 质量假设:指向页面 A 的入链质量不同,质量高的页面会通过链接向其他页面传递更多的权重。所以越是质量高的页面指向页面 A,则页面 A 越重要。

(4) 通过比赛排名来理解 Page Rank(Google-Page Rank-Check)　举例,假定在一次比赛中一个网球选手 A 被另一个网球选手 B 击败。定义一个 A 指向 B 的链接表示这种胜负关系。即 A→B,表示 A 输给 B,或者说 A 认可了 B 的厉害。那么很显然,对照上面得出下面结论,见图 9-4。

① 如果 B 的反向链接越多,即认可 B 厉害的人越多,因此 B 的排名越高。

② 如果输给 B 的选手的排名越高,即认可 B 厉害的人也是厉害的人,那么 B 的排名越高。

③ 如果 B 输给的选手越少,即 B 认可的厉害的人越少,那么 B 的排名越高。

综上所述,赢的次数多、赢的对手质量高且输的少的选手的排名高,Page Rank 算法的基本思想也来自于此。

2) 百度网页排名算法

(1) 页面相关性　页面相关性即用户检索的词和网页内容的匹配程度,比如用户搜索"睡眠面膜",那么排在前面的页面应该都是和睡眠面膜相关的页面,即搜索到的结果应该是和关键词密切相关的,越相关的页面,在排序方面越会获得更高的加分。如何评价一个页面是否和

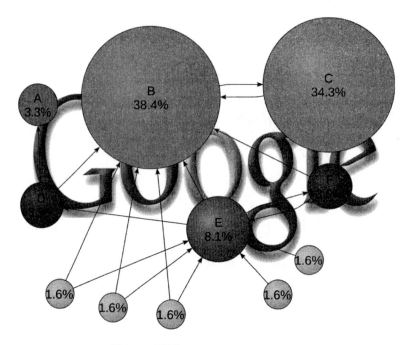

图 9-4　图解 Google-Page Rank-Check

搜索词汇相关,从算法上来说,有几个重要的指标。

① 关键词密度：当前该关键词在页面文字分词结果中的比例。

② 关键词是否出现在重要的位置：如果关键词出现在页面的标题、Meta(元素可提供相关页面的元信息)、H1～H6 等位置,就认为越重要,越相关。

③ 关键词是否获得外部和内部的投票：比如站内、站外锚文本支持等,获得的投票越多,就会越相关。

(2) 权威性　主要含义如下：

① 网站的所属权是否为权威的公司或者部门,网站域名是否为政府专用的.gov 类。

② 网站是否普遍受欢迎,包括网站的点击率,即用户在所有搜索结果里面点击打开这个页面的比例；用户在网页的访问特性,比如网页访问时间、跳出时间等。正常来说,搜索引擎很难获取到网站的用户行为数据,但是,目前大部分的网站依赖搜索引擎的网站统计来做流量统计和用户行为分析。因此,搜索引擎可以用这些数据作为参考进行分析。比如很多网站站长选择使用百度统计进行网站统计和分析,那么百度通过借鉴百度统计的用户行为数据进行排序是可行的方法。

(3) 时效性　网页内容如果与信息相关,那么内容的时效性也是一个排序的依据,因为从用户角度,希望看到最新鲜的内容。但是时效性和检索词的关系很大,不能全部套用。信息相关的网页一般包括如下几种：

① 新闻网站：各种门户网站的新闻网页,比如新浪新闻、搜狐新闻等。

② 即时信息互动网站：比如微博类网站。在搜索引擎显示微博结果的时候,总是优先展现最新的信息,甚至直接按照时间进行倒排序。

(4) 准确性　页面内容是否能够满足用户检索的需求,甚至满足用户的延伸需求等。满足用户的检索需求即用户打开搜索结果页,里面的内容正是用户需要的。而延伸用户的检索需求,比如用户搜索"SPF15 防晒指数",搜索结果页打开一看,是一个关于 SPF15 防晒指数的介绍页面,那么页面就具有相关性,如果该页面还有一些很实用的内容,比如 SPF15 和 SPF30 的效果相差有多大,SPF 的指数是如何定义的,对于想要了解 SPF 的用户来说,就非常有帮助,这类内容就属于满足用户的延伸需求的内容。

搜索引擎在对搜索结果进行排序的时候,会考虑以上方面,但是整体来看,相关性是第一位的。因此,在对网站进行 SEO 时,一定不能脱离相关性这个基础。在实际网站运营中,很多门户网站会采用投机取巧的方法,利用热词来形成很多文章。比如家居类的网站,每天的新闻中会使用热词做标题,甚至以一些热点事件作为标题,但是文章的主题内容和热词没有任何关系。从短期来看,因为门户的权重比较大,这些文章的标题会吸引来大量关注热词或热点事件的访客,但是因为主题内容不相关,用户过来后会立刻离开,对用户和搜索引擎来说都是一种欺骗,这种行为注定不能持久,最终导致整个新闻或者信息频道,甚至是整个网站彻底被搜索引擎屏蔽。作为 SEO 人员,必须要意识到这种做法的风险性。

随着搜索算法的优化和互联网内容的丰富,以及网民的需求提升,为了能更加符合用户的搜索期望,搜索引擎目前逐渐把地域、业务领域、时效性等因素作为排名的参考依据,而不仅是参考网页的信息。

另外,地域因素在排序中逐渐加大了比例,即在对关键词排名的时候,会参考用户所在地的 IP 归属,尽量返回和用户目标一致的网页。比如一个用户在北京搜索"旅游"一词,会把"北京"这个地域当作参考因素,和关键词"旅游"放在一起作为参考,对网页进行过滤,因此,北京相关的旅游网页会获得更好的排名。如果在上海搜索"旅游"这个词汇,在返回的结果中,很多是上海相关的旅游网页。

搜索引擎通过机器学习等方法,对和地域有紧密联系的领域的词汇进行处理,这类词汇如旅游、天气、交通、酒店、机票等。用户在搜索这些领域的词汇时,搜索引擎会把用户 IP 所在地域和关键词组合进行查询,返回更符合用户期望的信息。在移动端搜索中,地理位置的信息可以通过 Meta 进行配置,通过定义省份、城市、经纬度的方式进行精准定位。

时效性因素即用户查询某些领域的词汇时,返回最接近的网页数据。比如查询"奥斯卡"这个词汇,搜索引擎偏好显示最近的奥斯卡信息的网页。查询"奥运会"等信息,情况也是如此。

在判断时效性方面,可以基于不同的计算方法。比如通过获悉网页上的时间信息,或者通过分析前后页面的时间信息,来估算对应页面的时间信息。

个性化因素即用户查询词汇的时候,搜索引擎会依据用户的搜索习惯、喜好等,自动返回一些和用户喜好、习惯更相关的词汇。搜索引擎之所以能做到这一点,是因为每个用户在浏览网页的时候,会从用户端请求服务器,服务器会记录用户状态,并返回浏览器一小段文本信息,该小段文本信息就是 Cookie(储存在用户本地终端上的数据)信息。主流的浏览器比如 IE 和 Firefox 等都支持 Cookie 的机制,即用户访问哪些网站和网页信息,实际在本地都做了记录。搜索引擎在进行结果推荐的时候,会调用 Cookie 的数据进行参考,判断用户的偏好。在此基础上,返回和用户偏好最相关的搜索结果,从而展现给用户的是更多个性化的内容。例如,某个 SEO 人员特别关注自己网站的某个关键词排名,可能在谷歌里天天搜索同一个关键词,然后点击自己的网站。可能有一天,当他再搜索这个关键词的时候,搜索引擎自动把他的网页放到了第一位。但是,另外一个 SEO 人员在同一个地区,搜索同一个关键词,上述网页的排名没有显示在前10位中,这就是Cookie记录的偏好结果的影响。目前,个性化因素已经在搜索引擎和众多商业领域中使用,满足用户的偏好需求。

另外,小说、游戏、影视、品牌等领域的搜索引擎都开始逐步设立偏好标准。比如搜索一本小说,会尽量返回小说网站的页面,而搜索一部电视剧,会尽量返回视频网站的页面,这样做的好处是能缩短大部分用户的查询距离,使用户尽快点击搜索结果页,提升用户体验。

从SEO人员的角度来说,可以深入研究这些变化带来的影响,利用这些偏好来做更多的SEO工作。

9.4 搜索引擎优化效果分析

9.4.1 SEO精准流量分析

1) 流量引入分析

(1) 搜索引擎流量分析　先了解搜索引擎作为一个来源在总来源流量中的情况,并做一些趋势分析。在搜索引擎报告中查看细分流量,有针对性地分析某个或者某几个搜索引擎的表现以了解不同搜索引擎给网站带来的流量情况。

根据各搜索引擎给网站带来的流量数据,可以及时了解到哪种搜索引擎能够给网站带来更多访客,以及哪种搜索引擎带来的访客更关注网站的内容,后续就可以将更多推广预算或者SEO资源分配到能够给网站带来更多访客且访客关注度更高的搜索引擎。

而对于带来较少访客或者访客关注度不高的搜索引擎,可以结合业务背景进一步分析原因,并不断提高这些搜索引擎带来的流量及流量质量,以避免盲目地降低推广预算或者SEO资源导致潜在访客的流失。

(2) 搜索词流量分析　仅仅分析到搜索引擎是不够的,需要细化分析到搜索引擎下面的搜索词带来流量的表现。在搜索词报告中给出了百度、谷歌、搜搜及其他搜索引擎之和四部分的比例数据。

首先详细了解搜索词在各搜索引擎中的比重;同时注意各个搜索词占所有搜索词的访次比重(通过搜索引擎带来了多少访客的比率),可以了解该搜索词对网站流量的影响比重,有利于SEO的精力和资源的后续重点投入。另外根据需要还可以点击列头总搜索次数、百度或谷歌搜索下方带有下划线的数字,进入查看搜索词的其他数据表现。

最后了解了这些搜索词的情况,还要回到这个搜索词被点击的场景下观察,这样才更容易了解用户为什么点击或者不点击这个搜索词,在SEO方面可以对应到展现的层面,比如出现的Title是不是比较吸引点击等。在百度统计的搜索词报告中点击搜索词(分搜索引擎)报告搜索词右侧的"链"图标既可查看搜索来路URL,即一个搜索词在搜索引擎中的原始搜索页面(点击链接查看),又可以知道这是在第几页的搜索结果,快速了解访客搜索情境。

但是,网站分析和优化是建立在数据尽量全面准确的基础上的,仅知道估算值是远远不够的,还需要了解精确值找到成功的原因或存在的问题。

(3) 搜索词排名　除了需要关注页面收录外,还需要关注网站搜索词在搜索引擎中的排名以及这些词的热度。包括搜索词的排名、搜索词带来的页面浏览量(PV)、网站独立访客(UV)、跳出率和平均访问时长,有助于监控和优化网站搜索引擎数据。

SEO 是按照搜索引擎给出的优化建议,以增强网站核心价值为目标,从网站结构、内容建设方案、访客互动传播等角度进行合理规划,以改善网站在搜索引擎中的表现,吸引更多搜索引擎访客访问网站。因此,实施 SEO 不要仅仅着眼于把流量引入网站中,还要优化网站方方面面。从搜索引擎获取流量的最终目的是不断提高网站的核心价值。

从搜索引擎获得的流量,有多少能转化为网站的核心价值,可用转化率来度量,每个类型的网站核心价值不一样:

① 网络媒体型的内容网站:忠实访客是核心价值,把搜索引擎访客转变为忠实访客就是最终目的。

② 社交(SNS)网站:注册访客和活跃访客是核心价值,让访客来你平台注册、活动就是最终目的。

③ 电子商务网站:买卖商品就是核心价值,把商品卖给访客就是网站运营要达到的目的。

(4) 外部链接流量分析和优化 除了搜索引擎,还有很多站外链接给网站带来流量,这些都称为外部链接来源流量。需要及时了解哪些非搜索引擎类网站给你的网站带来了更多更优质的有效访客,从而科学规划内容推广渠道。

(5) 直接访问流量分析和优化 首先应该能正确地区分出直接访问,全站安装统计代码;另外要针对站外广告来源做定制化标记。访客在浏览器地址栏中直接输入网址产生的流量是网站分析首要关注的,这类直接流量的入口页大部分是网站的首页,因为首页的域名是整个网站中最短的 URL。

一般来说,访客难以记住看上去并不那么好记忆的 URL,而且手动输入浏览器地址栏进行访问,所以,直接流量如果比较大,而且入口页不是网站首页,则这部分流量大多数都不是访客直接输入网址产生的流量,建议找到原因,把这部分流量的来源监控起来。

2) 流量转化分析

网站的内容是其具体价值之一,内容依靠页面承载,访客到网站不全是看网站的名气和品牌,更多的还是针对网站上的内容和服务,所以通过分析不同类型的页面来分析网站并不断优化提升。

首先,访客多次打开同一页面,浏览量值累计。受访页面的浏览量高说明被访问的多,而贡献下游浏览量高说明带给其他后续访问的页面浏览量高。由于网站结构的设计,有些页面的贡献下游浏览量会比较高,比如首页。因此,考察这个指标要更多地针对同类的页面,比如都是资讯类的两个新闻页面,后续都是几个推荐的其他新闻内容,哪个新闻的浏览量较大说明更受欢迎,而贡献下游浏览量较大则说明这个页面对后续浏览的页面贡献较大。

其次,贡献下游浏览量较大也说明推荐内容很好地继承了前述页面的访问,能够迎合访问上个页面访客的兴趣,是比较合理的搭配。

最后,平均停留时长能说明访客对此页面关注程度。

以上三个指标结合可以分析页面价值。

(1) 页面分类(子目录)分析 对于页面类型较多网站,需要对不同类型的页面进行细分分析。如电商网站的首页、列表页面、单品页面、搜索页面、购物步骤页面的相应指标和访客属性均不一样,这时候需要对这些页面进行归类分析。百度统计子目录功能提供页面的分类规则,可以任意将一组页面归类在一起分析,进而可以对比分析不同类型的页面。

(2) 入口页分析　访问入口就像是一部电影的开头一样重要,肩负着吸引观众坐下来观看的重任。因此需要找出对访客最有吸引力的入口页,或者优化当前入口页,使其更有吸引力。另外,访客都是通过入口页进入网站,尤其对于新访客来说,对入口页面的第一印象,就像人际交往中第一印象一样重要,新访客最多的入口页值得好好分析。

那么,应该怎么样优化入口页呢?

首先,建议提高网站信任度。访客对网站的信任度是访客在网站上进行活动的基础。建议做到以下几点:

① 页面美观、整洁。
② 介绍和口号让访客可以很容易了解网站背景。
③ 详细的网站介绍、联系方式,方便访客联系网站经营者。
④ 访客评论、反馈等信息,让老访客影响新访客。
⑤ 注重强化网站的品牌,逐步建立并发挥品牌效应。

网站的目标在于保持老访客,拓展新访客,所以要在保持老访客数量稳定增长的前提下,提升新访客的所占比例。要注意哪个入口页来的流量中新访客比较多,找到新访客多的原因,并且推广先进的经验。

其次,广告和入口页内容要匹配好,不建议内容差距太大,否则访客后续访问不会太多,甚至可能认为这不是他们想要的而离开。比如在广告中出现的图片是"××鞋大促销",进入网站第一个页面却展示了过多产品,甚至令人眼花缭乱的产品库首页,对访客找到他心仪的××鞋造成了很大困难。这种情况在指标上的表现就是跳出率(只浏览了一个页面便离开了网站的访问次数占总的访问次数的百分比)会很高,平均访问时长短,平均访问页数少。

(3) 退出页分析　退出页是在本网站这次访问的终点页面,其中退出页次数指标可以帮助你了解访客在本网站这次访问的终点在哪些页面(退出页)和访客在该页面离开的原因。另外有退出率(Exit Rate)这个指标值得关注(退出率为该页面的退出次数/该页面的浏览数)。

退出率直接说明了每个页面的内容质量的高低。如果一个页面的退出率很高,有两种可能性:第一种可能,访客对页面不感兴趣,没有再点击页面上的其他链接,直接关闭了浏览器窗口结束了访问。第二种可能就是页面上没有链接(或是链接很少),但这种情况出现的可能很小。退出率高的页面质量有待提高,需要找到离开的具体原因并改正。

(4) 访客分析　虽然网站分析的任何对象指标都是以流量为表征的,但理解了访客才能理解流量的本质。即使不能真的亲眼见到网站访客,也可以通过分析访客行为数据了解他们的情况和喜好,调整网站的结构和内容。

老访客是对网站有相对较高的黏度,为网站带来价值的忠诚访客;而新访客则是推动网站运营和业务发展的动力。网站的健康发展模式是老访客不断回访,新访客不断增加。所以要分析老访客来确定网站的现有流量基础是否稳固,分析新访客来衡量网站的当前发展趋势是否良好。

(5) 地域分布分析　不同地域给网站带来的流量不同,这些数据可以辅助合理地分配各地域的推广预算和有针对性地制定业务推广策略。

① 对于已经进行了推广的地域,可以及时了解在该地域的推广策略是否带来了足够的访客,以及这些访客对网站内容是否足够感兴趣,借助这些信息可以进一步评估在该地域的推广方案的合理性,并且不断地调整与优化。

② 对于尚未进行广告推广的地域,如果存在流量,说明这些地域有网民在关注网站,可以抓住时机在这些地域进行推广,以便及时地获得更多商机。

(6) 访客属性分析　此处包括了访客人口学属性和访客行为属性。通过数据可以获得以下信息:网站访客的结构是什么样的,性别、年龄的分布情况,发现网站访客的主要特点,寻找与行业均值的差异,哪类人群是潜在的受众等。

获得这些信息后,可以更多地有针对性地提供内容和制定推广方案。比如某个网站的某个年龄比例超过互联网平均值,那么说明这个网站是偏向于更吸引此年龄阶段的,即该网站的目标受众为此年龄阶段的访客,应该针对此年龄阶段进行内容引导。通过此报告还能发现新的目标人群。

例如一家婴幼儿用品店,原来设定的目标人群是20～29岁的青年夫妇,通过此报告发现50～70岁的中老年人占比也较高,通过此线索进一步调查发现,现在较多爷爷奶奶或外公外婆在照顾小孩,帮家里买婴幼儿用品。可对这个年龄阶段的目标人群提供有针对性的内容和推广创意。

(7) 转化及转化来源分析　广义地来说,转化相应的行动可以是访客登录、访客注册、访客订阅、访客下载、访客购买等一系列访客行为;在实际监控中可以分为两种:页面转化目标和事件转化目标。页面转化目标是指某个页面作为转化目标,访客到该指定页面后即为转化成功,比如访客到达了最后的购买成功页面。事件转化目标是相对页面目标而言的,指网页内部的某个可以点击的元素,如链接、按钮等。访客触发了指定的元素后即为转化成功,比如访客点击了"抢购"的按钮。

在百度统计中可以分别在后台设置"页面转化目标"和"事件转化目标"。另外,搜索引擎、搜索词、外部链接、地域等各个报告可以对比相应维度上的转化情况。

(8) 入口页转化分析　入口页在转化流程中占据了重要的地位,具有承上启下的作用,很多中小网站的入口页面就是首页。那入口页和首页有什么区别呢？打个比方,网站就是个有很多门的建筑,首页就是大门,入口页指的是这栋建筑里所有门。一个网站的首页体现网站类型、宗旨以及重点内容,要针对网站级别的主要流量进行设计;而入口页的内容是要针对所有流量,即任何网络推广(付费或非付费)带来的流量都要照顾到。如前文所述大多数的网络推广都是为了最后的转化,经过某个入口页完成的转化越多,说明这个入口页越有利于转化,越匹配它的推广来源流量。

那么如何分析访问入口报告里的转化数据呢？先看下和转化相关的指标有哪些:

① 访问次数:从该入口进入的访客在网站上的会话次数。

② 转化次数:从该入口进入的访客到达转化目标页面次数,次数越多则该入口对网站转化贡献越大。

③ 转化率:该入口进入的转化次数同访问次数的比率,比率越高则该入口进入的转化效率越高。

举例,假如你的网站有 A、B、C 三个页面,现在你要在站外投放广告推广页面 C,即访客到达转化目标页面 C 就定义为转化成功。站外广告一个是 a,一个是 b,分别放到不同网站广告位上。其中,点击站外广告 a 跳转到你网站的页面 A,点击站外广告 b 跳转到页面 B。这样,页面 A 相对于站外广告 a 是它的入口页;同样,B 是站外广告 b 的入口页。通过访问入口报告中 A、B 页面的转化指标,就能看出到达页面 C 完成转化的贡献,假设页面 A 和广告 a 搭配的转化要好,则从 A 入口页开始的访问次数和浏览量高,说明从该入口页来的流量大部分都转化 C 页面成功,具体过程见图 9-5。

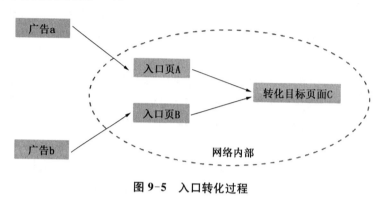

图 9-5 入口转化过程

入口页内容是什么、怎么放,取决于访客的兴趣。访客点击推广的广告或者链接后心里都会有个预期,不能离这个偏差太大,访客看到不是他想要的自然就要离开。所以,在内容上推广来源和入口页的内容匹配紧密会减少访客流失的可能性。

9.4.2 网站用户行为分析

1) 用户行为类型

用户的行为分为 3 类,分别是访问、唯一身份浏览量、页面浏览。营销者可以从访问、独立访问者和页面浏览来对网站用户行为进行分析。

(1) 访问 用户来到网站开始浏览,到最后关掉所有的页面结束离开,这中间一系列的行为就是一次访问。然而,在实际的网站数据统计中情况并不是这么简单,例如,一个用户打开网站并兴致勃勃地浏览了一些网页,其间由于有事离开关掉网页,过了 20 min 之后又回来看网站,这在网站统计时应该算作一次访问还是两次访问呢?不同的统计系统对此类情况会有不同的算法,也会得到不同的结果。举例来说,Google 对这个时间间隔的算法界定就是 30 min,换言之,只要不超过 30 min 的间隔,那么上述情形就会被算为一次访问。

(2) 独立访问者数量 网站独立访问者数量(UV)指的是对网站使用唯一身份进行访问的用户数量。例如,某个用户上午浏览了一次网站,下午对同一个网站又进行了一次浏览,中间的间隔超过了 30 min,因此算作两次访问,但因为只有该用户一个独立个体,所以只算作一个独立访问者。

网站统计的时候,统计代码并不知道坐在计算机屏幕前的是谁,这时候该怎么办?通常情况下会使用下面的办法:

① IP 分辨法:服务器在收到的页面请求中包含了 IP 的信息,可以用这个来甄别不同的

独立个体。这种方法相对简单但不适用于共用一个 IP 的局域网的情况。

② Cookie 分辨法：Cookie 就是当用户访问服务器的时候，服务器在用户机器上放置一个文本标签，每次访问服务器时标签都会更新。这种方法比 IP 访问更加精确，也解决了局域网共用 IP 的问题，但由于部分用户担心网络安全问题，在关闭了 Cookie 的情况下这种方法就不再可行。

(3) 页面浏览　一个页面浏览(PV)就是从浏览器发出一个对服务器的页面请求，服务器接收到之后，把页面发送到浏览器，这时候，一个 PV 指的是一次页面请求，只要发送了这个请求，无论是否打开了这个页面，都计入 PV。

2) 用户行为分析

营销者会根据页面停留时间来判断网站的忠诚度。用户在一个页面上停留时间越长，说明这个页面和他的期望越贴近，对他的吸引力越大。

一个页面的停留时间的计算方法如下：网站分析能精确地获知一个页面的访问请求发生的时间，假如用户在网站内先看了 A 网页，再看了 B 网页，那么网站分析程序会将两次请求时间的时间间隔，看作是用户在一个页面上停留的时间。

目前流量监控算法并没有将页面停留时间定义为页面窗口从打开到关闭网页的时间，因为新网页打开的时候，它认为即使旧的窗口没有关闭，注意力也已经转移到新窗口的内容里，自然不能算到原来的窗口里去。

9.4.3　SEO 效果分析工具与系统

1) 谷歌分析

谷歌分析(Google Analytics)是 Google 一款免费的网站分析服务，自从其诞生以来，就受到了广泛的好评。谷歌分析功能非常强大，在网站的页面上加入一段代码，就可以提供丰富详尽的图表式报告。

谷歌分析能够显示访问者如何找到和浏览网站，同时也显示如何能改善访问者的使用体验。

免费的谷歌分析账户能够显示 80 多个报告，可对整个网站的访问者进行跟踪，并能持续跟踪营销广告系列的效果：不论是 Ads 广告系列、电子邮件广告系列，还是其他广告计划。利用这些信息，可以了解到哪些关键字真正起作用、哪些广告词最有效、访问者在转换过程中从何处退出。

下面通过几个使用谷歌分析的例子说明其用法。

(1) 了解用户是通过怎样的方式进入网站　通过分析可以了解用户是从 Google 搜寻或是 Facebook 又或者是直接输入网址来进入网站。通过来源数据就可以了解网站哪一方面的表现比较好，而哪一方面的表现较弱。

假设目前网站流量来源大部分来自社群，而通过搜索引擎来的流量较少，那么或许就可以考虑加强网站的 SEO，提升通过搜索引擎进站的流量，见图 9-6。

(2) 了解进入网站的目标对象　也可以通过 Google Analytics 了解进入网站的用户年龄层、性别、兴趣、地区分布或是通过什么设备和系统。这样就可以分析出访问网站的用户类型，见图 9-7。

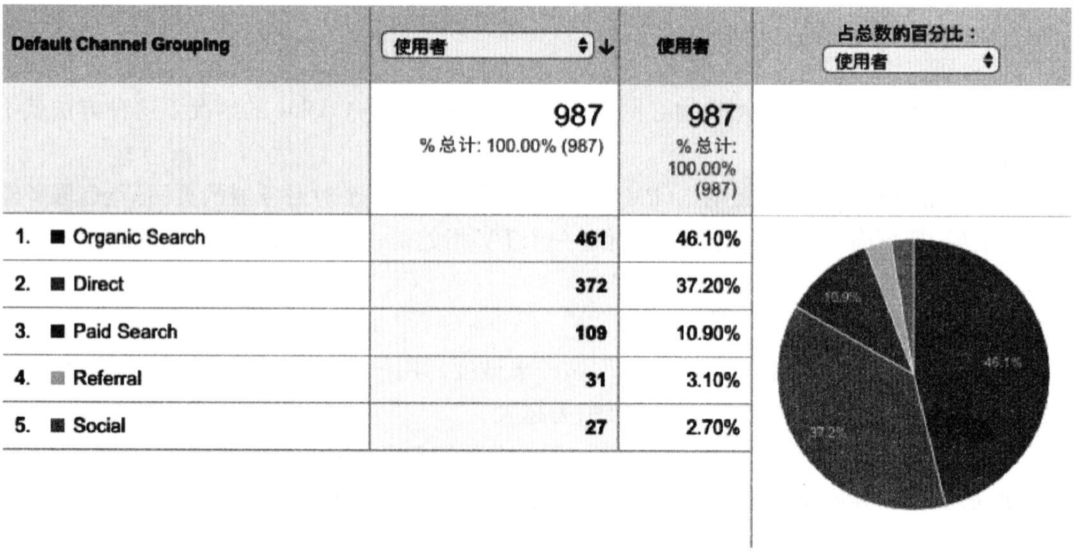

Default Channel Grouping	使用者 ↓	使用者	占总数的百分比：使用者
	987 % 总计：100.00% (987)	987 % 总计：100.00% (987)	
1. ■ Organic Search	461	46.10%	
2. ■ Direct	372	37.20%	
3. ■ Paid Search	109	10.90%	
4. ■ Referral	31	3.10%	
5. ■ Social	27	2.70%	

图 9-6 用户进入网站的渠道方式比例图

假设通过谷歌分析发现手机浏览网站的占比大于 PC 端，那么网站的用户体验设计就应该要更符合手机版面；又或者发现女性用户普遍大于男性，那么网站的设计或许就可以更加柔和一点，文字用语也可以更加感性一点。

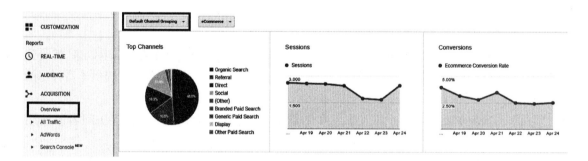

图 9-7 进入网站的目标对象结构图

（3）观察用户进入网站后的行为流程　谷歌分析还可以观察用户在网站浏览的行为流程，或是设定一些页面上的事件追踪。

2）Crazy Egg 热力图

热力图是数据的图形表示，它使用颜色编码系统来表示不同的用户行为值。热力度图用于各种形式的分析，但最常用于显示用户在特定网页或网页模板上的行为活动。热力图也可以用来显示用户点击页面的位置、滚动页面的滚动距离，或用于显示用户从第一步到第 n 步的结果。

Crazy Egg 擅长提供图形丰富的热力图，见图 9-8。

3）Data Studio 仪表板报告

Data Studio 支持丰富的仪表板报告，提高仪表板的视觉吸引力。将它与谷歌的分析结合，可以帮助卖家更轻松地汇总报告，其界面见图 9-9。

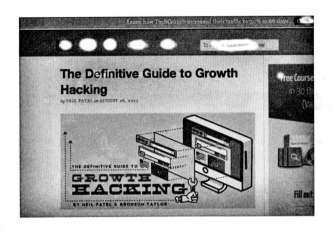

图 9-8 Crazy Egg 热力图

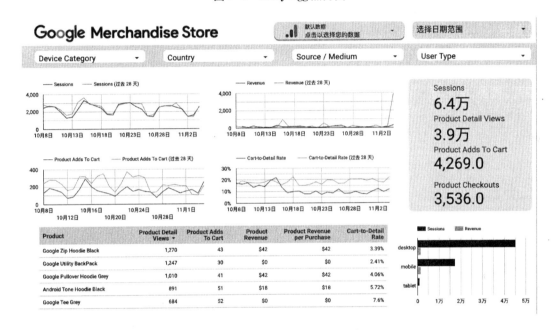

图 9-9 Data Studio 仪表板报告

4) Inspectlet 用户会话记录

查看用户的会话可以清楚了解到用户如何与你的网站进行交互,并且可以识别、鉴定消费者中断购买的原因。Inspectlet 可以记录会话,帮助卖家复盘,见图 9-10。

5) Piwik Pro

谷歌分析会在总体用户层面进行报告,例如按活动、关键字和地理位置搜索所取得的报告结果。Piwik Pro 则会报告匿名用户的网站互动情况和电商活动,弥补谷歌分析在数据方面的不足,见图 9-11。

6) Sprout Social 社交媒体报告

谷歌分析通过社交媒体跟踪卖家网站的访问对象,而 Sprout Social 可以帮卖家获悉客户在社交媒体的参与情况,比如 Facebook 或 Instagram 的点赞量等,也可以在 Google Data Studio 中作为社交网络使用的第三方连接器,见图 9-12。

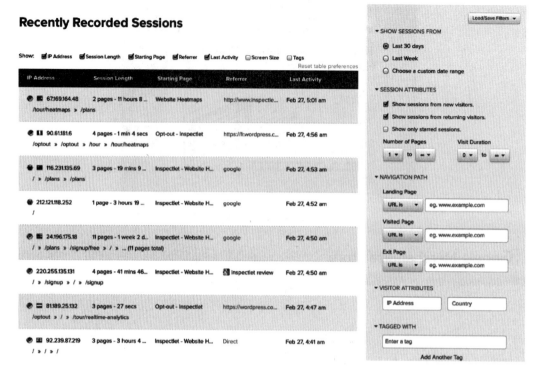

图 9-10 Inspectlet 用户会话记录图

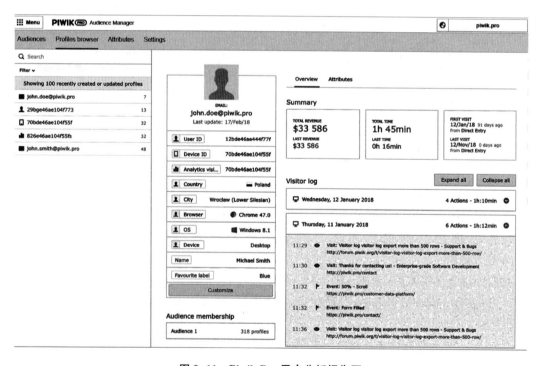

图 9-11 Piwik Pro 用户分析报告图

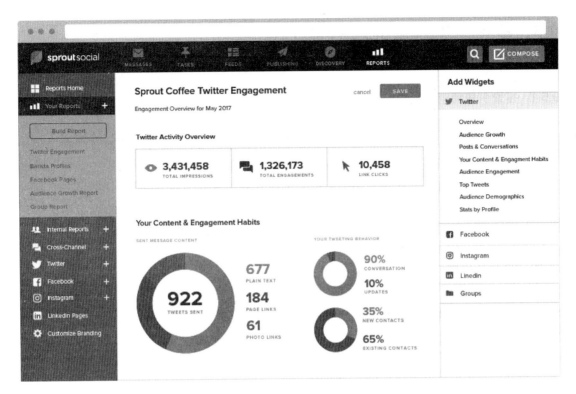

图 9-12　Sprout Social 社交媒体报告图

7）Google Data Studio

亚马逊、eBay 和沃尔玛等平台不支持谷歌分析标签。因此，卖家必须依赖这些平台自身或第三方解决方案的报告，获悉在线平台销售，例如 Google Data Studio，见图 9-13。

图 9-13　Google Data Studio 界面

8）Google Ads 电话订单销售

Google Ads 提供了通话报告功能，可在 Google Ads 甚至网站上显示动态电话号码以跟踪这些通话，但是，Google 广告无法跟踪通话的实质内容。

9.5 搜索引擎营销的目标与方式

9.5.1 搜索引擎营销的概念

SEO 设计的目标主要有两个层次：一是被搜索引擎收录；二是尽可能地在搜索结果中排名靠前。因此，搜索引擎营销（SEM）所做的就是以最小的投入在搜索引擎中获得最大的访问量并产生商业价值。这也是网络营销人员和专业服务商应该对搜索引擎设定的目标。仅仅做到被搜索引擎收录，且在搜索结果中排名靠前是不够的，因为客户的点击率不一定随着搜索结果排名的上升而增加，更不能保证将访问者转化为客户或者潜在客户。

因此，需要利用 SEM 的方法，提高网络营销效果。SEM 包括搜索引擎优化（SEO）、付费排名、精准广告以及付费收录等。

9.5.2 搜索引擎营销的目标与价值

1) 搜索引擎营销的目标

SEM 的目标可以分为四个层次，见图 9-14。

第一层是搜索引擎的存在层，其目标是在主要的搜索引擎或分类目录中获得被收录的机会。这是搜索引擎营销的基础，离开这个层次，搜索引擎营销的其他目标也就不可能实现。搜索引擎登录包括免费登录、付费登录、搜索引擎关键词广告等形式。存在层的含义就是让网站中尽可能多的网页获得被搜索引擎收录（而不仅仅是网站首页）。

图 9-14　搜索引擎营销的四个目标层次

第二层的目标是在被搜索引擎收录的基础上尽可能获得好的排名，即在搜索结果中有良好的表现，因而也可称为表现层。因为用户关心的只是搜索结果中靠前的少量内容，如果主要的关键词被检索时网站在搜索结果中的排名靠后，那么还必须利用关键词广告、竞价广告等方式作为补充手段来提升排名。同样，如果在分类目录中的位置不理想，那么需要同时考虑在分类目录中利用付费等方式获得靠前的排名。

SEM 的第三个目标是网站访问量，也就是增加搜索结果点击率，达到提高网站访问量的目的。只有受到用户关注，经过用户选择后的信息才可能被点击，因此可称为关注层。从搜索引擎的实际情况来看，仅仅做到被搜索引擎收录并且在搜索结果中排名靠前是不够的，这样并不一定能增加用户的点击率，更不能保证将点击转化为交易。若想要通过 SEM 实现访问量增加的目标，则需要从整体上进行网站优化设计，并充分利用专业的 SEM 手段。

SEM 的第四个目标，即通过访问量的增加转化为企业最终实现收益的提高，可称为转化层。转化层是前面三个目标层次的进一步提升，是各种 SEM 手段所实现效果的集中体现，但并不是 SEM 的直接效果。从各种搜索引擎策略到产生收益，其中间效果表现为网站访问量的增加，网站的收益是由访问量转化所形成的，从访问量转化为收益则是由网站的功能、服务、产品等多种因素共同作用而决定的。因此,第四个目标在 SEM 中属于战略层次的目标。其他三个层次的目标则属于策略范畴,具有可操作性和可控制性的特征,实现这些基本目标是 SEM 的主要任务。

用户在检索信息时所使用的关键字反映出用户对该问题(产品)的关注,这种关注是搜索引擎之所以被应用于网络营销的根本原因。

2) 搜索引擎营销的价值

SEM 所做的就是全面而有效地利用搜索引擎来进行网络营销和推广。SEM 追求最高的性价比,以最小的投入,获得最大的来自搜索引擎的访问量,并产生商业价值。

(1) 定位精准　搜索引擎具有先天的营销优势,与传统媒体被动推送信息不同,在搜索引擎上,消费者在主动寻找感兴趣的产品和信息。消费者的搜索行为本身就表明了对产品的兴趣,因此营销效果就更加精准。

(2) 覆盖广泛　SEM 是在全球最大的搜索和网络平台上进行推广,覆盖面广泛。SEM 的用户群是全世界的,市场具有全球性,针对的目标用户的范围极其广泛。营销的最终目的是占有市场份额,由于互联网能够突破时间约束和空间限制进行信息交换,营销脱离时空限制进行信息传播变成可能,企业有了更多时间和更大的空间进行营销,可每时每刻随时随地提供全球性营销服务。

(3) 成本可控　SEM 仅当用户点击广告时,广告主才需要支付费用。只用几分钟,就可以让广告主的广告展示在搜索到的页面上。SEM 能有效避免恶意点击,减少无效支出。

9.5.3　搜索引擎营销的种类

搜索引擎利用用户网站导航服务、信息查询的使用习惯,形成了主流的三种推广方式:

1) 自然推广

自然推广是指将要推广的信息通过网页等形式发布到搜索引擎,然后通过 SEO 技术使需要推广的关键词在搜索引擎中得到一个理想的排名。

2) 竞价排名

竞价排名是搜索引擎根据企业的出价给予相应的排名,这样企业能够快速地得到优先排名。

3) 混合竞价方式

搜索引擎在竞价排名的基础上,又推出了"混合竞价"方式,即在排序时除了考虑价格方面的因素,还同时考虑点击率的高低。这种方式不仅可以使企业得到好的排名,而且能够提高网页匹配度,也提高了用户的体验。

9.5.4　搜索引擎营销的基本要素和过程

1) 基本要素

实现搜索引擎营销需要有五个基本要素:信息源(网页)、搜索引擎信息索引数据库、用户的检索行为和检索结果、用户对检索结果的分析判断、对选中检索结果的点击。对这些要素以及信息传递过程的研究就构成了搜索引擎营销的基本任务和内容。

2) 基本过程

(1) 企业信息发布在网站上,成为以网页形式存在的信息源(包括企业内部信息源及外部信息源)。

(2) 搜索引擎将网页信息收录到索引数据库。

(3) 用户利用关键词进行检索(对于分类目录则是逐级目录查询)。

(4) 检索结果中罗列相关的索引信息及其 URL 链接。

(5) 用户对检索结果进行判断并点击 URL 进入信息源所在网页。

(6) 用户再次检索相关关键词。

(7) 检索结果中的置顶广告被用户识别。

(8) 点击广告 URL 链接。

(9) 浏览企业网站。

(10) 实现转化。

9.5.5 SEO 和 SEM 的区别

1) SEO 见效慢,流量精准

SEO 属于自然流量的一种,做 SEO 见效慢、优化时间长,但是,SEO 带来的用户流量会更加精准。在关键词持续优化后,排名相对较稳定,即使短时内不再做优化,也不会出现大幅排名下降。

2) SEM 见效快,不精准

SEM 属于一种付费流量形式,相比 SEO 而言,SEM 更加迅速地为网站带来流量。但是,SEM 带来的用户的精准率不高,网页跳出率比较大。

案例研究

醉花香酒业的 SEM 方案

1. 公司简介

醉花香葡萄酒业成立于 2008 年,是一家集酿酒和葡萄种植、生产、加工、科研、农业观光于一体的综合型专业化葡萄酒业公司。酒庄位于贺兰山东麓,独特的自然禀赋和特有的风土条件,造就了其葡萄酒色泽鲜明、甘润平衡、香气馥郁、酒体饱满的东方风格。其系列葡萄酒产品销售以国内市场为主。广袤(10 万亩)的葡萄种植园、具有民族特色的酒庄建筑、馥郁芬芳的葡萄酒也吸引各地客人来休闲观光、品尝美酒、体验造酒的快乐。为满足客户个性化需求,其葡萄酒系列产品允许私人定制,48 h 全国送达,不满意 100% 退赔。

经过对市场环境和竞争对手的分析,醉花香酒业决定利用搜索引擎推广和网盟推广方式,安排开通百度搜索推广和网盟推广账户,在 PC 端投放,年度搜索引擎营销预算 12 万元(每月 1 万元),希望尽快提高营业额。

2. PC 端百度搜索推广账户搭建设置

1) 关键词设置

红酒、葡萄酒、干红、红酒礼品、婚宴用酒、节日礼盒、情人节礼物、精品红酒、酒庄、休闲、旅游等。

2) 预算设置

每天 300 元。

3) 投放区域设置

全国。

4) 推广时段设置

8:00—24:00。

5) 否定关键词

拉菲、法国、种植、澳洲、栽培(包括但不限于以上这些)。

6) IP 排除

本公司 IP 地址。

3. PC 端网盟账户搭建及创意制作

1) 账户搭建

(1) 推广计划及推广组划分

① 推广计划：婚宴用酒、精品红酒、节日礼盒。

② 推广组 1：图文混排纯文字图片。

③ 推广组 2：……

(2) 产品及网站细分

① 按产品细分：婚宴用酒、精品红酒、节日礼盒。

② 按投放网站细分：综合门户、B2C 第三方销售平台(淘宝)、社交网站等。

2) 创意制作

① 标题：醉花香定制你的专属葡萄酒。

② 描述：来醉花香订购葡萄酒,总有一款适合你,不满意全额退款……

4. 数据分析及账户优化(略)

案例分析题：

1. 百度搜索推广中应该如何设置关键词？谈谈你对本案例中关键词和否定关键词设置的看法。

2. 请你为本案撰写一个图文创意。

3. 完善本案的 PC 端网盟账户搭建及创意制作。

练习与思考

一、判断题

1. 第一代真正基于互联网的搜索引擎是由 Yahoo 公司研发的。　　　　　　　　(　　)
2. 主流搜索引擎营销的方式只有自然推广和竞价排名两种。　　　　　　　　　(　　)
3. 相比于 SEM,SEO 的精准度更高,但是见效慢。　　　　　　　　　　　　　(　　)

二、选择题

1. 以下不属于 SEO 的价值是(　　)。

A. 针对性强,显著提高用户访问量　　　　B. 性价比最高的网站推广

C. 成本低,预算可控　　　　　　　　　　D. 见效快,用户精准度低

2. 以下不属于流量转化指标的是(　　)。

A. 访问次数　　　　B. 转化率　　　　C. 独立访问者　　　　D. 转化次数

3. 跳出率是营销者需要特别关注的指标,以下因素不会导致跳出率增加的是(　　)。

A. 关键词与目标网页主题不相关　　　　B. 目标网页设计很差

C. 存在恶意攻击　　　　　　　　　　　D. 关键词与目标网页主题紧密相关

三、问答题

1. 请阐述 SEO 和 SEM 的区别。
2. 请简述 SEM 的五个基本要素。
3. 图 9-15 是某网页的页面 SEO 诊断,请分析这个网页对于 Google SEO 而言主要存在哪些问题?

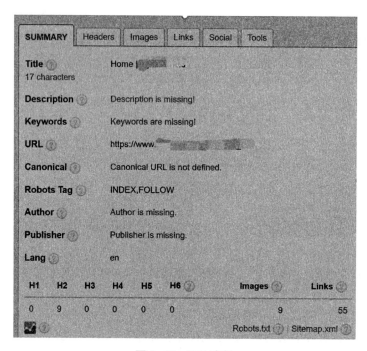

图 9-15　SEO 诊断

实践操作

训练题目: 为一个鲜花店制作一套完整的 SEO 运营方案。

目的要求: 熟悉 SEO 全流程。

训练内容: 沁园春鲜花店是读者所在城市内一家新开的花店,主营各种玫瑰花、百合花、康乃馨等花,允许私人定制,100%新鲜鲜花,本市 2 h 即可送达,不满意 100%退赔。经过对市场环境和竞争对手的分析,利用搜索推广和网盟推广方式能较快达成营销目的,所以安排开通百度搜索推广和网盟推广账户,在 PC 和移动端均投放,月预算 1 万元,希望尽快提高营业额。请结合本章学习内容和上述材料,完成下列作业:

1. 根据目标行业特点,挖掘相关的产品与品牌关键词。
2. 分析网站文案内容,确定关键词排布情况。
3. 根据筛选出的关键词分析关键词排名难度。
4. 分析主要竞争对手独立站与关键词情况。

组织分工: 4 人一组。组内分配网站分析、关键词挖掘、竞争对手调研、综合统筹工作。

提交成果: 小组提交一份不少于 2 000 字的 SEO 运营方案。

训练器材: 互联网、计算机、SEO 相关工具集。

10 社交网络营销

[学习目的]
(1) 掌握社交网络营销的概念。
(2) 了解社交网络营销的特点。
(3) 了解社交网络营销的作用。
(4) 熟悉社交网络营销的方法。

10.1 社交网络营销概述

10.1.1 社交网络营销的概念

社交网络服务常被缩写成 SNS，是 Social Network Service 三个单词的缩写，它是利用 Web 技术为客户提供的一种社交服务工具或平台。

社交网络营销就是利用社会化网络进行营销。

广义的社交网络营销有多种方式，有存在多年的博客与微博营销、即时通信营销、友情链接，也有兴起时间不太久的微信营销、直播与短视频营销、二维码营销等。

10.1.2 社交网络营销的特点

1）传播速度快

社交网络营销，一方面借助互联网传播速度优势，可以迅速将营销信息传递到接收者手中；另一方面，社交媒体中，同一群体往往相对集中，营销者可以将信息尽可能多地传递到更多的有针对性的接收者手中，受众面广；同时社交网络营销可以选择吸引眼球的主题，让接收者自发进行营销信息传播，产生裂变效应。

2）内容丰富

社交网络营销内容，可以通过传输文字、声音、图像，甚至动画视频等多种媒体方式进行承载，能够充分发挥营销人员的创造性和能动性，将营销内容形象生动地展现在营销对象面前。

3）实时交互

社交网络营销更强调实时沟通交流，微信、QQ、直播等网络社交平台方式都有交互的功能，营销者可以将营销信息实时传递给接收者，接收者也可以将自己的想法或者疑问实时发送给营销者，信息传递的及时性极大地提高了沟通效率。

4) 注重倾听

倾听是与目标受众建立有意义关系的重要组成部分,只有了解客户,才能知道客户的真实想法。倾听是了解客户的重要途径。社交网络营销,需要热情、需要倾听、需要知道受众的想法,受众面临什么问题,需要提供什么帮助,需要根据受众的表述进行合适的回答。有效的倾听与回复,可以找到营销者与受众的契合点,提高客户满意度,增加客户购买率。在社交媒体平台上,成功的往往是那些聪明的、灵活的倾听者。

10.1.3 社交网络营销的作用

1) 实现精准营销

社交网络营销对象往往不是完全的陌生人,在营销信息发出前,很多都有一定的情感交流基础。营销者可以根据已经掌握的受众信息,运用个性化技术手段,挖掘受众特点,根据营销需要,选择受众进行精准营销,提升营销效果。如营销者可以对目标受众按照地域、收入状况、消费习惯等进行筛选,有针对性地对这些客户进行宣传与互动,将营销信息送到最合适的受众手中。

2) 提高客户黏性

客户黏性的提升,对于维系客户情感,增加销售有极其重要的意义。一般来说,客户黏性越高,客户满意度、忠诚度越高,消费或者再消费期望值越高。社交媒体重在沟通交流,通过沟通交流,可以快速有效解决客户的疑问,为客户提供资讯实惠,引导客户消费,提高客户对产品或服务的忠诚度和信任度,从而加强客户的依赖程度,提高客户黏性,促进客户长期再消费欲望。

3) 增加销售

社交网络营销不仅仅是情感交流的场地,更是在提高客户黏性的同时,增加销售。社交网络营销与其他营销方式一样,最终目的就是增加产品或服务销售。由于社交媒体群体里,个体相似性提高,适合精准营销,将营销者自身的产品或服务推荐到合适的客户面前,增加客户购买成功率,对销售是一个极大的促进。

4) 降低营销成本

社交网络营销的"多对多"的信息传递模式具有更强的互动性,受到更多人的关注。随着网民网络行为的日益成熟,客户更乐意主动获取信息和分享信息,社区客户显示出高度的参与性、分享性与互动性。社交网络营销传播的主要媒介是客户,主要方式是"众口相传"。因此与传统广告形式相比,无须大量的广告投入,因客户的参与性、分享性与互动性的特点,社交网络营销很容易加深对一个品牌和产品的认知,从媒体价值来分析能形成好的传播效果,降低营销成本。

5) 塑造品牌形象

产品经营销售,一是靠产品的硬实力;二是靠服务的软实力。社交媒体的传播速度快、实时交互和注重倾听的特点为提高服务品质,加快反应速度,提供了切实可行的实现途径。软实力的提升,伴随着的是品牌形象的提升。社交网络营销是塑造品牌形象不可或缺的方式。

10.2 微信营销

10.2.1 微信营销的特点

微信(WeChat)是腾讯公司于 2011 年 1 月 21 日推出的一个为智能终端提供即时通信服务的免费应用程序,支持跨通信运营商、跨操作系统平台,通过网络快速发送免费语音、短信、视频、图片和文字。微信营销是指通过微信平台开展的营销活动。

微信营销具有以下特点:

(1)高到达率 营销效果很大程度上取决于信息的到达率,这也是所有营销工具最关注的地方。微信个人号或者公众号发布的每一条信息,都能够完整无误地发送到终端手机,到达率高。

(2)高曝光率 曝光率是衡量信息发布效果的另外一个重要指标。微信信息拥有很高的曝光率。微信是由移动即时通信工具衍生而来,具有很强的提醒功能,如铃声、通知中心消息停驻、角标等,随时提醒客户收到未阅读的信息,曝光率高达 100%。

(3)高接受率 随着微信的普及,发展到当下,微信已经成为类似手机短信和 E-mail 的主流信息接收工具,其使用的广泛性成为开展微信营销的重要基础。由于微信公众账号的粉丝都是主动订阅而来,信息也是主动获取,完全不存在垃圾信息遭到抵触的情况,接受性比较高。

(4)高便利性 微信既有 PC 版,也有移动版,以移动版为主。移动终端的客户可以随时随地获取信息,这会给商家的营销带来极大的便利。

10.2.2 微信朋友圈营销

1)微信朋友圈的基本功能

微信朋友圈,是指腾讯微信上的一个社交功能,客户可以通过朋友圈发表文字和图片,同时可通过其他软件将文字、音频、视频分享到朋友圈,并可以选择是否显示发圈所在位置、提醒谁看,是公开还是不公开,公开的话还可以选择公开给哪些通讯录里的联系人,不公开给哪些通讯录里的联系人。客户可以对好友新发的朋友圈进行"评论"或"赞",其他客户只能看相同好友的评论或赞。微信朋友圈还可设置所发表的内容允许好友可见的时间。

2)微信朋友圈商业模式

(1)代理分销模式 这种模式是指企业利用中间商帮助寻找客户、销售商品,中间商不购买产品,也没有产品的所有权,根据协议从委托人那里获得佣金。这种模式可以迅速推广市场,获得较高的曝光度。

(2)直营模式 这种模式是指由企业直接经营,不经过中间销售商而直接面向客户的营销方式。这种模式一般在开始时可以通过亲朋好友把产品分享到朋友圈,获得基础客户,再由客户分享,赢得口碑,慢慢扩大客户群。

(3)平台辅销模式 微信朋友圈营销与其他营销方式并不冲突,可以成为其他营销方式有效补充。如果已经在其他平台进行了较好的经营耕耘,该平台也有较好的客流来源,想要留住客户,增加复购率,可以将客户加入微信联系人,利用微信朋友圈,维持情感交流,发布平台经营信息。以淘宝为例,同样的销售额,朋友圈销售因为没有流量成本和促销成本,利润要比淘宝网平台高得多。微信朋友圈所带来的经营效果显著,可以作为其他平台销售有效的辅助形式。

(4) O2O 营销模式 O2O 的意思是线上到线下,简单地说,就是在互联网上推广,引导消费者到线下实体店消费。这种商业模式,既可以大大地节约实体店的推广成本,同时能够让消费者直观地面对商品,增加消费体验,提高成交率。微信朋友圈并不仅仅是产品销售,也可以很好地做 O2O。通过朋友圈线上感情的维系,信息的分享,可以有效将朋友圈联系人拓展到线下。如现在很多营销人员,通过朋友圈把产品经营信息发布出来,根据意向客户需求,通过朋友圈进行洽谈,需要正式交易时,再回到线下,拓展了双方接触面,节约了双方时间与经济成本,有效促使交易达成。

3) 微信朋友圈的营销策略

(1) 注重个人或机构信息的编辑 个人或者机构信息往往代表了在客户心中的形象,这些信息是给客户的初步印象,留下良好第一印象,往往会起到事半功倍的效果。因此,要编辑好个人或机构信息。在微信朋友圈,既没有店铺装修,也没有客户评价,更谈不上店铺信用指数、缴纳保证金等。微信朋友圈营销,很大程度是依靠个人或机构信誉来达成的,这就要求个人或机构形象必须正面、积极向上。一个好的微信名加上一个好的头像,对于建立朋友圈的信任度至关重要。首先确保取名不要太多复杂另类,最好用个人真名、机构品牌名、公司名或者要推销产品的名字命名。最常用的也是最容易让人识别记住的,是"真名+品牌"或者"品牌+真名"的组合,这往往能成为个人或者机构对外的一张名片,使客户对你产生良好第一印象。同时还要注意微信头像的选择,最好做到与名称相符,保持名称、头像的一致性,就能在无形中建立起初步的信任,产品或者个人就会对客户产生辨识度。如果用自己的个人照片做头像,要选择阳光或知性的照片,用公司的形象做头像,要选择产品、商标的图片。

(2) 斟酌发布信息内容 一般来说,朋友圈发布的内容应该与客户主体和主营产品或服务有关,这样的营销才有重点,才能够让客户看到朋友圈后一目了然。比如在朋友圈销售护肤品,必然要传递护肤品的特点,描述清楚性价比。同时越来越多的人注意环保健康,纯天然、无刺激、无伤害也是重要发布内容关注点,可以吸引更多客户的目光。此外,还要提供增值服务,如选择护肤品的方法,护肤的技巧等相关知识,也是客户所愿意看到的,这会大大提高客户黏性。为持续营造积极向上的印象,展示个人魅力,还可以撰写一些与生活相关的信息,比如遇到开心的、温暖的、有趣的事,增加生活工作感悟,配合图片一起,提升客户关注度。

(3) 掌握发布信息时间 内容编辑好,还要掌握发布时间,要调查了解客户观看朋友圈的时间,同类竞争者发布信息的时间,还可以针对客户相对空闲时间,考虑在以下四个时间段发布信息,综合决定发布信息的时间,提升产品的曝光度。

7:30—8:30 上班早高峰的时间,这是大部分人在吃早餐、乘坐公共交通和通勤工具的时间,在准备上班或是上班的路上,往往都会习惯性地刷刷朋友圈,查看朋友圈动态。这时往往一些资讯或是问候会温暖客户。

12:00—13:00 中午午休的时间,相对是一个放松的时间段,可以适当发布关于产品或者服务的信息,引起客户的注意,但是不要过量,否则容易引起反感。

17:30—19:00 下班晚高峰时间,据统计,这也是一个大家翻看朋友圈的高峰期,可以发布有关业绩的信息,让客户意识到产品或服务是值得信赖的,加深印象,无形中提升营销者的信任度。

21:00—23:00 入睡前的时间,很多人都有睡前看手机的习惯,这时候可以发布一些关于产品常识、小百科知识等。

(4) 权衡发布信息数量　任何客户,愿意接收信息的数量都是有限的。过多的信息,会给客户的工作生活带来困扰,会引起对方的反感。一般来说,一天最好不要超过10条信息,每次发送的信息不要超过3条,可以适当地加上自己的评论感悟,在不同高峰期转发,以客户能够接受的频率进行,防止狂轰滥炸。

(5) 对客户进行分组管理　当好友数量达到一定程度后,必须对好友进行备注,可以适当备注职业、兴趣爱好或者别的特点,这些备注可以清晰描述客户特征,有利于后续开展针对性的营销工作。

(6) 做好信任营销和情感营销　微信营销的本质是信任营销,在营销过程中,要注重细节,无论咨询购买、投诉处理,还是平时问候,客户都能感受到营销者的用心,信任通过细节也就慢慢建立起来了。在微信营销中,商业气息过重、刻板,会令客户反感,多与客户互动,多开展线上线下活动,让客户参与进来,有利于促进与客户的情感。

10.2.3 微信公众平台营销

1) 微信公众号的功能

微信公众平台,简称公众号,于2012年正式上线,曾命名为"官号平台"和"媒体平台",目的是为创造更好的客户体验,形成一个不一样的生态循环。利用公众账号平台进行自媒体活动,简单来说就是进行一对多的媒体性行为活动。微信公众号主要是商家申请公众微信服务号,再通过二次开发,展示商家微官网、微会员、微推送、微支付、微活动、微报名、微分享、微名片等,已经形成了一种主流的线上线下微信互动营销方式。

2) 微信公众平台的类型

(1) 服务号　公众平台服务号旨在为客户提供服务。服务号给企业等各类组织提供更强大的业务服务与客户管理能力,帮助他们快速实现全新的公众号服务平台。微信服务号在1个月(自然月)内可以允许发送4条群发消息,提高客户接受面,而且发给订阅客户(粉丝)的消息,会显示在对方的聊天列表中,吸引客户的关注度。对于订阅客户(粉丝)来说,服务号会在通讯录中,通讯录中有一个公众号的文件夹,点开可以查看所有服务号。微信服务号还可以申请自定义服务号菜单,提高个性化水平,突出企业自身特点。

(2) 订阅号　公众平台订阅号,旨在为客户提供信息,可以是企业客户,也可以是个人客户。每天(24 h内)可以发送1条群发消息,每个月发送信息比服务号多,发给订阅客户(粉丝)的消息,将会显示在对方的"订阅号"文件夹中。点击两次才可以打开。在订阅客户(粉丝)的通讯录中,订阅将被放入订阅号文件夹中。

值得注意的是,注册微信公众平台账号时,需要选择注册订阅号还是服务号,一旦选定不可更改,要根据自身需求确定好。对于企业来说最好选择服务号,相对功能更多,可以更好地利用公众平台服务客户。

(3) 企业号　公众平台企业号,旨在帮助企业、政府机关、学校、医院等事业单位和非政府组织建立与员工、上下游合作伙伴及内部IT系统间的连接,并能有效地简化管理流程、提高信息的沟通和协同效率、提升对一线员工的服务及管理能力。

3) 微信公众平台的营销策略

(1) 注重内容设计　首先要选择一个合适的主题,关注客户关注的。其次根据主题设计一个合适的封面,每一期微信公众号要想获得更多的阅读量,合适的封面必不可少,这是给读者的第一印象,对阅读量有着直接作用。再次要拟定一个吸引眼球的标题,标题是整篇文章的总结,传递着内容的重要信息,合适的标题对内容起着推广作用。同时在编辑正文时要突出重点,尽量简洁地进行描述,不要拖拉冗长。

(2) 加强交流沟通　事先做好公众号介绍、内容介绍,了解客户关注点,向客户推送基本信息,抓住客户兴趣,提高访问量和转载量。在运营过程中,耐心对客户提供一对一的咨询交流,设置一些线上线下活动,如有奖游戏或价格优惠,吸引客户参加。交易达成后,注重售后服务,询问使用情况,解决客户的疑问,还可以在适当的时候进行问候,比如节假日的问候,增强客户黏性。

(3) 开发客户资源　客户来源主要有:微信公众号本身、关联公众号互推、微信平台的推广、社会关系网络、企业官方网络、合作伙伴资源、第三方平台、搜索引擎、媒体与自媒体软文、有奖或赠送扫码等。在推广过程中,可以在提供给客户的信息里添加公众号二维码或者文字提示,提醒客户关注公众号及其里面对应的内容,也可以直接在内容里附上链接,对客户进行引导。通过以上各种客户来源途径,开发客户,做一个长期的坚守者,与内容推广一起相互促进。

10.2.4　微信小程序营销

1) 微信小程序的出现与发展

微信小程序,简称小程序,是一种不需要下载安装即可使用的应用,客户扫一扫或搜一下即可打开应用。企业、政府、媒体、其他组织或个人的开发者,均可申请注册。

2) 微信小程序的功能

微信小程序体现了"用完即走"的理念,客户不用关心是否安装太多应用的问题。微信小程序真正实现了应用无处不在,无须安装卸载,随时可用。微信小程序能够实现消息通知、线下扫码、公众号关联等七大功能。其中,由于微信小程序不存在入口,通过公众号关联,客户可以实现公众号与微信小程序之间相互跳转。

3) 微信小程序的营销策略

(1) 注重小程序的命名　小程序的名称要求必须唯一,并且能够符合客户搜索习惯或者产品特性,越接近客户搜索习惯的小程序名称越好。比如中国大学 MOOC 网,除了线上功能,还增加了线下管理功能,使用慕课堂小程序,慕课堂与慕课网的命名非常贴近,非常容易跟慕课网联系在一起。慕课网已经有了众多的客户资源,开发出慕课堂后,正好可以借助慕课网拓展市场,客户资源有保障。

(2) 微信小程序扫码营销　微信小程序有对应的二维码,对于一些商铺来说,消费者可以扫码进行自助下单,店铺还能够直接处理订单,十分方便快捷,并且商家还可以通过微信小程序给消费者发送一些店铺的优惠活动,这样也方便消费者再次购买。

(3) 小程序传播营销　微信客户数量庞大,小程序依托微信很好传播,可以直接在微信以小程序名称进行搜索即可找到,非常便捷,能够有效吸引微信客户进行使用,扩大客源,增强与客户的交流,提高回购率。

(4) 利用公众号为小程序推广和引流　公众号面对着大量客户,尤其是一些优质公众号更是有自己重视的受众。在小程序营销过程中，如果能找到和小程序契合或者有一定关联的优质公众号帮助推广和引流，小程序的市场效应将非常显著。

10.3 直播与短视频营销

10.3.1 直播营销

1）直播营销的含义

直播营销是指在现场随着事件的发展进程同时制作和播出节目的营销方式。该营销活动以直播平台为载体，达到获得品牌提升或是销量增长的目的。

直播营销最显著的优势在于可实时互动，能够即时获得客户反馈，以达到最好的营销效果。在网络环境下，视频媒介的传播变得更加广泛和高效，录制好的直播还可以再次进行观看，形成二次营销。

2）直播营销策略

(1) 精确的市场调研与定位 直播是向大众推销产品或者个人，推销的前提是深刻地了解客户是谁，客户需要什么，己方能够提供什么，同时还要避免同质化的竞争。因此，要做好精确的市场调研与定位，才能做出真正让大众接受的营销方案。

(2) 直播营销项目选择 直播营销项目（产品）的选择，需要结合自己拥有的知识、能力、资源等条件，充分地发挥自身的优势，才能取得事半功倍的效果。

(3) 良好的直播方案设计 最后呈现给受众的方案是内容的承载，也是营销成功的关键所在。在整个方案设计中需要销售策划及广告策划的共同参与，让产品在营销和视觉效果之间恰到好处。在直播过程中，过分的营销往往会引起客户的反感，所以在设计直播方案时，如何把握视觉效果和营销方式，还需要不断地商酌。

(4) 直播平台的选择 直播平台种类多样，根据属性可以划分为不同的几个领域，主要的直播平台有抖音、QQ、斗鱼、花椒、龙珠、战旗、虎牙、映客等。这些直播平台各有各的特点，有的是综合性的，有的专攻某一细分市场，如斗鱼是一家"弹幕式"直播分享网站，以游戏直播为主；花椒直播与"融平台"战略合作，为企业客户提供系统的营销方案，打破以往直播平台侧重于个人客户的局面。针对不同的营销项目与市场定位，选择相匹配的直播平台，吸引更多流量，以带来更好的营销效果。

(5) 直播主的选择 直播主来源多样，针对特定的直播项目，可选择不同的直播主。如李佳琦在化妆品行业耕耘多时，粉丝众多。如果直播产品是化妆品类，在资金充裕的情况下，可以考虑选择李佳琦这种商业著名主播。也可以通过企业负责人来直播带货，如格力电器掌门人董明珠，本身线上线下知名度高，自己多次直播取得了不凡业绩。还有地方政务人员，为促进当地经济发展，解决产品滞销问题，也加入直播大军。地方官员的加入，增加了消费者信任，带来了不错的效果。

10.3.2 短视频营销

短视频即短片视频，是一种互联网内容传播方式，一般是在互联网新媒体上传播，时长在 5 min 以内的视频。

1) 短视频营销类型

(1) 网红短视频　自媒体捧红了很多网红,网红拥有标签和众多粉丝,而且用视频的表达方式,在各种自媒体平台发布内容,获取客户。通常这样的短视频非常受欢迎,而且传播速度非常快。其中最具代表性的人物之一是红遍海内外的李子柒。2015年李子柒开始自拍自导古风美食短视频,在拍摄内容的选择上,和奶奶生活在一起的李子柒选择了最熟悉的"农村生活"。2017年4月,李子柒制作秋千的视频在美拍上点击量突破1 000万,全网播放量8 000万,点赞超过100万,每天几十个广告商找上李子柒。2021年,李子柒以1 410万的You Tube订阅量刷新了由其创下的"You Tube中文频道最多订阅量"的吉尼斯世界纪录。2022年6月,获2021"中国非遗年度人物"称号。

(2) 新媒体垂直短视频　垂直短视频是指内容和选择的领域是一致的,并且一个账号一直以来输出的短视频是同一类内容,不能今天发美食、明天发教育、后天发游戏,要始终如一。相对流于表现形式不容易让人记住的短视频,那些具备垂直度、有深度的短视频内容则会在客户的脑海里留下印象。比如美食领域的"日食记","视频内容+微信公众号+视频网站"直接锁定了一群志趣相投的人群。

(3) 平台级短视频　平台级短视频投入资本更多,内容相对可靠,经过专业团队打磨,质量水平也会更高,往往会得到更多受众的信任,覆盖面广。短视频平台不会只投入单个视频,往往针对某一个主题,连续多次进行短视频投放,以引起持续关注,强化传播效果。

2) 短视频营销策略

(1) 确立视频营销的方向和内容　短视频的专业性比较高,一个精美的短视频需要策划、道具、摄像、灯光、后期制作等,往往要由不同专业人员参与形成团队,进行分工合作才能完成。在制作短视频的过程中,首先要确定短视频的制作方向,让短视频有一个聚焦的主题,如美食、服饰搭配、旅游、农副产品等。短视频要充分反映主题所属主体的特性,并最好保持下去,形成一定的更新频率,以期持续获得较好的播放量和关注度;其次要注重受众"先入为主"的心态,视频的前部分要能充分吸引眼球,形成良好印象,使受众保持兴致看下去;再者,就是要做好内容,这也是视频生命力的根本。值得注意的是,视频内容不仅仅是包含剧本内容,还包括拍摄效果、演员特色等。

(2) 布局主流短视频平台　使用短视频营销,应该根据主流短视频平台不同定位,分析客户群体差异,研究每个平台客户画像数据,为自己的品牌和产品定制不同的营销方案。

(3) 短视频流量变现　短视频流量变现主要有三种方式:一是直接在短视频开头或结尾注入企业或产品元素。二是在短视频中间植入广告,植入广告的方式有多种,如台词植入、场景植入、道具植入等。三是通过短视频为官网、公众号等营销途径引流,引导受众进入官网、公众号等,最终实现消费变现。

10.4　博客与微博营销

10.4.1　博客营销

1) 博客营销的发展

博客,英文名为Blogger,为Web Log的混成词。它的正式名称为网络日记,又音译为部落格或部落阁等,是使用特定的软件,在网络上出版、发表和张贴个人文章的人,或者是一种通常由个人管理、不定期张贴新的文章的网站。博客上的文章通常以网页形式出现,并根据张贴时间,以倒序排列。博客营销是指利用博客这种网络应用形式展开的网络营销方式,是企业或个人利用博客网络交互平台,发布并更新企业或个人的相关概况及信息,并密切关注和及时回复平台上客户对于企业或个人相关疑问以及咨询,帮助企业或个人零成本获得搜索引擎的较前排位,以达到宣传目的的网络营销服务手段。

2) 博客营销的特点

(1) 博客是一个发布传递信息的工具 在信息发布方面,博客与其他工具一样,发挥传递信息的作用,通过博客,将营销信息传递给客户,达到交流的目的。

(2) 博客题材和发布方式灵活 博客文章内容和形式多样,更容易被客户接受。博客平台客户数量大,有价值的文章容易迅速获得大量客户的关注,推广效率高。

(3) 博客信息量大 博客文章的信息发布与供求信息发布是完全不同的表现形式,博客文章的信息量可大可小,并不一定是广告信息,也可以是一种公关方式。

(4) 博客检索更容易 博客文章都在一个独立的页面上,很容易被搜索引擎收录和检索,使得博客文章具有长期被客户发现和阅读的机会。

3) 博客营销的模式

(1) 企业网站自建博客频道 这是大型企业进行博客营销的主要模式。事实上,很多大型网站都推出了自己的博客频道,通过博客频道建设,鼓励企业内部有意识有才干的人发布博客文章,以增加网站访问量,获得更多潜在客户,对推广企业品牌,增进客户认知,听取客户意见等方面均可以发挥积极作用,还可以增强员工对企业品牌和市场活动的参与意识,增进员工之间以及员工与企业领导之间的交流,丰富企业知识资源。

(2) 个人独立博客网站 即以个人名义用独立博客网站的方式发布博客文章。由于个人拥有对博客网站完整的自主管理维护权利,个人可以充分发挥积极作用,在博客中占比更多的还是个性化的内容。同一个企业多个员工个人博客之间的相互连接关系也有助于个人博客的推广,多个博客与企业网站的链接对于企业网站的推广也有一定价值。

(3) 第三方企业博客平台模式 第三方企业博客平台模式是专门针对企业博客需求特点提供的专业化的博客托管服务。使得各个员工的博客之间形成一个相互关联的博客群,有利于互相推广以及发挥群体优势。但是该模式对平台的依赖性高,企业网站与企业博客之间的关系不够紧密,员工博客的访问难以与企业网站相整合,因此发挥的综合作用有限。

(4) 第三方 BSP(Blog Service Provider,博客托管服务商)公共平台模式 第三方 BSP 公共平台模式是最简单的博客营销模式之一,在体验博客营销的初期常常采用这种方式。BSP 可以提供对企业的博客服务,博客网的企业博客网站专门为企业发布信息,为不同规模的企业提供博客营销的捷径。

(5) 博客营销外包模式 采用博客营销外包模式,企业无须在博客营销方面投入过多的人力,无须维护博客网站或频道,降低了企业博客管理的复杂性,但是外包对象对企业本身了解有限,很难满足个性化服务,营销效果的好坏,跟外包公司有很大关系。

4) 博客营销的策略

(1) 重视内容营销 在博客营销过程中,要精心选择主题,认真撰写文案,充分考虑受众的心理需求,形成有价值的文章,吸引客户关注。在文章形成后,还可以请求博客平台编辑进行推荐,尤其是首页推荐,可以很快获得大量低成本流量,带来较好的营销效果。

(2) 构建加入博客圈 加入博客圈的方式简单有效,甚至可以自己组建博客圈。首先,在博客内容的定位上,不要让自己过于狭窄,要能够容纳足够数量的博友来浏览自己的博客内容,热点话题永远是组建博客圈的第一要诀。其次,重视博友之间的互动。每个博客主都会有一些关注自己的博友们的留言,大家相互加为好友,到对方的博客上去发表评论,这种交流有时还会从网上发展到网下,形成更稳定的友好关系,慢慢地组建或加入博客圈。

(3) 展开数据分析　数据分析可以了解博客营销现状,明晰博客营销效果,了解资源利用效率,为后续营销策略提供有力支持。具体的数据分析,主要了解以下信息:访客数量、新访客增加量、访客时间段分析、访客留言评论数、博客排名、博客推荐次数、互动交流次数等。

(4) 加强与访客互动沟通　良性沟通是营销制胜法宝,博客营销也不例外。博客主要主动与访客互动,及时回复访客的问题,了解访客的真实想法,查看访客评论,观察访客关注的信息,把握博客营销的效果。

(5) 增强互动链接　除了与访客的互动,还有与其他博友的互动,可以有效提升曝光率。博客主可以选择优质博客所属博客主,互相关注,将其添加好友,进行友情链接。在后期运营过程中,对文章进行互相推荐,增加关联流量。

10.4.2 微博营销

1) 微博营销的发展

微博营销是指借助微博平台进行的包括品牌推广、活动策划、个人形象包装、产品宣传等一系列的营销活动。微博营销以微博作为营销平台,每一个听众都是潜在营销对象。每个企业都可以在新浪、网易等平台注册一个微博,然后通过更新微博传递企业或产品信息与客户交流,引起客户兴趣,在潜移默化中达到营销目的,这样的方式就是微博营销。新浪微博是其中最主要的代表,见图10-1。

图10-1　新浪微博界面

在互联网高速发展的今天,以个人为中心的新媒体已经从边缘走向主流,"微博"就是其中的典型代表,140个字左右的文字更新信息与即时分享,使得微博正式进入网上主流人群视野,带给人们新的冲击性的体验。

2) 微博营销与博客营销的区别

(1) 信息源的表现形式不同　博客营销经过博文选题及写作、编辑及发布的基本流程,表现为完整网页信息,对内容的数量和质量有一定要求;微博营销则不需要完整的文章要素及编辑,表现为粉丝"定制"信息流页面的组合元素,短小精炼,而不一定是系统、严谨的企业新闻或产品介绍。

(2) 信息传播模式不同　博客营销传播模式为可自建博客或依托第三方博客平台,以传统的网络营销传播渠道为主,博客平台内部的传播力度较小,对时效性要求不高,可以获得多个渠道客户的长期关注。而微博营销客户想要获取信息,主要是通过微博平台内信息发布者社会关系网络资源的浏览及传播,依托微博平台,注重平台内部客户之间的传播,站外传播能力相对较弱,时效性要求高,是一种快速传播短信息的方式。对未知群体进行没有目的的微博营销通常没有意义。

(3) 客户获取信息不同　博客客户可以通过直接访问网站、搜索引擎、站内及站外链接、其他网站转发等网络渠道,获得信息。微博营销客户可以利用电脑、手机等多种终端,方便获取微博信息,发挥"碎片化时间资源整合"优势。

总的来说,博客营销是对互联网工具的依赖,是依靠企业或个人的知识及能力通过各种网络渠道进行信息传播;而微博营销则是对人的依赖,除了个人的知识与能力,还要依赖社会关系资源才能获得信息在更大范围的传播。当然,它们之间的关系是相辅相成,同步发展的。从企业社交网络营销策略的全局来看:两者在社交网络营销中的地位同等重要,两者在企业网络营销体系中的目的一致;可共享信息源互为推广,同步发展,协同运营。

3) 微博营销的特点

(1) 内容精短　微博限定在140个字以内,可以运用文字、图片、视频等多种方式进行展现,在有限的容量里要做到短小精炼。

(2) 便捷性　客户可以利用电脑、手机等多种终端获取微博信息,发布信息的主题无须经过反复的行政审批,节约了大量时间成本。

(3) 传播快　传播速度快是微博的另一显著特征,一条关注度较高的微博在互联网及与之相关的平台发布后,短时间内就可以通过互动转发,扩散到微博的各个角落,受众广泛。

(4) 见效快　微博营销投资少,扩散快,营销直接进入核心。微博营销快餐式的阅读,能让核心营销信息迅速引起客户关注。

(5) 主动性强　传统营销往往通过广告手段,推式的营销方式,将产品推广到客户面前,广告的流量转化率往往不尽人意,很可能引起客户的反感,而微博营销通过内容选择,发布客户感兴趣的内容,让客户主动关注、转发,自动宣传。

4) 微博营销的策略

(1) 识别区分客户　要想充分利用微博特点和优势,其中一个非常重要的前提条件是找到合适的客户。在资源一定的情况下,为进一步提高资源利用效率,明确微博受众尤其重要。广撒网式赢得的"僵尸粉"对微博营销不仅没有意义,还会占用资源。而要想获得高质量"粉丝",就必须要识别区分客户,可以尝试通过客户主动添加、收集客户需求等方式来进行寻找,还可充分利用先进技术,如通过大数据挖掘进行客户匹配。

(2) 合适命名并认证　一个合适的微博名称,不仅便于客户记忆,还可以获得相应的流量。微博名称可以跟公司名称有关,也可以跟产品服务有关,甚至是个性化名称也可以考虑。在命名注册后,要提高权威形象,最好进行账户认证,如针对企业微博账号、企业领袖和高管的账号、行业内有影响力人物的账号,先获得微博运营商的认证,微信信息可被搜索引擎抓取,更易于传播。

(3) 注重内容选择并及时更新　微博内容要有价值,例如促销信息,尽量包含合适的话题或标签,以利于微博搜索,推荐有共同标签或共同兴趣的人关注,综合利用多媒体信息,给予客户良好使用体验,并要定期更新,不断提供有价值的新内容,抓住客户。一般来说,最好每天更新,每天发5~10条。

(4) 积极互动,加强沟通 微博最大的意义在于其通过客户自发评论转发,传播速度快。客户信息要及时回复,主动与客户互动,多参与转发评论,主动搜索行业相关话题,提高话题热度。定期举行有奖活动,提供免费奖品,促使粉丝数量增长,增加客户忠诚度。

10.5　即时通信营销

10.5.1　电子邮件营销

1) 电子邮件营销概述

电子邮件营销是在客户事先许可的前提下(故又称许可电子邮件营销),通过电子邮件的方式向目标客户传递有价值信息的一种网络营销手段。电子邮件营销有三个基本因素:客户需要、通过电子邮件传递信息、信息对客户是有价值的,三个因素缺一不可。

随着互联网的普及,电子邮件已经成为人们交流沟通的一种重要方式,不管是在生活中,还是工作中,人们可以利用电子邮件不见面处理诸多问题。电子邮件变得非常实用,成为很多人生活工作不可或缺的一部分。与此同时,电子邮件也为企业经营带来新的机会,企业可以依托电子邮件地址信息,将营销信息传递到接收者面前。

2) 电子邮件营销的类型

按照不同角度和特点,可以对电子邮件营销进行不同分类。

(1) 按照电子邮件所有权分类 可以将电子邮件营销分为内部电子邮件营销和外部电子邮件营销,或者也叫内部列表电子邮件营销和外部列表电子邮件营销。内部列表电子邮件营销是一个企业或者网站利用一定方式获得客户注册的资料来开展的电子邮件服务。外部列表电子邮件营销是指利用专业电子邮件服务商或者服务机构提供的客户电子邮件地址来开展的电子邮件服务。

(2) 按照营销计划分类 可以分为临时性电子邮件营销和长期电子邮件营销。前者包括不定期的产品促销、市场调查、新品通知等;后者通常以企业内部注册会员资料为基础,主要包括新闻邮件、电子杂志等各种形式的邮件列表,这种列表比临时性电子邮件营销影响更持久。

(3) 按照电子邮件营销的功能分类 可以分为客户关系电子邮件营销、客户服务电子邮件营销、在线调查电子邮件营销、促销活动电子邮件营销等。

3) 开展电子邮件营销的基本条件

(1) 电子邮件营销技术基础 从技术上保证客户加入、退出邮件列表,并实现对客户资料的管理,以及邮件发送和效果跟踪等功能。

(2) 电子邮件营销邮件地址资源基础 在客户自愿加入邮件列表的前提下,获得足够多的客户电子邮件地址资源,是电子邮件营销发挥作用的必要条件。

(3) 电子邮件营销内容基础 营销信息是通过电子邮件向客户发送的,邮件的内容对客户有价值才能引起客户的关注,有效的内容设计是电子邮件营销发挥作用的基本前提。

4) 电子邮件营销与垃圾邮件的区别

许可式电子邮件与垃圾邮件有着本质的区别。

(1) 许可式邮件发送方在发送电子邮件之前必须经过接收方的同意。

（2）营销邮件列表中的电子邮件联系人即邮件接收方可以随时自由加入和自由退出邮件列表。

（3）保障邮件列表中的电子邮件联系人的信息私有化，不以任何方式共享或出售私人信息给第三方。

（4）发送方应尊重接收方的意愿，周期性地传递有价值的信息和资源，不发送与主题无关的信息、内容、广告。

总的来说，垃圾邮件会以顽固的、持续的、让人厌恶的方式发送到电子邮箱，这些垃圾信息对接收者没有任何用处，接收者却无法拒绝它们，给接收者的工作生活带来极大困扰。而对于许可式电子邮件来说，接收者可以从周期性的邮件中获得需要的、有价值的信息和资源，如果接收者认为邮件内容没有什么帮助，那么可以随时自由地拒绝来自发送方的邮件。

5）电子邮件营销的策略

（1）进入与退出策略　在实施电子邮件营销时，设计进入与退出操作很重要。进入和退出操作不要太复杂。例如联合利华的"家庭护理系列"，新会员加入时，会收到一份声明"我们非常激动地获知您订阅了我们的快递信息，您可以随时任意更改您的参数设定"。刚退出的会员也同样会收到一封邮件"您收到这个邮件是因为您之前同意联合利华给您发送特定的信息，我们希望您能喜欢所收到的快递信息，您可以随时任意更改您的参数设定"。简单清新的确认，获得消费者的拥护。

（2）内容策略　文本简单，没有拼写错误，多用礼貌用语，比如"您""谢谢""请"等，让收件方感到被尊重和温暖。群发邮件时，要注意邮件主题和邮件内容的字词书写，如果包含大量宣传、金钱等敏感词，很可能被服务器过滤掉，从而被放入垃圾邮箱，失去电子邮件营销的意义。同时签名就像常规信笺一样，可以明确发信人的身份、联系方法，也是一种重要的品牌营销资源，设计精巧的签名文件，会给收件人留下良好的印象。

（3）发送策略　退信是电子邮件营销效果的最大障碍，尽量避免错误的邮件地址，改进数据登记方法，如通过电话人工记录客户电子邮件地址的情况，要对工作人员进行必要的训练，发送确认信息。有过退回历史的，则鼓励客户更新电子邮件地址，提供保持联系的专业服务。

10.5.2　短信营销

1）短信营销的发展

短信（Short Message Service，简称 SMS），是客户通过手机或其他电信终端直接发送或接收的信息，客户每次能接收和发送短信的字符数，是 160 个英文或数字字符，或者 70 个中文字符。短信营销顾名思义就是以发送的普通手机短信的方式来达到营销目的的营销手段。

1992 年，世界上第一条短信在英国沃尔丰的 GSM（全球移动通信系统）网络上通过电脑向手机发送成功。2020 年 4 月 8 日，中国电信、中国移动、中国联通联合发布《5G 消息白皮书》，我国基础短信业务已经进入全面升级通道，传统短信被 5G 消息（RCS 业务，即融合通信业务）逐步取代。

2）短信的类型

（1）按照业务性质分类

① 信息类：指基于短信平台的新闻、旅游、生活服务、财经信息等服务。

② 个人服务类：指基于短信平台的日程安排、电话簿等个人服务。

③ 交易类：指基于短信平台的移动电子商务，如股票交易、手机银行、彩票、交费、购票等

业务。

④ 娱乐类：指基于短信平台的游戏、铃声下载、图像下载、每日星座、笑话、聊天等业务。

⑤ 基于位置的服务类：指基于短信平台的酒店、餐厅等环境信息查询、紧急救助、区域广告等。

⑥ 集团及行业应用类：指基于短信平台的企业办公、交通管理、移动警务及公共机关和部门公共设施管理及控制等应用服务。

(2) 按照表现形式及费用分类

① 普通短信：指通常意义上的短信，由文字组成，不支持多媒体，相对费用便宜。

② 彩信：彩信的英文名是 MMS，它是 Multimedia Messaging Service 的缩写，意为多媒体信息服务。最大的特色就是支持多媒体功能，能够传递功能全面的内容和信息，包括文字、图像、声音、数据等各种多媒体格式的信息，相比普通短信，费用较贵。

3) 短信营销策略

(1) 选择可靠的短信平台　在进行短信营销过程中，选择一个可靠的短信平台是其成功的保障条件。在选择短信平台时，客户资源、发送速度、到达率、通道的稳定性都是需要考虑的因素，也可以搜索查看以往客户评价，根据网络业间口碑，综合决定选择短信平台进行合作开展短信营销，以保证短信营销效果。

(2) 合适时段发送　发送时间会影响短信营销效果。在开展短信营销时，要充分站在接收者的立场上考虑问题，了解接收者短信使用习惯等个性特点，统筹考虑短信发送的合适时机，避免对接收者造成干扰。同时不宜过于频繁地发送信息。

(3) 内容明确具体　进行短信营销时，要仔细斟酌短信内容，注意营销重点，以简单精练的语言进行表述。短小精悍的内容更容易被接收者所接受，长篇大论不仅增加成本，还会让接收者反感而自动忽略。

(4) 避免成为垃圾短信　垃圾短信是指未经客户同意向客户发送的，客户不愿意接收的短信，或客户不能根据自己的意愿拒绝接收的短信，主要包含以下属性：未经用户同意向客户发送的商业类、广告类等短信；其他违反行业自律性规范的短信。垃圾短信泛滥，已经严重影响到人们正常生活、运营商形象乃至社会稳定，如伪基站可以给 3 km 内 10 万手机发送短信。垃圾短信不仅不能起到良好的营销效果，反而会引起客户的反感。虽然现在客户可以使用手机管家拦截此类短信，但带来的负面影响也是实实在在的。

10.5.3　QQ 营销

1) QQ 营销的发展

QQ 是腾讯 QQ 的简称，是一款基于 Internet 即时通信软件。目前 QQ 已经覆盖 Microsoft Windows、macOS、Android、iOS、Windows Phone、Linux 等多种主流平台。其标志是一只戴着红色围巾的小企鹅。腾讯 QQ 支持在线聊天、视频通话、点对点断点续传文件、共享文件、网络硬盘、自定义面板、QQ 邮箱等多种功能，并可与多种通信终端相连。

QQ 是 1999 年 2 月由腾讯自主开发的，其合理的设计、良好的应用、强大的功能、稳定高效的系统运行，赢得了客户的肯定。2001 年，腾讯首次在 QQ 中集成广告。2003 年 9 月 QQ 客户注册数上升到 2 亿。2019 年腾讯 QQ 活跃账户数 6.5 亿，QQ 所有客户迁至腾讯云上。2020 年 2 月 26 日，因 COVID-19 病毒传播，腾讯 QQ PC 版开通"群课堂""群作业"等功能，助力开展在线教学，涉及领域更加广泛。2022 年 6 月，QQv8.8.95 版本正式推出"智能视频字幕"功能。

2) QQ主要功能

（1）聊天功能　QQ支持在线聊天、语音聊天和视频聊天，使用者可以在网上与好朋友和陌生人进行沟通交流，增进人与人之间的情感，是一种方便、实用、超高效的即时通信工具。

（2）传输功能　使用者可以通过QQ传送文件、共享文件，直接把文件由电脑传送到手机或者手机传送到电脑，也可以很方便快捷地发送给其他人。

（3）QQ群功能　QQ群是一个聚集一定数量QQ客户的长期稳定的公共聊天室，里面可以容纳很多人，具体数量根据群等级而定，普通群以200人为限，高级群以500人为限，超级群以1 000人为限，最高级别的群可以达到2 000人。最常见的群是班级QQ群、工作QQ群和兴趣QQ群，增强了彼此之间的联系，拉近了彼此之间的关系。

（4）QQ空间功能　QQ空间是腾讯公司于2005年开发的个性空间，具有博客的功能，自问世以来受到众多客户的喜爱。客户可以在空间里发表动态，可以点赞评论他人动态，增强与好友之间的互动，增加亲密度。

（5）QQ邮箱功能　QQ邮箱是腾讯公司2002年推出，向客户提供安全、稳定、快速、便捷电子邮件服务的邮箱产品，有群发邮件，也有指定邮件，可以通过QQ界面相关图标直接点击进入，非常方便。

3) QQ营销的特点

（1）即时性　QQ作为我国最著名最成功的社交软件之一，经过多年的培育，客户数量众多，客户黏性高，不管任何时候，总有一批客户在线。通过QQ进行营销，在线客户可以实时看到，即时性高，营销效果显著。

（2）互动性　QQ营销既可以通过个人进行，也可以通过QQ群进行，QQ群的覆盖面要优于个人，但是个性化相对较差，所以往往是两者结合。不管是个人账号还是群组账号，都可以进行互动。信息发布后，可以即时收集到客户的反馈信息，加强对客户的了解，有助于进一步引导客户了解产品或服务信息。

（3）精准性　QQ营销过程中，营销人员往往按照个人个性特点进行群组划分，将共性特点多的人划分到同一个群组，因此QQ群组具有很强的共性特点，这样的群组非常适合开展针对性营销，具有较好的精准性。

（4）多样性　QQ除了好友功能外，还有QQ邮件、QQ论坛等多种产品，俨然形成了自己的生态系统，因此QQ营销除了群组营销外，还可以联合QQ其他产品功能，开展联合营销，以丰富的形式面向客户，具有较好的多样性。

4) QQ营销的策略

（1）群发营销　此种方式是将营销信息在群里发布，覆盖面大，适合一般人都会使用的大众消费品，但是要注意在已经建立感情维系的群里，并且是针对性比较强的群里发，防止引起群友的反感。在内容编辑时，注意技巧，不要太过直白。

（2）引导客户　自建QQ群，群最好有相关产品或服务的介绍，吸引客户和潜在客户加群，平时通过沟通，分析产品服务或者生活资源，帮助群成员解决问题，还可通过群，动员组织线下活动，逐步在聊天中植入广告或通过群邮件发送推荐产品服务，引导客户进行消费。

（3）维护客户，促进销售　QQ有个人QQ和营销QQ，营销QQ需要购买，但功能强大，可以加10万好友，群发消息。营销QQ每天可以添加1 000个好友，当客户通过网站上的营销QQ图标咨询时，要主动添加，客户还可以通过QQ"找企业"功能寻找客户。当客户达到一定数量时，注意将客户进行分组，备注客户信息，如购买次数、购买意向等，与客户保持良好沟通,维护良好客户关系,引导客户多次购买。

10.6 其他社交网络营销

10.6.1 BBS 营销

1) BBS 营销的发展

BBS 的英文全称是 Bulletin Board System,翻译为中文就是"电子公告板",也就是平时所说的网络论坛。BBS 最早是用来公布股市价格等类信息的,当时 BBS 连文件传输的功能都没有,而且只能在苹果计算机上运行。早期的 BBS 与一般街头和校园内的公告板性质相同,只不过是通过电脑来传播或获得消息而已。一直到个人计算机开始普及之后,有些人尝试将苹果计算机上的 BBS 转移到个人计算机上,BBS 才开始渐渐普及。近年,BBS 的功能得到了很大的扩充。

现今 BBS 模式,除天涯这类全国性 BBS,在全国大多数二三四线城市,乃至下属区,都有 BBS,发展都不错。

2) BBS 营销的类型

(1) 综合营销类型　综合类的论坛包含的信息比较丰富和广泛,能够吸引许多网民来到论坛,但是由于广则难于精,因此这类论坛往往不能全部做到精细和面面俱到。通常大型的门户网站有足够的人气和凝聚力,以及强大的后盾支持可以考虑这种类型,但是对于小型规模的网络公司,或个人简历的论坛站,则难以办到。

(2) 专题营销类型　此类论坛是相对于综合类论坛而言。专题类的论坛能够吸引真正志同道合的人一起来交流探讨,有利于信息的分类整合和搜集,专题性论坛对学术科研教学也起到重要作用,例如军事类论坛、情感倾诉类论坛、电脑爱好者论坛、动漫论坛,这样的专题性论坛能够在单独的一个领域里进行版块的划分设置。

3) BBS 营销的特点

(1) 利用论坛的超高人气,可以有效为企业提供营销传播服务。而由于论坛话题的开放性,几乎企业所有的营销诉求都可以通过论坛传播得到较好实现。

(2) 按照专业的论坛帖子策划、撰写、发放、监测、汇报流程,在论坛空间高效传播,包括各种置顶帖、普通帖、连环帖、论战帖、多图帖、视频帖等。

(3) 论坛活动具有强大的聚众能力,利用论坛作为平台,举办各类踩楼、灌水、贴图、视频等活动,调动网友与品牌之间的互动。

(4) 运用搜索引擎内容编辑技术,不仅使内容能在论坛上有好的表现,而且在主流搜索引擎上也能够快速寻找到发布的帖子。

(5) 适用于商业企业的论坛营销分析,对长期网络投资项目组合应用,预估未来企业投资回报率以及资本价值具有一定意义。

10.6.2 RSS 营销

1) RSS 营销的发展

RSS 是一种描述和同步网站内容的格式,是目前使用最广泛的可扩展标记语言(XML)应用。RSS 应用在国外已经非常普遍,从个人博客栏目、企业站点到世界级的门户都提供基于RSS的服务。RSS营销是指利用RSS这一互联网工具传递营销信息的营销模式。RSS可以为其他网站提供信息调用,同时借助于RSS阅读器让客户方便获取最新信息。RSS的深层次应用依赖向客户传递有价值信息实现网络营销的目的,是电子邮件营销的替代和补充。

最初的0.90版本RSS是由Netscape公司设计的,目的是用来建立一个整合各主要新闻站点内容的门户,Yahoo在2005年10月份发布一个基于其客户数据基础上的RSS应用白皮书"RSS跨入主流"(RSS:Crossing into the Mainstream),从中可以获得更多有关RSS应用现状的信息,这些信息对RSS在网络营销中的应用有一定的启发意义。RSS广告将成为令人关注的网络营销方式之一。

2) RSS营销策略

在开发网站时,可利用XML技术添加RSS订阅功能,这样客户在访问网站时就可以点击或订阅新闻,一旦有新内容发布,订阅者就可以打开阅读。当网站有新内容发布时,客户的RSS阅读器就会接收并显示链接。所以不断更新新闻内容是RSS营销的关键。对订阅者进行跟踪分析收集客户的点击行为,分析他们的爱好、阅读习惯等信息,为制定网络营销策略提供数据基础。

(1) 把RSS提交到RSS搜索引擎及RSS分类目录中　RSS搜索引擎及分类目录通常按照信息源主题进行分类,将RSS提交到相关主题目录下,这样不仅能够直接增加RSS曝光度,还为网站增加链接广度。

(2) RSS启蒙介绍　对客户的指引非常重要,让他们了解RSS的使用方法、订阅RSS的好处,网站有必要为此专门做一个页面来介绍RSS及使用方法,以此培育客户。

(3) 定制RSS图标　提供RSS订阅的网站一般放一个醒目的小图标,有的网站认为这个小图标千篇一律不够吸引,可以考虑做一个有自身特色的、醒目的RSS订阅图标,链接到RSS页面。

(4) 网站公告　网站一旦提供RSS订阅,可以发布一个新闻公告让访问者知道你提供某方面内容的RSS信息源。

(5) 邮件通信　在发给客户的许可性电子邮件中,将RSS通知也包括进去,或许不少邮件订阅者会考虑采用RSS订阅方式替换传统邮件订阅方式。

(6) 博客通知　在博客中通知RSS源订阅,获得更多的客户资源。

以上几个简单的做法将极大促进RSS源订阅数量,最终带来网站访问量提升。

3) RSS营销与电子邮件营销的区别

与电子邮件营销相比,RSS作为网络营销工具的主要优点表现在:RSS的送达率100%,完全杜绝未经许可发送垃圾邮件;RSS也没有图片被邮箱系统阻止显示等问题;从信息的点击率来看,RSS信息的点击率也比电子邮件高;从营销成本来看,购买每千次RSS广告展示的成本比购买每千次电子邮件展示的CPM广告成本低。

尽管RSS具有信息送达率高等优势,但是RSS也有自身的缺点,相比电子邮件营销来说,RSS营销的劣势主要表现在:RSS营销的定位性不如电子邮件营销强,RSS很难实现个性化营销;RSS营销不容易做到电子邮件那样跟踪营销效果;RSS和电子邮件营销的前提都要求信息接收人主动订阅,不过RSS信息成功显示还需要接收者下载RSS阅读器,仅此一项,就会阻挡大批客户订阅RSS信息。

10.6.3 二维码营销

二维码(2-Dimensional Bar Code)又称二维条形码,是用某种特定的几何图形按一定规律在平面(二维方向上)分布的、黑白相间的、记录数据符号信息的图形,见图10-2;在代码编制上巧妙地利用构成计算机内部逻辑基础的"0""1"比特流的概念,使用若干个与二进制相对应的几何形体来表示文字数值信息,通过图像输入设备或光电扫描设备自动识读以实现信息自动处理。二维码具有条码技术的一些共性:每种码制有其特定的字符集;每个字符占有一定的宽度;具有一定的校验功能等;具有对不同行的信息自动识别及处理图形旋转变化功能。

图 10-2 天涯社区二维码

二维码营销是指通过对二维码图案的传播,引导消费者扫描二维码,来推广相关的产品资讯、商家推广活动,刺激消费者进行购买行为的新型营销方式。

1) 二维码营销的特点

(1) 简单易做 二维码营销通过二维码生成器生成二维码,供客户扫码使用,甚至不需要任何基础,方便易做。二维码生成器是二维码生成软件,二维码生成器的制作需要一个二维码生成算法,或者一个二维码插件。目前市面上的二维码生成器很多,如草料二维码、洋葱名片等,前者是宁波邻家网络科技有限公司运营的,提供了活码、名片码免费版、企业码免费版、二维码美化、卡片生成、App转码等二维码免费基础服务,还提供了产品码、名片码收费版、企业码、定制开发等商务应用二维码系统。后者是深圳二维时代科技有限公司旗下产品,为公司和个人提供二维码名片制作。可以为公司或者个人设计名片,关注洋葱名片公众号后,当二维码名片被扫描时,微信会实时通知名片主人。

(2) 信息容量大 目前,应用比较成熟的一维条形码如EAN、UCC条形码,因密度较低,故仅作为一种标识数据,不能对产品进行描述。要知道产品的有关信息,必须通过识读条形码而进入数据库。这就要求必须事先建立以条形码所表示的代码为索引字段的数据库。二维码则利用垂直方向的尺寸来提高条形码的信息密度,通常情况下其密度是一维条形码的几十到几百倍。这样就可以把产品信息全部存储在一个二维码中,要查看产品信息,只要用二维码识读设备扫描二维码即可,不需要事先建立数据库,真正实现了使用条形码完成对"物品"的描述。

(3) 安全性高 加密机制的引入是二维码非常重要的特点。比如我们用二维码表示照片时,可以先用一定的加密算法将图像信息加密,然后再用二维码表示。在识别二维码时,再加以一定的解密算法,就可以恢复所表示的照片。这样便可以防止各种证件、卡片等的伪造,提高了安全性。二维码可以表示数以千计字节的数据,通常情况下,所表示的信息不可能与条形码符号一同印刷出来。如果没有纠错功能,当二维码的某部分损坏时,该条形码变得毫无意义,因此二维码引入错误纠正机制。这种纠错机制使得二维码因穿孔、污损等引起局部损坏时,照样可以正确得到识读。二维码的纠错算法与人造卫星和VCD等所用的纠错算法相同。这种纠错机制使得二维码成为一种安全可靠的信息存储和识别的方法,这是一维条形码无法相比的,提高了可靠性。

(4) 效果可追踪 很多二维码生成软件可使商家的每一次营销活动都能分别生成独立的二维码。而通过不同二维码扫描来源的甄别,可以精确追踪营销效果。很多系统后台可以精准监测到渠道来源。清晰的粉丝来源，与便捷的粉丝分组，使得商家能更加有效地管理和分析推广效果，并最终选择优质的推广渠道，为商家的推广节省大量成本，提升推广效率。

2）二维码营销模式

（1）网络社交类　二维码也具有网络社交功能，通过二维扫码，可以添加好友或进行关注，扩大网络社交圈。微信二维码扫码营销是网络社交类的典型代表，微信中的二维码提供多种功能服务，可以扫码添加客户，维持客户资源，可以通过扫码推送营销活动信息，可以扫码请客户或者潜在客户做满意度问卷调查等。这些功能可以有效提升客户操作体验，拉近客户距离，营造一个良好的社交氛围。

（2）服务提供类　当前有很多单位部门尝试利用二维码提供服务，比如：很多社区推行的二维码"扫"出便民服务，将散落在社区平台上的信息整理归类为党建服务、民政救助、社保就业等方面的内容，制作二维码，提供部门和村居服务的一键直达，让辖区群众只要用手机扫一扫，就看到村（社区）的工作动态、公开事项、服务指南等，为民众提供了极大的便利。

（3）电商购物类　通过二维码进行电商购物是二维码最主要的应用类型之一，该方式非常简洁，可以在二维码里包含营销信息，也可以直接扫码购买，完成支付消费。比如在餐饮行业，早已实现二维码点餐；在商场可通过扫码进行商品采购。

（4）应用工具类　二维码作为应用工具，常常用于电子教育或支付的凭证，也可用于购物付款、信息查询、方位溯源等。微信和支付宝支付是目前最重要的两种移动支付，都是依托二维码扫码完成。除此之外，二维码也常常用于工农业产品溯源，如正航农产品溯源结合物联网、云计算、大数据和 LBS 地理信息等技术，通过感知设备、通信网络射频识别（RFID）、防伪标签和二维码等设备技术，为农产品建立"身份证"制度，实现农产品的基地生产、加工流通、农残检测信息的全程可追溯，打造农产品品牌，实现知根溯源。

（5）媒体阅读类　手机已成为人们工作生活不可或缺的工具，但是就目前为止，手机的编辑功能还是比较弱的，二维码正好弥补了这一缺陷。二维码比一维条码含有更多的信息，可以将页面链接信息或者内容信息直接蕴含在二维码里，用手机等移动终端一扫，即可进行内容阅读，非常方便快捷。

10.6.4　友情链接

1）友情链接的含义

友情链接是指互相在自己的网站上放置对方网站的链接，也称为网站交换链接、互惠链接、互换链接、联盟链接等，是具有一定资源互补优势的网站之间的简单合作形式。通过设置对方网站的超链接，客户可以从合作网站中发现自己的网站，达到互相推广、互惠互利的目的，常作为一种网站推广基本手段。

2）友情链接的作用

（1）提升 PR 和网站流量　PR 全称为 Page Rank（网页级别），级别从 0 到 10，10 级为满分。PR 值越高说明该网页越受欢迎。进行友情链接，尤其是高质量的友情链接，可以提升PR，这也是交换友情链接最根本的目的，同时流量是网络营销的保证，在互相推荐下，使网站的权重提升，提高排名，有效增加流量。

（2）完善客户体验　通常来说，友情链接交换都是相关联的站点，有利于客户直接通过网站访问另一个相关联的站点，以便于更直接简单地了解全面的信息。当然这些站点之间一般不是直接竞争者,而是合作者,或者支持者,如上游的供应商、主管部门站点等,给客户带来方便,提升客户体验。

（3）增加网站外链　与站点做链接的网站的数量,即网站外链,是友情资源的体现,是搜索引擎排名要考虑的一个很重要的因素。一般来说,站点链接数量越多,等级就越高,引入的流量就越多,潜在的营销价值就越高。站点需要增加合适的网站外链。

（4）提高知名度　在站点运营过程中,如果能有针对性地与知名站点做友情链接,可以有效提高站点知名度,尤其是对于新建站点而言。如一个不知名的新站,如果能与新浪、搜狐、雅虎等大网站做上链接的话,对其知名度及品牌形象肯定是极大的提升,站点要想办法挖掘知名链接资源。

（5）吸引蜘蛛爬行　友情链接做得好,能吸引蜘蛛从高质量的网站爬到自身网站,使蜘蛛形成爬行循环,让引擎给自身网站高的评价,对网站流量以及更新有较大帮助。

3）友情链接的选择

（1）注重收录情况　可以通过 SITE 查询网站,分析其网站在搜索引擎的收录情况(网站首页是否排在第一位、首页被收录情况、其他页面收录情况等)。如果发现该网站的收录情况不好,最好不再与其交换链接,以防带来负面影响,应该尽量选择收录量大、更新快的网站进行交换。

（2）关注 PR 值和百度权重　对于主要目标客户在国外的站点,要注重友情链接在谷歌上的 PR 值;对于主要目标客户在国内的站点,要注重友情链接在百度上的 PR 值。选择这两个参数和自己网站同一等级或者高等级(不要相差太大)的网站交换链接,更加有利于提高自身在搜索引擎的重要性。

（3）选择相关性高的站点　选择相关性高的网站交换链接,不但可以更好地优化网站关键字,而且可以通过相关网站提高网站信任度,从而吸引更多潜在客户。但是对于那些含有敏感性信息或者非法信息的网站,及各种垃圾站,不应与其交换链接。

（4）站点更新频率　站点是否经常更新,跟站点内容价值、客户价值有很大的关系。在申请友情链接前,要充分的了解,可以主动到对方站点进行浏览感受,更新达到一定程度的站点,才可以选择进行友情链接。

10.6.5　资源合作营销

1）资源合作营销的含义

资源合作营销即指客户将自己的合适资源,与其他相关资源所有者进行合作,或为优势互补,或为获得更多资源,分享满足彼此资源需求的营销方式。企业通过资源合作方式进行营销,最终达到业务拓展的目的。

2）资源合作营销的类型

（1）增加可见度式合作　通过与其他网站页面合作,将资源尽可能多地展现在受众面前,以期获得更多流量,提升资源价值。

（2）拓展客源式合作　利用合作资源,吸引更多受众参与,进一步提升自身的客户和粉丝数量,扩大自身影响力。

（3）提升共享式合作　单个组织掌握的资源是有限的,为丰富资源类型,常常需要与相关方进行资源补充合作,共享资源信息,以期获得更多利益。

3）资源合作的意义

（1）提高营销成功率　资源合作营销,可以利用别人已经成熟的资源,通过业务关联、互相介绍,客户一般对原有的供应商比较信赖,通过原有供应商介绍进来的新供应商,客户一般也会比较容易接受,营销成功率较高。

(2)拓宽业务空间　通过可靠资源介绍的客户,一般都是比较具有针对性的,虚假信息比较少,有利于建立关系并营销,能够进一步增进合作方之间的关系,拓展业务空间。

(3)拓宽客户圈　在与客户建立信任后,可以有效地扩展客户圈,通过一个客户的推荐,很容易进入相关的圈子,客户之间对一些好的经验和产品也会互相推荐。

案例研究

拼多多:"拼+砍"实现客户"多多"

拼多多是上海寻梦信息技术有限公司于2015年9月上线的一家专注于C2B的第三方社交电商平台(App)。客户可以通过拼团和砍价的方式获取低价产品。2018年7月26日,成立不到3年的拼多多在美国上市,创下了史上最快的上市纪录。

2020年第三季度财报显示,拼多多年活跃买家数单季度增长4810万,达到7.313亿。相较于2019年同期的5.363亿,同比增长约36%,一年强劲增长了1.95亿。拼多多用3年时间一跃成为国内第三大电商平台可以说是一个商业奇迹。拼多多的成功在于一个"拼"字。它除了平台上的商品价格优惠于同行平台外,那就是"拼主"邀请亲朋好友、同学、同事参与进来,一起"砍"价。

拼多多的营销方式主要有拼团方式、现金领取方式和助力砍价方式。

1. 拼团方式

拼多多将目标市场定位于三、四线及以下城市的收入较低的客户,这些客户对价格较为敏感,较少受到阿里、京东等电子商务巨头的关注。拼多多主推拼团购买方式,由消费者向好友或其他客户发起拼团购买,拼团成功后将以极具优惠的团购价格购买商品,而拼单失败后也可由系统自动退款,保障消费者利益,见图10-3。

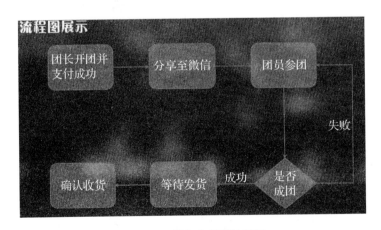

图10-3　拼多多拼团流程图

在拼多多,很容易看到这样的商品:1元的纸巾,7.7元10条的内裤,8.8元的加绒打底裤,44元的冬季羽绒服……这样的超低价格使得很多对拼团敏感的人参与进来。除了无牌、山寨产品,其实拼多多也在卖一些我们耳熟能详的正牌货。比如安慕希酸奶,不管便宜多少,拼多多就是要比天猫便宜。也可能正是这几元的差价,给拼多多挣了无数的客户。

2. 现金领取方式

拼多多有一段时间总打着免费送100元的广告,见图10-4。只要你转发分享,帮忙宣传,就可能领到平台奖励现金,以此来推广并吸引新客户安装它的App。大家都抱着不要白不要的心态,一开始砍一大截,后期一分一分地减,但就是勾着你总是差一点点的心态,引导消费者运用社交资源为拼多多进行推广,为他们实现客户数的裂变。

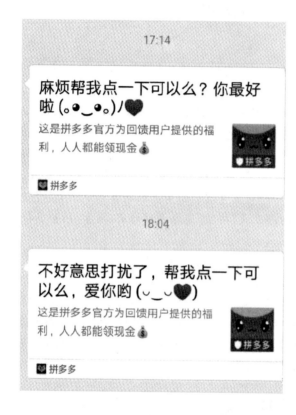

图10-4 拼多多领现金图片

3. 助力砍价方式

拼多多依靠前期在社交媒体平台上的推广,吸引消费者进入平台,而后期则主要运用消费者自身的人际关系网络拓宽营销渠道,借助消费者间互相助力砍价的方式挖掘客户群体、扩展营销受众,促使营销信息实现辐射状传播与发散。

在拼多多App中,可以找到那些能砍价免费拿的商品清单列表,选择想要购买的商品,然后点击"砍价0元得"字样,之后需要在24 h之内,将商品砍价免费得的链接发送给自己的好友,让他们帮忙砍价,当商品的价格砍到0元时,就可以免费获得该商品,并且还免邮费。但实际上,消费者要想免费拿到商品并不是那么的容易,需要有足够多的微信好友帮忙砍价,见图10-5。

案例分析题:

1. 上述案例中,拼多多运用了哪些营销策略?
2. 拼多多运用这些营销策略获得成功的关键因素是什么?
3. 在淘宝、京东这些电子商务巨头的夹缝中,拼多多迅速崛起的原因是什么?

图 10-5 拼多多砍价模式

练习与思考

一、判断题

1. 社交网络营销更多强调营销信息的推送,不强调倾听。　　　　　　　　　　( )
2. 社交网络营销可以有效降低营销成本。　　　　　　　　　　　　　　　　( )
3. 微信朋友圈使用者具有自行决定设置朋友圈内容公开还是私密的权力。　　( )
4. 视频营销内容越多越好。　　　　　　　　　　　　　　　　　　　　　　( )
5. 直播营销需要做好精准市场调研定位。　　　　　　　　　　　　　　　　( )
6. 微博比博客检索更容易。　　　　　　　　　　　　　　　　　　　　　　( )
7. 电子邮件是一种重要的社交网络营销工具。　　　　　　　　　　　　　　( )
8. 电子邮件营销只可利用自身客户资源开展营销。　　　　　　　　　　　　( )
9. BBS 营销既有综合营销,也有专题营销。　　　　　　　　　　　　　　　( )
10. RSS 是一种描述和同步网站内容的格式,是一种 XML 应用。　　　　　　( )

二、选择题

1. 微信营销是(　　)公司推出的一款社交网络营销软件。
   A. 腾讯　　　　　　B. 阿里　　　　　　C. 新浪　　　　　　D. 百度
2. 微信服务号在 1 个月(自然月)内可以允许发送(　　)条群发消息。
   A. 1　　　　　　　B. 2　　　　　　　C. 3　　　　　　　D. 4
3. 朋友圈营销,最不能缺乏的是(　　)。
   A. 文案　　　　　　B. 信任　　　　　　C. 漂亮的颜色　　　D. 煽情的语言
4. 微博内容限定在(　　)个字以内。
   A. 128　　　　　　B. 140　　　　　　C. 144　　　　　　D. 256
5. 以下关于二维码描述错误的是(　　)。
   A. 二维码是用某种特定的几何图形记录数据符号信息的

B. 在代码编制上巧妙地利用构成计算机内部逻辑基础的"0""1"比特流的概念
C. 通过图像输入设备或光电扫描设备自动识读以实现信息自动处理
D. 与一维条形码含有的信息一样多

6. 以下（　　）不是二维码的特点。
A. 简单易做　　　　B. 安全性高　　　　C. 效果可追踪　　　　D. 可交互

7. 一般来说，以下（　　）时间段不适合做微信营销。
A. 7:30—8:30　　　B. 12:00—13:00　　C. 15:00—16:00　　D. 21:00—23:00

三、简答题

1. 微信营销具有哪些优势？
2. 微信朋友圈的营销策略有哪些？
3. 简述微信小程序的概念。
4. 简述直播营销的趋势。
5. 短视频营销有哪些类型？
6. 博客营销的模式有哪些？
7. 简述微博营销的概念。
8. 微博营销与博客营销有哪些区别？
9. 开展电子邮件营销的基本条件有哪些？
10. 按照业务性质分类的短信有哪些类型？
11. QQ营销有哪些特点？
12. BBS营销有哪些特点？
13. 二维码营销有哪些特点？
14. 二维码营销模式有哪些？
15. 友情链接有哪些作用？
16. 资源合作有什么意义？

实践操作

训练题目：某公司（选择读者所在地的一家企业）微信营销方案。

目的要求：熟悉微信营销运作。

训练内容：包含该公司的营销现状分析、微信营销策略。

组织分工：5～6人一组，组内分工。

提交成果：小组提交2 000字的营销方案。

训练器材：互联网、计算机。

11 网络广告

[学习目标]
(1) 了解网络广告的类型。
(2) 熟悉网络广告策划的内容。
(3) 掌握网络广告创意设计方法。
(4) 掌握网络广告制作方法。
(5) 了解网络定向广告的含义与方法。
(6) 熟悉网络广告的计费方式与效果测评方法。

11.1 网络广告的类型

网络广告(Web Advertising)又称在线广告(Online Advertising)或互联网广告(Internet Advertising)等,是指利用计算机网络作为传播媒体的广告。

在所有广告媒体中,网络广告的类型是最丰富多样的。随着现代信息技术和互联网商业模式的变化发展,未来网络广告还会不断出现新的类型。以下是常见的网络广告类型。

11.1.1 基于门户网站的网络广告

1) 网幅广告

网幅广告是以 GIF、JPG、Flash 等格式建立的图像文件,定位在网页中不同位置,大多用来表现广告内容,同时还可使用 JAVA 等语言使其产生交互性,用 Shockwave 等插件工具增强表现力。网幅广告根据形状、尺寸与在网页中的位置,分为旗帜广告、对联广告、按钮广告、通栏广告、竖边广告和巨幅广告等。为方便广告客户在价格、表现形式方面进行选择,美国交互广告署(IAB)在 1997 年发布网络广告标准尺寸,这是网络广告尺寸规格的第一个规范标准。2015 年,IAB 和欧洲交互广告协会(EIAA)发布了新的网幅广告尺寸,见表 11-1。

(1) 旗帜广告(Banner)　旗帜广告是 Web 网页上最常见,也是最有效的广告形式,主要以图片的形式出现。它们以 GIF、JPG 等格式建立图像文件,大小一般不超过 12 KB,最常用的是以横向的方式(全幅)出现在网页顶部或底部,所以被形象地称为横幅广告。随着网络技术的发展,旗帜广告在制作上经历了静态、动态以及富媒体旗帜广告的演变过程。旗帜广告主要被广告主应用在浏览量较大的站点,通常通过鼠标点击超级链接,进入广告宣传的网页。在某种意义上,旗帜广告有点像传统广告,要在众多的信息干扰中吸引住浏览者的注意力,使他们在短时间内对旗帜广告所宣传的产品或事件产生兴趣。

表 11-1 网络广告尺寸

1997 年 IAB 发布的标准		2015 年 IAB、EIAA 发布的标准	
类型	尺寸/px	类型	尺寸/px
全尺寸 Banner	468×60	4 种通用广告	160×600
全尺寸带导航 Banner	392×72		300×250
半尺寸 Banner	234×60		180×150
方形按钮	125×125		728×90
按钮#1	120×90	2 种擎天柱广告	468×60
按钮#2	120×69		120×600
小按钮	88×31		
垂直 Banner	120×240		

(2) 对联广告 对联广告又称竖边广告、摩天柱广告,是指利用网站页面左右两侧的竖式广告位置而设计的广告形式。这种广告形式可以直接展示客户的产品和产品的详细特点,并可以进行特定的数据调查、有奖活动,不干涉访客浏览页面,有助于吸引访客点阅,有效地传播广告相关讯息。

(3) 按钮广告(Button) 按钮广告是从 Banner 演变过来的一种形式,是表现为图标的广告,通常广告主用按钮广告来宣传其商标或品牌等特定标志。按钮广告与标题广告类似,但面积比较小,而且有不同尺寸和版面位置可以选择,最早被网景浏览器公司提供给使用者下载软件之用,后来这样的规格就成为一种标准。

按钮广告能提供简单明确的资讯,而且其面积大小与版面位置的安排都较具有弹性,可以放在相关的产品内容旁边,是广告主建立品牌知名度的明智选择。

(4) 通栏广告 通栏广告以横贯页面的形式出现,该广告形式尺寸较大,比较醒目,视觉冲击力强,能给访客留下深刻的印象。通栏广告的位置通常在网页的上部或中部,这样更能引起访客的注意。

通栏广告并没有固定的尺寸,每个网站不一样。一般位置在网站首页的上方或者中间,属于扁长形的。常用的尺寸有 760 px×90 px、468 px×60 px、250 px×60 px、728 px×90 px、950 px×90 px、658 px×60 px。

(5) 巨幅广告与全幅广告 巨幅广告就是很大的广告,网络上的巨幅广告,通常用 Flash 制作,颜色很鲜明,具有动感、炫目的效果。全幅广告,就是指一个广告占满整个网页页面,是巨幅广告的一种。

2) 文字链接广告

文字链接广告是一种最简单直接的网络广告,只需将超链接加入相关文字即可。文字链接广告占用的版面很小,不影响受众浏览其他信息,不易引起受众反感与抵触,接受度较好;但文字链接广告视觉冲击力不大,需要受众主动点击,才能看到链接的内容,因此在寥寥几个文字上要狠下功夫,以诱导受众主动点击。

3) 悬浮广告

悬浮广告(Floating Ad),又称悬停广告、漂浮广告,一般是指在访客拖动滚动条时,广告可以跟着移动,确保浏览过程全程可见的一种广告形式。其变化很多,大小上一般是很小的矩形或者方形。在浏览网页的时候,悬浮广告会一直沿着设计好的路线漂移。设计路线不好的悬浮广告会分散网民的注意力,影响正常的浏览,更有甚者把广告置于账号登录的入口,必须点击广告才可以使之关闭。

悬浮广告的主要缺点是干扰网民(这一点和Pop-up——弹出广告类似)上网,而且不同的形式干扰程度不一,因此很难得到大品牌的青睐。悬浮广告由于其特点是不离开用户视野,因此不能设计得很大,这给广告创意带来限制,影响了投放热情。一般悬浮广告多以打折促销、游戏发布等时效性强的广告居多。

4) 电子邮件广告

狭义的电子邮件广告是指直邮广告,它是以电子邮件为传播载体的一种网络广告形式,其内容有可能全部是广告信息,也可能在电子邮件中穿插一些实用的相关信息,需要用户同意接收这类广告信息。

还有一种所谓电子邮件广告,是指由广告支持的E-mail,其实不是真正意义上的电子邮件广告。广告形式以Banner为主,广告体现在拥有免费电子邮件服务的网站上,广告会出现在个人邮箱的主页上。如Hotmail公司和Juno(http://www.juno.com)公司对使用他们E-mail阅读器的用户免费提供服务,当用户收发E-mail时,广告就会在设定好的时间轮流播放。

5) 弹出式广告

弹出式广告又叫插页广告,它通过用户在进入网页时,自动开启一个新的浏览器视窗,以吸引读者直接到相关网址浏览,从而达到宣传之效。

弹出式广告迫使受众不得不浏览其广告内容,从而获得较好的广告效果(据有关调查显示,弹出式广告的点击率是网幅广告的好几倍),得到广告商青睐,但因其构成对网民上网的滋扰,引起很多网民的不满甚至厌烦。

弹出式广告主要有两种类型:一种是弹窗形式,被称为"鼠标陷阱",它使用一个网页或广告遮住整个屏幕,没有任何菜单或按钮可以让用户关闭这个窗口。另外一些间谍软件和广告软件也会弹出广告窗口,有的广告通过Windows的信使服务来传播。这类广告出现时就像系统的对话框,上面出现的文字往往把人们引导到一个网站。

目前由于弹出式广告过分泛滥,很多浏览器或者浏览器组件也加入了弹出式窗口杀手的功能,以屏蔽这样的广告。弹出式广告不一定会在浏览器的最上层出现,有部分弹出式广告刻意地把自己安排在视窗的最底层,或把自己缩小隐藏,意图在用户不注意的情况下搜集用户的上网行为或下载及安装未经用户许可的软件或插件。这种行为,大多数用户都认为是属于滋扰行为,是不友好的行为。

6) 分类广告

分类广告一般是指版面位置相对固定、篇幅相对短小、排列相对规则、并按主题(行业)划分开,各个主题内容相对接近的一组广告的集纳,便于浏览者查找。

分类广告主要满足企事业单位和个人商户在互联网上发布各类产品和服务广告的需求,同时为广大网民提供实用、丰富的消费和商务信息资源。与其他形式网络广告相比,网络分类广告具有形式多样、制作简单、发布容易、查询方便、价格低廉、信息集中、对比方便等特点。

7) 互动式游戏广告

在一段页面游戏开始、中间、结束的时候,广告都可随时出现,并且可以根据广告主的产品要求为之量身定做一个属于自己产品的互动游戏广告。其广告形式多样,例如:圣诞节的互动游戏贺卡,在欣赏完整个贺卡之后,广告会作为整个游戏贺卡的结束页面。

由于对移动终端感应器、全球定位系统(GPS)等技术的应用,移动广告在不同的展现形式下具备多种交互形式,如电话直拨、预约登记、优惠券下载、地图导航、重力感应、SNS分享、应用下载、视频播放、音乐播放、摇一摇/吹一吹/刮一刮、增强现实等。移动端的设备特性决定了移动应用广告能够有更多的互动形式,但是目前看来大部分的移动广告互动性不强,强调互动形式的大部分为个别品牌广告主所投放的广告。未来移动广告将会进一步强调高互动性,包括一些移动广告平台在尝试的"试玩广告",广告弹出后可以进行游戏的试玩,也可以是品牌广告主所投放的互动小游戏等,而这种高互动的广告形式可能直接以插屏形式出现。

11.1.2 基于搜索引擎的网络广告

搜索引擎广告是指广告主根据自己的产品或服务的内容、特点等,确定相关的关键词,撰写广告内容并自主投放的广告。当用户搜索到广告主投放的关键词时,相应的广告就会展示,并有相应的网站(或网页)与之链接。

在发展早期,搜索引擎网站一般是作为技术提供商为其他网站提供搜索服务,网站付钱给搜索引擎。后来,随着2001年互联网泡沫的破灭,大多转向为竞价排名方式。

搜索引擎的主流商务模式(百度的竞价排名、Google Ad)都是在搜索结果页面放置广告,通过用户的点击向广告主收费。这种模式有两个特点:一是点击付费(Pay Per Click),用户不点击则广告主不用付费。二是竞价排序,根据广告主的付费多少排列结果。2001年10月,Google推出Adwords,也采用点击付费和竞价排序的方式。

11.1.3 基于社交网站的网络广告

1) 虚拟社区广告

虚拟社区又称在线社区(Online Community)或电子社区(Electronic Community),是有着相同爱好、经历或者专业相近、业务相关的网络客户的一个网上聚会的场所,方便他们相互交流和分享经验。虚拟社区可以起到如下作用:

(1) 可以与访问者直接沟通,容易得到访问者的信任,如果你的网站是商业性的,你可以了解客户对产品或服务的意见,访问者很可能通过和你的交流而成为真正的客户,因为人们更愿意从了解的商店或公司购买产品;如果是学术性的站点,那么可以方便地了解同行的观点,收集有用的信息,并有可能给自己带来启发。

(2) 为参加讨论或聊天,人们愿意重复访问你的网站,因为那里是他和志趣相投者聚会的场所,除了相互介绍各自的观点之外,一些有争议的问题也可以在此进行讨论。

(3) 作为一种客户服务的工具,利用BBS或聊天室(Chat Room)等形式在线回答客户的问题,其作用已经得到客户认可。

在不同的BBS或聊天室,一般都有自己讨论的主题,广告主可以选择不同的专题发布广告信息,或开设专门的区域研讨解决有关问题,传播新信息等。但各BBS或聊天室都有自己的特殊规则,发布纯营利性质的广告被认为是粗野和无礼的,所以只有在讨论组中单独挑起一个话题,并保证它有足够的吸引力,才能获得回应,也才有可能达到广告的目的。

2) 即时通信广告

即时通信工具(IM)是指在互联网中,通过识别在线客户,并通过文字、音频或视频的方式与其交流的技术,如QQ、MSN、雅虎通、新浪UC、腾讯的微信等。这类软件能够实时传递人们交流的信息,同时又可以提供最新资讯。

即时通信工具作为网络传播中的一种沟通工具越来越显示出其强大的生命力。从文字到音频再到视频,从沟通工具到资讯工具再到娱乐工具,即时通信工具使用人数众多,使它成为网络广告的一支新秀。

3) 病毒式广告

病毒式广告是指通过客户的社会人际网络,使广告信息像病毒一样传播和扩散,利用快速复制的方式传向数以千计、数以百万计的受众。病毒式广告的最大优点就是可以使消费者主动参与到广告的传播环节中,通过很小的推广费用,在很短的时间内,产生巨大的传播效果。

11.1.4 基于App的网络广告

App广告或称App植入广告。App广告是通过在特制手机、社区、SNS等平台上运行的应用程序来开展广告活动。App广告的兴起得益于其载体移动智能终端的广泛应用。随着移动网络技术的进步,用户越来越习惯于通过移动端App或H5网页访问互联网,如手机上安装一个UC浏览器的App,即可以像在PC端浏览器上一样随时随地地打开网页、点击超链接、进行网站交互式操作,因此基于门户网站的一系列网络广告形式以新的尺寸规格、位置布局出现在App、H5页面中。以下是几种常见的App端网络广告类型:

1) 旗帜广告

与PC端旗帜广告的作用一样,是在App的顶部、中间和底部出现的通栏广告,常见的尺寸有640 px×100 px、320 px×50 px、728 px×90 px、1 280 px×720 px、640 px×288 px、300 px×250 px。

2) 公告广告

App公告广告是指通过消息广播的形式给用户传递相关信息,这种方式常出现在电商类App的首页上,此类广告不能直观诱导用户点击,大多情况只能起提示作用。

3) 插屏广告

插屏广告是指出现在用户第一次点击某个功能页时弹出的图片广告,显示需要提示的具体内容,会暂时打断用户操作行为,影响用户体验。

4) 视频广告

视频广告是指App在启动时或某个功能被点击时弹出的全屏视频广告。此类广告一般会设置VIP用户可免看的规则,即VIP用户在购买VIP业务后能够直接跳过广告,普通用户则需要先把广告看完才能看后面的内容。

5) 积分广告

积分广告是指通过下载注册赢取部分积分或优惠,以流量导流的方式把用户流量导向目标App,实现流量变现。

除上述形式外,基于App的网络广告还有开屏广告、信息流广告,下面一节将会介绍。

11.1.5 新媒体网络广告

新媒体是指以数字媒体为核心,通过数字化交互性的固定或即时移动的多媒体终端向用户提供信息和服务的传播形态。新媒体具体表现为基于互联网、无线通信网、数字广播电视网和卫星等渠道,以电脑、手机、电视、平板电脑(PDA)、智能手表等设备为终端的媒体。

由于终端的形式发生了变化,发布在终端上的网络广告形式也随之改变,将新媒体网络广告定义为商品经营者或服务提供者通过新媒体渠道直接或间接地介绍自己所推销的商品或者所提供的服务的商业广告。新媒体广告具有受众导向的互动性、传受双方的通透性、信息服务的链接性、品牌信息的聚合性、信息管理的即时性五大特性。总结新媒体上发布的网络广告类型有自媒体广告、数字广告与搭载、O2O 网络广告。

1) 自媒体广告

自媒体,英文为"We Media",是指普通大众通过网络等途径向外发布他们自己的事实和新闻的传播方式。自媒体是私人化、平民化、普泛化、自主化的传播者,以现代化、电子化的手段,向不特定的受众或者特定的单个人传递规范性及非规范性信息的新媒体的总称。

自媒体网络广告即在自媒体上投放的网络广告,本小节重点介绍直播和短视频广告。

(1) 直播广告　2020 年"直播带货"成为新的网络热搜词,是指通过一些互联网平台,使用直播技术进行近距离商品展示、咨询答复、导购的新型服务方式,或由店铺自己开设直播间,或由职业主播集合进行推介。

(2) 短视频广告　短视频广告指以时间较短的视频承载的广告,可以是在社交 App、短视频 App、新闻类 App、电子商务交易平台产品展示等应用中出现。此类平台大多具有社交属性,用户可以互相关注、转发、点赞、评论短视频。以目前较火的抖音 App 为例,该平台日均视频播放量(Video View,简称 VV)过亿,日活跃用户数(Daily Active User,简称 DAU)已在数百万量级,主要采用的广告形式是开屏广告和信息流广告。

① 开屏广告:是在 App 启动时展示的,时间较短的全屏化广告形式,可以是静态图片广告,也可以是短视频广告。

② 信息流广告:是在 App 内"推荐"页面内出现的广告,即用户日常"刷"的最多的页面,在用户下滑观看新视频时,不定期插入"视频广告"。广告视频拥有非常明显的"广告"标识,同时在广告页面下方用"蓝色字条"标注了操作文字,如立即下载、立即购买、立即咨询等,用户可以直接判断该内容为广告。抖音视频信息流广告首次出现在"第 4 条"视频的位置,即用户打开抖音 App 看视频时,往下滑动的第 4 条视频为广告,在往下刷新的过程中,也将根据一定的频率展现其他品牌的广告。

2) 数字广告与搭载

广告搭载的含义是广告依存媒介,借助媒介的注意力来吸引受众,借助媒介的影响力来影响受众。数字广告的搭载即广告主通过向数字媒介所有者支付一定的费用,将特定的产品信息或品牌信息毫无痕迹地植入数字媒介负载的内容载具,并以隐蔽而非直白的手法向观众传递相关信息,以正面影响目标用户群的价值判断和情感倾向的广告形式。新媒体时代数字广告搭载主要有以下几种形式:

(1) 观赏型数字搭载广告　此类数字搭载广告属于单向输出型广告,即将产品、品牌元素以视、听感观能够接收的形式出现在数字媒体的内容中,向受众单向输出产品功能、品牌定位与理念的一种广告形式。如现在颇为流行的视频 App 上的自制剧、自制综艺节目、微电影等,社交媒体里的没有明确标识为广告的营销软文、图片、短视频等也属于这一范畴。

(2) 互动型数字搭载广告　此类数字搭载广告属于双向型互动广告,即广告主将产品、品牌信息植入数字媒体内容中,受众在与数字媒体互动的过程中接收到广告信息,从而受到潜移默化的影响,改变其对产品和品牌的认知、情感和行为。在网络游戏中植入广告属于这一类网络广告的典型。

3）O2O 网络广告

O2O 营销是将线下的商务机会与互联网结合,让互联网成为线下交易的前台。连接线上和线下的营销工具成为网络广告运作的一部分,如线下实体店铺中的智能导购屏、社交媒体墙、移动智能终端上的 App、小程序和公众号里的广告等都是 O2O 网络广告传播的媒介。O2O 网络广告不仅表现为线上线下广告的展示,还强调线上线下营销数据的挖掘,实现精准营销。如实体店铺中的液晶条形智能导购屏,消费者只要将商品的条形码对准屏幕的扫描区域,屏幕上就会显示商品功能、特性、产地、成分等信息,智能导购屏在展示商品信息的同时也会记录消费者拿起商品的时间、时长、商品编号、是否购买等信息,用以进行消费者行为偏好分析。

11.2 网络广告整体策划

网络广告策划是网络广告活动的核心环节,它是在整个广告活动开始之前,对即将开始具体实施的广告的全面谋划和整体部署,包括广告设计、广告投入、地域安排、媒体选择、效果测评等各个具体环节的计划和安排。网络广告的策划过程具体包括以下几个步骤:

1）确定网络广告的目标

做广告的目的是通过信息沟通使消费者产生对品牌的认识、情感、态度和行为的变化,从而实现企业的营销目标。在产品的不同生命周期阶段,企业的营销目标不同,广告目标也不同。例如,在产品的成长期,企业的营销目标是把市场做大,广告目标是提高顾客对产品和服务的认识和了解,广告内容则以产品信息为主。

2）确定网络广告的目标受众

与传统广告相同,网络广告的受众也是企业的目标市场。只有让目标市场参与广告信息活动,了解并接收广告信息,才能使广告有效地实现其目标。

3）确定网络广告预算

广告预算是实施广告活动、实现广告目标的资金保障。确定网络广告预算首先要确定整体促销预算。网络广告预算根据目标市场情况及企业所要达到的广告目标来确定,既要有足够的额度,也要以够用为度。

4）广告信息决策

应根据广告的目标来确定广告信息和诉求重点,设计制作网络广告。不同的广告创意需要不同的广告表现和信息。广告创意的确定通常由企业和广告代理公司共同参与完成。

5）选择网络广告发布的渠道及方式

选择网络广告发布的渠道及方式直接影响广告效果。网络广告发布的渠道和方式很多,企业应根据自身情况及网络广告的目标来选择。

6）网络广告效果检测和评价

实现预期的广告效果是广告主的希望,也是广告主支付广告费用的动力。网络广告效果检测和评价不仅是对前一阶段广告投放效果的总结,还是下一阶段广告策略调整和改进的重要依据。利用网络技术和信息技术,网络广告效果的检测和统计可以更加准确。常用的检测和统计指标包括广告的浏览数、点击率和回应率等。

11.3 网络广告创意设计

11.3.1 网络广告创意设计概述

1)网络广告创意设计的定义

网络广告创意设计是指广告从业人员根据广告主提出的目标要求,在广告策划、创意的基础上,对将要发布的网络广告进行构思与计划,并将这种构思与计划通过一定的手段使之视觉化的创作过程。一个好的网络广告创意设计要突出表现以下六个方面的特点:

(1) 主题突出,使人能够很快领悟广告的内涵。
(2) 创意有新意,包括广告图形的创意和文案的创作。
(3) 广告信息准确。
(4) 广告布局合理,图形、色彩、动画相互协调,给人以美感。
(5) 图片清晰,颜色搭配合理,文案质量高。
(6) 广告呈现技术新颖。

2)网络广告创意设计的作用

设计人员通过敏锐的观察与思考产生创意,使广告从平凡中提升,被人们记住,因此创意是广告成败的关键,没有创意的广告是沉闷、散漫而无趣的,将大大降低广告的效力。可以将网络广告创意设计的作用总结为以下几点:

(1) 引起关注,提高销售业绩 新颖巧妙的广告创意能够引发受众对产品的注意,唤起受众了解和尝试产品的兴趣,从而使商品在激烈竞争中处于有利地位。
(2) 提升企业形象 在推出新的企业形象时,恰当的广告创意能为企业创造良好的形象,为将来新产品的推出奠定基础。
(3) 引导或创造消费观念、潮流 一则有创意的广告可以促进一款产品的销售,一系列有主题的创意广告则能够影响企业的长远发展。

3)网络广告创意设计的流程

按照一般的创意设计过程将网络广告创意设计流程划分为以下几个阶段:

(1) 准备阶段 该阶段搜集资料,研究资料,根据经验启发新创意。
(2) 孵化阶段 在孵化期,把搜集的资料加以消化,培养创意的灵感,使意识自由发展。
(3) 启发阶段 大多数心理学家认为,印象是产生启示的源泉,本阶段是在意识发展与结合中产生各种创意。
(4) 验证阶段 把所产生的创意予以检讨修正,使其更趋完美。
(5) 形成阶段 使用网络广告制作工具将创意具体化。

11.3.2 网络广告创意设计的基本要求

1)明确目标

网络广告的创意设计首先要做到确立一个具体的目标。目标不能是概括而抽象的,如提高品牌的知名度就不是一个具体而清晰的目标,所有的品牌都希望通过营销推广提高知名度。

而通过网络广告将××男士系列护肤品为各个年龄阶段的男士创造年轻、有活力的表现这一产品理念传达给消费者,则是一个比较实际的目标。

2) 塑造品牌个性

在如今商品品牌琳琅满目的时代,一个没有个性的品牌不会引起人们的注意,无法快速提高品牌知名度,占领市场扩大销量。因此在网络广告创意设计阶段需要挖掘品牌的个性。

3) 深入调查

市场调研是市场营销运营的出发点,有助于企业营销管理目标的实现,营销策略和计划的成功与否,在很大程度上依赖于市场调研的开展。网络广告创意设计离不开产品的定位和消费者的需求,天马行空的创意是不能直达消费者的内心、触及消费点的,只有建立在深入的消费需求调研基础上的广告创意才能撩拨起消费者的购买欲望。

4) 重视广告文案

随着媒体技术的发展,网络广告的呈现方式越来越视觉化,美轮美奂的广告图片、扣人心弦的广告视频,很多广告的创意者在形象化广告元素上下足功夫,但一则再有视觉冲击力的广告如果缺少了绝妙的广告文案就如同少了点睛的那一笔,总是让人觉得少了点什么。因为无论使用什么传播媒体,文字仍然是传递信息最为准确的载具,一则简练而一语双关的广告语总是能让人回味无穷,从而加深受众对广告、产品、品牌的印象。

5) 切忌内容过多

在有限的网络终端展示界面上(如手机屏幕),在越来越碎片化的受众观看时间里(如App 开屏广告一般只有 5 s),要想以最快的速度抓住受众的眼球,直击受众内心的需求,网络广告呈现的内容切忌过多,而使受众记不住重点。网络广告在创意设计时一定要把最想表现的内容,或者最能吸引人的内容表现出来。

11.3.3 网络广告创意设计通则

网络广告创意设计应该遵循广告创意设计的一般原则和要求。广告中信息的成功传递需要经过消费者认知阶段到情感阶段再到意志阶段。认知阶段消费者通过视觉、听觉等感官感知并有选择地接收广告信息;情感阶段消费者根据自身经验、价值观等主观因素对广告中宣传的商品、品牌产生喜爱或反感的情感;意志阶段决定消费者是否会做出购买商品的行为。以上是由广告信息触发的消费者一系列心理活动,最终形成消费的行为,实现广告的效果,因此广告创意设计要想成功首先是引起消费者的注意,刺激消费者的视觉或听觉,否则广告的作用就无从谈起。下面介绍几则广告创意设计在吸引消费者注意方面的通用法则:

1) 创新性

创意一词从词义上理解就是要有创造性、创新性。广告创意就是要在广告中有创造力地传达产品定位、品牌理念。创新性是广告创意最直接、最首要的表现。但是创新并不是胡思乱想、任意为之,创新需要有依据、有基础,即消费者的需求和产品的定位,只有对消费者心理有完全的把握,以及对产品、市场情况充分了解,才能做出有效的创新性广告。

2) 简洁性

最好的广告创意往往是最简单的创意,尤其在这个信息爆炸的时代,简单明了、重点突出、引人遐想的广告反而能从信息海洋中脱颖而出,所谓"少即是多",看似简单实则包含广告最精髓的创意理念,"一件完美的设计,不是因为它没有多余的东西可以加上去,而是因为没有多余的部分可以被剔除。"创意的简洁性要求广告不能向消费者传达过量的信息,必须用消费者容易理解和接受的方式进行构思,使用最容易理解的文字、图像符号等构建广告,如果故弄玄虚、故作高深则会适得其反。

3）系列变化性

系列广告是指在同一广告媒介或不同媒介连续传播的一组广告,这组广告是基于同一主题或同一风格。系列广告在很短的时间连续发布,能够使广告受众对系列广告产生连贯的认知。系列广告与单一广告相比具有创意的延续性、时空的扩展性、多媒体的差异性、广告的整体与连续性,所以系列广告较单一广告在视觉感受、传播力度、效果持久方面更具优势。

4）民俗适应性

民俗又称民间文化,是指一个民族或一个社会群体在长期的生产实践和社会生活中逐渐形成并世代相传、较为稳定的文化事项,可以简单概括为民间流行的风尚、习俗。广告创意与传播要遵循民俗文化,是因为只有充分尊重目标市场的风俗文化,利用大众喜闻乐见的文化形式、艺术形式来传播广告信息,才能使目标消费群体喜爱并接受广告要传达的理念。广告创意者一方面从民俗文化中获取素材、灵感;另一方面利用民俗文化具有的独特魅力、号召力征服大众。

5）及时性

广告创意的及时性是指创意主题要与当下刚刚发生的热点事件相关,紧跟时事、正面引导、适当发挥,由于热点事件自带很高的关注度,广告容易引起受众的注意并留下印象。

11.3.4　网络广告的表现手法

有了广告的创意,如何将创意想要达到的效果发挥得淋漓尽致？本节探讨的是网络广告的表现手法。所谓表现手法,即广告设计者将广告创意付诸实践时所使用的特殊的广告素材组织形式。常用的表现手法有写实、实证、对比、衬托等十余种。

1）写实

写实是指直接叙述和说明网络广告的内容,如产品的功能、用法、购买地址等,可以用文字叙述,也可以用照片、实物展示,还可以用图说明。写实手法是一种最朴素、最平实的手法,也是运用最多的手法。

2）实证

实证是指实地展示产品性能、品质的手法,针对的是"眼见为实"的消费者心理。实证的具体表现方法多种多样,可以进行实地操作、实地试用,也可以进行破坏性试验。

3）对比

对比是将不同的产品进行比较。对比包括了内容的比较、画面的比较、自家新老产品的比较,也有自家产品和竞争对手产品的比较。通过对比,更好地显示网络广告产品的优点。

4）衬托

衬托是指为了突出广告中的产品或品牌,用类似的事物或反面的、有差别的事物作陪衬,达到"烘云托月"的效果。运用衬托手法,能突出主体或渲染主体,使之形象鲜明,给人以深刻的感受。如汽车广告中崎岖的山路、坑坑洼洼的路面衬托了SUV过硬的品质。

5）夸张

夸张是指为了达到某种表达效果,运用丰富的想象力,对产品或品牌的形象、特征、作用、程度等方面着意夸大或缩小的修辞方式。

6）渲染

渲染是指宣传产品时不直接出现产品形象，甚至不直接介绍产品功效，而是通过使用产品者的表情、行为间接渲染，凸显产品的优势。

7）悬念

悬念是指创意者为了激活受众的紧张与期待心情，在广告艺术处理上采取的一种积极手段。如在视频广告开始埋下伏笔，直到广告播放到最后揭晓答案以达到出奇制胜的效果。

8）娱乐

娱乐是指寓网络广告宣传于娱乐之中，如把网络广告内容编成各种文艺形式或游戏上传到网上。

9）幽默

优秀的广告设计中常用到幽默手法。幽默在日常生活中不可或缺，将幽默手法巧妙地运用在广告创意中会起到意想不到的效果。

10）象征

象征是指用消费者比较熟悉的某些事物的性能特征，象征网络广告产品的某些性能。象征与渲染手法有相似之处，都是不直接诉求产品性能，让受众自发产生联想，但是使用该手法需注意所选的象征性事物须全面考察其在消费者心中的形象，避免会引起消极联想的形象。

11）定格

定格是指在一定时间内，网络广告的诉求重点、广告词、画面、色彩、布局等保持不变。定格的好处是使网络广告信息及外部表现多次重复，易于在消费者脑中留下印象，进而建立熟悉感。

12）相似

相似是指在一个系列网络广告里既有固定不变的部分，也有变化的部分，虽有变化，但很相似，可因时、因地、因宣传需要有所变动，以便更完美地传达网络广告的意图。网络广告的相似性包括视觉相似性、音响相似性和语言相似性。

11.4 网络广告制作

11.4.1 网络广告文案的撰写

网络广告文案是网络广告的重要组成部分。流行的观点认为，视觉化元素的图形、视频比文案重要，这是对网络广告肤浅的认识。网络广告是以实现经营战略为目标、对网络广告各要素展开的综合规划，要实现这一功能，广告文案是必不可少的。如何在简短的文字中融合网络广告目标、经营策略、受众定位、风格塑造是一个相当复杂的问题，因此网络广告文案的撰写必须被高度重视，精心安排。

网络广告文案一般由标题、正文和标号组成。标号是指广告文案中出现的标点符号，如引号、括号、破折号、省略号等。标号的作用在于标明语句的性质和作用，要选择适当的标号，并且要在标号的字体形式上做好设计。网络广告文案中更加重要的两个元素——标题和正文，将在下文重点介绍。

1) 网络广告的标题

网络广告的标题是用来说明网络广告正文的中心思想,点明广告的主题,立刻吸引消费者的注意,引起消费者的兴趣和好奇心,从而诱导消费者阅读广告的正文。好的网络广告标题需要具备四项基本职能:

① 点明主题,引人注目。

② 引起兴趣,诱读全文。

③ 加深印象,促进购买。

④ 抓住目标对象。

网络广告标题的撰写主要有以下几种方式:

(1) 陈述式标题　陈述式标题也称为新闻式标题,这种标题开门见山,将产品的主要情况、产品所能提供的收益等直接告诉消费者。采用这种标题时,要注意使用有效的表达方式,如字号采用大号字,字体选择黑体,如有需要给标题配上插图。

(2) 疑问式标题　这种标题与陈述式标题正好相反,它本身并不直接介绍产品的情况,目的是让消费者产生一种好奇心,诱导消费者去阅读广告的正文。这种标题的最大特点是趣味性,能引起消费者的好奇心。在采用这种标题时,可使用煽动性的文字。

(3) 祈使性标题　此类标题的特点是礼貌地命令消费者做某事,常常利用规劝、叮咛等语气,要求消费者立即行动。

2) 网络广告的正文

网络广告正文是对标题及内容主题的解释,是网络广告的主题部分。网络广告正文的撰写要遵循以下几项原则:

(1) 措辞要讲究。

(2) 要富有亲和力。

(3) 尽量要简洁精练。

(4) 将受众置于第二人称。

(5) 开门见山,直截了当。

(6) 句子越短越好。

(7) 把握好每行字的宽度。

(8) 保证阅读效果。

(9) 表现形式适度活跃。

3) 网络广告文案的写作技巧

(1) 提供免费　在文案中出现"免费"的字样,吸引消费者关注,网络营销采用免费模式大获成功的案例不计其数,如淘宝创办初期的全部免费政策让它在短短1年时间占有了超过一半的市场份额。

(2) 设置悬念　好奇是人的天性,文字中设置悬念,吸引好奇的人去点击,会有很好的效果。

(3) 满足需求　语句具有针对性,直接挑明目的,有针对性地传递广告信息。

(4) 简单明了　在有限的网络空间里,让浏览者一眼就能明白广告的意思,最好的办法是直截了当,采用简短、明确的广告文案及醒目的标题引起受众的注意和记忆。

(5) 明确导向　好的网络广告文案还应具有明确的导向性,对受众的行为方向进行引导,使受众能够按照广告设计者的意愿进行思考和行动。

11.4.2 网络平面广告的制作

1)图形构思

图形是广告设计构成中的重要组成部分。人们对图形的感受与认知要比文字直接,因此图形比文字更能抓住受众的注意力。没有图形的纯文字广告是单调乏味的,但只有图形没有广告文案也是行不通的,因为受众不可能从图形、色彩或无声、无字幕的动画中准确明白广告要传达的意图。所以,网络平面广告的图形构思需要和广告文案结合起来考虑。网络广告图形构思的主要方式总结为以下几点:

(1) 单一形态的想象创新　是指想象以单一元素为对象,根据一定目的对其进行重新构造的过程。在这个想象过程中也会借鉴其他元素特征,但这种借鉴是融入原形中去的,在产生的新形象中并不明确显示被借鉴元素的特征形态。单一元素的想象可以从以下几个方面着手:

① 打散重构:将原形分解、打散后,按照一定目的以新的方式重新组装。这种组装可以改变原有顺序和结构,也可以对局部进行重复增殖或削减某些部分。

② 材质异化:改变物体的材质并通过表现异质的特性来塑造新形象。在异质转换中新材质与原材质差异越大,带来的视觉冲击就越强烈。在图形创意中对于异质后的材质表象,要充分发挥联想与想象思维,寻找既能展示材质特性又具有形式美感的形态,可以通过材质肌理特征、扭曲、弯折、熔化、流淌、破损、穿透等方式来表现材质的变化,满足图形设计的要求。

③ 分割裂变:对完整的形态进行分割,通过打孔、切割、开启、断置(断开)等方式改变原形的封闭形式,形成有趣的新形象。

④ 尺度夸张:对人们主观经验中熟悉的元素进行尺度体量上的夸张变化,将微小的放大,将巨大的微缩,当一个形态的体量感在主观经验中与在画面中产生巨大差异和对比时,普通的视觉元素具有更强烈的视觉效果。采用这种手法可以通过添加人们熟悉的元素作为参照物来体现尺度体量感的夸张改变。

(2) 多个形态的创新组合　在图形创意中最常用的手法是将现实中相关或不相关的元素形态进行组合,以会意的方式将元素的象征意义交叉形成复合性的传达意念。这种组合不是简单的相加、罗列,而是以一定手法整合为一个统一空间关系中的新元素,从视觉上看具有合理性,而从主观经验上看又是非现实存在,具体的组合方式有:

① 超现实组合:将现实中两个以上无必然联系、相互独立的元素根据一定目的进行打散重组,形成一个既保留多个原形特征又在新的结构关系下成为一体的图形形象。这种构图方式的难点在于元素的选择要象征意义准确而联想新颖、组合结构自然合理。

② 技巧型整合:特点主要是表现形式上更具新颖巧妙性,组合形式的成立依赖形态上的巧合,图形以视觉上的趣味性为第一特征。

(3) 图形中的空间转换　图形一般表现在二维平面上,但空间始终是图形考虑与表现的范畴。通过改变空间关系,从时空转换中寻找灵感,营造新鲜有趣的视觉形式,是创造性想象的一个重要方式。在图形构思中与空间关系密切的形式主要有混维图形、矛盾空间图形和虚画图形。

① 混维图形:将不同维度空间的形态进行错位混合的图形构成方式,二维平面与三维空间之间的跨越,或者不同空间层次的移位同构。

② 矛盾空间图形：该构图方式建立在一些基本的矛盾结构上，如彭罗赛三角棍架、魔鬼音叉、彭罗赛台阶等，这些矛盾结构利用了人的视觉关注中心有一定的局限性，对画面的不同部分采用不同的透视角度，对同一形态在不同视觉区域进行不同的空间界定，从而形成了看似合理、实则充满矛盾的画面空间关系。

③ 虚画图形：将一种物体形态的画面画在另一种物体上，使二维画面中的元素与画面承载物之间发生关系，产生虚实之间的错位从而达到新颖有趣、抒情达意的效果。

2）色彩搭配

色彩的选择与搭配也是网络平面广告制作的一个重要步骤。色彩运用技法包括以下两个方面：

（1）色彩定位　鲜艳的颜色可以吸引人们的目光，色彩处理得当能够充分刺激人们的视觉神经，加深对广告的印象。人们对色彩的感受会因个人爱好、性别、年龄等因素的不同而不同，但总的来说，特定色相的色彩会给大部分人带来相近的感受，比如，红色让人感受热情、紧张，蓝色让人感受平静、寒冷，黑色让人感受沉重、悲哀，白色让人感受纯洁、高雅，绿色让人感受希望、宁静等。

（2）色调调和　几种颜色混合在一起形成复色，如红色与黄色调和形成橙色，红色、橙色、黑色调和形成棕色等。当色彩反差太强烈时，可以用调和色进行缓冲。色彩的调和有三个原则关系，即色彩协调、色彩对比和色彩抵触。

① 色彩协调：当两种以上的色彩结合在一起看起来赏心悦目即是色彩协调。色彩协调最简单的办法是进行单色调处理，即只在色彩的浓度和明暗度上进行变化。

② 色彩对比：通过色彩的反差，如冷与暖、浓与淡、明与暗等来刺激受众的视觉，可以显示广告主体与背景的反差，表现商品的质地。

③ 色彩抵触：色彩不协调，是失败的色彩调和，应尽量避免这种情况。

3）使用软件工具完成制作

广告制作者一般使用图形图像设计软件完成网络平面广告的制作，主流的设计软件有Adobe Photoshop、AutoCAD、CorelDRAW、Flash、3D Studio Max 等；另外，现在有些电子商务交易平台提供人工智能网络平面广告自动生成系统，如天猫的鲁班 AI 设计师、京东的羚珑。

（1）Adobe Photoshop　简称"PS"，是由 Adobe Systems 开发和发行的图像处理软件。Photoshop 主要处理以像素所构成的数字图像。使用其众多的编修与绘图工具，可以有效地进行图片编辑工作。Adobe 支持 Windows 操作系统、Android 与 Mac OS，Linux 操作系统用户可以通过使用 Wine 来运行 Photoshop。

（2）AutoCAD　Autodesk Computer Aided Design 简称 AutoCAD，是 Autodesk（欧特克）公司首次于 1982 年开发的自动计算机辅助设计软件，用于二维绘图、详细绘制、设计文档和基本三维设计，现已经成为国际上广为流行的绘图工具。设计者无须懂得编程，即可制图。

（3）CorelDRAW　CorelDRAW Graphics Suite 是加拿大 Corel 公司的平面设计软件。该软件是 Corel 公司出品的矢量图形制作工具软件，这个图形工具给设计师提供了矢量动画、页面设计、网站制作、位图编辑和网页动画等多种功能。绘图软件组合带给用户强大的交互式工具，使用户可创作出多种富于动感的特殊效果及点阵图像，还提供简报、彩页、手册、产品包装、标识、网页及其他设计素材。

（4）Flash　Flash 是由 Macromedia 公司推出的交互式矢量图和 Web 动画的标准，由

Adobe公司收购。Flash是集动画创作与应用程序开发于一身的创作软件，Adobe Flash Professional CC为创建数字动画、交互式Web站点、桌面应用程序以及手机应用程序开发提供了功能全面的创作和编辑环境。Flash广泛用于创建吸引人的应用程序，它们包含丰富的视频、声音、图形和动画。但是Adobe Systems公司已在2020年底停止为Flash发布更新。

（5）3D Studio Max　简称为3D Max或3DS Max，是Discreet公司开发的（后被Autodesk公司合并）基于PC系统的三维动画渲染和制作软件。其前身是基于DOS操作系统的3D Studio系列软件。在Windows NT出现以前，工业级的计算机动画制作软件（Computer Graphics，简称CG）被美国视算科技（Silicon Graphics, Inc., SGI）所垄断。3D Studio Max＋Windows NT组合的出现一下子降低了CG制作的门槛，先开始运用在电脑游戏中的动画制作，后更进一步开始参与影视片的特效制作，例如《X战警Ⅱ》《最后的武士》等。

11.4.3　网络视频广告的制作

网络视频广告是采用先进数码技术将传统的视频广告融入网络中，构建可用于在线播放广告视频的展台。目前网络视频广告的形式不止一种，可以是传统视频广告播放在视频网站某段视频节目前，也可以是视频社交平台上的短视频广告，还可以是电子商务交易平台上的视频直播广告。下面介绍这三类视频广告的制作及常用的后期制作工具。

1）传统视频广告制作

（1）前期准备　制作传统视频广告前要做好充分的前期准备，具体包括以下几个步骤：

① 脚本说明：当创意完全确认，并获准进入拍摄阶段时，广告公司会将创意的文案、画面说明及提案给客户的故事板递交给合适的制作公司，并就广告片的长度、规格、交片日期、目的、任务、情节、创意点、气氛和禁忌等做必要的书面说明，以帮助制作公司理解该广告片的创意背景、目标对象、创意原点及表现风格等。同时要求制作公司在限定的时间里报价和提交制作日程表。

② 估价：当制作公司收到脚本说明之后，会根据自己对创意的理解预估合适的制作方案及报价，供广告公司及广告客户确认。一般而言，一份合理的估价应包括拍摄准备、拍摄器材、拍摄场地、拍摄置景、拍摄道具、拍摄服装、摄制组、电力、转磁、音乐、剪辑、特技、二维及三维制作、配音及合成等制作费、制作公司利润、税金等广告影片制作中的全部方面。

③ 客户确认：由广告公司将制作公司的估价呈报给客户，当客户确认后，由客户、广告公司、制作公司签订具体的制作合同。然后，根据合同和最后确认的制作日程表，制作公司会在规定的时间内完成拍摄前准备。

④ 拍摄前准备：在此期间，制作公司就制作脚本、导演阐述、灯光影调、音乐样本、堪景、布景方案、演员试镜、演员造型、道具、服装等有关广告片拍摄的所有细节部分进行全面的准备工作，以寻求将广告创意呈现为广告影片的最佳方式。

（2）拍摄　拍摄的工作在安排好的时间、地点由摄制组按照拍摄脚本进行拍摄。为了对客户和创意负责，除了摄制组之外，通常制作公司的制片人员会联络客户和广告公司的客户代表、有关创作人员等参加拍摄。为了提高工作效率，保证表演质量，镜头的拍摄顺序有时并非按照拍摄脚本的镜头顺序进行，而是会将机位、景深相同相近的镜头一起拍摄。另外儿童、动物等拍摄难度较高的镜头通常会最先拍摄，而静物、特写及产品镜头通常会安排在最后拍摄。为确保拍摄的镜头足够用于剪辑，每个镜头都会拍摄不止一遍，而导演也可能会多拍一些脚本中没有的镜头。

(3) 后期制作　拍摄工作完成后还要进行大量的后期制作,主要包括:

① 冲洗作业:拍摄使用的电影胶片需要在专门的冲洗厂里冲洗出来。

② 初剪:也称作粗剪。现在的剪辑工作一般都在计算机中完成,因此拍摄视频要输入计算机中,导演和剪辑师才能开始初剪。初剪阶段,导演会将拍摄素材按照脚本的顺序拼接起来,剪辑成一个没有视觉特效、没有旁白和音乐的版本。

③ 看 A 拷贝:所谓 A 拷贝,就是经过初剪的没有视觉特效、音乐和旁白的版本。这个版本需要提供给客户以进行视觉修正,这也是整个制作流程中客户第一次看到制作的成果。

④ 正式剪辑:在客户认可了 A 拷贝以后,就进入正式剪辑阶段,这一阶段也称为精剪。精剪部分,首先是要根据客户在看了 A 拷贝以后所提意见进行修改,然后将特技部分合成到广告片中去,广告画面部分的工作到此完成。

⑤ 作曲或选曲:广告片的音乐可以作曲或选曲。这两者的区别是:如果作曲,广告片将拥有独一无二的音乐,而且音乐能和画面完美结合,但比较贵;如果选曲,在成本方面会比较经济,但别的广告片也可能会用到这个音乐。

⑥ 配音合成:旁白和对白在这个阶段完成。在旁白、对白、背景音乐完成以后,音效剪辑师会为广告片配上各种不同的声音效果。至此,一条广告片的声音部分就全部制作好了,最后一道工序是将以上所有元素各自音量调整至适合的位置,并合成在一起。

(4) 交片　将经过广告主认可的完成片,以合同约定的形式按时交到广告主手中。

2) 短视频广告制作

这里的短视频广告主要是指由网络自媒体使用手机摄像头拍摄的传播到视频社交媒体上的短视频广告。我们将专业广告制作公司使用专业的摄影器材拍摄的时间较短的视频广告划归到传统视频广告一类。手机拍摄短视频广告的基本流程如下:

(1) 需求对接　了解客户的拍摄需求,具体拍摄的对象是什么?广告的风格是什么类型?广告准备投放在哪些视频社交平台上?广告的时长限制是多少?广告的目标消费群体有哪些特征?广告期望达到的效果是什么?

(2) 广告策划　了解了具体的客户需求后,对短视频广告进行策划与设计,具体的内容包括以下几点:

① 目标消费群体策划:根据客户需求明确目标消费群体,进行目标群体的客户画像,分析目标群体的特征与偏好,了解目标群体的思维方式、行为习惯等,这是进行下面几步策划的前提。

② 发布渠道策划:渠道策划是要明确在哪些视频社交媒体平台上投放,不同的发布渠道有不同类型的受众群体,风格也不尽相同。目前粉丝人数较多的视频社交媒体平台有抖音、快手、火山、微视、西瓜、秒拍、好看、鹿刻等,还有一些将短视频栏目嵌入新闻类 App、本地生活服务 App、电子商务交易平台上,如今日头条里的视频广告、大众点评的视频内容分享和天猫、京东上的短视频展示产品等。广告制作者在完成了目标消费群体策划基础上,选择适合的渠道,并对该渠道上发布短视频广告的规则进行深入了解。

③ 广告时长策划:关于短视频的时长,在行业中有个不成文的规定,一般是需要控制在 5 min 以内。但是不同的媒体平台对短视频广告的时长规定是不同的,如微博、陌陌上短视频广告时长一般要求是 15 s,快手的是 57 s,微信朋友圈里是 10 s,今日头条上可播放 4 min。无论是 10 s、15 s、57 s 还是 4 min,这些平台的时长标准都是经过无数次的测试和分析后得出的

结论,并且与平台的定位和目标群体密切相关。陌陌的 15 s,针对的是普通 UGC;快手的 57 s,针对的是 90 后、00 后的 UGC;而针对专业生产内容(PGC)的头条,更多的是要完整描述一段故事,4 min 或许更为合适。因此广告制作者根据前两步策划确定短视频广告的时长。

④ 短视频广告内容策划:内容策划是对短视频拍摄选题、脚本、演员、风格等的策划。时间较长的短视频广告内容策划,如今日头条上的 4 min 广告,快手里的 57 s 广告可以考虑采用传统视频广告内容策略,这里不做赘述。本小节重点探讨时长仅有 15 s、10 s 的短视频广告的内容策划,要么短的时间内完成 AIDAS[AIDAS 原理是由刘易斯(Lewis)提出的,用来说明广告对消费者产生的不同作用。它包括 5 个阶段:A(Attention)引起注意;I(Interesting)产生兴趣;D(Desire)引发欲望;A(Action)促进购买行为;S(Satisfaction)达到满意。]全过程,需要掌握以下几点策略:

(a) 吸睛开场:必须一上来就吸引住眼球,只有这样受众才愿意进一步了解广告内容,短视频广告的前 3~8 s 是最重要的时段,在这个时间里如果无法留住受众,这则广告将是一个失败的广告。除了采用色彩、音效、明星效应等吸引眼球外,能够站在受众角度思考,挖掘受众的痛点,是立刻建立受众共鸣的最好方式。

(b) 优化结构:广告脚本必须有一个清晰的逻辑框架,所谓广告的脚本框架是指描述广告脚本的规范化表格,该表格列举的项目包括片名、片长、音乐风格、画面风格、创意思路、分镜头脚本的详细属性(镜头序列、景别、画面、音乐、字幕、时长)等,通过规范化表格将分镜头的脚本详细列举出来。让每一个分镜头都充分发挥脚本要表达的广告内涵,理顺分镜与分镜的逻辑关系,力争在很短的时间内达到最好的广告效果。

(c) 擅用互动:社交媒体最大的优势就是互动性强,受众点赞、评论、转发都很便捷,因此在短视频广告结尾处可以利用互动性进一步扩大广告效应,如放置品牌官方微博、小程序、公众号的二维码等。

(3) 现场拍摄 主要是指在确定的广告脚本下使用手机完成短视频广告的拍摄。手机拍摄和专业摄影设备拍摄有诸多不同之处,这里详细列举手机拍摄视频广告的方法和技巧。

① 使用固定镜头拍摄:固定镜头拍摄是指将手机用支架等设备固定在一个合适的位置进行拍摄。首先要确定手机拍摄的画框是横屏还是竖屏,横屏拍摄的视频广告受众需要转换屏幕至横屏才能以正常尺寸显示,竖屏拍摄的广告则无须转换屏幕,但由于镜头形状的改变,对拍摄画面要重新调整以适应竖屏播放;其次可以开启镜头网格参考线,对拍摄对象在镜头中显示的位置做精准定位;最后是最好使用高帧率拍摄,以避免在受众手机端播放时出现画面模糊的情况。

② 使用运动镜头拍摄:运动镜头拍摄是指通过运动的拍摄设备机位变化,让画面产生动感效果。一个完整的运动镜头包括起幅、运动过程和落幅 3 个部分,从起幅到落幅不断调整受众的观看视角从而产生一种身临其境的效果。运动镜头包括推、拉、摇、移、跟和升降等,利用手机进行运动镜头拍摄时需要配备手机稳定器,如使用 DJI 大疆灵眸手机云台 3 防抖可折叠手机稳定器可实现手机运动拍摄。

(4) 后期制作 短视频拍摄好后需要进行后期制作才能上传到网上。后期制作的步骤与前文传统视频广告后期制作的步骤类似,这里重点介绍后期制作使用的软件,按照后期制作用途不同可以分为以下几类:

① 后期合成软件:常用主要有 Adobe After Effects、Combustion、Autodesk Flame、DFusion、NUKE 等。

（a）Adobe After Effects：简称"AE"，是 Adobe 公司推出的一款图形视频处理软件，适用于从事设计和视频特技的机构，包括电视台、动画制作公司、个人后期制作工作室以及多媒体工作室，属于层类型后期软件。

（b）Combustion：是一款三维(3D)视频特效软件，适用于 Windows 或苹果操作系统，包含矢量绘画、粒子、视频效果处理、轨迹动画以及 3D 效果合成五大工具模块。软件提供了大量独特的工具，包括动态图片、三维合成、颜色矫正、图像稳定、矢量绘制和旋转文字特效短格式编辑、表现、Flash 输出等功能；另外还提供了运动图形和合成艺术新的创建能力，交互性界面的改进；增强了其绘画工具与 3D Max 软件中的交互操作功能；可以通过 Cleaner 编码记录软件使其与 Flint、Flame、Inferno、Fire 和 Smoke 同时工作。

（c）Autodesk Flame：是 Autodesk 公司开发的一款高端电影剪辑和特效制作系统。Flame 是用于高速合成、高级图形和客户驱动的交互设计的终极视觉特效制作系统。

（d）DFusion：是一个高端的、用于影视后期、特效、独立图像处理的合成平台。DFusion 里的工具都是由专业特效艺术家和编辑者根据影视制作需要，专门研发产生的。

（e）NUKE：是由 The Foundry 公司研发的一款数码节点式合成软件。NUKE 无须专门的硬件平台，就可以组合和操作扫描的照片、视频板以及计算机生成的图像。在影视领域，NUKE 已被用于近百部影片和数以百计的商业和音乐电视。NUKE 具有将最终视觉效果与电影电视的其余部分无缝结合的能力，无论所需应用的视觉效果是什么风格或者有多复杂。

② 后期剪辑软件：常用的主要有 Adobe Premiere Pro、Sony Vegas、Final Cut Pro、EDIUS 等。

（a）Adobe Premiere Pro：简称 Pr，是 Adobe 公司开发的一款常用的视频编辑软件。Adobe Premiere 是一款编辑画面质量比较好的软件，有较好的兼容性，且可以与 Adobe 公司推出的其他软件相互协作。

（b）Sony Vegas：软件具备强大的后期处理功能，包括剪辑合成、添加特效、调整颜色、编辑字幕等操作，还包括强大的音频处理工具，可以为视频素材添加音效、录制声音、处理噪声，以及生成杜比 5.1 环绕立体声。此外，Vegas 还可以将编辑好的视频迅速输出为各种格式的影片，直接发布于网络，刻录成光盘或回录到磁带中。

（c）Final Cut Pro：是苹果公司开发的一款专业视频非线性编辑软件。

（d）EDIUS：是美国 Grass Valley 公司推出的一款非线性编辑软件，专为广播和后期制作环境而设计，特别针对新闻记者、无带化视频制播和存储。EDIUS 拥有完善的基于文件工作流程，提供了实时、多轨道、多格式混编、合成、色键、字幕和时间线输出功能。

③ 后期调色软件：常用的主要有达·芬奇、Nik Color Efex Pro 等。

（a）达·芬奇：达·芬奇调色系统自 1984 年以来就一直誉为后期制作的标准。计算机构建色彩解决方案通常会受限于计算机本身的性能，达·芬奇调色突破了这一局限，在拥有多个图形处理器(GPU)的集群基础上构建，因此所有处理总是实时的，达·芬奇能面对客户各种要求并实时调整。

（b）Nik Color Efex Pro：是美国 Nik Multimedia 公司出品的基于 Photoshop 上的一套滤镜插件，它的完整版本包含 75 个不同效果的滤镜，是一款专业调色工具。

3）直播视频广告制作

直播营销是指在现场随着事件的发生、发展进程同时制作和播出节目的营销方式。该营销活动以直播平台为载体，达到企业获得品牌的提升或是销量的增长的目的。

直播视频广告的制作流程可以分为前期准备、现场直播和直播复盘三个阶段。

(1) 前期准备　直播前需要做的准备包括：明确直播的目标、分析直播受众、选择直播平台、准备直播拍摄器材、准备直播商品、编写直播脚本、发布直播公告。

① 明确直播的目标：首先要明白直播的主题是什么，直播的目标主要有上新款、清仓、做活动、传递信任、传递品牌等，有的直播前期工作还会确定一期直播要完成的销量。

② 分析直播受众：掌握目标受众的基本情况，根据受众年龄、性别、偏好等进行客户画像，为后续工作做准备。

③ 选择直播平台：直播平台很多，流量大的有映客、花椒、斗鱼等，还有日新月异不断涌现的新平台，选择适合自己产品的平台。

④ 准备直播拍摄器材：主要包括手持稳定器和运动相机、自拍杆和补光灯、耳麦或小型麦克风、高像素的手机、充足流量的上网卡、多个大容量充电宝。

⑤ 准备直播商品：明确直播推荐商品的品种、数量、价格及库存，对商品细节进行整理，如商品成分、规格、产地、包装等属性，商品有无配件，商品展示是否需要道具演示以及商品的出场顺序。

⑥ 编写直播脚本：脚本内容包括直播时间安排、直播人员安排、单品脚本和整场脚本。在时间安排上要明确直播的起始时间，以及集中圈粉时段、黄金时段和互动环节时段等；在直播人员安排上要明确主播人选和助理人选；在单品脚本里要编写主推单品的卖点和利益点、视觉化表达的方式、品牌详情以及引导转化的方法；在整场脚本准备阶段要明确直播每个阶段的时间长度，及各个环节之间的过渡。一般直播流程安排顺序是：打招呼、热场、近景直播、剧透新款或主推款、全部推品走马观花展示、单品直播推荐、返场演绎、粉丝互动领优惠券完成下单、剧透明日新款等。

⑦ 发布直播公告：在直播平台，或与直播主题相关的网络应用平台上发布直播的公告，展示观看直播链接或二维码。

(2) 现场直播　按照前期准备好的脚本开展直播，现场直播要注意以下几点：

① 真实合法，尊重公序良俗。

② 产品描述准确、清楚、明白。

③ 直播广告不得损害未成年人身心健康。

④ 直播广告中涉及专利产品或者专利方法的，应当标明专利号和专利种类。

⑤ 现场对比实验不得贬低其他生产经营者的商品或者服务。

⑥ 直播广告应当具有可识别性，能够让消费者辨明其为广告。

⑦ 遵守医疗、药品、医疗器械广告的相关规定。

⑧ 遵守保健食品广告的相关规定。

(3) 直播复盘　一场直播的结束，对于观众来说结束了，但对于商户和主播来说后续工作还在继续中，通过回顾、优化直播过程，找出问题和不足之处，日后加以改善，或者发现直播过程中可以套路的模式化流程，便于日后反复使用，这就是直播复盘的目的。可将复盘分为四个步骤：

① 回顾目标：回顾直播的初衷，围绕目标开展后续的复盘。

② 原因分析：直播策划、脚本时确定的目标有没有达成？并分析达到效果或没有达到效果的原因，总结学习，需要在哪些方面有所改进，如：

(a) 直播视频观看的人数。

(b) 直播带货播主的表达流利程度。
(c) 直播视频的点击率、完播率、转载率、点赞率。
(d) 直播脚本文案质量等。
③ 结果评估：给这一期的直播效果写一份简短的评估报告。
④ 总结规律：从分析中总结出经验，了解失败的关键原因。

11.5 网络广告发布渠道

网络广告发布渠道是指网络广告展示的互联网媒体平台。随着互联网媒体形式的不断发展，网络广告的发布渠道经历了门户网站、搜索引擎、社交网站、移动 App、新媒体几大阶段，新的渠道被建立起来，老的渠道仍然发挥着一定作用。下面总结各个阶段的网络广告发布渠道的具体形式。

1) 主页形式

企业可以建立自己的网站主页并以此作为自己网络宣传的阵地。通过网站主页，企业不仅能发布自己产品、服务方面的广告信息，还可以以一定形式的创意风格向用户全方位展示自己企业文化及团队精神。这是一种企业形象的树立，也是宣传产品的良好工具。在互联网上有许多广告形式，如黄页、工业名录、免费的网络服务广告、网上报纸、新闻组等，但若是想让用户成为消费者，并与之进一步沟通就必须建立自己的主页，通过链接让点击广告的用户到达企业的页面。

2) 专类销售网

这是一种专类产品直接在互联网上进行销售的方式。著名的如汽车买家网络(Automobile Buyer's Network)、AutoBytel 等。以 Automobile Buyer's Network 为例，消费者只要在一张表中填上自己所需汽车的类型、价位、制造者、型号等信息，然后轻轻按一下搜索键，计算机屏幕马上出现完全满足你需要的汽车的各种细节，当然还包括何处可以购买到此种汽车的信息。另外，消费者考虑购买汽车时，很有可能首先通过此类网站先进行查询，所以，对于汽车代理商和销售商来说，这是种很有效的网络广告方式。与汽车销售网类似，其他类别产品的代理商和销售商也可以连入相应的销售网络，从而无须付出太大的代价就可以将公司的产品及时地呈现在世界各地的用户面前。

3) 黄页形式

在互联网上有专门的用以查询检索服务的网络服务商的站点，如 Yahoo、Infoseek、Excite 等。这些站点就如同电话黄页一样，按类别划分便于用户进行站点的查询。广告主可以购买其页面内部留出的广告空间。

4) 企业名录

一些互联网服务供应商(ISP)或政府机构会将一些企业信息融入他们的主页中。如香港贸易发展局(Hong Kong Trade Development Council)的主页中就包含汽车代理商、汽车配件商的名录。只要用户感兴趣，就可以直接通过链接，进入相应行业代理商(或者配件商)的主页上。

5) 网上报纸或杂志

随着互联网的日益发展，一些报纸和杂志，纷纷在互联网上建立自己的 Web 主页，更有一些新兴的报纸与杂志，脱离了传统的"纸"的媒体，转变成一种"网上报纸或杂志"。

6）新闻组

新闻组也是一种常见的网络服务，它与公告牌相似。人人都可以订阅它，成为新闻组的一员。成员可以阅读大量的公告，也可以发表自己的公告，或者回复他人的公告。新闻组是一种很好的讨论与分享信息的方式。对于一个公司来说，选择在与本公司产品相关的新闻组上发表企业的公告将是一种非常有效的、传播企业的信息的渠道。

7）友情链接

建立友情链接要本着平等的原则。平等有着广泛的含义，网站的访问量，在搜索引擎中的排名位置，相互之间信息的补充程度，链接的位置，链接的具体形式，是否在专门的资源网页等，这些都是在建立友情链接时需考虑的事情。

8）电子邮件和电子邮件列表

在互联网中到处都充满了商机，就像传统广告中的邮寄广告一样，网络世界中另外一种广告发布形式正在被更多的商家所利用，即电子邮件广告。传统的邮寄广告是广告主把印制或书写的信息，包括商品目录、货物说明书、商品价目表、展销会请柬、征订单、明信片、招贴画、传单等，直接通过邮政系统寄达选定的对象。电子邮件广告是广告主将广告信息以 E-mail 的方式发送给有关的网上用户。

9）微信

微信（WeChat）支持跨通信运营商、跨操作系统平台通过网络快速发送免费（需消耗少量网络流量）语音短信、视频、图片和文字，同时也可以使用通过共享流媒体内容的资料和基于位置的社交插件"摇一摇""漂流瓶""朋友圈""公众平台""语音记事本"等服务插件，用户可通过朋友圈、公众号、小程序等将内容分享给好友。

10）博客、微博

博客即网络日志，一个典型的博客结合了文字、图像、其他博客或网站的超链接及其他与主题相关的媒体。能够让读者以互动的方式留下意见，是许多博客的重要因素。大部分的博客内容以文字为主，仍有一些博客专注在艺术、摄影、视频、音乐、播客等各种主题。以企业名义开设的博客称为企业博客，常作为其宣传产品和公关的窗口。

微博是新浪旗下基于用户关系的社交媒体平台，用户可以通过 PC、手机等多种移动终端接入，以文字、图片、视频等多媒体形式，实现信息的即时分享、传播互动。微博与博客的最大区别在于：博客一般应用于 PC 端，而微博主要应用于移动端。微博目前已成为各大企业、品牌宣传、推广的主流平台，截至 2021 年 6 月，微博的月活跃用户为 5.66 亿，平均日活跃用户为 2.46 亿。

11）手机 App

App 广告是指智能手机和平板电脑这类移动设备中第三方应用程序内置广告，属于移动广告类别。App 广告兴起得益于其载体的风行，平板电脑和大屏触摸手机等硬件的普遍使用，Wi-Fi、4G、5G 对流量限制的解放，以及苹果公司 App Store 生态系统带来的全新交互体验促使用户和 App 开发者大幅度增加。对于 App 开发者，需要一种方式将流量变现，而对于品牌企业，广告投放需要随消费者注意力迁移，因此，App 内置广告应运而生。

12）社区论坛

论坛是互联网上的一种电子信息服务系统，每个用户都可以在上面书写，可发布信息或提出看法。它是一种交互性强、内容丰富而及时的 Internet 电子信息服务系统，用户在论坛站点上可以获得各种信息服务、发布信息、进行讨论、聊天等。

13)网络视频

网络视频应用是最近几年特别流行的一种网络信息传播形式,网络视频应用的类型有很多,有主打社交功能的视频网站,如抖音、快手等;也有以观赏影音内容为主的视频应用,如B站、腾讯视频、优酷、爱奇艺等;还有各类网络应用中嵌入的视频内容,如电商平台淘宝上的直播、视频化的商品展示,新闻App今日头条中的短视频内容等。视频化的内容更加直观、更易于吸引受众关注,因此商家纷纷推出各种类型的网络视频广告。

11.6 网络定向广告

随着实时竞价(Real Time Bidding,简称RTB)广告交易模式的出现,互联网展示广告的交易形式正在发生改变,广告主的角色开始转变,从广告位的购买转变为购买人群。在广告的展示过程中,广告主只会对自己的目标受众展示自己的广告,广告发布的针对性更强。当广告主锁定了自己的目标受众后,展示广告就会追随目标受众出现在任何一个他们登录的页面上。和传统的展示广告相比,这种模式更加精准,成本也更低。

1)定向广告的定义

定向广告是根据不同类型广告主的不同需求,准确地收集并判断受众的行为特征,选择最合适的网民投放相关广告,从而最大限度地提高广告的到达率与点击率。"定向"实际上是对受众的筛选,即根据访问者的不同情况决定广告的显示。先进的广告管理系统能够提供多种多样的定向方式,比如按访问者的地理区域选择不同的广告出现,根据一天或一周中不同的时间出现不同性质厂商的广告,根据客户所使用的操作系统或浏览器版本选择不同旗帜广告格式。定向广告可使不同的客户有可能看到不同的页面:如果你是位女性的话,你所看到的页面广告上闪动的可能是××牌化妆品;若你是位男性的话,摆在你面前的可能将是××剃须刀的广告。

2)定向广告的方法

(1)地域定向 地域定向依赖于对IP地址的识别,而IP协议是互联网的基础协议,因此从网络诞生的第一天起,地域定向就可以被使用了。由于绝大多数的网络媒体受众是通过固定ISP拨号上网的,这就意味着每个在线客户的IP地址是相对稳定的,根据国内各ISP所属网段,可以很方便地根据访问者IP地址判断他所属的地域。比如上海热线的拨号客户的IP地址是以202.96.×.×的形式开头的,凡符合以上规律的IP地址基本可认为是来自上海的访问者。有了这个功能,我们就可以做针对某一地区的广告,比如地方性的活动等,也可以使地方广告主在全国性网站的广告更具效率。

(2)回头客定向 回头客定向是指针对到达过广告主网站的某一个点的客户或者发生过某一个行为的客户进行定向。从营销的角度讲,针对不同到达深度的客户或者不同行为的客户,需要采取的营销策略可能会有不同。我们以电商网站的购物流程来举例子。电商网站的购物流程见图11-1。

图11-1 电商网站的购物步骤流程

针对浏览过商品的人,应该分析他的浏览记录,发现他感兴趣的商品,然后通过广告将他感兴趣的商品推送到他的面前;针对已经将商品加入购物车的人,此时可能更重要的是给他一张电子优惠券,以促进其下单;针对到达过注册或者登录界面,但未完成注册和登录的人,给他一个商品即将售罄或者即将涨价的倒计时更能促进其回来下单;针对到过填写配送地址页面但没有提交订单的人,提示免邮递费用或者直接告诉他"你还差一步就将完成订单",可能会是一个好的方法;已经提交订单的人,是我们的老客户了,此时应该推荐关联的商品信息,以促进其二次消费。

进行回头客定向的投放,一定是要有以下三个步骤:首先,设置回头客人群的监测。支持回头客定向的系统必须能够支持对各个点的监测,因此提取监测代码在此是必需的。好的系统可以利用一个监测代码,通过数据分析得出不同监测点的回头客。其次,整理针对各个监测点客户的独特营销诉求,制作针对不同回头客的不同创意。最后,利用投放系统,对回头客进行定向的广告投放。

(3) 人群定向　人群定向其实就是目标人群定向,在营销学中,产品定位以及人群细分是非常重要的理念,这种理念也已经得到了市场的认可,因此每一种产品在设计、生产之初就已经确定了自己的目标人群。从广告投放、市场宣传来讲,一定是希望能给目标人群推广,花费在目标人群之外的推广都是浪费的。

在互联网时代,通过技术的力量,可以无限地接近、近乎准确地判断每一个人的属性,从而为广告主目标群体定向服务。但是,互联网也只是无限地接近,而不能确切地标示出个人的属性。

(4) 并发次数　并发次数指的是广告在某个时间周期内播放的次数,其目的是为了保证广告的匀速投放。并发次数的计算方法为:广告投放量/投放时长。注意:此处的时长根据需要,可以按照秒、分等单位来计算。并发次数的规则需要广告投放核心的支持,当在规定的时长内,广告未达到并发次数时,广告可以展现;达到设置次数后,则不予以展现。

(5) 时段定向　每一个广告活动,每一次宣传活动,都会有周期的设定。在一个投放活动被制订出来后,在每种媒介、每个媒体上的投放周期就已经确定了。电视、广播、报纸杂志是以节目的播放时间、广告顺序以及报纸杂志的期数来决定投放的周期的。互联网广告则以开始日期、结束日期以及投放时段来决定投放周期的。

(6) 访客频次　频次是广告投放中一个非常重要的概念。网络广告的频次和其他媒介投放时的频次概念是一致的。频次是指个人或家庭接触广告信息的次数。在传统的电视媒介中,我们不能准确地控制每一个人接触广告信息的次数,只能是通过总收视点除以到达率计算得出。但是在网络广告中,一个人可以接触广告信息的最高频次是可以严格控制的,实现严格控制的基础技术也是 Cookie,可见 Cookie 对于互联网广告精准投放的重要性。

(7) 关键词定向　我们所讲的关键词定向实际上就是 Google Adwords 中的内容相关广告。关键词定向实现必须具备以下能力:一是抓取网页内容并进行分析的能力。分析时需要考虑到页面的结构、HTML 标签、链接等影响,对页面的正文进行分析,得到最恰当的一些关键词来描述页面所表达的内容。关键词定向是否有效的瓶颈即在于此。二是广告系统中设置广告投放关键词的能力。需要确保操作人员可以方便快捷地在系统中进行关键词的设置(正向选择、反向排除),若能够对之前投放的关键词进行效果分析及推荐更好。

11.7 网络广告计费方式与效果测评

11.7.1 网络广告的计费方式

1) CPM

在众多网络广告形式中,旗帜广告占主导地位。旗帜广告的计价模式主要采用 CPM (Cost Per Mille,千次印象费用,或者 Cost Per 1 000 Impressions),即网上广告每产生1 000 个广告印象的费用,通常以广告所在页面的访问量为依据。Impression(印象)指受客户要求的 Banner 的每一次显示,就是一次印象,通常理解为一个人的眼睛在一段固定的时间内注视一个广告的次数。至于每 CPM 的收费究竟是多少,要根据主页的热门程度(即浏览人数)划分价格等级,采取固定费率。

如何按 CPM 购买网页广告呢?这要由广告主根据自己的广告预算、希望达到的目的来购买。假如广告客户 A,每天在新浪首页购买 10 CPM(1 CPM＝每千人次访问页面的收费),则:

广告投入:

每天:10×20＝200(美元)(假设 1 CPM 收费为 20 美元)

每月:30×200＝6 000(美元)

广告读者人数:

每天:10×1 000＝10 000(人)

每月:30×10 000＝300 000(人)

也就是说,客户 A 花了 6 000 美元,直接得到 30 万人阅读其广告。

2) CPC

CPC(Cost Per Click,每点击费用),以每点击一次广告计费。这样的方法加上点击率限制可以增大作弊的难度,而且是宣传网站站点的最优方式。但是,此类方法又有不少经营广告的网站觉得不公平,比如,虽然浏览者没有点击,但是已经看到了广告,对于这些看到广告却没有点击的流量来说,网站成了白忙活。CPC 的不足之处有以下几点:

(1) CPC 导致广告收入与广告制作和创意挂钩,网络发布商承担了过多的责任。而传统媒体所扮演的角色是:传达广告信息的媒介,根本就无须分担广告制作的责任。

(2) CPC 完全否定了网络广告的品牌建设作用。

(3) 过分追求点击率有可能会降低网站层次,并干扰网站访问者的浏览质量。所以有很多网站不愿意经营这样的广告。

3) CPA

CPA(Cost Per Action,每次行动成本),如果一个访问者"点击"了广告 Banner 而没有采取下一步的行动就关闭了浏览器,事实上的广告效果同 Impression 相差无几,而广告投放者却要支付点击的代价,这明显是不合理的,由此出现了 CPA 的计费标准。CPA 计价方式是指广告商利用奖励或回馈等促销手段吸引消费者参与到和商品、品牌相联系的互动活动中去,最后按广告投放实际效果,即按回应的有效问卷或订单来计费,而不限广告投放量。CPA 的计价方式对于网站而言有一定的风险,但若广告投放成功,其收益也比 CPM 的计价方式要多得多。

4) CPS

CPS(Cost Per Sale,按销售付费),以实际销售产品数量来换算广告刊登金额。广告商为规避广告费用风险,只在网络客户进行交易后,才按销售笔数付给网络媒体广告费用。很显然这种模式对广告主非常有利。CPS 是比 CPA 更进一步的方式。比较前几种模式,CPS 使得网络媒体要承担最多的责任——既要对广告作品负责又要对消费者购买行为负责。在 CPS 模式下,网络广告的品牌建设作用完全得不到回报,但是仍然有网络媒体乐于接受这种模式。

5) CPR

CPR(Cost Per Response,每次回应成本),以浏览者的每一个回应计费。这种广告计费充分体现了网络广告"及时反应、直接互动、准确记录"的特点,但是,这个是属于辅助销售的广告模式,得到广告费的机会也较少。

6) CPP

CPP(Cost Per Purchase,每次购买成本),广告主为规避广告费用风险,只有在网络客户点击旗帜广告并进行在线交易后,才按销售笔数付给广告站点费用。

无论是 CPA 还是 CPP,广告商都要求发生目标消费者的"点击",甚至进一步形成购买,才会付费;CPM 则只要求发生"目击"(或称"展露""印象"),就产生广告付费。

7) PFP

PFP(Pay For Performance,按业绩付费),基于业绩的定价计费基准有销售业绩、导航情况等,根据广告产生的业绩来计算广告费。此法虽然受到广告主的广泛欢迎,但许多网站并不接受这种模式。因为所谓业绩并不完全决定于广告因素,它还与产品品牌、质量、价格等因素有关。

8) CPT

CPT(Cost Per Time,每次广告位时间成本),每次广告位时间成本是目前国内网络广告的主导计费方式,它是传统媒体广告计费模式的延续。广告主可以根据自身需求在特定时间段选取特定广告位进行有针对性的宣传。它方便广告主购买广告位,但由于网络媒体区别于传统媒体的优势在于易统计性,CPT 无法精确体现互联网便于衡量广告效果的优势。

总之,网络广告本身固然有自己的特点,但一个网站要具备广告价值,都是有着一定的发展历史。广告商在目标市场决策以后挑选不同的网站,进而考察其历史流量进行估算,这样,就可以概算广告在一定期限内的价格,在这个基础上,根据不同性质广告,可以选择 CPC、CPR、CPA 等形式。

11.7.2 网络广告的效果测评

1) 网络广告效果测评的内容及指标

网络广告效果是指网络广告作品通过网络媒体发布后所产生的作用和影响,即目标受众对广告宣传的反应。与传统广告效果一样,网络广告效果也具有复合性,即是传播效果、经济效果、社会效果的统一,并具有一定的滞后性。

网络广告效果的测评就是利用一定的评价指标、评价方法和评价技术,对网络广告效果进行综合衡量和评定的活动。评价指标包括以下几种:

(1) 网络广告传播效果测评的内容及指标 广告的最终目的是促进产品的销售,但在广告的实施中,因情况不同,具体的目标又有所不同。"AIDAS"是潜在消费者从接触广告开始,一直到完成某种消费行为的几个动作。广告主依据不同的广告目标,用"AIDAS"来检验网络广告的效果。"AIDAS"的每一个阶段都可以作为网络广告传播效果测评的内容,见表11-2。

表 11-2　AIDAS 的各个阶段

AIDAS	网络广告传播效果的测评指标	测评对象
Attention(注意)	Advertising Impression,即广告曝光次数	媒体网站
Interest(兴趣)	Click 与 Click Through Rate(CTR),即点击次数与点击率	媒体网站
Desire(欲望)	Page View,即网页阅读次数	广告主网站
Action(行动)	Conversion 与 Conversion Rate,即转化次数与转化率	广告主网站
Satisfaction(满意)	Satisfaction,即消费者满意度	消费者

① 广告曝光次数:是指网络广告所在的网页被访问的次数,通常用计数器(Counter)来进行统计。在运用广告曝光次数评价网络广告效果时,应注意以下问题:

(a) 广告曝光次数并不等于实际浏览的次数。在广告发布期间,同一个网民可能几次浏览刊登同一则网络广告的网站或页面,或网民为浏览其他信息而打开该网站或网页,这就导致广告曝光次数与实际阅读次数不符。

(b) 在同一网站或网页上,广告发布位置的不同,则其曝光次数所产生的实际价值也不同。通常情况下,首页广告比内页广告曝光次数多,但首页每个曝光次数所产生的广告价值却可能低于内页广告。

(c) 通常情况下,一个网页中可能分布多则广告,访问者可能为了了解其他广告信息而浏览该网页。此时的广告曝光次数并不会产生实际的广告价值。

总的来讲,得到一个广告曝光次数,并不等于得到一次广告受众的注意,点击次数与点击率可以反映这一指标。

② 点击次数与点击率

(a) 点击次数:网民单击网络广告的次数称为点击次数,点击次数可以客观准确地反映广告效果。

(b) 点击率:而点击次数除以广告的曝光次数,就可得到点击率,这是衡量广告吸引力的指标。点击率是网络广告最基本、最直接、最有说服力的评价指标。一般来讲,浏览者点击某一网络广告,说明他已经对广告中的产品服务产生兴趣,并在进一步了解中。随着人们对网络广告的深入了解,点击率越来越低。因此,单纯的点击率已经不能充分反映网络广告的真实效果。

③ 网页阅读次数:浏览者在对广告中的产品服务信息产生兴趣后,就会进入广告主的网站,详细了解产品服务信息,甚至产生购买的欲望。浏览者对广告页面或广告主的网站的一次浏览阅读,称为一次网页阅读。在一定时间内,所有浏览者对广告页面或广告主网页的总的阅读次数就称为网页阅读次数。

事实上,广告主网页的阅读次数与网络广告的点击次数是存在差异的,这种差异源于浏览者只点击了网络广告而没有进一步浏览该广告所打开的网页。目前,受网络技术和统计技术的限制,很难精确统计网页的阅读次数,通常用点击次数来估算网页的阅读次数。

④ 转化次数与转化率:"转化"是指受网络广告影响而形成的购买、注册或者信息需求。转化次数(Conversion)是网民受网络广告影响所产生的购买、注册或者信息需求行为的次数;

转化次数除以广告曝光次数,即为转化率(Conversion Rate)。网络广告的最终目的是促进产品的销售,而点击次数与点击率指标并不能真正反映网络广告对产品销售情况的影响。转化次数与转化率指标能更有效地衡量网络广告的实际效果。

网络广告的转化次数包括两部分,一部分是浏览并且点击网络广告所产生的转化行为的次数;另一部分是仅浏览而没有点击网络广告所产生的转化行为的次数。相对而言,转化次数与转化率可以较为准确地反映那些只浏览而没有点击广告所产生的效果。在广告实际测评中,估算转化次数与转化率存在一定的难度,通常将受网络广告的影响所产生的购买行为的次数作为转化次数。

(2) 网络广告经济效果测评的内容及指标　网络广告的最终目的是促进产品销售。网络广告的经济效果是网络广告给广告主带来的净收益,即广告收入与广告成本的差额。因此,网络广告经济效果测评的内容及指标包括网络广告收入和网络广告成本。

① 网络广告收入：是网络广告受众受广告影响产生购买而给广告主带来的销售收入。在实践中,消费者的购买往往受多种因素的影响,准确区别各种因素对购买行为的影响是十分困难的。因此,常用广告刊载期销售收入的增加来作为广告收入。

② 网络广告成本：是指广告主投放网络广告的费用,以 CPM、CPC、CPA 等计费模式来计算。

(3) 网络广告社会效果测评的内容　网络广告的社会效果主要是指广告活动在社会文化、教育等方面所产生的影响和作用。无论是广告构思、广告语言,还是广告表现,都要受到社会伦理道德和法律的约束。测评网络广告的社会效果,要在一定社会意识形态的政治观点、法律规范、伦理道德及文化艺术标准的约束下进行。

网络广告的社会影响涉及整个社会的政治、法律、艺术、道德伦理等上层建筑和社会意识形态,因此,很难用评价指标进行测评,而需用法律规范标准、伦理道德标准和文化艺术标准来综合衡量。

① 法律法规：网络广告必须符合国家各项法规政策。以法律规范来加强对网络广告活动的管理,确保网络广告活动在正常有序的轨道上运行。法规管理和制约具有权威性、规范性、概括性和强制性的特点。一般来说,各个国家的广告法规只适用于特定的国家范畴,如适用于我国网络广告管理的法律法规有：《中华人民共和国广告法》《互联网广告管理暂行办法》(2021 年,国家市场监督管理总局组织开展《互联网广告管理暂行办法》修订工作,更名为《互联网广告管理办法》并起草了公开征求意见稿。)和《中华人民共和国电子商务法》。

② 伦理道德：在一定时期、一定社会意识形态和经济基础之下,人们要受到相应的伦理道德规范方面的约束。网络广告传递的内容以及所采用的形式,也要符合伦理道德标准。符合社会规范的网络广告也应是符合道德规范的网络广告。一则网络广告即使合法属实,但可能给社会带来负面影响,给消费者带来心理和生理上的损害,这样的网络广告就是不符合道德规范的要求。如网络广告暗示消费者盲目追求物质享受,误导未成年儿童攀比摆阔等。要从建设社会主义精神文明的高度,从有利于净化社会环境、有益于人们身心健康的标准来要求和约束网络广告的内容。

③ 文化艺术：网络广告活动也是一种创作活动,网络广告作品实际上是文化和艺术的结晶。从文化艺术方面对广告进行测评,由于各种因素的影响,不同地区、民族所体现的文化特征、风俗习惯、风土人情、价值观念等会有差异,因此也有着不同的评判标准。总的来看,网络广告应该对社会文化产生积极的促进作用,推动艺术创新。一方面要根据人类共同遵从的一些

艺术标准;另一方面要从本地区、本民族的实际出发,考虑其特殊性,进行衡量评估。在我国,要看网络广告诉求内容和表现形式能否继承和弘扬民族文化、体现民族特色、尊重民族习惯等;要看所运用的艺术手段和方法是否有助于文化建设,如语言、画面、图像、文字等表现要素健康、高雅,摈弃低俗的内容。同时也看能否科学、合理地吸收、借鉴国外先进的创作方法和表现形式。

2) 网络广告效果的测评方法

相比而言,CPM 和 CPT 方式对放置网络广告的站点有利,而 CPC、CPA、CPP、CPR、CPS 则对广告主有利,除了通过上述计费方式侧面反映网络广告效果外,我们还应从定性和定量的角度直接分析网络广告效果。以下介绍几种分析方法。

(1) 对比分析法 无论是旗帜广告,还是电子邮件广告,由于都涉及点击率或者回应率以外的效果,因此,除了可以准确跟踪统计的技术指标外,利用比较传统的对比分析法仍然具有现实意义。当然,不同的网络广告类型,对比的内容和方法也不一样。

对于 E-mail 广告来说,除了产生直接反应之外,利用 E-mail 还可以有其他方面的效果,例如,E-mail 关系营销有助于我们与顾客保持联系,并影响其对我们的产品或企业的印象,顾客没有点击 E-mail 并不意味着不会增加将来购买的可能性或者增加品牌忠诚度,从定性的角度考虑,较好的评价方法是关注 E-mail 营销带给人们的思考和感觉。这种评价方式也就是采用对比研究的方法:将收到 E-mail 的顾客的态度和没有收到 E-mail 的顾客做对比,这是评价 E-mail 广告对顾客产生影响的典型的经验判断法。利用这种方法,也可以比较不同类型网络广告对顾客所产生的效果。

对于按钮广告,除了增加直接点击以外,调查表明,广告的效果通常表现在品牌形象塑造方面,这也就是为什么许多广告主不顾点击率低的现实而仍然选择按钮广告的主要原因。当然,品牌形象的提升很难随时获得可以量化的指标,不过同样可以利用传统的对比分析法,对网络广告投放前后的品牌形象进行调查对比。

(2) 加权计算法 加权计算法是指网络广告投放后的一定时间内,对网络广告产生效果的不同层面赋予一定的权重,以判别不同广告所产生效果之间的差异。这种方法实际上是对不同广告类型、不同投放媒体或不同投放周期等情况下的广告效果比较,而不仅仅反映某次广告投放所产生的效果。加权计算法的完成要建立在对广告效果有基本监测统计手段的基础之上。

例如:第一种情况,假定在 A 网站投放的 Banner 广告在一个月内获得的效果为:产品销售 100 件(次),点击数量 4 000 次;第二种情况,假定在 B 网站投放的 Banner 广告在一个月内获得的效果为:产品销售 120 件(次),点击数量 2 000 次。如何判断这两次广告投放效果的区别呢? 其方法是为产品销售和获得的点击分别赋予权重。根据一般的统计显示,每 100 次点击可形成 2 次实际购买,那么可以将实际购买的权重设为 1.00,每次点击的权重为 0.02,由此可以计算上述两种情况下,广告主分别可以获得的总价值。

第一种情况,总价值为:$100 \times 1.00 + 4\,000 \times 0.02 = 180$;

第二种情况,总价值为:$120 \times 1.00 + 2\,000 \times 0.02 = 160$。

可见,虽然第二种情况获得的直接销售比第一种情况要多,但从长远来看,第一种情况更具有价值。

以上例子说明,网络广告的效果除了反映在直接购买之外,对品牌形象提升或者用户认知同样重要。

权重的设定,对加权计算法最后结果影响较大,如假定每次点击的权重降低到 0.005,则结果就不一样。如何决定权重,需要在大量统计资料分析的前提下,对用户浏览数量与实际购买之间的比例有一个相对准确的统计结果。

案例研究

"可以喝的广告"零度可乐广告策划

1. 策划背景

（1）活动名称　可以喝的广告

（2）广告主　可口可乐公司

（3）市场背景　1886年5月8日,可口可乐在美国佐治亚州亚特兰大市诞生,进入21世纪后,全球每天有17亿人次的消费者在畅饮可口可乐公司的产品,大约每秒钟售出19 400瓶饮料。零度可口可乐(以下简称"零度可口")是可口可乐公司2005年上市的产品。零度可口可乐在保留经典味道的同时,给到消费者无糖无热量的体验。来自可口可乐内部的一项数据显示：在美国,85%的千禧一代没有尝试过零度可口可乐,而在那些已经尝试过的消费者中,有近50%的消费者会成为重复性购买者。为了让更多的消费者迈出尝试的第一步,品牌在2015年4月开启了"可以喝的广告"策划——融合各类媒体为消费者送上重重惊喜。

2. 策划思路

（1）产品分析　零度可乐的成分一般有碳酸水、阿斯巴甜、色素、磷酸、柠檬酸钠、苯甲酸钠、香精等,"零糖分,零卡路里"是产品核心特征。零度可乐在最大限度保留可口可乐口味的前提下,不含糖分,目的是为了迎合摄入热量过高的现代人的需求。

（2）消费者分析　零度可乐的主要消费群体为学生、白领、青年人和爱好体育的年轻人。主要年龄段在16岁以下和16～30岁之间两个年龄段,有一定的受教育程度,他们崇尚个性与时尚,对商品品牌有一定的认知。

（3）竞争分析　主要竞争者为轻怡百事可乐、健怡可口可乐。轻怡百事可乐借助百事可乐的强大品牌造势,广告定位于"可望无限""年轻的一代""活力一族",但在消费群中的知名度不高；可口可乐已经成功地为健怡可乐建设了完善的分销网络,以及建立良好的客户关系,但因含有咖啡因等成分,使消费者产生危害健康的先入为主印象。

（4）广告策略

① 定位策略：主题定位为"喝了才知道"(You Don't Know Zero'Til You've Tried It.),零度可乐希望把"试喝"这个传统广告模式带入互联网时代。

② 诉求策略：感性诉求策略与理性诉求策略相结合,选择消费者关注的热门事件发布广告,如NCAA四强赛(美国大学生篮球联赛),利用消费者高昂的情绪提高广告的效果,同时兼顾理性策略,以"免费""试喝"吸引消费者。

③ 形式策略：线上线下结合的互动广告形式。

④ 媒介策略：依托各类交互媒体,如互动广告牌、交互电子屏、互联网网站、电视、广播、杂志插页等。

3. 策划方案

（1）广告目标　让目标消费者迈出尝试的第一步。

（2）广告时期　2015年4月。

（3）广告实施

① NCAA上的互动广告牌：2015年4月6日,在美国大学生篮球联赛的四强决赛场地——怀特河国家公园,一块宽36英尺(1英尺＝0.304 8米)、高26英尺的零度可乐广告牌平

地而起。这块重达1万多公斤的广告牌上安装了一个巨型可口可乐瓶,插着一根1 300多米长的吸管,蜿蜒拼出了"Taste it(尝尝它)"字样,见图11-1。冰凉畅爽的零度可乐顺着吸管流到试饮装置里,每个走过的路人都可以打开开关,免费品尝"从天而降"的零度可乐。

图11-1　零度可乐"试喝"的互动广告牌

② 与 Shazam App 合作的电视互动广告,见图11-2:配合这块"可以喝"的户外广告牌,一支"可以喝"的互动创意广告也同步上线。消费者需要下载 Shazam(音乐神搜)App,当电视中出现零度可乐广告时,只需打开手机里的 App,让电视屏幕里的零度可乐恰好倒入手机里的可乐杯中,当杯子装满后,消费者将获得一张电子优惠券,可在全美指定零售店换取一瓶零度可乐。

图11-2　零度可乐互动电视广告

③ 与 Shazam App 合作的街头电子屏上的互动广告,见图11-3:当消费者在街头遇见"可以喝的广告"电子屏时,打开 App,会出现一根吸管,消费者只需通过吸管把电子屏里的可乐吸干,即可获得一张电子优惠券。

④ 与 Shazam App 合作的广播互动广告,见图11-4:如果不方便看电视,那么听广播时,当广播中出现可乐的倾倒声时,打开 App 也可以装满里面的杯子,获得电子优惠券。

⑤ 杂志里的互动广告,见图11-5:在印有"可以喝"的零度可乐广告的杂志中,把压缩在里面的可乐杯撕下来,抽出里面隐藏的吸管,然后吹入空气让它鼓起来,就可以凭此可乐杯去接免费的可乐喝了。

图 11-3　零度可乐街头互动电子屏广告

图 11-4　零度可乐互动广播广告

图 11-5　零度可乐互动杂志广告

4. 广告效果

"'可以喝'的传播媒介是可口可乐从未有过的新鲜尝试。"可口可乐公司称,这些互动广告比传统实体店内的试喝带来了更高的转化率,在零度可乐赞助 NCAA 四强赛后,零度可乐的全球销量增长了 6%。可口可乐北美区整合营销总监 Danielle Henry 表示,60% 的消费者在尝试过零度可乐后都会再次购买。

案例分析题：

1. 你认为零度可乐"可以喝的广告"的成功之处是什么？
2. 零度可乐的互动创意广告是如何利用互联网这个传播媒介的？
3. 结合本案例，谈谈一个好的创意在广告策划中的作用。

练习与思考

一、判断题

1. 旗帜广告是指利用网站页面左右两侧的竖式广告位置而设计的广告形式。（ ）
2. 网络广告的创意应该天马行空，不受任何条件约束。（ ）
3. 可以利用微信、微博等社交媒体平台发布网络广告。（ ）
4. CPC 是指每点击一次网络广告产生的费用。（ ）
5. "AIDA"中的"I"是指 Impression（印象）。（ ）

二、选择题

1. 网络广告起源于（   ）。
   A. 中国　　　　B. 美国　　　　C. 法国　　　　D. 英国
2. （   ）是横放于页面上的大幅图片广告，一般是使用 GIF 格式的图像文件，或使用 JPG 静态图形，规格一般为 468 px×60 px。
   A. 标识广告　　B. 弹出窗口广告　　C. 画中画广告　　D. 旗帜广告
3. 网络广告中的 CPM 是指（   ）。
   A. 网络广告每一千个点击数的费用　　B. 网络广告每一千个链接数的费用
   C. 网络广告每一千个印象数的费用　　D. 以上三个都不对
4. CTR 指的是（   ）。
   A. 点击率　　　B. 广告收益　　C. 点击次数　　D. 转换率
5. （   ）是广告信息的传播者。
   A. 广告主　　　B. 广告　　　　C. 广告媒介　　D. 广告受众

三、问答题

1. 网络广告有哪些类型？
2. 网络广告的发布形式有哪些？
3. 网络广告的计费模式有哪些？
4. 网络广告传播效果的测评指标有哪些？

实践操作

训练题目： 网络广告策划书。

训练内容： 自拟主题，写一份网络广告策划书，要求包括网络广告策略、网络广告创意与设计内容、网络广告类型设定、网络广告投放渠道策略等。

组织分工： 3～5 人一组，组内分工。

提交成果： 小组提交 3 000～5 000 字的网络广告策划书。

训练器材： 互联网、计算机、办公设备。

12 跨境网络营销

[学习目标]
(1) 了解跨境网络营销与境内网络营销的异同。
(2) 掌握跨境电子商务的概念、流程和类型。
(3) 熟悉跨境网络营销渠道类型及其代表性平台。
(4) 了解全球主要跨境电子商务市场及其特征。

12.1 跨境网络营销概述

12.1.1 跨境网络营销的含义

跨境网络营销是通过互联网对境外受众开展的营销活动。

与境内网络营销相比,跨境网络营销作为一种跨关境的营销活动,有诸多不同之处:

(1) 客户来自境外,具有与境内客户不同的价值观、思维方式、行为方式、语言及风俗习惯。

(2) 跨境网络营销面领着与境内不同的政治、经济、法律、文化、技术环境。

(3) 企业和客户之间的商务活动常常会受到两方之间的政治、外交、贸易关系的影响。

(4) 由于跨境网络营销涉及国际贸易、国际金融、国际保险、国际物流等一系列问题,因此跨境网络营销活动更为复杂,实施难度更大。

12.1.2 跨境电子商务的概念

跨境网络营销是为跨境电子商务服务的,因此,有必要对跨境电子商务进行了解。

1) 跨境电子商务的概念

跨境电子商务(Cross-boarder Electronic Commerce)是指分属不同关境的交易主体通过互联网开展网络营销、客户搜寻、网络洽谈的商务活动。

2) 跨境电子商务的流程

跨境电子商务出口的流程大体为:出口商将生产商(制造商)生产出来的商品通过平台式跨境电子商务企业或自营式跨境电子商务企业进行线上展示,境外的客户(消费者或企业)在跨境电子商务企业选购下单商品并经由支付企业完成支付后,出口商将商品交付给物流商进行投递,商品先后经由境内物流,出口方和进口方的海关通关商检,再经由境外物流,最终送达消费者或企业手中,从而完成整个跨境电子商务交易过程,见图 12-1。在实际操作中,有的跨境电子商务企业选择直接与第三方综合服务平台合作,委托第三方综合服务平台代办物流、通关商检等一系列环节的手续。也有的跨境电子商务企业通过设置境外仓等方法简化跨境电子商务物流部分环节的操作,但也仅是将境内物流部分变成大宗物流提前运至海外仓,从而缩短下单后的物流时长,提升客户体验感,但其基本流程仍不脱离上述框架。跨境电子商务进口的流程除方向与出口流程的相反外,其他内容基本相同。

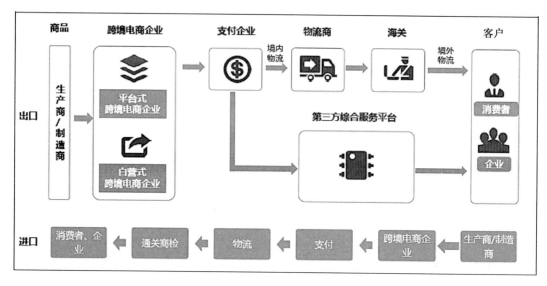

图 12-1 跨境电子商务的流程

3) 跨境电子商务的类型

因为分类标准的不同,跨境电子商务可以有多种类型。按商品流向分,可以分为出口跨境电子商务和进口跨境电子商务;按跨境电子商务企业的经营方式分,可以分为(借助)第三方平台式跨境电子商务、企业自营(网站)式跨境电子商务、混合式(第三方平台+自营网站)电子商务;按照交易对象分,可以分为 B2B(企业与企业之间)、B2C(企业与消费者之间)、C2C(消费者与消费者之间)三种类型;根据业务类型分,可以分为综合型跨境电子商务和垂直型跨境电子商务(综合型跨境电子商务的产品类别多样,垂直型跨境电子商务的产品属于同一品类)。

12.2 跨境网络营销渠道

跨境网络营销的主要渠道有第三方跨境电子商务平台、企业自营网站、跨境搜索引擎、跨境社交网络、跨境许可 E-mail、网络视频平台跨境网站资源合作等。与境内网络营销渠道相比,跨境网络营销渠道在形式上并无太大差别,因此,本节主要介绍全球范围内有代表性的跨境网络营销平台。

12.2.1 第三方跨境电子商务平台

第三方电子商务平台以流量为基础,整合物流、支付、运营等服务资源,吸引卖家入驻和买家购买,其盈利模式以收取商家佣金和其他增值服务费用为主。在跨境网络营销实践中,大部分中小企业会借助第三方跨境电子商务平台进行网络营销。

第三方跨境电子商务平台拥有其他网络营销方式所不具备的优势,主要表现在:

(1) 便利性　利用第三方跨境电子商务平台,企业可以使用平台提供的通用模板,在很短的时间内实现信息发布、产品展示、客户服务、网络销售等功能,企业开展网络营销的流程得以简化。

(2) 低成本　借助第三方跨境电子商务平台,企业不需要自行建设功能比较复杂的企业网站,其初期投入的建设成本相对较低。

(3) 高流量　通用的第三方跨境电子商务平台通常有较多的公域流量,若能较好地运用平台规则,则可将公域流量导流至平台上开设的店铺内。

1) 中国主要跨境贸易平台

(1) 阿里巴巴国际站(http://www.alibaba.com)　阿里巴巴国际站是阿里巴巴1999年推出的电子商务平台。阿里巴巴国际站发展至今,累计服务200多个国家和地区的2 600万活跃企业买家,是出口企业拓展国际贸易的重要网络平台之一。

(2) 环球资源网(http://globalsources.com)　环球资源网拥有超过1 000万注册的国际买家,为全球买家和经过验证的供应商提供商务匹配、现场采购谈话、视频点播、智能采购等综合性的B2B整合推广服务,能够将个性化的解决方案和市场情报联系起来,是跨境电子商务的核心平台。环球资源网还是线下展会与线上平台结合相对较好的平台之一。

(3) 中国制造网(http://www.made-in-china.com)　中国制造网是面向全球市场提供产品的B2B电子商务服务类网站。网站分为国际站和内贸站,为中国数以百万计的中小企业提供网络营销策略和商业信息数据库服务,协助其开展信息交流和国际商贸活动。中国制造网为供应商会员提供品牌建站、全网引流、促进交易和商机推送等服务,为建立买家信任和快速促成交易,中国制造网还提供诚信认证、线下展会、供应链金融等服务。

(4) 自助贸易网(http://diytrade.com)　自助贸易网是面向全球供应商和采购商的国际贸易B2B平台,通过市场定位和营销手段建立企业间的信息发布与沟通平台,为中小企业提供电子商务服务。自助贸易网的一大典型特色是为会员提供个性化的自助建站功能,而其个性化的技术基础服务颇具特色。

(5) 全球速卖通(http://www.aliexpress.com)　全球速卖通是阿里巴巴旗下面向全球市场打造的集订单、支付、物流于一体的跨境电子商务平台,是中国著名的跨境出口B2C平台,同时也是在俄罗斯、西班牙排名靠前的电子商务网站。全球速卖通面向海外买家客户,通过支付宝国际账户进行担保交易,并使用国际物流渠道运输发货。

(6) 敦煌网(http://www.dhgate.com)　敦煌网是全球优质B2B跨境电子商务平台之一,敦煌网在为企业间中小额B2B交易提供高效专业的信息流、安全可靠的资金流及快捷简便的物流做了诸多尝试,现可为跨境电子商务产业链上中小微企业提供"店铺运营、流量营销、仓储物流、支付金融、客服风控、关检汇税、业务培训"等服务,在北美、拉美、欧洲等地设有全球业务办事机构。

2) 其他东亚、东南亚主要跨境电子商务平台

(1) 乐天(Rakuten)(www.rakuten.com)　乐天发展至今,已成为全球最大的电子商务平台之一,日本乐天也位于日本本土电子商务市场前三名。乐天是全球化经营的公司,在日本、巴西、法国、德国、美国以及中国台湾地区等均有业务,其全球总交易额超过1 000亿美元。

(2) PayPay Mall　PayPay Mall按流量统计是全球著名的电子商务平台,在日本拥有超高支持度。从开店成本来看,PayPay Mall店铺开店免费,但PayPay Mall的入驻要求较高,商

家都通过严格挑选,平台遵循严格审核的邀请制,若在行业内没有相当的地位的话,很难获得邀约。

(3) Coupang(www.coupang.com)　Coupang 是一家销售电子产品、美容产品、消费品、书籍、婴儿用品、家居用品、装饰、时尚、玩具、体育用品、门票、旅游和文化活动策划等全品类产品和服务平台,是韩国最大的在线零售商。

(4) Gmarket(www.gmarket.co.kr/)　Gmarket 是韩国知名的综合购物 C2C 网站,在线销售各种商品,被称为可以购买从蛋白质粉末到婚礼礼服的网站,类别包括时尚/美容、数码、食品/婴儿、运动/汽车、家居用品、书籍/DVD、旅游/票务、e 优惠券/票、卡通/游戏等。

(5) 虾皮网(Shopee)(www.shopee.com)　Shopee 总部设在新加坡,是东南亚第一大电子商务平台。业务扩展到新加坡、印尼、越南、泰国、菲律宾、马来西亚、巴西、墨西哥、哥伦比亚、智利、波兰、西班牙、法国、印度、阿根廷等国家。

(6) 来赞达(Lazada)(www.lazada.com)　Lazada 的总部在新加坡,是东南亚领先的电子商务平台之一,在印尼、马来西亚、菲律宾、新加坡、泰国和越南 6 个国家设有站点,同时还在韩国、英国、俄罗斯以及中国香港地区设有办事处。

(7) iPrice　iPrice 是一家为购物者提供线上购物比价服务的平台,目前已在马来西亚、新加坡、印尼、泰国、菲律宾、越南以及中国香港地区开展业务。iPrice 不是严格意义上的电子商务销售平台,它以比价的形式为零售商提供额外的宣传渠道。

(8) Qoo10(趣天网)(www.qoo10.sg)　Qoo10 总部在新加坡,定位为一个国际性交易平台,目前设有中国、新加坡、日本、印尼、马来西亚等站点。Qoo10 主要产品类别包括女装、食品与餐饮、男士及运动用品、家居生活、婴幼儿用品、数字和移动产品等。

(9) Zalora(https://www.zalora.com)　Zalora 总部位于新加坡,是一家网上时装及美容产品购物平台,为男女成人顾客和儿童提供时装、饰物、鞋履、皮包、手表、美容及化妆护肤品和所有时尚产品。Zalora 在新加坡、澳大利亚、新西兰、印尼、菲律宾、马来西亚以及中国香港和台湾地区等设置站点,不同站点设有站点网页,除了售卖标准的国际品牌外,各个站点网页也会售卖本地品牌。

(10) Tokopedia　Tokopedia 总部位于印尼雅加达,是一家同时兼顾 C2C 和 B2C 两种模式的网络销售平台,类似于国内淘宝和天猫的综合体。Tokopedia 平台上开店完全免费而且流程非常简单,只需在注册页面根据提示依次填写姓名、手机号码、邮箱和设置登录密码,注册成功一个账号就可以开始销售产品,且不需要佣金。

(11) Flipkart(https://www.flipkart.com)　Flipkart 是印度第一家大型电子商务公司,除了自营自身的产品外,还允许第三方卖家来入驻销售产品。卖家在 Flipkart 上的产品页面是完全免费的,平台的费用主要包括根据商品金额收取的固定费用,根据产品的类目而收取订单金额的不同比例的佣金。对于中国的卖家而言,如果想拥有印度市场,零售市场份额最高的 Flipkart 平台是个不错的选择。

3) 北美主要跨境电子商务平台

(1) 亚马逊(www.Amazon.com)　亚马逊是全球最大的网络零售商,公司位于美国华盛顿州的西雅图,旗下业务包含 Amazon Services、Amazon Fulfillment、Amazon Kindle、Amazon Payments 等,产品已经扩展至全品类,涉及图书、影视、音乐和游戏、数码下载、电子和电脑、家居园艺用品、婴幼儿用品、食品、服饰、鞋类和珠宝、健康和个人护理用品、体育及户外用品、汽车及工业产品等,也成为全球商品品种最多的网上零售商。拟在全球做跨境电子商务的企业,Amazon肯定是必选平台之一。

(2) eBay(http://www.ebay.com)　eBay是一个可供全球网民买卖物品的线上拍卖及购物网站。eBay全球业务超190个国家,在全球各个国家和地区设立的站点多达39个,其中的主要站点是:美国、加拿大、奥地利、比利时、法国、德国、爱尔兰、意大利、荷兰、波兰、西班牙、瑞士、英国、澳大利亚、越南、印尼、日本、马来西亚、菲律宾、新加坡、泰国、中国等。

(3) Bonanza(http://www.bonanza.com)　Bonanza面向全球买家,但主要在欧美。平台产品也是全品类,类目有28个大类,覆盖女性、家具、母婴、音乐和书籍等方面。

(4) Wish　Wish是北美和欧洲最大的移动电子商务平台。Wish平台主打类目为女装、男装、母婴玩具、家具、美妆健康、饰品钟表及服饰配件、鞋类、包类、运动户外、电子设备。Wish专注于移动端的"算法推荐"购物,实现千人千面,即不同客户看到的商品信息不一样,同一客户在不同的时间也会看到不同的商品。

(5) Opensky　Opensky是美国新兴的一家小众电子商务平台,与其他的平台网站不同的是,Opensky目标客户定位在35～65岁的高收入女性群体,主要关注的产品包括服饰、家居、电子、珠宝、美妆、首饰以及健身器材,面对的卖家为中小型企业。OpenSky主要也是通过智能推荐模式进行推广,平台通过大数据分析得出客户的喜好和客户习惯,再通过场景智能推送。

(6) 沃尔玛(www.walmart.com)　Walmart是美国排名第二的电子商务平台。相对于其他的电子商务平台而言,Walmart有其强大的线下渠道资源及电子商务物流优势。入驻沃尔玛的卖家必须被邀请,沃尔玛优先考虑性价比高并能够提供全方位服务解决方案的卖家,但这也意味着竞争仍然相对较小,进入平台的卖家将有很大的市场机会。

(7) 新蛋网(www.newegg.com)　新蛋网是北美领先的科技电子零售商,业务扩展到欧洲、南美、亚太和中东地区,拥有全球影响力。新蛋网作为全美规模最大的IT数码类网上零售商之一,主要从事个人PC组件、消费电子、智能家具及游戏产品等的网上销售。

(8) Etsy　Etsy是创意手工类电子商务平台。它的目标卖家是手工艺者、手工艺术品设计师和自行生产原创商品的小企业主,只接受个人入驻,网站交易的产品繁多,从服饰、珠宝、玩具、摄影作品到家居用品等,原创、手工是这些产品的共性特点。Esty网店推广主要靠口碑、博客,排在搜索引擎和广告之前,所以SNS推广能力要求相对较高。

(9) ArtFire　ArtFire服务于出售手工制品、美术、复古、某些设计物品、传统工艺用品的手工业者和制造商,整体走精品电子商务平台路线,主打珠宝、工艺用品、工具、婚礼服饰、家居、美容、箱包等品类。ArtFire自我定位是互动式手工艺市场和社区的领导者,通过在线市场和社区,将艺术品的买家和卖家聚集在一起。平台利用站点设计系统,以社区导向开发来协助卖家在功能与特点开发过程中实施完整的控制权,同时将资深经理人和开发者置于服务的前线。平台设有网上论坛,卖家可与世界各地的制造商和工匠联系,学习简单的技巧,也可以从其他卖家那里获取选品灵感,并在线上论坛上分享推广自己的产品。

(10) Fancy(www.fancy.com)　Fancy产品定位于新奇特的产品,支持独立设计师提供充满个性、品格和价值的产品,并帮助他们提升设计师独立品牌,网站提倡客户能够在不牺牲设计、质量和风格的情况下有意识地购物,平台的分类导航包括礼品、家、生活方式、美容与健康、女性、男士、儿童和婴儿等,旨在帮助有眼光的消费者在无限选择的世界中导航。因此Fancy走的是精品购物体验的路线,提供高品质、精心设计的产品的独立品牌。Fancy互动性较好,社交特色是其明显的优势,消费者可以为该网站推荐一些创意产品,并通过点赞来提升产品的受欢迎程度,另外,消费者还会因为他们的参与而得到之后购买的奖励。

(11) Wayfair(www.wayfair.com)　Wayfair 是世界上最大的家居零售商之一,主要市场在北美和欧洲,经营范围包含家具、小家电、家纺、装饰品、灯具、建材、户外用品等各类产品,同时建立了一个物流和基础设施网络。Wayfair 合作模式是邀请制的,即需要被 Wayfair 的买方认可并通过审核后,才能够有机会建立合作。

4) 欧洲主要跨境电子商务平台

(1) Cdiscount(www.cdiscount.com)　Cdiscount 是法国本土最大的电子商务平台,经营全品类产品,涵盖日常生活用品、3C 数码(计算机、通信和消费电子产品)、家居、园艺、户外、娱乐、家电、婴幼儿用品、箱包、玩具等。Cdiscount 的国际业务主要覆盖哥伦比亚、科特迪瓦、厄瓜多尔、泰国及越南等国家,并建有相应子网站。Cdiscount 提供多语种客户经理支撑,卖家可以不用合同直接注册,支持自发货和平台自有海外仓,提供物流的一站式管理,平台整体服务较好。

(2) Zalando(www.zalando.com)　Zalando 现为欧洲最大的时尚电子商务零售商,采取自营+招商入驻的模式。Zalando 一开始仅销售鞋类产品,现涵盖时尚、生活和体育等领域。Zalando 的经营区域覆盖德国、奥地利、比利时、克罗地亚、捷克、丹麦、爱沙尼亚、芬兰、法国、爱尔兰、意大利、拉脱维亚、立陶宛、卢森堡、荷兰、挪威、波兰、斯洛伐克、斯洛文尼亚、西班牙、瑞士、瑞典和英国等 23 个国家和地区。

(3) Fruugo　Fruugo 为英国最大的支持全球跨境销售的本土电子商务平台。Fruugo 访客的 50% 左右来自美国、瑞士等发达国家,这些访客多为 25~35 岁有一定消费实力的消费者。Fruugo 有 93% 的订单属于跨境销售业务。对于旨在进入欧洲新市场的卖家来说,Fruugo 平台生态系统比较完善,包含本土化的物流、支付、推广、反欺诈等支持服务,28 种语言翻译服务,支持当地币种支付,自动兑换货币等。平台的品类包括服装与饰品、健康与美容、家居与园艺、电子电器、媒体艺术与娱乐、运动装备、玩具和游乐设备、宠物用品、商业、工具等。

(4) Bol　Bol 是比利时、荷兰、卢森堡地区最大的综合类电子商务平台,位列欧洲电子商务平台前十,销售超过 1 500 万种不同的产品,覆盖书籍音乐、电影和游戏、电子产品、玩具和爱好、婴儿和儿童、美丽与健康、珠宝和配饰、运动和休闲、办公室和学校、家庭(生活)和烹饪、花园和 DIY、宠物用品等 20 多个品类。Bol 对于招收卖家条件较为严苛,要求销售产品需符合平台已有品类,销售产品具有 EAN 和 ISBN 编码;物流稳定,在 1~8 个工作日内发货,允许买家 30 天内免费退货。

(5) Allegro(www.allegro.com)　Allegro 是波兰本土的最大的电子商务平台,平台 96% 的流量来自波兰。Allegro 平台是全品类,最畅销的品类为鞋、服饰、食品和饮料、化妆品和身体护理以及消费电子。

(6) Otto(www.otto.de)　Otto 集团是一个在全球范围内零售和提供服务的集团公司,是德国领先的电子商务解决方案及服务的提供商,同时也是欧洲最大的在线生活用品等零售渠道商,旗下还有著名的物流配送公司 Hermes。Otto 上商品品种多达百万种,热门品类包括男女服饰、家居用品、3C 电子产品等。Otto 对入驻卖家资质要求较高,要求申请前一年在德国当地年销售额为 100 万欧元以上。

(7) Fnac(www.fnac.com)　Fnac 总部位于法国,是一家拥有实体店和大型在线业务的综合性商店,法国访问量第三的电子商务网站,目前覆盖法国、比利时、巴西、摩纳哥、葡萄牙、西班牙和瑞士等国家,主营品类包括电子产品、文化音像制品、家居和厨具等。需要注意的是,

Fnac物流时效的要求是到货时间为10天内(包括旺季),只能用海外仓或快递,接受Cdiscount、Amazon.fr跨渠道发货,但不支持平邮,包裹必须有跟踪号。

(8) ePrice(www.eprice.it)　ePrice是意大利最大的本土电子商务平台。ePrice提供电子科技类产品、家用电器、体育用品、家居园艺与个人护理类用品等品类,但主攻3C电子产品,同时也是意大利家用电器、游戏等相关产品的市场领头羊。

(9) eMAG(www.emag.ro)　eMAG是罗马尼亚最大电子商务平台,提供包括时尚品、3C电子产品、汽车配饰、家居和个人护理、书籍,甚至杂货或酒精等全品类。eMAG主要市场是罗马尼亚、保加利亚、匈牙利、波兰。客户多为16~55岁,偏好品牌消费,重性价比,注重售后服务。卖家入驻eMAG公司需要提供营业执照、欧盟各国家的增值税(VAT)(eMAG可协办)、提前备货至eMAG官方FBE海外仓等。

(10) ManoMano(www.manomano.fr)　ManoMano是欧洲第一家专注于DIY和园艺市场的垂直电子商务平台。目前,ManoMano业务覆盖法国、意大利、英国、德国、比利时和西班牙6个国家。ManoMano专业化程度高,不但直接与第三方零售商合作,并负责物流,以最低价格给买家提供最有竞争力的产品;还建立了专家与爱好者社区,客户可以随时与平台的专家对话。

(11) Ozon(https://www.ozon.ru/)　Ozon是俄罗斯最早的网购零售平台之一,总部位于俄罗斯莫斯科,产品类目覆盖书籍、电子、服装、家庭、儿童、美妆、食物及宠物、运动等大部分快消品类,是俄罗斯唯一的多品类综合B2C电子商务平台,也是俄罗斯本土的最大电子商务平台。Ozon要求是提供营业执照正件和营业执照翻译件(英文),万里汇账号用以收款,必要时还需提供法人身份证、亚马逊或速卖通店铺不低于2年的运营经验的相关证明、商品价格包括物流不高于其他俄罗斯电子商务平台(Yandex、Joom、速卖通俄罗斯)的相关证明,以及能够提供俄文客服等。

5) 拉美主要跨境电子商务平台

(1) 美客多(www.mercadoLibre.com)　MercadoLibre是拉丁美洲(简称拉美)最大的电子商务平台,是全球访问量第7大电子商务平台,业务范围覆盖巴西、阿根廷、墨西哥、智利、哥伦比亚等18个拉美国家,平台热销品类包括时装类、箱包、护理类化妆品、配饰类珠宝手表、快消电子产品类平板电脑与智能手机、台式电脑、家具类椅子桌子等。

(2) Americanas(www.americanas.com)　Americanas是巴西本土电子商务平台,是巴西零售连锁店Lojas Americanas的在线门户网站,主要销售消费类和媒体类的电子产品、家用电器、家具、美妆产品和玩具。

(3) Linio(www.linio.com)　Linio是拉美领先的B2C电子商务平台之一,Linio在拉美市场开通了包括墨西哥、哥伦比亚、智利、阿根廷、厄瓜多尔和秘鲁等国家的零售业务,提供电子产品、时尚、家用电器、体育用品、母婴产品、玩具、生活健康、娱乐和书籍等全品类产品。

6) 中东和非洲主流的跨境电子商务平台

(1) Jumia(www.jumia.com.ng)　Jumia是非洲电子商务巨头,业务覆盖非洲大部分地区,产品类目覆盖电子产品、食品杂货、时尚、珠宝、健康美妆等全品类,其中3C、服装、饰品和小家电等均为热销品。

(2) Konga　Konga是尼日利亚最大的网上平台之一,提供第三方在线市场,以及跨越各种类别的第一方直接零售,包括消费电子产品、时装、家用电器、书籍、儿童用品、医疗保健和个人护理产品等方面。Konga能够为卖家提供第三方物流和仓储服务。

（3）Jiji(www.jiji.com)　Jiji是尼日利亚最受欢迎的网络平台之一，主要供人们进行全新或二手商品交易。Jiji上最常交易的商品包括电子产品、汽车、家具、服装和儿童用品。Jiji发布广告是免费的，当然也可以购买Jiji的促销套餐，付费广告可以帮助卖家进行广告宣传，保证产品处在搜索结果的顶部，更容易被买家看到，加快产品销售速度。

（4）Souq　Souq是中东本土最大电子商务平台，有4个站点分别在迪拜、沙特、埃及、科威特，拥有超过31个类目、840多万SKU，主要涵盖了电子产品、潮流服饰、家居用品、婴儿用品以及玩具、手表香水等。

（5）Noon　Noon是中东第二大电子商务平台，提供各种电子产品、美容、时尚、家居、厨房和生活用品、婴儿用品以及阿联酋各地的其他产品。Noon的优势在于本地化运营、全品类购物体验、海外仓优势明显。

（6）Marka VIP　Marka VIP是闪购模式的电子商务网站，是中东地区领先的时尚＋零售商之一。2017年5月，被浙江执御收购。

7）大洋洲主要跨境电子商务平台

（1）GraysOnline(www.grays.com)　GraysOnline是大洋洲最大的工业、汽车和商业电子商务企业，也是澳大利亚网购全新或二手电子产品和家电的热门网站，产品类从汽车到消费电子产品、葡萄酒、家居用品与园艺、家具和高级珠宝，应有尽有。

（2）Trademe(www.trademe.com)　Trademe是新西兰最大的网上交易市场，产品覆盖服饰、电子配件、家具生活用品等，其在线汽车销售、房地产分类信息、在线交友业务在新西兰均排名第一。

（3）Catch(https://www.catch.com.au)　Catch是澳大利亚最受欢迎的在线购物场所之一，平台上销售包括视频游戏、电影、音乐、软件、电子产品和家用电器等品类。

12.2.2　企业官方网站营销（独立站）

企业官方网站营销也是企业最为重要的网络营销方式之一。早期的企业官网主要以信息发布和产品展示、企业文化宣传为主，发展至今，除了早期功能之外，已经可以实现网络调研、网络品牌建设与宣传、客户服务、客户关系管理、资源合作和网络销售等多功能，是综合性网络营销方式。相对于第三方平台网络营销而言，企业官网在私域流量建设方面拥有平台电子商务不可比拟的优势。但鉴于营销型的企业官网设计要求相对较高，需要构建展示、交易、售后完整的功能，并且在安全性方面做完善的设计，在实际的跨境网络营销中，大部分中小企业会采用独立站的方式来替代企业官网。

1）独立站的优劣势

独立站可理解为企业官网，指商家拥有独立的域名、销售载体、销售策略，不从属于任何第三方平台，可以进行多方面、全渠道的网络市场拓展，且推广所带来的流量、品牌形象、知名度等都完全属于卖家自有。独立站本身就是卖家，运营主体既有仅售卖自己生产的产品的生产厂家，也有整合供应链资源售卖自己品牌的商家。

独立站的优势在于：

（1）数据的安全与增值　独立站因为是企业自己建立的网站，所以企业可以获取客户愿意分享的信息，比如可以获取客户的邮箱、地址等信息，这有利于企业利用这些客户信息进行二次营销。而且仅凭独立站，竞争对手很难知道你在卖什么，你的销量如何，他们无法做数据跟踪。而在第三方平台,这些数据是可以被互相跟踪的,你在分析竞争者的数据时,对方同样也可以分析你的数据。此外,第三方平台这些数据也仅是有限开放或收费开放。而通过独立站,数据可以完全掌握在自己的手里,实现数据安全,还可以对数据进行二次开发,通过挖掘数据去创造新的价值,从而实现数据的增值。

(2) 相对较高的利润　通过独立站可以降低后期成本,做了独立站后交易佣金低,也不需要向第三方平台缴纳交易佣金或年费,卖家就有更多的资金来运转和周转,从而将独立站的优势和利益最大化。通过构建一个品牌形象的独立站,可以采取自主的定价策略,而不必像在第三方平台那样,由于卖家众多,增速放缓,同质化现象严重,企业不得不随行就市,不得不面临因为比价不过而流单的风险。数据显示,独立站商品的成交价普遍比第三方平台略高。

(3) 有利于创建自己的品牌　独立站往往是单品牌,或者是同一主体的品牌组合,品牌数量很少,因此无论是生产厂家的品牌,还是商家的品牌,都不至于像在第三方平台那样淹没在品牌丛林里。通过独立站域名可以不断累积企业品牌,既可以提升产品的消费者信赖度,增加消费者的回头率,也方便客户了解产品,也可以为网站做推广,让更多客户了解公司了解产品,为创造具有一定知名度的品牌打下坚实的基础。另外由于独立站设计相对独立,故品牌的调性及表达相对自由,具有充分的优势来展示自己产品独特的一面,配以恰到好处的场景、有煽动性的产品视频、已有客户展示等,营销素材可以得到全方位的应用,并能让客户感觉到企业的规模和实力,从而产生信任感,形成好的口碑。

(4) 不必受制于第三方平台规则　此点最为关键,独立站的运营不受第三方平台规则的约束,企业可以自建独立站平台规则,全权自己运营,而且商品也没有类目、品种的限制,企业想上架什么就上架什么,因为独立站是自营,自主权高,灵活性非常高,不必担心什么规则的变动会影响运营,避免规则制约,同时还可以通过产品设计来提高商品的溢价。这种自由度在第三方平台规则越来越严格动辄对企业产品下架或进行其他处罚甚至限号、销号的今天,对企业的网络营销显得尤为重要。而且一般第三方平台在卖方与买方利益相冲突的时候,平台规则制定存在向买方倾斜的现象,卖方在三方关系处理上往往比较被动,而独立站可以规避此风险。此外,独立站也不关联账号,理论上一个邮箱、一台电脑可以做 N 个网站,而第三方平台往往对此规定较严。

(5) 有利于品牌私域流量的沉淀　当前,由于跨境电子商务的第三方平台入驻企业越来越多,从平台公域流量中导入企业在平台上所设网店的成本越发高昂,通过外部引流到第三方平台的企业网店的私域流量甚至面临被公域流量竞品瓜分的危险。而通过独立站,企业可以用于 Facebook、推特、领英 SNS 流量的变现,也可以通过 Seo、Sem 推广获取精准询盘,还可以将第三方平台公域流量引导为私域流量,行业展会、邮件群发等都用于独立站建立企业私域流量转换,而不是帮平台做引流。

(6) 资金结算速度相对较快　以亚马逊为例,绝大多数回款周期是 14 天。而独立站的回款时间取决于接入的收款公司的流程时间,虽然各种时长都有,但均低于亚马逊,最快的可达 24 h 以内。

独立站的劣势在于:

(1) 扩张速度慢　因为独立站的主体往往是工厂或者有一定供应链优势的商家,独立站相对于第三方平台而言,品类拓展速度缓慢,平台规模也容易受限。

(2) 运营和流量获取难　这是独立站的最大劣势。独立站的引流成本颇高,尤其前期需要持续的流量成本支出,且需要付出更多的精力和成本在市场定位、精细化管理和品牌调性塑造上,试错成本较高,同时对独立站的供应链能力,尤其是选品能力要求很高。精准流量的获取与企业全方位精准运营,两者相辅相成,相互成就。

(3) 利润水平分化程度高　虽然独立站产品利润略高,但是考虑到运营和流量成本,优质客户沉淀时间,并且受限于运营经验,很多代工厂转做代工厂经营自有品牌(Original Brand Manufacturer,简称OBM)时净利润很低,事实上独立站呈现两极分化的利润水平。

(4) 全球性不足　独立站在开设早期,很难建立全球化多语种平台,但第三方平台多为全球化跨境电子商务平台。

一般而言,第三方平台适合起步阶段。供应链资源较弱的中小卖家;而独立站适合高频的高毛利非标品或者高频的低毛利标品的垂直平台。

2) 独立站的建立方式

独立站的建立方式有三种:

(1) 企业自建专业研发团队　企业需要招募项目负责人、产品经理、用户界面(UI)、架构设计人员、前端、后端、测试人员等一系列专业IT人员,而后建立独立站。优点是独立站建设自由度高,源代码修改、改版都相对更方便;缺点是所需人员较多,人员成本高,一般中小型企业很难承担开发成本。

(2) 找外部专业公司进行定制化开发　企业不需要自建研发团队,而是向专业的公司购买建站服务,向他们提出建设要求,而后由他们来开发,也就是所谓的个性化定制。优点是专业化的定制站能满足企业的诉求,个性化鲜明;缺点是开发费用相对较高,建设周期相对较长,比较适合规模较大的企业。

(3) 使用自助建站系统建独立站　企业借助自助建站系统建独立站,是较为普遍的独立站建站方式。优点是对建站技术要求不高,容易操作,建站速度快,可选择平台多,比较适合于中小型企业;缺点是大部分借助建站系统建设的独立站无法转移网站数据,也无法开源建站,也会在一定程度上受制于提供建站系统的服务平台。

以上,每种建站方式都有其利弊,选择何种建站方式,取决于企业的规模、投入成本、运营策略等因素。

12.2.3　跨境搜索引擎

本书第9章中已经对搜索引擎的概念、原理、工具、优化等进行了详细的介绍。跨境搜索引擎营销与境内搜索引擎营销在本质上并无太大区别,不同的是,跨境搜索引擎营销需要根据目的地消费者的搜索引擎使用习惯来选择不同的搜索引擎。

世界上主流的搜索引擎的简介如下:

1) 谷歌(Google)

谷歌搜索引擎创建于1996年,由谢尔盖·布林和拉里·佩奇创立。要做跨境搜索引擎营销,谷歌是不二之选(少数几个国家除外),因为世界范围内谷歌处于绝对垄断地位。谷歌提供了比较完备的免费和收费的SEO工具与系统,使企业在世界范围开展精准跨境网络营销成为可能。谷歌数据的恰当运用还可为生产、设计提供数字化预测趋势。

2) 必应(Bing)

必应是微软开发的搜索引擎,虽然它在全球搜索引擎中的份额与谷歌根本无法相提并论,但在世界范围内的许多国家,它都稳居第2位。因此,想覆盖更多范围的消费群体,必应也是值得考虑做搜索引擎营销的平台之一。

3）百度（Baidu）

百度是中国最大的搜索引擎,百度的全球份额的占比绝大多数来自中国的贡献,但在全球范围内依然非常小众,离真正意义上的全球搜索引擎还有相当大的差距。

4）雅虎（Yahoo）

雅虎是最重要的搜索服务网站之一,在不同的统计区间,它与百度常常交替位置,但雅虎并无在某一国家独大的状况。

5）Yandex

Yandex在全球搜索引擎中的份额为0.9%。但它在俄罗斯是唯一能够与谷歌相抗衡的存在,同期谷歌占有俄罗斯国内市场的56.07%,Yandex的占比为41.69%,两者常有交替。此外,Yandex在乌克兰、白俄罗斯、哈萨克斯坦、乌兹别克斯坦和土耳其也有一定的市场份额。因此在俄罗斯做搜索引擎营销时,Yandex推广也极为重要。

6）鸭嘴兽（DuckDuckGo）

DuckDuckGo在全球搜索引擎中的份额为0.61%。但DuckDuckGo以注重隐私而闻名于世,它的理念是"隐私,简化",引擎不储存任何个人信息,也没有广告轰炸,这也符合部分用户的使用理念,目前它的用户在持续增长中。

除上述外,还有很多区域性搜索引擎,虽在全球范围的份额较低,但在特定的国家往往占有相当高的地位。纳维尔（Naver）是韩国知名搜索引擎,在韩国超过谷歌的市场份额；Seznam在谷歌进入捷克前曾经是当地的搜索领头羊,但现在的份额仅存13.13%。此外,互联网上还有一些主打特色功能的搜索引擎,如Ecosia就是一种绿色搜索引擎,它主打的是搜索植树的运营理念,它是一个为可持续发展项目提供资金的搜索引擎,搜索引擎用户每进行45次搜索就可以让它在世界的某个角落种一棵树。

12.2.4 跨境社交网络

本书在第10章已经对社交网络营销进行了较全面的介绍,本节仅对全球范围内主要的SNS营销平台做简单介绍。

1）Facebook

Facebook创建于2004年2月4日,目前是全球最大的社交网站,在全球拥有近30亿月度活跃用户（过去30天内至少登录一次）,它的早期用户已经在该平台上活跃了17年以上。2021年10月28日,Facebook宣布将公司名称更改为"Meta"。

2）Twitter

Twitter公司正式成立于2006年3月21日,是一个网络社交微博客服务平台,中文名称为"推特"。Twitter这一名字来源于一种鸟叫声,创始人认为鸟叫是短、平、快的,符合网站的内涵,因此选择了Twitter作为网站名称。Twitter利用无线网络、有线网络、即时通信技术进行即时通信,是微博客的典型应用。Twitter是一个以兴趣类话题和内容为主的社交媒体和传播平台,它的理念是让每个人都能畅通无阻地随时提出和分享想法及资讯。在Twitter网站上非注册用户可以阅读公开的推文（Tweet）,而注册用户则可以通过Twitter网站、短信或者各种各样的应用软件来发布信息。

3) Pinterest

Pinterest 于 2010 年 3 月上线,是一家图片社交网络平台,它通过图片墙 Pinboard 发布图片,图片以瀑布流的形式呈现。所谓瀑布流是指无须用户翻页,新的图片不断地自动加载在页面底端,让用户不断地发现新图片。Pinterest 的用户 80% 是女性,年龄大多在 25~55 岁之间。Pinterest 的图片自带链接,点击分享的图片就可以直达相关的店铺,在引流上便利有效。

4) YouTube

YouTube 成立于 2005 年 2 月,是全球首屈一指的一个视频分享网站,在全球拥有 20 亿活跃用户。YouTube 除了提供影音娱乐市场外,其社群价值不容小觑,YouTube 上一些知名的视频博主拥有数百万订阅用户,这些用户的黏性高,并且视博主为意见领袖,因此在跨境网络营销中,通过和这些博客经营者合作来推广自己的产品可以获得令人满意的效果。

YouTube 海量的浏览量和访问深度决定了 YouTube 是一个很好的流量获取渠道,是跨境电子商务网络营销重点关注的对象。

5) Instagram

Instagram 于 2010 年 10 月正式登录 App Store,是一款运行在移动端上的社交应用软件。Instagram 的用户在任何环境下可以抓拍自己的生活记忆,选择图片的滤镜样式,一键分享至 Instagram、Facebook、Twitter、Flickr 等社交平台上。此外,Instagram 还有很多社交元素,包括好友关系的建立、回复、分享和收藏等,因此 Instagram 自我定位为"在线照片共享服务商"。Instagram 深受年轻人喜爱,很多年轻人都愿意在 Instagram 上分享自己的兴趣爱好、自己喜欢的品牌、旅行的见闻以及时尚潮流产品等。

6) Reddit

Reddit 是个社交新闻论坛站点,创建于 2005 年。"提前于新闻发声,来自互联网的声音"是 Reddit 的口号,因此被称为"互联网首页"。Reddit 在浏览量最高的网站中名列前茅,在北美地区颇受欢迎。Reddit 特色是设有讨论区,在讨论区里,用户可以浏览并提交内容,也可以对其他用户提交的内容进行评论和投票。用户之间对发布的链接进行高分或低分的投票,网站会自动采集内容,得分突出的链接会被放到首页。对于跨境网络营销者来说,往往可以从 Reddit 内讨论的热点问题中挖掘流量关键词,或者拓展新品。

7) Tumblr

Tumblr 创建于 2007 年,现已是全球最大的轻博客网站。Tumblr 轻博客是一种介于传统博客和微博之间的新媒体形态,兼具表达功能和社交功能,注重个性化设置。Tumblr 日志短小精悍,用户用文字、照片、引用、链接、聊天、音乐和视频等形式记录生活,是受年轻人欢迎的社交网站之一。Tumblr 页面简洁,易于操作,可以自动将内容同步到 Facebook 和 Twitter。Tumblr 可以绑定域名,用户可以在自己的域名下发布文章,从跨境网络营销来看,Tumblr 是一个不错的讲品牌故事的渠道。

8) Linkedin

Linkedin(领英)创建于 2002 年,是全球领先的职业社交网络服务网站,是商务人士、工程技术人员、白领乃至大学毕业生青睐的对象。用户注册后,Linkedin 会为你匹配同行业的各国经销商与企业。如果你是某品类的卖家,那么它将会为你推送一些海外服务经销商或者海外知名同品类企业。Linkedin 是通过建立人脉来拓展商圈的极佳途径。

9) VK

VK(Vkontakte)创建于2006年,时至今日,VK已经发展成为俄罗斯最大的社交网络服务网站。VK的用户主要来自俄语系国家,包括俄罗斯、乌克兰、阿塞拜疆、哈萨克斯坦、摩尔多瓦、白俄罗斯等。同大部分社交网络一样,VK网站的核心功能是基于私人信息和共享照片、状态更新和联系朋友,它允许用户留言、联系方式公开或私密、创建组、公共页面和活动、分享和标记图像等,也允许用户上传搜索流媒体内容,如视频和音乐等,还可以上传基于浏览器的游戏。该网站也有用于管理网络社区和名人的网页工具。VK具有比较先进的搜索引擎,它可以使用复杂的查询,也可以搜索实时的新闻。总之,在俄语系国家做跨境网络营销,在社交媒体中,VK是首选。

10) 行业论坛

除了上述社交媒体外,在全球还能见到很多行业论坛和博客,这些网络社区相对较小,主要以分享有价值的内容来吸引行业人员进入社区,并让社区在某方面内容上形成一定的"专业性"。对于跨境网络营销而言,经由行业论坛,可以扩大企业品牌的影响力,增强行业话语权,也可跟专业人士交流学习,了解行业发展情况。

12.2.5 网络视频平台

网络视频营销的相关理论知识在前面有关章节中已有阐述,本节重点介绍全球主要网络视频平台。

1) TikTok

TikTok是中国企业字节跳动旗下短视频社交平台,于2017年5月上线,愿景是"激发创造,带来愉悦"(Inspire Creativity and Bring Joy),也被视为抖音短视频的国际版。TikTok的运营策略是针对不同市场采取符合当地需求的本土化运营策略。TikTok已覆盖全球150个国家和地区、75个语种,曾多次登上美国、印度、德国、法国、日本、印尼和俄罗斯等40多个国家和地区的App Store或Google Play总榜的首位。

2) YouTube

YouTube是世界上最大的视频共享网站。YouTube使用Adobe Flash视频和HTML5技术显示用户生成的视频内容,包括:电影剪辑、电视短片、音乐录影带,以及业余的内容,如视频博客、短原创视频、教育视频。

3) Instagram

Instagram的Reels在功能上与TikTok比较一致,它允许Instagram Reels用户根据音乐或音频创建15 s长的视频,并添加特效;同样可以双击点赞、发表评论,也能像TikTok一样向上滑动以移至下一个视频;Reels与TikTok的视频创建和编辑界面有所不同,两者的算法存在较大的差异。

4) Snapchat

Snapchat的主要功能是用户可以拍照、录制视频、添加文字和图画,并将这些发送到自己在该应用上的好友列表,这些照片和视频一经发出,会根据用户所预先设定的时间(1～10 s)按时自动销毁。Snapchat的短视频频道Spotlight在2020年11月上线,用户可以在其中看到该应用程序推荐的短视频,也可以发布自己的Spotlight。每个Spotlight的视频片段提交最长可以达到60 s,用户可以在视频上使用字幕、声音、镜头或GIF等创意工具以使短视频更受欢迎。

5) Kawi

Kawi 是一个短视频和潮流的社交网络，是快手的国际版。Kawi 的用户可以完成各类短视频的拍摄，或者从自己的设备中选择照片，添加音乐或过滤器；Kawi 为用户提供了播放、配音、剪辑、修剪和合并视频的功能，还有美化工具和贴纸用于创作，并有数十种效果和过滤器可供选择。Kwai 的作品可分享至任何一个社交平台，包括 Facebook、Instagram、Twitter、YouTube、FB Messenger、WhatsApp、Snapchat 等，此外也能通过电子邮件或简讯来分享。Kawi 在南美地区拥有相对较高的市场占有率。

6) Moj

Moj 是一个由 ShareChat 在当地创建的印度自己的全球短视频应用。在印度的各种短视频平台中，Moj 在人工智能、机器学习以及内容推荐引擎方面相对占优，所以它的活跃用户数最多。Moj 平台的用户可以直接进入 Flipkart 购物。

7) Likee

Likee 是全球几家龙头短视频平台之一。Likee 的特效功能包括四维（4D）魔法、变脸贴纸、音乐魔法滤镜等。其在美国、巴西、俄罗斯、印尼、阿富汗、加纳、利比亚、巴基斯坦、也门、伊朗、乌兹别克斯坦、黎巴嫩等国家的市场占有率较高。

8) Dubsmash

Dubsmash 是德国第一个全球化的短视频平台。其上线后一周就达到德国 App Store 下载量第一位，上线 1 个月后在 29 个国家陆续拿下 App Store 第一名，到了 2015 年底，其已经在 192 个国家得到用户的肯定。

9) Triller

Triller 是一款美国社交网络和娱乐平台软件，主要提供音乐视频及电影制作工具服务。Triller 与 TikTok 的最大不同之处是 Triller 的内容是以名人为主发布视频；TikTok 则通过发布视频培养自己的名人。

12.3 跨境电子商务主要市场

全球网络市场，因其地理位置、政治、经济、文化等方面的差别，区分为不同的市场，以下对一些重要市场进行介绍。

12.3.1 西太—南亚市场

这里的西太—南亚市场，包括中国、朝鲜、韩国、日本、澳大利亚、菲律宾、印尼、越南、缅甸、文莱、马来西亚、新加坡、印度、巴基斯坦、孟加拉国等国家。该区域具有巨大的人口红利，智能型手机普及度高，地理位置优越。消费市场上，日韩客单价高，但增长慢；东南亚与印度电商增长高速，但客单价低，利润低。虽然该区域相当数量的国家在消费能力、支付便捷性、物流服务、法规完善度方面相对较为落后，但其庞大的人口基数带来的市场容量和市场成长性对跨境电商极具吸引力。

12.3.2　北美市场

此处北美地区指的是美国、加拿大两国,是世界上经济最发达的地区之一,经济一体化水平也很高。对于很多中国跨境出口企业来说,北美地区是第一大目标市场。虽然会面临较为激烈的竞争,市场成长性较为一般,但是北美市场凭借巨大的市场体量、较高的网购渗透率、强盛的消费能力、完善的物流、成熟的支付服务体系、丰富的渠道平台等特征,仍然成为追求销售最大化卖家以及初级卖家的首选。

12.3.3　欧洲市场

欧洲是世界人口数量第三的洲,仅次于亚洲和非洲,99%以上人口属白色人种。在地理上,欧洲习惯分为北欧、西欧、中欧、南欧和东欧五个地区。欧洲地区语种多元化,国家众多,人口较少,人力成本较高。对于中国跨境出口卖家来说,虽然会面临欧盟 VAT 监管趋严,国家分散运营较难,东欧支付和物流系统相对薄弱,市场成长性普通等情况,但是欧洲市场凭借较大的市场体量、较高的网购渗透率、较高的个人消费能力,尤其利润高等特征,很多中国企业仍然将欧洲地区设为第二大目标市场。

12.3.4　拉美市场

拉美是指美国以南的美洲地区,东临大西洋,西靠太平洋,地缘辽阔,包括墨西哥、中美洲、西印度群岛和南美洲,覆盖了 33 个国家和若干个未独立的地区。拉美地区人口众多,基础设施不完善,工业基础较弱,进口依赖度较高。拉美地区电商市场充满活力,一直保持高速增长,虽全球占比不高,但庞大的人口基数和经济总量,使该市场极具战略意义。

12.3.5　中东市场

中东地区,指从地中海东部南部到波斯湾沿岸的部分地区,包括除阿富汗外的西亚的大部分与非洲的埃及、地处于俄罗斯边界的外高加索地区。中东地区是欧洲人使用的一个笼统的地理术语,是以欧洲人为中心,按照距离的远近分别称作近东、中东和远东。中东地区智能手机比较普及,年轻人比例较高,家族观念和宗教对当地人的影响深刻。中东地区拥有很高的消费能力和市场成长性,但法规完善度和市场容量一般,支付便捷性较差,支付系统不完善,快递代收货款(COD)比例高,物流服务较差,妥投率低,退货率高。

12.3.6　非洲市场

非洲地区是人口第二大洲。总体上,非洲消费能力较低,法规完善度不足,物流较差,网络零售额在全球的占比还比较低,但非洲地区年轻人比例较高,市场具有较高的成长性。

案例研究

SHEIN的跨境网络营销方式

2008年,南京点唯信息技术有限公司悄然创立,但恐怕当时其创始人也无法料到,时至2021年,该公司能够成长为估值3000亿元的跨境快时尚巨头,其坐拥年收入超百亿美元、在56个国家的购物App中排名第一,并在2021年第二季度超越亚马逊,成为美国购物App下载量榜首的"快时尚"跨境电商平台SHEIN。这一切又是如何发生的呢?SHEIN又构建了怎样的网络营销体系呢?

这一切要从创始人许仰天说起。许仰天创业前曾在南京一家外贸线上营销公司做过3年搜索引擎优化的工作,对网络数据分析有一定经验。2014年,其主导SHEIN开发了一套拥有自有知识产权的数据收集与反馈系统,该系统能接入Google Trend Finder提供的框架,分析不同国家的热词搜索量及上升趋势,探查全球任一地区的流行趋势,如颜色、面料、款式等,其曾准确预测了2018年夏季美国流行蕾丝,印度流行全棉材质;该系统还能从应用程序中搜集客户反馈。系统收集的上述信息会共享给SHEIN的供应商,用以指导供应商针对消费者偏好的变化及时设计新产品。此外,这些信息也会接入SHEIN的供应链信息系统,计算出供应商需要的备货下单数,下单数能根据App中的点击率和购买量实时调整,并同步送达SHEIN的各个服装供货厂,供货厂就根据下单数进行备货生产。系统还能即时检测库存和销售量,并把相关数据反馈给生产方,减少生产方的库存积压。SHEIN要求所有的供货商都必须使用该供应链管理软件。这就意味着SHEIN庞大的供应链体系由同一个"大脑"指挥,该大脑一端连接着由数千个厂家组成的服装生产流水线,另一端连接着适时销售数据及客户反馈,真正实现了前端销售数据与后端各环节的数据在系统内的共享,此外,也实现了不同厂商之间的系统协同,达成分工与合作的最佳调度。这套系统的顺滑运作为快时尚品牌SHEIN做到真正的"实时时尚"(Real Time Fashion)提供了有效的技术保障。2020年,SHEIN全年上新15万款,平均每月上新1万余款;到了2021年其上新速度还在加快,第二季度,SHEIN仅女装门类平均每天就上新2000款(包括部分饰品和旧款)。这一上新速度无疑能够有效增加SHEIN独立站的客户黏性,仅2021年5月,SHEIN移动端及PC端访问量超过1.5亿人次,分别较Nike、H&M、Zara、Asos多33%、44%、84%、85%。"便宜、选择多、上瘾",是其客户评价SHEIN时都会提及的关键词。

SHEIN在不断加大对供应链体系投入的同时,其网站及App平台的站内营销也让其客户欲罢不能。当客户初次点开SHEIN的App时,系统会首先询问客户是否同意跟踪其在其他App和网站的活动。接着,客户会被带到以下几个页面。

"首单9折,退货免费"——鼓励客户快速下单而无须担心买到问题产品。

"每日上新1 000+"——鼓励客户频繁回来。

"卖家提供货到付款服务"——消除购物流程中的障碍,打消顾虑。

"品类兴趣度调查"——询问客户对哪个品类更感兴趣,提供更出色的个性化体验。

"打开消息提醒"——鼓励客户重复登录,以建立成瘾性。

"一周内再次登录,可享受8折至8.5折优惠"——鼓励客户创建账户,并多次复购。

此外,SHEIN还提供:

① 慷慨的积分系统:每日登录、参与设计游戏、验证邮箱等活动都可以获得相应的积分奖赏。如客户验证了自己的邮箱,又写了几条评论,挣到的积分几乎相当于3美元,激发了客户运用积分抵扣自己购买金额的欲望,从而形成新的购买。

② 奖励评价：SHEIN 用积分鼓励客户在评价中附上图片和自身尺寸信息，这能帮助其他客户更准确地判断某件衣服是否适合自己，激发购买欲望并降低退货率。

③ 客户生成内容（UGC）：SHEIN 鼓励客户生成内容。客户在 App 里晒出自己的买家秀，这一方面有助于打造品牌忠诚度，另一方面提供了持续吸引客户的内容推送，客户由此还可以获取粉丝，进一步激发其生成内容的积极性。

④ 直播活动与购物节：举办"SHEIN 扫货节"类似于小型的阿里巴巴"双十一"活动，届时会请来许多网红名流参与直播活动。

⑤ 推荐：SHEIN App 在体验上更接近于以推荐为主要驱动，而不是以搜索为主。

SHEIN 除了紧抓已有客户的站内运营与营销，还积极拓展新的客户，大力开展站外营销。SHEIN 很早便开始了全渠道运营，不放过每个大型电商获客渠道，网络社交平台与付费渠道的组合运用使其营销有效性大大增强。SHEIN 是付费渠道谷歌在中国最大的客户之一，它通过亚马逊销售产品，并大手笔投资于 Facebook 和 Instagram 等网络社交渠道。SHEIN 是图片社交网络 Pinterest 的第一批客户，2013—2014 年 Pinterest 是 SHEIN 最大的获客渠道。2015 年 SHEIN 对海外广告的投放力度进一步扩大，一位 2016 年和 SHEIN 合作的广告代理商表示，SHEIN 有非常大的投放体量，是他们的最大客户，客户定位只要符合"年龄""购物和时尚"这两个标签，SHEIN 就投放，当时 SHEIN 的广告优化师有一整层楼的办公室。付费广告后，专业的营销机构会帮助 SHEIN 运营 Facebook 主页。他们的主要工作是看"Lookbook.nu"上的内容，根据热点进行原创搭配，发布社交网络更新。2020 年 SHEIN 在 Facebook 的粉丝达到了 3 100 万左右，在 Instagram 也有 1 800 万粉丝。2021 年粉丝数依然保持迅猛增长。图 12-2 为 2021 年 SHEIN 的官方号截图。

图 12-2　2021 年 SHEIN 的 Instagram 官方号截图

SHEIN 是最早依赖于网络社交平台进行广告推广的出海品牌之一。SHEIN 十分注重与网红博主合作,并与KOL(关键意见领袖)、KOC(关键意见消费者)建立合作,依托普通消费者的客户生成内容,全面进行推广。

重点的头部网红和KOL有利于在短时间内快速收割流量,但KOC则更有利于提高整个市场对品牌的认知程度,因此SHEIN也在积极开展与普通KOC的合作。SHEIN不仅会给予KOC直播间与头部网红一样的观众福利,对他们的创作限制也不会很多。虽然YouTube上有很多推广视频有不少吐槽的内容,但SHEIN也不会要求删除。这样的策略使得SHEIN在社交媒体上有了相当可观的曝光量。

客户生成内容也是SHEIN重要的引流方式。由于SHEIN的商品售价低廉到客户可以毫不费力地一次买入大量衣物,客户热衷于把这种体验拍成"扫货"视频晒到网上。伴随着TikTok在全球的流行,这些客户生成内容有了更好的发布平台。"TikTok和SHEIN是完美的'联姻',在TikTok上观看人们试穿他们的'扫货成果',要比在Instagram上翻看模特身穿样衣的照片或者在YouTube上浏览长视频有趣得多。"网红经纪公司Obviously的CEO梅·卡尔沃夫斯基(Mae Karwowski)如是说。这些内容多半是由客户自愿发布的,为的是获取高额联属费(Affiliate Fee),其额度可以占到销售额的10%~20%,比例之高远超其他平台。这个政策催生了大量内容,其中最优质的内容会由SHEIN付费,在其所有渠道中进行推广。在TikTok上,SHEIN标签下的视频就有62亿的观看量,它的美国账号每周能增加"2万+"的粉丝。

SHEIN的网络营销组合收效较好,数据显示,SHEIN的获客成本占总收入的占比只有15%~20%,低于竞争者5个百分点,因此能够产生更高的利润率和营销灵活性。

时至今日,SHEIN已经登陆了欧、亚、非、拉美等洲的120余个国家,其客户群体十分复杂,由于不同地区的市场环境和流行趋势不尽相同,SHEIN对此依靠对各个市场的数据分析能力也有因地制宜的网络营销策略。

首先,它通过带有地区特色的官方首页推送适应不同市场的需求,做到百国百面。SHEIN会根据登录地点和选择的语言不同来调整购物网站首页和App首页,并依据不同地区行情,推荐具有当地特色的商品,模特也会变换为当地的主流人种。如若在新加坡登录,首页的模特会变成黄种人,服饰风格主要适合亚洲女性;在阿拉伯地区登录,首页模特则会变成中亚美女,身穿长袍长裙;而在美国登录,首页模特就变成了美国女郎,穿着热辣的服饰。百国百面让不同地区的消费者在SHEIN上都能得到最符合当地审美的有针对性的内容推送,让SHEIN能够适应不同的市场环境,针对消费者的需求点和兴趣点促成其购买行为。

其次,正如前文所述,SHEIN的推广重点是网络社交平台,它在不同平台的官方账号会配合不同市场的实际情况,分地区推出不同的宣传内容。以TikTok为例,其北美区账号发布的短视频的背景音乐多采用时下欧美流行的节奏鲜明的曲风,模特们搭配音乐节拍和视频布景展示服装,整体服饰风格比较时尚性感;其阿联酋地区的账号则会搭配传统的阿拉伯曲风的背景音乐,并且视频里只会单独展示服装穿搭,很少采用真人模特出镜(主要为了配合当地对女性的诸多限制),整体服饰风格比较保守奢华。

案例分析题:

1. SHEIN获得成功的主要原因是什么?

2. 请根据上述材料,结合本章所学内容,对SHEIN的跨境网络营销方式的组合进行分析,并给出优化建议。

练习与思考

一、判断题

1. 选择是否入驻某个第三方跨境电子商务网络平台的唯一标准是平台流量。（ ）
2. 做跨境电商,独立站比第三方电商平台更易获得流量。（ ）
3. 跨境网络营销适用的法律以境内法律为主。（ ）
4. 选择何种跨境网络营销具体媒介,应考虑媒介的用户群体特征、覆盖范围等因素。（ ）

二、选择题

1. 与境内网络营销比较,跨境网络营销可能的不同之处在于(　　)。
   A. 面临的政治、经济与法律环境不同　　　　B. 面临的社会文化环境不同
   C. 消费者行为习惯不同　　　　D. 以上都是
2. 大多数网民的观看习惯排序中,排名第一的是(　　)。
   A. 短视频　　　B. 长视频　　　C. 图片　　　D. 文字
3. 对于中小型企业而言,独立站的建立,适合的方式为(　　)。
   A. 企业自建专业研发团队　　　　B. 找外部专业公司进行定制化开发
   C. 使用自助建站系统建独立站　　　　D. 都不合适

三、问答题

1. 请对比分析独立站与第三方电子商务平台的优劣。
2. 简述跨境网络营销的主要渠道。
3. 查阅网络资料,谈谈跨境电商平台中,你最深印象的平台是哪一个,为什么?

实践操作

训练题目：为宇翔动力策划一份具体的跨境网络营销方案。

目的要求：熟悉跨境营销操作。

训练内容：包含跨境营销市场分析、渠道选择、文案策划及应该注意的问题等。

组织分工：3～5人一组,组内分工。

提交成果：小组提交2 000字左右的营销方案。

训练器材：互联网、计算机。

训练素材：

宇翔动力是一家成立于2017年,主要从事开发、生产、销售柴油发电机组及相关配件的公司,其产品用途主要有两大类:一是用于应急发电方面,作为医院、银行、机场、通信等行业的备用电源;二是作为可移动电源,应用于船舶、矿山开采、筑路、架桥等需要移动电源作业的领域。公司自创立之日起,便瞄准欧美市场,产品专为目标市场设计,全部销往海外。受新冠疫情和世界经济增速放缓的影响,宇翔动力面临着极其严峻的局面:客户采购总量减少,出口价格降低,生产成本增加,企业盈利下降,营销推广预算不得不大幅缩减,公司过去习惯采用的线下营销方式因为疫情管控措施难以继续实施。

13 客户关系管理

[学习目标]
(1) 掌握客户关系管理的概念。
(2) 掌握客户画像的概念。
(3) 了解客户画像的原则。
(4) 掌握客户价值的含义和细分方法。
(5) 了解客户满意的概念和衡量指标。
(6) 熟悉客户忠诚的类型和影响因素。
(7) 了解客户关系管理系统的内容和功能。

13.1 客户关系管理概述

13.1.1 客户

一般而言,凡是接受或者可能接受组织或个人提供的产品和服务的购买者或潜在购买者都可以称为客户。也就是说,客户既可以是个人,也可以是企业、政府、非营利性组织(Non-Profit Organization,NPO)等;客户既可以是现实购买者,也可以是潜在购买者,即那些对产品或服务有需求但由于各种因素还未发生交易的个人或组织。

根据对"客户"这一定义的理解,我们可以将企业的主要客户分为以下五类:

1) 消费者

消费者指购买或可能购买企业最终产品与服务的零售客户,通常是个人或家庭。

2) 企业客户

企业客户是将购买的产品或服务附加在自己的产品上一同出售给其他客户,或将购买的产品附加到他们企业内部业务上以增加盈利或服务内容的客户。比如,某汽车集团向某发动机生产厂商购买发动机,是因为要将发动机组装到自己生产的汽车上进行出售,该汽车集团就是发动机生产厂商的企业客户。

3) 渠道客户

渠道客户指产品或服务从生产者到达最终消费者所经过的渠道,包括代理商、分销商、服务提供商等。他们购买产品的目的是作为企业在当地的代表出售产品或提供服务。

4) 政府和非营利性组织客户

非营利性组织是指那些不以营利为目的,主要开展各种公益性或互益性社会服务活动的民间组织,也是独立于政府体系以外的非营利的社会组织。对于许多公司来说,政府、教育等部门是十分重要的客户。

5) 内部客户

内部客户指企业或企业联盟内部的个人或业务部门。

(1) 企业内部客户　在企业内部的各部门、职级、职能、工序和流程间同样存在着提供产品和服务的关系,因此也存在客户关系管理。比如,现代企业中的IT部门几乎要为所有的部门和业务环节提供服务,那些接受服务的对象就是内部客户。

(2) 企业联盟内部客户　当企业同外部客户建立战略联盟形成比较稳固的关系时,企业与客户实现了某些资源和信息的共享,并实施统一的客户关系管理战略,此时,外部客户实现了向内部客户的转化。比如,苹果公司与富士康公司结成战略联盟,苹果公司保留了手机设计、营销、物流等附加值较高的具有核心竞争力的业务,将附加值不高的手机生产业务外包给富士康公司,富士康公司利用其在中国地区廉价的劳动力以及在电子产品制造方面的超强能力,在与苹果公司的合作中获取产业利润,双方实现了产业链上的联盟合作,可以说苹果公司与富士康公司互为对方的内部客户。

13.1.2　客户关系

企业为了实现其经营目标,与客户间建立起的某些联系就是客户关系。在营销实践中,不同的企业因产品和市场的不同,可以与不同类型的客户分别建立不同水平的客户关系。市场营销大师菲利普·科特勒把企业建立的客户关系分为五种不同的水平:基本型、被动型、负责型、能动型和伙伴型,见表13-1。

表13-1　五种不同的客户关系类型

客户关系类型	特征描述
基本型	企业追求的目标仅仅是向客户销售产品,把产品销售出去后就不再与客户接触
被动型	企业不仅追求产品的销量,还鼓励客户在购买和使用产品以后积极地向企业进行反馈
负责型	在产品销售完成后,企业还会对产品进行一系列的追踪,了解产品与客户的预期需求之间的差距,主动联系客户,收集客户对产品的改进建议并及时反馈给公司,以便日后不断地改进产品
能动型	企业经常与客户沟通进行客户关怀,向客户提供产品使用建议、新产品信息、营销活动计划等,建立品牌形象,促进产品销售
伙伴型	企业与客户保持长期的合作,按照客户的要求来设计新的产品,不断地和客户共同努力,帮助客户解决问题,支持客户的成功,实现共同发展

上述五种客户关系类型之间并不存在简单的优劣顺序,在实际的经营管理活动中,企业选择建立何种类型的客户关系会受到多种因素的影响,如企业的产品特点、客户的特征、企业的技术能力、管理能力等。

13.1.3　客户关系管理

客户关系管理(Customer-Relationship Management,CRM)是一个整合客户关系相关信

息的过程,这些信息能够帮助管理者增进对如何管理组织与客户之间关系的理解。CRM 是一种经营战略,该战略通过应用信息技术将企业的客户资料整理起来,为企业提供一种全面、可靠而完整的认识,从而使客户与企业间所有的过程和互动能够有助于维系和拓展这种互利的关系。CRM 是一种技术或者一套流程,是被设计用来收集数据并提供有助于组织评估战略决策的信息的。CRM 战略应当帮助组织在与现有的和潜在的客户的互动过程中增强盈利能力,同时通过个人化和个性化使这些互动过程变得更加友好。CRM 系统的目的是通过经营过程和技术整合的结合来改进客户服务、提升客户满意度和维持客户。

综合各种对 CRM 的理解,通常认为 CRM 包含了理念、技术和实施三个层面。

(1) CRM 是一种管理理念　其核心思想是将企业的客户看作最重要的资源,通过完善的客户服务和深入的客户分析来满足客户的需求。

(2) CRM 也是一种管理软件和技术　它将最佳的商业实践与数据挖掘、数据仓库、一对一营销、销售自动化及其他信息技术紧密结合在一起,为企业的营销等业务提供决策支持。

(3) CRM 又是一种新型管理机制　它实施于企业的市场销售、客户服务与技术支持等领域,旨在改善企业和客户之间关系,使企业更好地围绕客户行为来有效地管理自己的经营活动。

其中,理念是 CRM 成功的关键,它是 CRM 实施应用的基础和土壤;信息系统、信息技术是 CRM 成功实施的手段和方法,使得以客户为中心的管理机制得以实现,使其管理思想能够得到更好的体现;实施是确保以客户为中心的经营理念和软件能够在企业内部得到正确的推广,是决定 CRM 成功与否、效果如何的直接因素。三者构成 CRM 稳固的"铁三角",见图 13-1,支撑着 CRM 理论全面发展,逐步成为当今最受管理学界关注的营销与管理策略之一。

图 13-1　CRM 内涵"铁三角"模型

13.2　客户画像

为了让营销和服务策略更加有效,营销人员依赖准确的信息来理解客户的需求和偏好,希望知道什么客户会购买产品,以及他们如何做出购买决策等,这些都对客户画像提出了更加精细的要求。

13.2.1　客户画像基本概念

客户画像(Persona)的概念是交互设计之父 Alan Cooper 最早提出的。他认为,客户画像是真实客户的一种虚拟代表,它是建立在一系列真实数据之上的目标客户的一种模型。通过对客户多方面信息的了解,将多类各样的信息集合在一起,并形成客户独有的特征和气质,这就形成了客户的独特的"画像"。

客户画像是根据客户的社会属性、生活习惯、消费行为等信息,抽象出一个标签化的客户模型。客户画像不是图片,而是数据属性和客户特征属性。

通常,客户特征是对客户信息的结构化处理;客户标签是对客户特征的业务描述;客户画像是客户标签在特定业务目标下的有序集合。客户标签是客户画像的元素,客户画像的搭建需要一个高效、全面的标签体系。

客户画像基于尽可能全面的信息来建立对客户的背景处境、认知特征和个性特点的理解，包括身份背景、生活习性、消费需求、决策方式、购买偏好、价值潜力、行为倾向信息等。企业基于客户画像建立起更全面的客户理解，建立、执行和优化组织的客户选择、产品设计、营销策划、互动体验、关系维系、风险管理和服务运营相关的策略。

13.2.2 客户画像的原则

1) 信用信息和人口属性为主

描述一个客户的信息有很多种，其中，信用信息是客户画像中很重要的一类信息。信用信息是描述记录一个人在社会生活中所具备的消费能力的一类信息。进行客户画像的目的就是为了寻找目标客户，这类客户是具备潜在消费能力的客户。信用信息是客户消费能力的一种证明，也是客户画像中最为重要的、最为基础的信息，其包含消费者工作、收入、学历、财产等信息。定位完目标客户之后，企业需要触达客户，人口属性信息就是起到触达客户的作用。人口属性信息包含姓名、性别、电话号码、邮件地址、家庭住址等信息。这些信息可以帮助企业联系到客户，就可以进一步将产品和服务推介给客户。

2) 重视强相关信息，简化弱相关信息

强相关的信息是一种在同场景需求情况下，直接且非常相关的信息，也是一种因果的信息，或是相关程度非常高的一类信息。客户的性别、年龄、职业、学历以及地点，这类信息与收入有较大的相关性，这些因素可以影响客户的收入水平，是一种强相关信息。一般来讲，对信用信息影响比较大的信息就是强相关信息。又如客户的其他一些信息，包括客户的姓名、身高、体重以及星座等这类信息，这类信息很难去判断其对客户的消费能力的影响，就属于一种弱相关的信息。

3) 把定量信息定性化

客户画像的目的是为产品筛选出目标客户，定量的信息不太直观，这样不方便营销人员对客户进行初步的筛选，这就需要将定量信息定性化，利用客户的信息类别来筛选客户群。如对客户进行年龄段划分，18~25岁的客户可以定义为年轻人，26~35岁的客户可以定义为中青年人，36~45岁的客户可以定义为中年人等；又如可以参考客户个人的收入信息，将客户群定义为较高收入客户群、中等收入客户群、较低收入客户群；再如，可以参考客户的资产信息将客户定义为低等资产管理者、中等资产管理者、高等资产管理者。将信息定性化的类别及方式方法没有一个固定的模式，企业结合自有的业务需求进行定性化。

13.3 客户价值挖掘

13.3.1 客户价值的含义

要考虑客户价值，我们需要使用两个概念：真实价值（Actual Value）和潜在价值（Potential Value）。真实价值是指在给定的条件下，现在对客户的所知，或者假定在竞争环境没有重大改变的情况下，预测客户未来的行为，而得出的客户作为一种资产对于企业的价值；

潜在价值是指如果采用一种清晰的战略,通过某种方式改变客户今后的行为之后,客户所能够为企业带来的全部价值。

13.3.2 客户的终生价值

客户终生价值(Customer Lifetime Value,CLV)等同于我们经常所说的"客户的真实价值",也可以说是预期从该客户身上得到的未来财务贡献流的净现值,是客户提供给企业的价值,即企业把客户看成是企业的一项重要资产,侧重于研究客户及客户关系能够给企业带来的价值。如果把企业与客户的关系放在客户与企业关系开始到结束的整个客户生命周期中,那么,可以认为客户价值就是在这一过程中客户对企业提供的直接贡献和间接贡献的总价值,即客户终生价值。

当客户的终生价值各不相同时,通常情况下,用一种财务模型或其统计模型计算客户价值非常困难,以至于企业很难准确使用模型计算。许多直销供应商使用一种被称为"最近一次消费、消费频率、消费金额"(Recency、Frequency、Monetary,RFM)的价值指标衡量客户价值和客户创利能力。这种RFM模型是建立在单个客户的购买信息上的,并且是建立在三个互不相干的、但可量化的数据基础上的。

1) 最近一次消费(Recency)

最近一次消费指客户与企业最近一笔交易的购买日期距离现在的天数。天数越少,说明客户购买商品的时间距离现在越近,同时也说明客户再次购买的可能性越大、客户的忠诚度可能会越高。吸引一个几个月前才上门的客户购买,比吸引一个一年多以前来过的客户要容易得多。如果客户的最近购买日期出现了较大的变化(比如由15天变成了25天),说明可能会出现客户流失。

对于每一个具体的行业、具体的商品,最近一次购买日期会有所不同。例如家用电器等耐用消费品,单位是年,1年、2年、3年等;若是食品,单位可以是天或周,5天、7天、1～2周等。最近一次购买时间(R值)应该与平均购买频率(F值)结合起来进行分析,才能真实反映出客户的购买行为。

最近一次购买时间的功能不仅在于促销提醒,优秀的营销人员还会通过定期查看最近一次消费分析,掌握消费趋势。

2) 消费频率(Frequency)

消费频率指这个客户购买的间隔期有多少或者客户在限定的期间内所购买的次数。在一个企业内,购买次数越多就是频率越高,购买频率越高说明客户的忠诚度越高。对于每个行业、商品,客户的平均购买频率是不同的,各个行业要根据销售商品的特性,计算出客户对于主要商品的购买频率,并以此作为商品促销的依据,在客户的平均购买频率出现偏差时,积极与客户沟通,组织商品促销,确保客户不会流失。

3) 消费金额(Monetary)

消费金额指客户在一个特定的时间长度内的购买总额。对企业而言,特定时间内,客户的购买金额越高表明客户为企业创造的价值越多。

由于RFM的三项指标十分容易获取,因此具有很强的可操作性,这也是许多企业选取RFM分析法评估客户价值的原因之一。

13.3.3 基于客户价值的客户细分

1) ABC 分类法

客户关系管理中,企业常常按照客户的重要性进行划分。如采用 ABC 分类法对客户进行划分,可把客户分为贵宾型客户、重要型客户和普通型客户三种,见表 13-2。

表 13-2 ABC 分类法

客户类型	客户名称	客户数量比例/%	客户为企业创造的利润比例/%
A	贵宾型	5	50
B	重要型	15	30
C	普通型	80	20

表 13-2 中所列的数字只是参考值,不同行业、不同企业的数值实际上各不相同。比如在银行业中,贵宾型客户的数量可能只占到客户数量的 1%,但为企业创造的利润可能超 50%;而有些企业,如宾馆的贵宾型客户的数量可能远大于 5%,为企业创造的利润可能小于 50%。

以上划分,较好地体现了营销学中的"80/20"法则,即企业 80% 的收益来自 20% 的客户。当然,在 80% 的普通型客户中,还可以进一步划分。有人认为,其中有 30% 的客户是不能为企业创造利润的,但同样消耗着企业许多资源。因此,有人建议把"80/20"法则改为"80/20/30"法则,即在 80% 的普通客户中找出其中 30% 不能为企业创造价值的客户,采取相应措施,使其要么向重要型客户转变,要么终止与企业的交易。例如,有的银行对交易量很小的散客,采取提高手续费的形式促使其到其他银行办理业务。

根据以上的分析可以看出,企业要想获得最大程度的利润,就必须对不同的客户采取不同的策略。事实上,许多企业已经开始意识到通过价值区分来对客户进行分类管理,这在金融服务、旅游、电信和零售等行业中表现得尤为明显,这些行业中已有很多企业正在运用复杂的数据模型技术来了解如何更有效地分配销售、市场和服务资源,以巩固企业与最重要客户的关系。

2) CLP 分类法

基于客户全生命周期利润(Customer Lifetime Profits, CLP)的客户细分方法将客户当前价值和客户增值潜力作为客户价值细分的两个具体维度,每个维度分成高、低两档,由此可将整个客户群分成四组,细分的结果用一个矩阵表示,称为客户价值矩阵(Customer Value Matrix),见图 13-2。

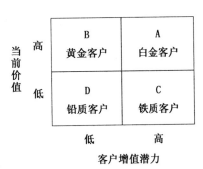

图 13-2 客户价值矩阵

上述四类客户中,A 类客户对企业最有价值,为企业创造的利润最多,称为"白金客户"。B 类客户对企业的价值次之,也是企业的利润大户,称为"黄金客户"。根据"80/20"法则,这两类客户在数量上不大,约占 20%,但为企业创造的利润却大约占到企业总利润的 80%,常说的"最有价值客户"指的就是这两类客户。C 类客户属于有潜力的客户,未来有可能转化为 A 类或 B 类客户,但就当前来说带给企业的利润很薄,称为"铁质客户"。D类客户对企业的价值最小,是企业的微利或无利客户,称为"铅质客户"。C、D两类客户在数量上占了绝大多数,约占企业客户总数的80%,但他们为企业创造的利润大约只占企业总利润的20%。

当前价值的高低主要反映在客户与企业的交易额和为企业创造的利润等方面。增值潜力的大小主要表现在两个方面:一方面是客户份额,如果客户将其大多数相关业务已经交给了企业去做,说明业务成长的空间有限,增值潜力不大;反之,则说明成长空间较大,增值潜力较强。另一方面是客户自身的发展情况,如果客户未来有计划并且有能力扩张相关业务,则客户增加的这部分业务是企业可以争取的,那么,尽管当前客户份额不高,但未来仍有可能具备较强的增值潜力。

(1) A类客户(白金客户)　既有很高的当前价值又有巨大的增值潜力,是极具吸引力的一类客户。这类客户主要可分为两种情况:

① 对企业高度忠诚,已将其当前业务几乎全给了企业,且这类客户本身具有巨大的发展潜力,他们的业务量在不断增大,因此这类客户未来在增量销售、交叉销售等方面尚有巨大的潜力可挖。

② 与企业的交易量很高,但与企业的交易量在该客户的同类业务中所占比例并不是很高,因此,企业未来要争取更高的客户份额。

A类客户是企业利润的基石,如果失去这类客户将伤及企业的元气,因此企业需要将主要资源投入保持和发展与这类客户的关系上,对每个客户设计和实施一对一的客户保持策略,不遗余力地采取各种沟通手段,不断主动地与这类客户进行有效沟通,真正了解他们的需求,甚至是他们的客户的需求,进而不仅为他们优先安排生产、定制产品和服务,提供灵活的支付条件,安排最好的服务人员,而且为他们提供能为其带来最大增益的全套解决方案。总而言之,企业必须持续不断地向他们提供超期望价值,而且要让他们认识到双方的客户关系是一种建立在公平基础上的双赢关系。

(2) B类客户(黄金客户)　有着较高的当前价值和较低的增值潜力的一类客户。从客户生命周期的角度看,这类客户可能是客户关系已进入稳定期的高度忠诚客户,他们几乎已将其业务100%地给了企业,并一直真诚、积极地为企业推荐新客户,因此未来在增量销售、交叉销售和新客户推荐等方面已没有多少潜力可供进一步挖掘。这类客户十分重要,企业花了很大的代价才使客户关系进入稳定期,现在正是企业从他们身上获取回报的黄金季节,因此企业应保证足够的资源投入,千方百计地保持这类客户,决不能让他们转向竞争对手。当然要保持住这类客户并非易事,企业必须持续不断地向他们提供超期望价值,让他们始终坚信企业是他们最好的供应商。

(3) C类客户(铁质客户)　是当前价值低、未来增值潜力大的一类客户。这类客户与企业的交易量不高,带来的利润有限,可能的原因有两个:

① 客户与企业的关系可能一直徘徊在考察期或发展期,双方没有建立足够的信任和交互依赖关系,所以企业只能从客户那里获得较小的业务份额,如果改善与这些客户的关系,使客户关系进入稳定期,那么,未来这些客户将有可能为企业创造可观利润。

② 客户本身的业务规模不大,尽管已经将大部分的业务给予企业,但对于企业来说,这些业务在企业的整个业务中所占比重很小,然而客户未来有着很好的发展前景,因此,企业若能适当投入,令客户持续满意,那么随着客户规模的不断扩大,在具备良好合作关系的前提下,客户为企业创造的价值也会不断提升。

(4) D类客户（铅质客户） 当前价值和增值潜力都很低，是最没有吸引力的一类客户。该类客户可能包括：偶尔下一些小额订单的客户；经常延期支付甚至不付款的客户（高信用风险客户）；提出苛刻客户服务要求的客户；定制化要求过高的客户。对这类客户，企业可不投入任何资源，宜采用"关系终止"策略，比如，采用高于市场价格的定价策略、拒绝不正当要求等，任其流失，甚至鼓励其转向竞争对手。

13.4 客户维护

所谓客户维护，是指企业维持已建立的客户关系，使客户不断重复购买产品或服务的过程。客户维护对企业有着重要意义，其中，不可避免会涉及客户满意与客户忠诚。

13.4.1 客户满意

1）客户满意的概念

客户满意是一种心理活动，是客户的需求被满足后形成的愉悦感或状态。客户满意度就是客户满意程度的度量，由客户对产品或服务的期望值与客户对购买的产品或服务的所感知的实际体验两个因素决定。当客户的感知没有达到期望时，客户就会不满、失望；当感知与期望一致时，客户是满意的；当感知超出期望时，客户就感到"物超所值"，就会很满意。

通常，不满意的客户将不会再购买企业的产品，一般满意的客户一旦发现有更好或更便宜的产品后也会很快地更换品牌，只有高度满意的客户才有可能成为企业的忠诚客户。因此，现代企业把追求客户的高度满意，培养客户对品牌的高度忠诚，作为自己的经营目标。

2）客户满意的分类

客户满意可分为物质满意、精神满意和社会满意三个层次。客户满意的三个层次是一个有机整体。

(1) 物质满意 是指客户在对企业提供的产品核心层的消费过程中所产生的满意。物质满意层次的影响因素是产品的使用价值，如功能质量、设计、包装等，它是客户满意中最基础的层次。

(2) 精神满意 是指客户在对企业提供的产品形式和外延层的消费过程产生的满意。精神满意层次的影响因素是产品的外观、色彩装潢、品味和服务等。

(3) 社会满意 是指客户在对企业提供的产品的消费过程中，所体验到的社会利益维护程度。社会满意层次的影响因素是产品的道德价值、政治价值和生态价值。产品的道德价值是指在产品的消费过程中，不会产生与社会道德相抵触的现象；产品的政治价值是指在产品的消费过程中不会导致政治动荡、社会不安等后果；产品的生态价值是指在产品的消费过程中不会破坏生态平衡。

3）客户满意度的衡量指标

客户满意度是衡量客户满意程度的量化指标，由该指标可以直接了解企业或产品在客户心目中的满意程度。客户满意度的测量指标可以分为单个客户满意度的衡量指标和总体客户满意度的衡量指标两类。

(1) 单个客户满意度衡量指标

① 重复购买的次数：客户是否继续购买某企业或某品牌的产品或者服务，是衡量客户满

意度的主要指标。如果客户不再购买该企业或该品牌的产品或服务而改购其他品牌的产品或服务,无疑表明客户对该企业或该品牌的产品或服务很可能是不满意的。在一定时期内,客户对产品或服务的重复购买次数越多,说明客户的满意度越高;反之则越低。

② 购买挑选商品的时间:客户在购买产品时,挑选的时间越短,表明客户对该企业或产品的满意度越高;反之,则可能越低。

③ 对待竞争产品的态度:客户对竞争者表现出越来越多的偏好,则表明客户对该企业的满意度下降。

④ 对产品价格的敏感度:客户对某企业或某品牌的产品或服务的价格敏感度或承受能力,可以反映出客户对某企业或某品牌的满意度。当某企业或某品牌的产品或服务的价格上调时,客户如果表现出很强的承受能力,那么表明客户对该企业或该品牌非常满意;相反,如果出现客户的转移与叛离,那么说明客户对该企业或该品牌的满意度并不高。

⑤ 对产品质量事故的敏感程度:客户对产品或品牌的满意度越高,对出现的质量事故也就可能越宽容;反之,则越不宽容。

⑥ 消费金额:消费金额是指客户购买某企业或某品牌的产品或者服务的金额多少。一般而言,客户对某企业或某品牌的消费金额越大,表明客户对该企业或该品牌的满意度越高;反之,则表明客户的满意度越低。

⑦ 客户生命周期:这指标衡量了客户与企业进行业务往来的时间长度。大多数情况下,客户生命周期越长,意味着客户的满意度越高,忠诚度也越高。

(2) 总体客户满意度衡量指标

① 客户保持率:客户保持率是一定时期内的客户总数中留下来的客户所占的比重,它反映了企业使客户持续满意的能力以及企业在市场中的竞争能力。当客户满意度调查反映企业的客户满意度得分上升,而客户保持率却下降时,表明虽然企业的服务水平并未下降,但竞争对手却以高于企业的速度提高了服务水平,从而抢走了企业的客户,企业应当以更快的速度提升服务水平,减小这种损失。

② 客户流失率:客户流失率与客户保持率相对。一般而言,客户流失率越高,表明客户的满意度越低;客户流失率越低,则客户满意度越高。

③ 客户回头率:又称为重复消费率或重复购买率,是指企业的客户中再次购买的客户数量占总客户数量的比重。客户回头率越高,说明客户的总体满意度越高。

④ 投诉率:客户的投诉是不满意的具体表现,投诉率是指客户在购买或者消费了某企业或某品牌的产品或服务之后所产生的投诉的比例。客户投诉率越高,表明客户越不满意。但是这里的投诉率不仅指客户直接表现出来的显性投诉,还包括存在于客户心底未予倾诉的隐性投诉。研究表明,客户每4次购买中会有1次不满意,而只有5%的不满意客户会投诉,另外95%的不投诉客户只会默默地转向其他企业。所以,不能单纯以显性投诉来衡量客户的满意度,企业要全面了解投诉率还必须主动、直接征询客户,这样才能发现可能存在的隐性投诉。

⑤ 美誉度:美誉度是客户对企业的认可和赞赏的程度。对企业持积极肯定态度的客户,一般对企业提供的产品服务满意。其满意的态度,或直接来源于过去的交易事项,或由其他满意者口口相传而建立。以美誉度为测试指标,可以知道企业在客户心目中的认可程度。

⑥ 市场占有率:企业的销售量或销售额在市场同类产品中所占的比例越高,说明市场对企业产品的满意度和认可度越高。

除上述指标外,平均重复购买次数、平均购买时间等也可以用来衡量总体客户满意度。

客户满意度是一种暂时的、不稳定的心理状态,为此,企业应该经常进行客户满意度测试。比如,可以经常在现有客户中随机抽取样本,向客户询问对企业的产品或服务是否满意。如果满意,达到了什么程度?对哪些方面感到满意,对哪些方面感到不满意?对改进产品或服务有什么建议?这些测试结果将为企业提升满意度提供参考。

13.4.2 客户忠诚

1) 客户忠诚的概念

客户忠诚(Customer Loyalty)指的是客户对某一品牌、商店、制造商、服务供应商以及其他基于积极的态度和行为反应的经营主体的坚持和忠诚——比如重复性购买。关于忠诚的两个基本观点,将品牌忠诚描述为针对产品的行为方式,而将客户忠诚描述为一种态度或者行为的倾向性。

有许多术语被用来描述忠诚的客户。有些公司将最忠诚的买主——为公司提供80%的销售额、利润,以及访问组织联系点(商店、产品目录、邮箱以及网站)的20%的客户,称为高端客户、关键客户或者精英客户。航空公司和信用卡公司通常以贵重金属来指代关键客户,比如银卡客户、金卡客户、白金卡客户等。

2) 客户忠诚的分类

根据客户对企业的态度和行为,可将客户忠诚分为态度忠诚和行为忠诚。所谓态度忠诚是指客户内心对企业及其产品和服务的积极的情感,是客户对产品或服务的相当程度的依恋;而客户的行为忠诚是指客户对企业的产品和服务的不断重复购买。

根据客户态度和行为上忠诚高低的组合,可将客户忠诚分为四种类型,见图13-3。

(1) 低态度忠诚、低行为忠诚——非忠诚 鉴于许多原因,某些客户对一定的产品和服务不会产生忠诚感。这种客户不能发展成为公司的忠诚客户。一般来说,企业要避免把目光投向这样的客户。

(2) 高态度忠诚、低行为忠诚——潜在忠诚 这种类型的购买者对公司的产品和服务情有独钟。但是由于购买的产品属于耐用品,或消费的次数不多,需要重复购

图13-3 客户忠诚的类型

买的次数不多。但他们会对此广为宣传,极力推荐给亲戚朋友和家人。这类客户会成为公司的业余营销员,因而他们对公司而言也很有价值。

(3) 低态度忠诚、高行为忠诚——惯性忠诚 此类忠诚是来自外在因素,一旦外在因素(如价格、地点等)发生变化时,他们就不再购买企业的产品和服务。惯性忠诚包括以下几种:

① 垄断忠诚:指客户别无选择。有调查显示,选择权极小或者没有选择权的客户总是感到不满意。

② 惰性忠诚:指客户由于惰性而不愿意去寻找其他供应商,但他们对公司并不满意,若其他公司能够让他们得到更多的实惠,这些客户就很容易被人挖走。

③ 激励忠诚:是指当公司有奖励活动的时候,客户们都会来此购买,当活动结束时,客户们就会转向其他有奖励的或是有更多奖励的公司。

④ 方便忠诚：指客户由于公司提供的产品和服务有空间、时间等方面的方便性而重复购买，这样的客户也很容易被竞争对手挖走。在此类情况下，企业可以通过积极地与客户搞好关系，同时尽量显示出自己的产品或服务有竞争对手没有的优点或长处，来争取将这种客户发展成为绝对忠诚的客户。

（4）高态度忠诚、高行为忠诚——绝对忠诚　真正的忠诚，既包括态度上的认同感，又包括行为上的持久性。这是一种典型的感情或品牌忠诚，这种忠诚对很多企业来说是最优经济价值的。客户对企业产品和服务不仅情有独钟，重复购买，而且乐此不疲地宣传它们的好处，热心地向他人推荐企业产品和服务。

3）影响客户忠诚的因素

影响客户忠诚的因素有很多，见图13-4。

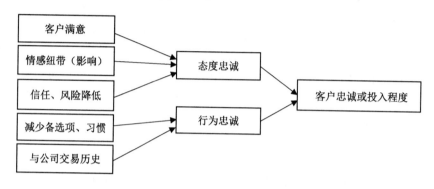

图13-4　客户忠诚影响因素模型

（1）客户满意　人们在做出选择之前要建立起关于预期未来发生状况的信念。客户满意就是一种销售后或选择后的评估，结果来自销售前预期和实际结果之间的对比。预期的实现称为确认。如果出现非确认状况，就意味着预期并未实现。不满意的客户可能会抱怨，选择从此以后再也不买公司的产品。交易经验在确认和非确认状况中的表现不同，然而对于大多数公司而言，其目标是通过积累客户关于品牌、产品、组织和地点的经验来度量和实现客户满意。高效的市场营销人员努力了解客户预期和产品实际表现之间的差距。惊喜就被用于描述客户意料之外的需求或欲望得到满足时的心理状态。惊喜可以作为经常购买的客户转变成为公司忠实拥趸者的标志。高效的市场营销人员同样努力了解营销人员未能满足客户预期并造成不满情绪的差异度。

满意的客户可能并不等于忠诚客户。关于这个问题的一个解释是：促使客户满意的预期是复杂的，并在各个不同层面广泛存在。人们可能将预期表示为满意水平——应该做到的，以及充足水平——能够做到的。许多营销人员相信，客户都有一个"容忍带"（Zone of Tolerance）——预期（以及满意）水平从希望获得的水平到能够接受的最低限度和无法接受的水平之间的区域。施乐公司在满意度研究过程中发现了一个有趣的结果：公司将满意度用5分制表示：完全不满意为1分，完全满意为5分。公司发现，当市场上出现竞争产品时，那些满意度为4的客户转换所用品牌的可能性是那些满意度为5的客户的6倍。因此，尽管满意度在企业了解影响忠诚因素的过程中十分重要，我们还需要深入探究，完全理解忠诚的含义。

（2）情感纽带　客户忠诚的实现需要情感纽带联系。客户可能会具备一种正面的"品牌影响"——这意味着该品牌对客户存在亲和力，或者有一种"公司依附"——这意味着客户对公司非常有好感。在许多情况下,消费者能够认同某个公司或品牌着力开发和塑造的心理意向,并进而产生情感依附性。

有些公司知道如何与其客户建立情感联系,另外一些公司则在实现高水平的客户忠诚方面存在一定困难。CRM 必须超越理性消费者的看法,并努力建立亲密感、情感和信任,因为真正的情感纽带通常是建立在信任和尊重之上的。

尽管 CRM 系统努力建立与客户之间的情感纽带,系统内的 IT 连接实际上却可能对企业与客户之间的情感联系加以限制。在关系建立过程中,个人联系是非常有力的一种方式,并能够揭示许多影响客户购买意愿的细节因素。非动作信号、友谊以及人际互动是建立信任环节的关键行动。

(3) 信任 作为模型的第三部分,是与情感纽带相互关联的。当一方有信心可以依赖交易的另一方的时候,双方之间就产生了信任。信任可以定义为客户依赖组织或品牌来实现产品预期功能的意愿。信任可以降低不确定性/风险,并被视为一种深思熟虑的过程,品牌影响则可能是一种即时的反应。在许多情况下,信任意味着客户相信营销人员是可信赖的、正直的。在许多个人销售情况下,信任则意味着客户有信心认为:销售代表是诚实、公正而有责任感的,而且他的话是值得信赖的。如果货物配送时间是确定的,那么买家对产品能够按时到达非常有信心。营销人员,尤其是服务业的营销人员,要通过保持开放而真诚的交流以及信守自己许下的诺言而建立信任。

(4) 减少备选项和习惯 客户忠诚的第四部分是减少备选项和习惯(Choice Reduction and Habit)。与传统的经济理论相反,消费者研究显示:人们有减少选择的自然倾向。实际上,消费者希望将自己的选择减少到一个可控制的集合之内。人们通常对熟悉的品牌和得到广泛赞赏的著名产品有好感。客户忠诚的一部分内容,比如避免品牌转换行为,是基于长期以来的经验积累的。通过简单的重复,我们对特定的品牌、商店、公司、网站和搜索引擎越来越熟悉,并随之形成连续性的习惯。

改用以前并不熟悉、从未使用过、全新的品牌是要花费转换成本的,这种成本可能是时间、金钱或者个人风险。这种变化是有感知风险的。感知风险指的是客户可能对购买的结果产生不确定性。客户可能认为,新品牌不如现在使用的品牌好;同样,他们还可能觉得自己的朋友也不会喜欢这个新品牌。

(5) 与公司交易历史(History With the Company) 客户忠诚的最后部分是关于与公司交易历史的。一个人与公司的交易历史影响着他的习惯。但是我们应该将客户的重复性行为与交易历史和公司形象区分开来。积极的公司形象(Corporate Image)能够对客户忠诚带来正面影响,使他们对于公司的名称产生习惯性反应。客户对于公司历史形象的感知会影响他们的决心、忠诚和购买的可能性。

CRM 系统通常更加关注客户的实际购买史。在许多情况下,人们与某家公司的交易历史可能十分悠久,因而很可能产生代际影响(Intergenerational Influences),也就是说,在家族内部,信息、信任和资源会一代一代流传下来。例如,有个客户小时候看到自己的父母长期以来坚持购买××汽车,长大以后就很可能接受父母对这个品牌的认同,一如既往地忠于这个品牌的汽车。

服务体验是客户与公司交易历史中很重要的组成部分。如果客户服务代表能够耐心听取客户意见,这种体验将使他们永远对公司心存感念。那些着力了解客户需求、实现互利对话的公司能够提升客户忠诚。

13.5 客户关系管理系统

13.5.1 CRM 系统的概念模型

集成了先进管理思想和信息技术成果的 CRM 系统,是帮助企业最终实现以客户为中心的管理模式的重要手段。CRM 应用系统强调对多点客户联系渠道的整合以及对业务功能的流程整合,以最大化地实现 CRM 所蕴含的商业理念。一个能够有效实现 CRM 理念的 CRM 应用解决方案,应具有以下六个方面的特征:

1) 基于一个统一的客户数据库

客户信息作为公司的重要资产,必须由企业统一管理。其所有权在企业层面,而不是由部门或个人部分占有。企业不会因为某些营销或销售人员的离开而使营销和销售工作受阻。

2) 具有整合各种客户联系渠道的能力

各种渠道整合就是不论客户的请求来自电话、传真、电子邮件,还是通过网页访问或亲自到访,所形成的各种信息都必须准确地、无遗漏地、无重复地反映到数据库中,做到客户信息的"零流失";同时,客户可以选择他们所喜欢的任何一种方式与企业打交道,在利用其他渠道时,不必重复提供信息。

3) 能够快速方便地向系统客户传递信息

CRM 应用系统的各种客户(包括客户服务支持人员、市场营销人员、现场服务人员,销售人员以及合作伙伴等)能以各种方便的方式和设备获取各种相关的客户信息。

4) 提供营销、销售和服务自动化

为面向客户的员工提供销售、营销和服务的自动化工具,实现三者之间的无缝整合,打破销售、营销和服务的业务限制,实现客户服务流程在部门之间的平滑接续。例如,营销部门提取的潜在客户,在经过客户价值认定后,自动转给销售人员,成为销售人员的销售机会;呼叫中心接到的维修请求可以自动出现在技术人员的服务应用系统中。

5) 具有一定的商业智能的决策能力

客户行为预测能力是对 CRM 应用系统的一个重要需求,否则客户关系的差别化管理就难以实现,因此,具有一定商业智能是 CRM 应用系统的重要指标之一。

6) 具备与其他的企业应用系统整合的能力

CRM 应用系统必须解决与其他应用系统的整合问题,否则前后台出现的断点必然会影响客户服务的质量。最明显的整合是 CRM 与后台 ERP 的整合,实现前台接收订单,后台处理订单。

每个 CRM 系统的提供商所开发的 CRM 功能模块不尽相同,但一般的 CRM 系统都具有营销管理、销售管理、客户服务和呼叫中心等功能。

13.5.2 CRM 系统的基本构成

CRM 系统的主要过程是对营销、销售和客户服务这三部分业务流程的信息化。首先,在市场营销过程中,通过对客户和市场的细分,确定目标客户群,制定营销战略和营销计划。然后在营销计划的基础上执行销售任务,包括发现潜在客户、信息沟通、推销产品和服务、收集信息等,目标是建立销售订单,实现销售额。最后,在客户购买了企业提供的产品和服务后,还需对客户提供进一步的服务与支持,这主要是客户服务部门的工作。产品开发和质量管理过程分别处于 CRM 过程的两端,由 CRM 提供必要的支持。CRM 软件系统的一般模型见图 13-5。

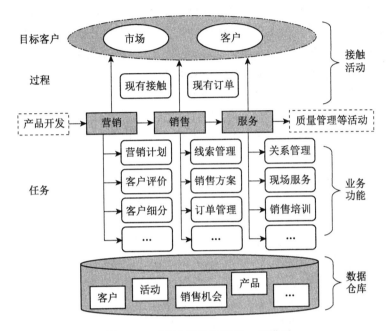

图 13-5 CRM 软件系统的一般模型

CRM 改变了企业前台业务运作方式,各部门间信息共享,密切合作。CRM 系统中的共享数据库作为所有 CRM 过程的转换接口,可以全方位地提供客户和市场信息。过去,前台各部门从自身角度去掌握企业数据,业务割裂。而对于 CRM 模型来说,建立一个相互之间联系紧密的数据库是最基本的条件。这个共享的数据库也被称为所有重要信息的"闭环"(Closed-loop)。由于 CRM 系统不仅要使相关流程实现优化和自动化,而且必须在各流程中建立统一的规则,以保证所有活动在完全相同的理解下进行。这一全方位的视角和"闭环"形成了一个关于客户以及企业组织本身的一体化蓝图,其透明性更有利于与客户之间的有效沟通。

13.5.3 CRM 的分类

1) 按目标企业规模(History With the Company)分类

不同的企业,甚至同一企业集团内的不同区域机构或不同部门,有不同的商务特点,它们的信息技术基础设施也可能不同,对 CRM 的具体功能需求以及 CRM 的实施策略会有所不同。因此,以目标企业的行业特征和企业规模为标准划分不同类型的 CRM 软件产品,也是一种流行的分类方式。实际上,不同行业、不同规模的目标企业对 CRM 系统的具体功能需求可能存在极大的差异性。

一般情况下,可以采用基于不同应用模型的标准产品来满足不同规模和不同行业性质的目标企业的需求,可以将这些 CRM 系统分成以下三类:

(1) 企业级 CRM　以全球企业或者大型企业为目标客户。

(2) 中端 CRM　以 200 人及以上、跨地区经营的企业为目标客户。

(3) 中小型企业 CRM　以 200 人以下的中小企业为目标客户。

在 CRM 的具体实践中,大型企业与中小型企业相比有很大的不同。首先,在信息处理和使用方面,大型企业的业务规模远大于中小型企业,需要处理巨大的信息量;同时,大型企业在业务方面有明确的分工,各业务系统有自己跨地区的垂直机构,形成纵横交错、庞大而复杂的组织体系,导致不同业务、不同部门、不同地区间的信息交流与共享存在困难;其次,在业务动方面,大型企业强调严格的流程管理;中小型企业组织机构轻型简洁,业务分工不一定很明确,业务动作流程需要更多弹性。正是因为这些不同,大型企业需要更复杂和庞大的 CRM 系统,中小型企业的 CRM 系统需要有更好的可伸缩性。

此外,在企业的 CRM 应用中,越是高端应用,行业差异性越大,行业化的要求也越高,因而出现一些专门特定行业的解决方案,如针对银行、保险、电信、制药、政府、大型零售等行业的 CRM 应用解决方案。

2) 按应用集成度分类

CRM 涵盖整个客户生命周期,涉及众多的企业业务流程,如销售、支持服务、市场营销、订单管理等,CRM 既要完成单一业务的处理,又要实现不同业务间的协同。同时,CRM 作为企业信息化整体应用中的一个组成部分,还要充分考虑与企业其他应用系统[如 ERP、供应链管理(SCM)、产品数据管理(PDM)等]的集成应用问题。但是,不同企业或同一企业的不同发展阶段,对 CRM 整合应用和企业集成应用有不同的要求,因此,可以根据集成度,将 CRM 分成 CRM 专项应用、CRM 整合应用和 CRM 企业集成应用。

(1) CRM 专项应用　主要是针对 CRM 的一些特定功能模块的应用。呼叫中心是 CRM 专项应用的典型代表;销售自动化是以销售人员为主导的企业的 CRM 专项应用。另外,还有一些诸如数据库营销、目录营销等方面的专项应用。对于中国企业特别是中小型企业而言,由于资金、技术等方面的限制,在 CRM 系统的应用初期,可以根据企业实际需求,在总体规划的基础上(选择适当的解决方案,其中特别是业务组件的扩展和基础信息的共享)先通过一些专项应用的实施,再逐步实现 CRM 的整体解决方案。这是一条中小型企业实施 CRM 的现实发展之路。到目前为止,CRM 专项应用仍然具有广阔的市场,并处于不断的发展之中,代表厂商有 AVAYA(Call Center)、Goldmine(SFA)、合力金软等。

(2) CRM 整合应用　CRM 涵盖整个客户生命周期,涉及众多的企业业务流程与环节。因此,对于很多企业而言,必须实现多渠道、多部门、多业务的整合与协同,实现信息的同步与共享,这就是 CRM 的整合应用。CRM 业务的完整性和软件产品的组件化及可扩展性是衡量 CRM 整合应用能力的关键。这方面的代表厂商有 Oracle(企业级 CRM)、Pivotal(中端 CRM)、用友 TurboCRM(中小型企业 CRM)。

(3) CRM 企业集成应用　CRM 需要实现与企业其他应用系统的集成应用,才能真正实现"以客户为中心"的经营战略。这是 CRM 集成应用的方式。例如,CRM 与 ERP、SCM 以及群件产品(如 Exchange/MS-Outlook 和 Lotus Notes 等)的集成应用。这方面的代表厂商有 Oracle、SAP 等。CRM 与 ERP 和 SCM 的整合是重要的 CRM 企业集成应用。集成的方式可以基于企业应用集成(EAI)的体系结构,将 CRM、ERP、SCM 及其他企业内部或企业间的多个应用系统集成到一个虚拟的、统一的应用系统中,实现系统的无缝集成,彻底消除信息隔离。

3）按 CRM 功能分类

虽然所有 CRM 系统都应该是一种"以客户为中心"的整体解决方案,但不同的 CRM 系统提供功能的侧重点是不同的。美国商调机构 MetaGroup 按照功能层次的不同,把 CRM 系统分为运营型 CRM、协作型 CRM 和分析型 CRM。

(1) 运营型 CRM　此类 CRM 建立在这样一种概念之上,即客户管理对企业的成功很重要,它要求所有业务流程流线化和自动化,包括多渠道"客户接触点"的整合,前后台运营之间的无缝连接与整合。运营型 CRM 系统应用于企业中直接面对客户的部门,使这些部门在日常工作中能够共享客户资源,减少信息流动滞留点,形成一个虚拟的综合部门,从而实现企业业务流程的自动化和高效率,全面提高企业同客户的交流能力。运营型 CRM 一般由销售自动化、营销自动化和客户服务与支持三个基本功能组成,以实现销售、营销和客户服务的自动化。

(2) 协作型 CRM　此类 CRM 系统让企业客户服务人员与客户能够协同工作,实现全方位为客户提供交互式服务和收集客户信息,实现多种客户交流渠道(如呼叫中心、面对面交流、互联网、传真)的集成,使各种渠道信息相互流通,保证企业和客户都能得到完整、准确、一致的信息。协作型 CRM 系统由呼叫中心、传真或信件、电子邮件、网上互动交流和现场接触等几部分服务组成,实现企业与客户、客户与客户的全面交流。

(3) 分析型 CRM　此类 CRM 侧重在分析客户数据上,能够使企业更为清晰地了解客户类型,把握不同类型客户的准确需求,从而能够最大潜力地挖掘客户以及更好地服务客户。分析型 CRM 系统的设计主要是利用数据仓库、在线分析处理和数据挖掘等技术,将企业和客户交往过程中所累积的大量数据过滤并抽取到数据仓库中,基于统一的客户数据视图,再利用在线分析处理和数据挖掘技术,建立各种分析模型,最后通过可视化的方式展示出来,提供既定量又定性的即时分析,将分析结果反馈给管理层和其他相关部门,为企业经营决策提供支持。

在实际中,各种 CRM 系统产品并没有严格区分为运营型、协作型和分析型,而是多种 CRM 应用贯穿其中。企业与客户互动就需要结合运营型 CRM 和分析型 CRM。例如:客户通过门户网站提交需求信息,运营型 CRM 将客户需求传递给数据仓库,通过分析型 CRM 操控数据仓库,将所需信息返回到客户界面。运营型 CRM 管理客户接触点,分析型 CRM 管理数据仓库,进行客户分析与决策。一个强大的 CRM 系统应该涵盖运营型和分析型 CRM 的功能,将前端的"客户接触点"与后台的数据仓库相结合,也就产生了协作型 CRM。

案例研究

宝洁公司与沃尔玛的客户关系

宝洁公司创立于 1837 年,是全球最大的日用消费品公司之一,宝洁的许多品牌为中国消费者所熟知,如海飞丝、飘柔、潘婷、舒肤佳、汰渍、佳洁士、帮宝适、护舒宝、OLAY、SKII 等。宝洁公司面对庞大的消费者群体,难以对每一位购买者都表示关注,但对于沃尔玛这样的大客户,则是共同建立了供应链协同管理模式:宝洁和沃尔玛在信息管理系统、物流仓储体系、客户关系管理、供应链预测与合作体系、零售商联系平台以及人员培训等方面进行了全面、持续、深入而有效的合作,宝洁公司甚至设置了专门的客户业务发展部,以项目管理的方式与沃尔玛密切联系,以求最大限度地降低成本、提高效率。对于沃尔玛而言,灵活高效的物流配送使其在激烈的零售业竞争中技高一筹。沃尔玛可以保证商品从配送中心运到任何一家商店的时间不超过 48 h,沃尔玛的分店货架平均一周可以补货两次,而其他同业商店平均两周才补一次货;通过维持尽量少的存货,沃尔玛既节省了存贮空间又降低了库存成本,最终使得沃尔玛的销售成本比行业平均标准低了近3个百分点。供应链协同管理模式大大降低了整条供应链的运营成本,提高了对客户需求的反应速度,为双方带来了丰厚的回报。因此,宝洁与终端的消费者之间建立的是一种基本型或被动型的关系,与沃尔玛则是建立了一种伙伴型的关系。

案例分析题:

1. 除了终端消费者和沃尔玛外,宝洁公司的客户还包括哪些?你认为宝洁公司应该与他们建立怎样的客户关系?

2. 请对宝洁公司该如何进行客户关系管理给出你的建议。

练习与思考

一、判断题

1. CRM 是以企业的经验、管理为导向,以客户为中心的一套管理和决策方法。（　　）
2. 事实上,客户满意度、客户忠诚度和客户保持率越高,客户利润贡献度就越大。（　　）
3. CRM 系统通过了解客户的需求,整合企业内部生产制造能力,提高企业生产效率。（　　）

二、选择题

1. 客户关系管理 CRM 的核心是(　　)。
   A. 客户忠诚管理　　　B. 客户心理管理　　　C. 客户价值管理　　　D. 客户服务管理
2. 在客户关系管理里,客户的满意度是由(　　)两个因素决定的。
   A. 客户的期望和感知　　　　　　　　　B. 客户的抱怨和忠诚
   C. 产品的质量和价格　　　　　　　　　D. 产品的性能和价格
3. 在客户关系管理中,以下(　　)情况不是客户忠诚的表现。
   A. 对企业的品牌产生情感和依赖
   B. 重复购买
   C. 即便遇到对企业产品的不满意,也不会向企业投诉
   D. 有向身边的朋友推荐企业产品的意愿

三、问答题

1. 什么是客户关系管理?
2. 谈谈客户满意和客户忠诚的关系。
3. 结合实际,说说 CRM 对企业和客户的作用。

实践操作

训练题目: ××市中小型企业客户关系管理现状调研报告。

目的要求: 通过调研,了解调研对象 CRM 应用现状、存在问题。

训练内容: 选择××市 30~50 家中小型企业进行问卷调研(可进行线上、线下调研),整理、分析数据,写出调研报告。

组织分工: 3~5 人一组,组内分工。

提交成果: 小组提交 3 000~5 000 字调研报告、企业填写的原始调研问卷。

训练器材: 互联网、计算机、打印机等。

参 考 文 献

［1］张建军.网络广告[M].2版.南京:东南大学出版社,2016.
［2］盛晓白.网络经济通论[M].南京:东南大学出版社,2003.
［3］于久贺.小数据:玩转数据与精准营销[M].北京:人民邮电出版社,2016.
［4］周茂君.数字营销概论[M].北京:科学出版社,2019.
［5］曹虎,王赛,乔林,等.数字时代的营销战略[M].北京:机械工业出版社,2017.
［6］阳翼.大数据营销[M].北京:中国人民大学出版社,2017.
［7］洪杰文,归伟夏.大数据营销[M].北京:科学出版社,2020.
［8］于勇毅.大数据营销:如何利用数据精准定位客户及重构商业模式[M].北京:电子工业出版社,2017.
［9］陈宇新.大数据营销三大陷阱[J].销售与市场(渠道版),2014(5):13.
［10］史威福特,杨东龙.客户关系管理:加速利润和优势提升[M].中国经济出版社,2004.
［11］皮泊斯,容格斯.客户关系管理:战略框架[J].中国城市金融,2015(11):80.
［12］陈明亮.基于全生命周期利润的客户细分方法[J].经济管理,2002,24(20):42-46.
［13］杨莉惠,李卫平,潘一苹.客户关系管理实训[M].北京:中国劳动社会保障出版社,2006.
［14］Chaudhuri A, Holbrook M B. The chain of effects from brand trust and brand affect to brand performance: The role of brandloyalty[J]. Journal of Marketing, 2001, 65(2): 81-93.
［15］白东蕊.网店运营与管理:视频指导版[M].北京:人民邮电出版社,2019.
［16］孙莹月,胡平.淘宝网店运营与推广实务:微课版[M].北京:人民邮电出版社,2019.
［17］陈晴光.网络营销服务及案例分析[M].北京:北京大学出版社,2015.
［18］张静波,吴银平.微信营销与运营:模型、案例、方法和技巧[M].北京:中国社会出版社,2015.
［19］方美琪,潘勇.网络营销[M].2版.北京:清华大学出版社,2013.
［20］瞿彭志.网络营销[M].4版.北京:高等教育出版社,2014.
［21］王宏伟.网络营销[M].2版.北京:北京大学出版社,2014.
［22］戴恩勇,袁超.网络营销[M].北京:清华大学出版社,2015.
［23］明均仁.网络营销[M].武汉:华中科技大学出版社,2009.
［24］杨立钒.网络广告学.4版.[M].北京:电子工业出版社,2016.
［25］速卖通大学.跨境电商:阿里巴巴速卖通宝典[M].北京:电子工业出版社,2015.
［26］速卖通大学.跨境电商SNS营销与商机[M].北京:电子工业出版社,2018.
［27］胡国敏,王红梅,周毅.跨境电商网络营销实务[M].北京:中国海关出版社,2018.
［28］董洁林,陈娟.互联网时代制造商如何重塑与用户的关系:基于小米商业模式的案例研究[J].中国软科学,2015(8):22-33.
［29］董洁林,陈娟.无缝开放式创新:基于小米案例探讨互联网生态中的产品创新模式[J].科研管理,2014,35(12):76-84.
［30］越陌.人人都是产品经理[DB/OL].百度百家号,2021.